C++

Programming

공학박사 **이 시 현** 저

전기 · 전자 · 컴퓨터 · 정보통신 공학도를 위한

C++ 프로그래밍

::머리말::

C++는 1980년 초 비야네 스트룹(Bjarne stroustrup)에 의해 개발된 이후 지속적으로 발전되어 왔습니다. 산업체에서는 시스템 개발과 다양한 응용 프로그램 개발에 C++를 사용하고 있습니다. 이러한 시장 및 기술 동향에 따라 대학의 IT 관련 학과에서는 C++를 중요 교과목으로 선정하여 교육하고 있는 것이 세계적인 추세입니다. 이러한 측면에서 저자는 어려워하는 C++를 어떻게 하면 학생들이 쉽게 이해하고 응용할 수 있는지 고민하게 되었고 이것이 교재를 집필하게 된 강력한 계기가 되었습니다.

저자는 다년간 연구소에서 C++를 사용한 시스템 개발 프로젝트에 참여하였고 대학에서 강의한 경험을 바탕으로 C++의 핵심적인 내용을 정확하게 이해하고 독자적으로 프로그래밍 할 수 있도록 하여 산업체에서 응용하는 것을 목표로 하고 있습니다. 그래서 저자는 C++를 처음 시작하는 학생들이 개념을 정확하게 이해하고 이를 적용할 수 있도록 고민하면서 많은 직감적인 그림으로 설명하려고 노력하였습니다. 이 책에서 사용된 모든 예제는 마이크로소프트의 Visual Studio 2010™에서 검증하였으며, 다음과 같이 구성하였습니다.

첫째, C++의 기본적인 이론과 예제를 쉽게 이해하고 응용할 수 있도록 많은 직감적인 그림과 설명으로 명쾌하게 설명하였습니다.

둘째, C++의 중요한 내용을 정확하게 이해하고 응용할 수 있도록 '사용하기', '정리하기', '분석하기'로 구성하였으며 모든 예제는 중요한 정도를 *, **, ***로 표시하여 선택적으로 학습할 수 있게 하였습니다.

셋째, 연습문제에서는 전기・전자・컴퓨터・정보통신 공학 분야에서 문제해결을 위한 공학수학, 회로해석 및 알고리즘 문제를 포함하여 산업체에서 시스템 프로그램을 설계하는데 직접 활용할 수 있도록 하였습니다.

이 책은 전체 14장으로 구성되었으며 주 3시간의 1학기 혹은 2학기 교재로 사용할 수 있습니다. 이 책으로 공부하는 독자들은 예습과 복습을 병행하여 기본적인 내용을 정확히 이해하고 응용하는 습관을 가지고 반드시 C++를 정복하기를 기원합니다. 또한 이 책이 C++를 이해하고 응용하고자 하는 독자들에게 많은 도움이 되기를 희망하며 미흡한 부분에 대해서는 지속적으로 수정하고 보완할 것을 약속합니다. 끝으로 이 책이 출판될 수 있도록 기회를 주신 복두출판사 사장님과 더 좋은 책이 될 수 있도록 매진해주신 편집부 모든 분들께 깊은 감사를 드립니다.

2014년 1월 추운 겨울날 연구실에서

저자

[기호와 영문 번역]

• [ ]	생략 가능한 내용
• Base Class	기초클래스
• Class	클래스
• Constructor	생성자
• Copy Constructor	복사생성자
• Default Member Function	기본멤버함수
• Default Copy Constructor	기본복사생성자
• Down-casting	하향 형변환
• Derived Class	파생클래스
• Destructor	소멸자
• Exception Handling	예외처리
• Initializer	초기자
• Inheritance	상속성
• Object	객체
• Operator Overloading	연산자 중복
• Reference	참조자
• Template	템플릿
• Up-casting	상향 형변환
• →	대입
• ⇒	프로그램의 실행순서
• ⇛	함수 호출

::차례::

제1장 C++ 소개

✱ 차례

✱ 학습목표

1. C++의 발전배경과 표준화 과정을 이해한다.
2. 객체지향 프로그래밍의 특징과 C++의 응용분야를 이해한다.
3. C++ 프로그래밍을 시작하고 코드의 구조를 이해한다.
4. g++를 사용하는 컴파일 및 디버깅 방법을 이해한다.

1.1 개요

1.1.1 컴퓨터

컴퓨터(computer)는 데이터를 처리하고 논리적인 결정을 내리거나 여러 가지 수학 문제를 해결하는 장치이다. 컴퓨터 프로그램(computer program)은 명령어(instruction)들을 사용하여 각종 연산과 데이터를 처리하며 컴퓨터 프로그래머(computer programmers)에 의해서 작성되고 컴파일러에 의해서 실행 가능한 파일이 만들어진다.

일반적인 컴퓨터의 하드웨어 구조는 그림 1.1과 같이 기억장치(memory unit), 산술 및 논리연산장치(arithmetic and logic unit), 입 · 출력 장치(input-output unit), 제어장치(control unit)로 구성된다. 기억장치는 프로그램과 자료를 저장하고, 산술 및 논리연산장치는 기억장치에 저장된 자료를 대상으로 산술연산을 하거나 논리적인 연산을 한다. 입 · 출력 장치는 내부 혹은 외부의 장치로부터 자료를 입력하고 출력하는 장치이며, 제어장치는 기억장치, 산술 및 논리연산장치, 입 · 출력 장치의 동작을 프로그램에 의해서 제어하게 된다. 그림 1.1은 일반적인 디지털 컴퓨터의 하드웨어 구성이다.

컴퓨터 프로그래밍은 컴퓨터에서 각종 기능(계산, 데이터 처리, 문제해결 등)을 수행하기 위한 목적으로 컴퓨터 언어(C, C++, JAVA 등)를 사용하여 프로그램을 작성하는 것이다.

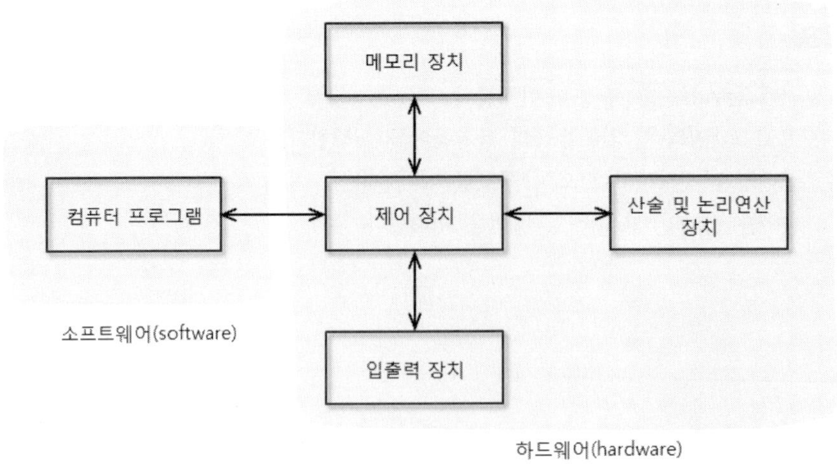

| 그림 1.1 | 컴퓨터의 내부 구조

1.2 C++ 프로그램

1.2.1 컴퓨터 프로그램의 발전과정

최초의 컴퓨터 프로그램은 1960년 국제위원회에서 ALGOL 60을 설계한 이후 1963년 영국 캠브리지대학과 런던대학에서 CPL(Combined Programming Language)에 이어 1967년 영국 케임브리지대학의 마틴 리차드(Martin Richards)에 의해서 BCPL(BASIC Combined Programming Language)이 개발되었다. 그 후 1970년 벨 연구소(Bell Lab.)의 켄 톰슨(Ken Thompson)이 B를 개발하였고 1972년 미국 벨 연구소의 데니스 리체(Dennis Ritchie)에 의해서 C가 개발되었다. C는 1970년대 까지 "전통적인(traditional) C", "고전적인(classical) C", "커니건과 리체(Kernighan and Ritchie) C"라는 형태로 발전하였다.

C++는 1983년 덴마크 사람인 비야네 스트룹(Bjarne stroustrup)에 의해 개발되었다. 초기에 "C with Classes"로 명명된 C++는 C언어에 형 검사, 데이터 추상화(data abstraction), 객체지향 프로그래밍 기법 등을 추가하여 만들어졌다. 또한 C++는 예외처리, 템플릿, 제너릭 프로그래밍 등을 지원한다. 컴퓨터 프로그램의 발전과정은 그림 1.2와 같다.

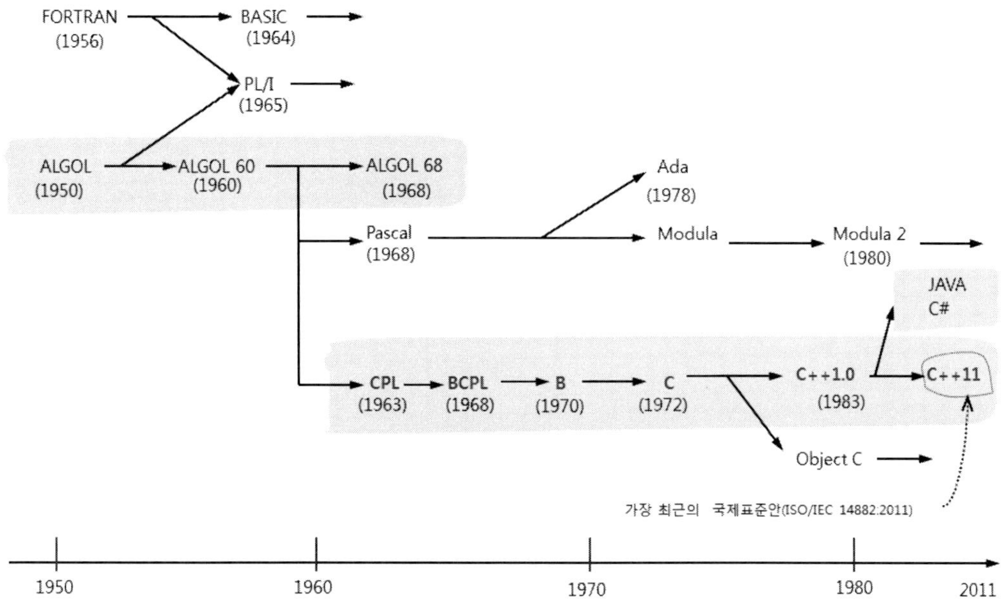

| 그림 1.2 | 컴퓨터 프로그램의 발전 과정

1.2.2 C++의 표준화 과정

1980년대 초, C 언어가 미국의 정부 프로젝트에 사용되기 시작하면서 미국의 표준화 기구인 ANSI(American National Standards Institute)에 의해 C 언어의 표준화가 시작되었다. 이후 5년 이상의 표준화 과정을 거쳐 ANSI는 1989년 ANSI C(ANSI X3.159-1989)를 발표하였으며 이를 C89라 하였다. 또한 국제 표준화 기구인 ISO(International Standardization Organization)는 ANSI의 표준화 과정을 감독했고, 몇 가지 내용을 수정하여 1990년 ISO 국제 표준(ISO 9899 : 1990)을 발표하였으며 이를 C90이라 하였다(C89와 C90은 본질적으로 같은 내용이기 때문에 특별히 ANSI와 ISO를 구분하지 않는 경우가 있다). 이후 유럽을 중심으로 C90이 지나치게 미국적이라는 비평을 없애기 위한 목적으로 1995년 일련의 부록 형태로 C90의 확장이 발표된 것이 AMD1(Amendment 1)이다. C90과 AMD1을 합해 C95라고 부르기도 한다. C90과 C95는 다양한 변화(예로써 C++와 유니코드의 발전)를 수용하기 위해 1999년 12월 C99(ISO 9899:1999)를 발표하였다. 그림 1.3은 C와 C++의 표준화 과정이다.

C90이 발표되면서 C 언어의 표준화 과정은 공식적으로 ISO(C : ISO JTC 1/SC 22/WG 14, C++ : ISO JTC 1/SC 22/WG 21)로 이양되었다.

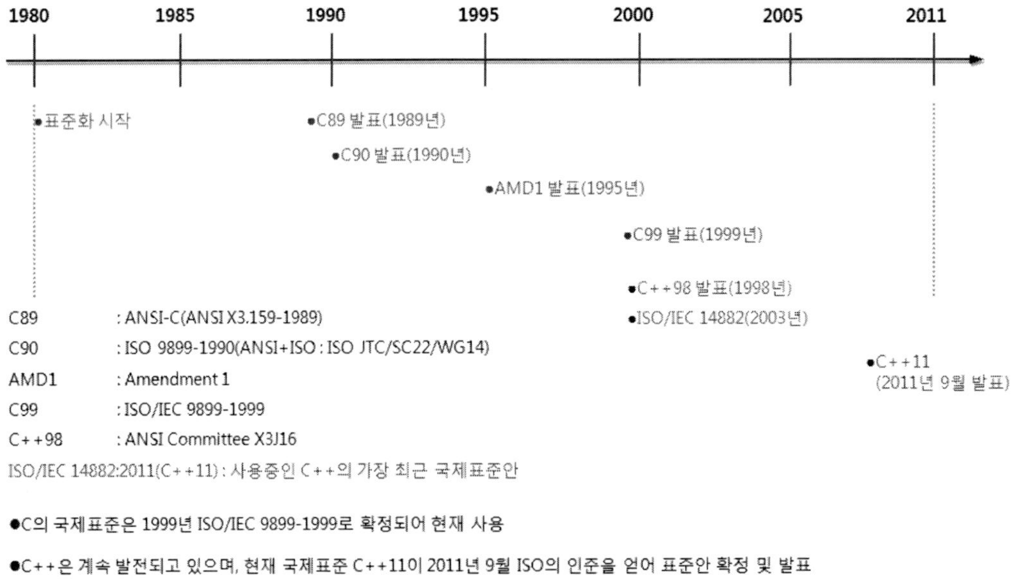

| 그림 1.3 | C와 C++의 표준화 진행과정

1.2.3 객체지향 프로그래밍

C++는 객체지향 프로그램이며 객체지향 프로그래밍(OOP : Object-Oriented Programming)은 프로그래밍 방법론 중의 하나이다. 응용 프로그램을 설계하는 경우 선택하는 프로그래밍 방법론에 따라 전체 프로그램의 성능, 효율성, 경제성이 달라질 수 있다. 객체지향 프로그래밍 기법은 변수(멤버 변수)와 함수(멤버 함수)들을 '객체(object)'로 생성하여 프로그램을 객체 단위로 프로그래밍 하는 것이다. 객체지향 프로그램에서의 객체는 프로그램을 구성하는 작은 단위의 소프트웨어 부품이라 할 수 있다. 객체지향 프로그래밍을 사용하면 모듈 간 독립성 증대, 재사용성(reusability)의 증대, 유연성(flexibility)과 확장성(extensibility)이 우수하다.

객체지향 프로그래밍 기법은 다양한 응용 프로그램 개발에서 많이 적용되고 있으며 특히 대규모의 프로젝트에서 효율적이다. 객체지향 프로그래밍 기법을 적용하면 시스템 개발에 대한 경제성, 효율성 및 프로그램의 유지 보수가 용이하다.

1.2.4 C++의 특징

C++는 C언어의 특징을 포함하며 다른 컴퓨터 프로그램에 비해서 매우 강력하고 유연하며 프로그래머 지향으로 설계된 효율성 있는 프로그래밍 언어이다. C++는 C와 호환성, C에서 개선된 여러 가지 특징(정확한 형 검사, 새로운 키워드(bool, true, false), new와 delete 연산자, 참조자(reference) 지원, namespace 지원, 함수 중복(function overloading), 연산자 중복, 객체지향 프로그래밍 기능, 제너릭 프로그래밍 기법, 예외 처리 등)을 제공한다. 또한 C++는 객체지향 프로그래밍의 주요 특징인 클래스, 캡슐화, 상속, 가상함수, 다형성을 지원한다. C++는 템플릿 기반의 다양한 표준 C++ 라이브러리인 STL(Standard Template Library)를 제공하여 다양한 응용 프로그램을 효과적으로 설계할 수 있다.

C++는 멀티패러다임 프로그래밍(multiparadigm programming) 기법과 사용자 정의형(user-defined type)을 지원하는 성능지향의 범용 프로그래밍 언어이다. 패러다임(paradigm)은 일련의 '프로그래밍 방법론'이며 이것은 절차적 프로그래밍(procedural programming), 객체지향 프로그래밍(object-oriented programming), 제너릭 프로그래밍(generic programming) 등이 있다. C++는 절차적 프로그래밍, 객체지향 프로그래밍, 제너릭 프로그래밍 모두를 지원하며, 제너릭 프로그래밍은 데이터 형과 데이터의 처리 알고리즘을 일반화해서 개발하는 기법이다.

1.2.5 C++ 응용 분야

C++는 C, 자바(java), C#으로 구현하기 어려운 다양한 응용 분야에서 주로 사용되고 있다. C++의 응용분야는 운영체제(Windows XP, 심비안 OS 등), 미들웨어(CORBA : Common Object Request Broker Architecture 등), 통신 시스템, 모바일 기기, 임베디드 시스템, 검색엔진, 게임, 그래픽 툴, CAD 툴 등의 개발에 사용되고 있다.

1.3 C++ 응용 프로그램 개발 환경

1.3.1 C++ 프로그램 개발 환경

그림 1.4는 C++ 응용 프로그램을 개발하는 환경과 소스 코드(source code)를 컴파일(compile)하고 링크(link)하여 최종적으로 실행 파일을 생성하는 과정이다. C++ 응용 프로그램은 소스 코드(source code)를 작성한다. 이때 헤드 파일을 포함하게 된다. 소스 파일을 작성한 후 컴파일(compile)을 수행하면 오브젝트 파일(.obj)이 생성된다. 링커(linker)는 생성된 오브젝트 파일과 라이브러리 파일을 포함하여 실행 파일(.exe)을 생성한다. 그림 1.4와 같이 C++ 응용 프로그램의 개발은 윈도우 혹은 리눅스 개발환경에서 몇 가지 컴파일러(비쥬얼 스튜디오(Visusl Studio 2010), gcc, g++)를 사용한다.

1.3.2 소스 파일

소스 파일은 C++ 언어의 모든 명령문, 상수, 수식, 함수 등으로 구성되며 반드시 1개의 main( ) 함수가 존재해야 한다(C++ 언어에서 main( ) 함수는 프로젝트 내에서 사용하지 않거나 2개 이상은 사용할 수 없으며 오직 1개만 있어야 한다). 파일 이름의 확장자는 '.c'(ANSI-C), '.cpp'(C++)와 같이 한다.

1.3.3 라이브러리 및 헤더 파일

VC++ 2010에서는 메인 메뉴의 'Project' ⇒ 'Properties' ⇒ 'Configuration Properties' ⇒ 'VC++ Directories'의 위치에서에서 표준 C 라이브러리 헤더 파일(header file)과 라이브러리

파일을 제공하고 있다. 헤더 파일은 라이브러리 헤더 파일과 사용자 정의 헤더 파일이 있다. 헤더 파일은 C++의 외부 파일로 입·출력 함수(function), 그리고 각종 함수와 상수, 변수, 참조 선언, 형(공용체, 구조체, 열거형, typedef형), 전처리(preprocessor) 등을 정의한 파일이다.

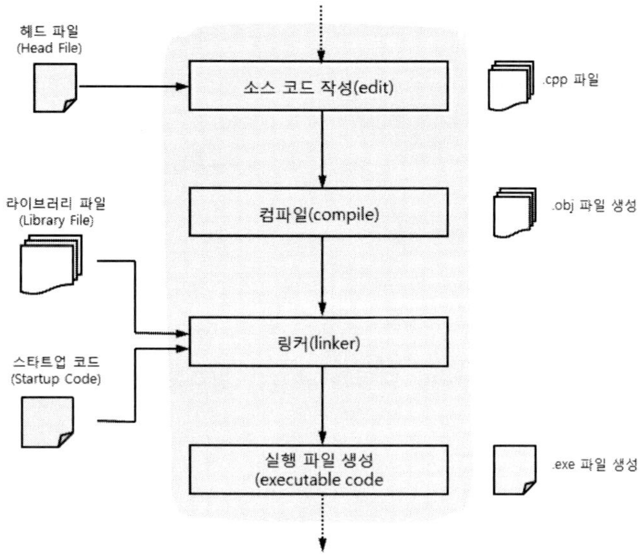

| 그림 1.4 | 프로그램 개발 과정

정리하기 헤더 파일의 기술과 포함

❶ 라이브러리의 헤더 파일은 기호 '< >'를 사용하여 헤더 파일을 프로그램에 포함(예: #include <iostream.h>)한다. 이것은 컴파일러가 헤더 파일을 c:\Program Files(x86)\Microsoft Visual Studio 10.0\VC\include)에서 찾게 하는 것이다.

❷ 사용자가 정의한 헤더 파일을 기호 " "를 사용하여 헤더 파일을 프로그램에 포함(예: #include "user.h")한다. 이것은 컴파일러가 헤더 파일을 'VC++ Directories'의 'Include Directories'의 위치가 아니라 소스 파일이 있는 위치에서 찾게 하는 것이다.

❸ 그러나 사용자 정의 헤더 파일을 라이브러리 파일로 표시하면 컴파일러는 우선적으로 'VC++ Directories'의 '포함 파일'의 위치에서 찾게 되므로 소스 파일의 위치에 동일한 헤더 파일이 있으면 오류가 발생된다.

(1) 헤더 파일의 정의

헤더 파일의 기술 형식은 다음의 형식과 같이 프로그램 첫 번째 라인에 '#'와 '< >' 기호를 사용하여 기술하며 이때 ';'는 표시하지 않는다.

■ 형식

```
#include <시스템_라이브러리_헤더_파일_이름>
#include "사용자_정의_헤더_파일_이름"
```

■ 사용

```
#include <stdio.h>
#include <dsc.h>
#include "C:₩Program Files₩Microsoft Visual Studio 9.0₩VC₩user₩dsc.h"
```

(2) 사용자 정의 헤더 파일

사용자 정의 헤더 파일(user define header file)은 사용자가 새로 정의한 코드 파일로서, 프로그램에서 자주 사용하는 문장, 상수, 변수 등을 코드 파일로 정의한 다음 필요할 때 호출해서 사용하는 파일이다. 사용자 정의 헤더 파일은 완전한 경로를 직접 지정하여 사용할 수 있다.

(3) 헤더 파일의 포함

C++ 프로그래밍시 시스템에서 제공하는 헤더파일을 사용하지 않고 사용자가 정의한 파일을 포함하는 방법은 다음과 같이 포함할 수 있다.

정리하기 **사용자 정의 헤드 파일의 포함 방법**

❶ 사용자 정의 파일을 프로젝트의 'Source Files'의 위치에 포함하여 직접 사용한다.

❷ 사용자 정의 헤더 파일을 'VC++ Directories'의 '포함 파일'에 위치시키고 이를 기호 '< >'을 사용하여 시스템에서 제공하는 라이브러리 헤더 파일과 같이 사용한다.

❸ 별도의 사용자 디렉터리를 생성한 다음 이를 프로그램에서 완전 경로명을 사용하여 직접 사용한다.

❹ 사용자 정의 헤더 파일을 별도의 디렉터리를 만들어 헤더 파일을 저장한 다음 이를 'Project'/'Properties'/'Configuration Properties'/'VC++ Directories'의 위치에서 설정하여 사용한다.

그림 1.5는 include 파일과 라이브러리(library)를 포함하기 위한 대화상자이다. Solution Explorer의 프로젝트를 선택하여 오른쪽 마우스 버튼을 클릭한 다음 Properties를 클릭한다.

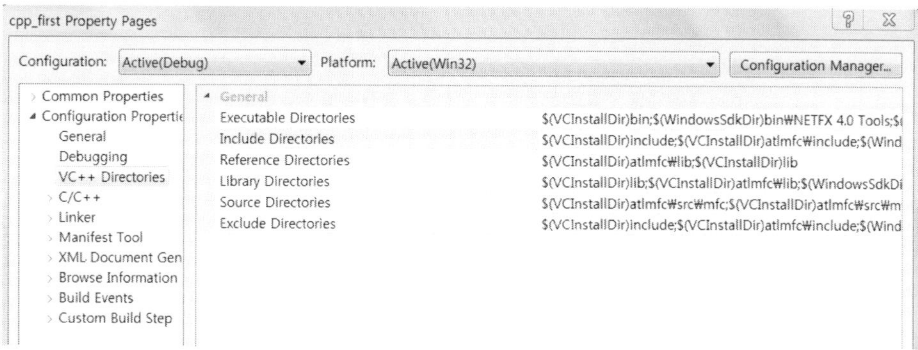

| 그림 1.5 | 헤더 파일의 포함

(4) 헤더 파일의 사용

사용자 정의 파일은 솔루션의 헤더 파일 위치에 작성하고 소스 코드의 첫 행에서 포함하여 사용한다. 그러나 소스 코드에서 사용자 정의 헤더 파일을 라이브러리 헤더 파일로 기술하면 오류가 발생된다. 그러나 사용자 정의 파일을 'include' 디렉터리에 위치하게 되면 시스템의 라이브러리 헤더 파일과 같이 사용되어 정상적으로 실행된다.

1.3.4 C++ 프로그래밍

그림 1.6은 표준출력장치에 "C++ 프로그래밍"을 출력하는 간단한 C++ 프로그램이다. 01행은 프로그램의 실행과는 상관없는 주석문(comment)이며 컴파일러(compiler)는 이를 무시하고 컴파일 한다. 주석문은 프로그램의 유지보수를 위해서 매우 중요한 것이며 파일 이름, 작성 날짜, 작성자의 이름, 버전(version), 수정날짜 등을 기술한다. 03행은 C++의 선행처리기 지시자(pre-processor directive)로 헤더 파일을 포함한다. '#'는 헤더 파일을 포함하는 전처리기(preprocessor)를 먼저 실행되도록 한다.

06행의 main( ) 함수는 C++의 주 함수로서 실행 프로그램에서는 반드시 하나의 main( ) 함수가 기술(만약 없거나 2개이면 오류)되어야 한다. 함수 앞의 int는 함수 main( )이 정수 값을 반환(return)하는 것이다. 그리고 06행 ~ 12행은 함수의 시작과 끝의 블록(block)으로 구성된다. 08행은 표준출력장치에 출력할 내용을 표시한다. 함수(main( ) function)의 시작은 중괄호 '{', '}'를 사용한다. main( )의 마지막 블록에는 ';'를 사용하지 않는다.

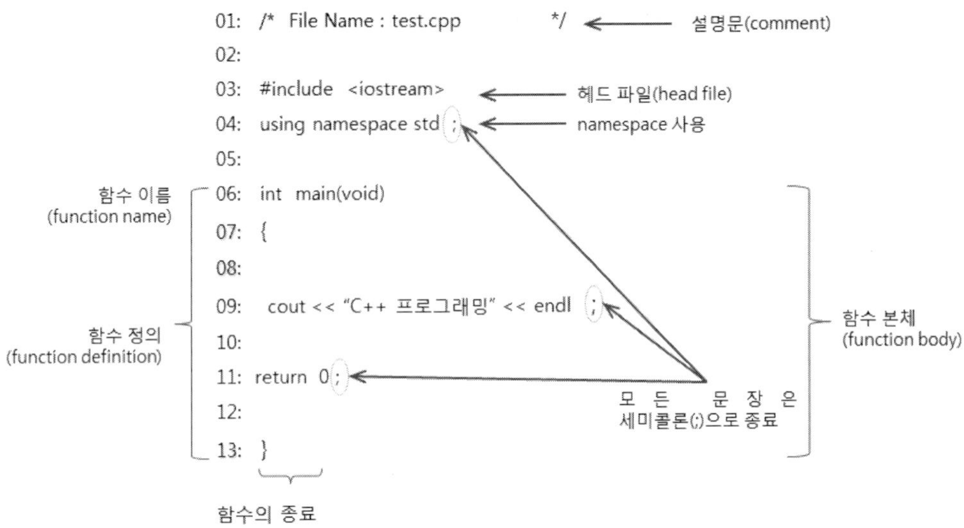

| 그림 1.6 | C++ 프로그램의 구조

1.4 C++ 프로그램 시작

C++로 작성된 프로그램은 Microsoft Visual Studio 2010™을 사용하거나 리눅스 환경에서 g++ 컴파일러를 사용할 수 있다. 본 절에서는 Microsoft Visual Studio 2010을 사용하여 소스를 작성하고 컴파일 및 실행하는 과정을 중심으로 설명한다.

1.4.1 Microsoft Visual Studio의 솔루션과 프로젝트

다음은 Microsoft Visual Studio 2010™을 사용하여 새로운 프로젝트를 생성하고 코드를 작성하고 컴파일 한 후 프로그램을 실행하는 과정에 대해서 단계별로 설명한다. 그림 1.7은 파일(file), 프로젝트(project) 및 솔루션(solution)의 포함관계이다. 그림 1.8과 같이 1개의 솔루션은 여러 개의 프로젝트를 포함할 수 있고 1개의 프로젝트는 여러 개의 파일들을 포함할 수 있다.

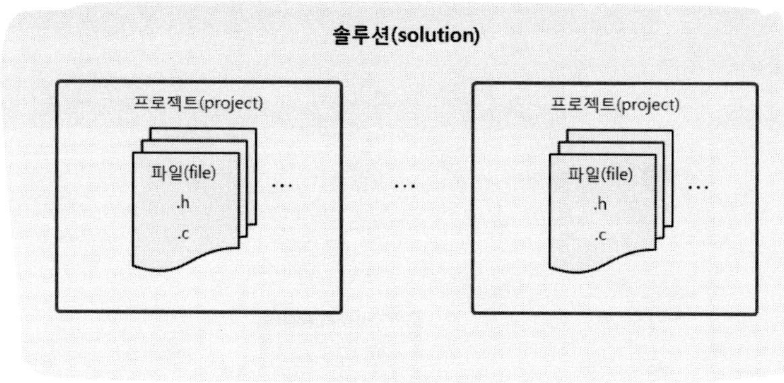

| 그림 1.7 | 파일, 프로젝트 및 솔루션의 포함 관계

1.4.2 프로젝트 생성 방법

솔루션을 생성하지 않고 프로젝트를 생성하면 솔루션이 자동 생성되어 프로젝트를 포함하게 된다. Microsoft Visual Studio 2010™을 사용하여 새로운 프로젝트를 생성하고 프로그램을 작성하여 실행하는 과정은 다음과 같다.

◘ 단계-1 : Microsoft Visual Studio 2010™ 프로그램 실행

Microsoft Visual Studio 2010™ 프로그램의 아이콘(그림 1.8)을 실행하면 그림 1.9와 같이 통합 개발환경이 표시되며 새로운 프로젝트는 좌측 상단의 'New Project'를 실행한다.

| 그림 1.8 | Microsoft Visual Studio 2010™ 아이콘

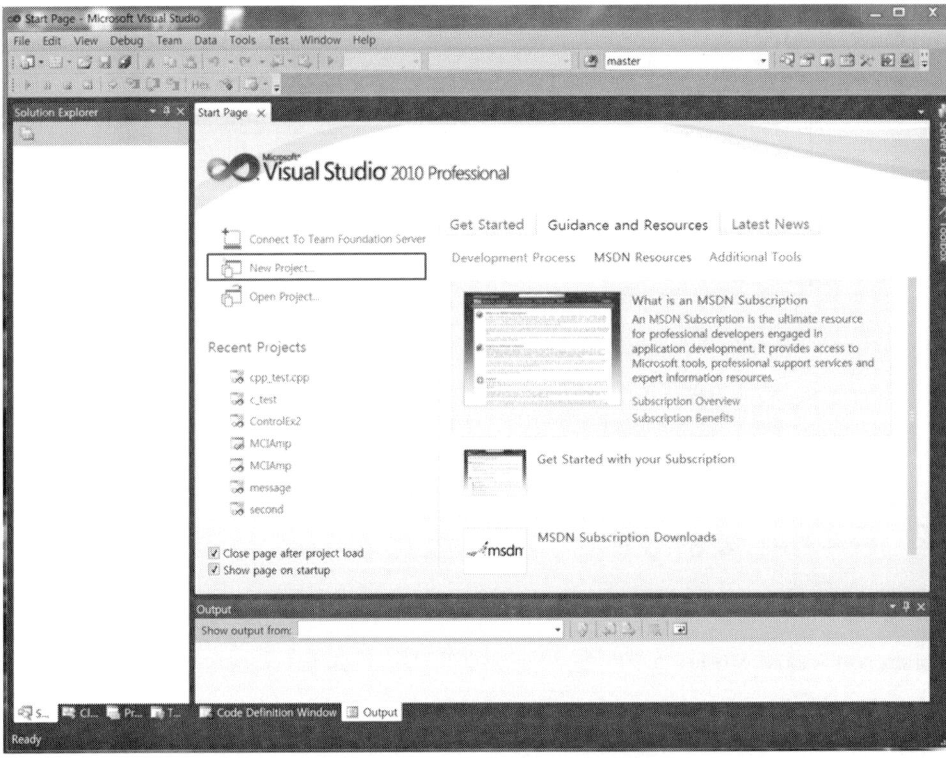

| 그림 1.9 | 'Microsoft Visual Studio 2010™'을 실행한 화면

○ 단계-2 : 새로운 프로젝트 생성

새로운 프로그램을 작성하기 위한 첫 번째 단계는 새로운 솔루션과 프로젝트를 생성해야 한다. 그림 1.10과 같이 'New Projec' ⇒ 'Visual C++'의 'Win32' 항목을 선택하고 오른쪽 창에서 'Win32 Console Application' 항목을 선택한 후 하단의 'Name' 항목에서 프로젝트 이름을 입력한다.

그림 1.11은 'Win32 Application Wizard' 대화상자에서 'Console Application'과 'Empty Project'를 설정하고 'Next'를 클릭한다. 그림 1.12는 'Win32 Application Wizard'의 2번째 대화상자이며 여기서는 선택사항 없이 'Next'를 클릭하고 다음 단계로 진행한다.

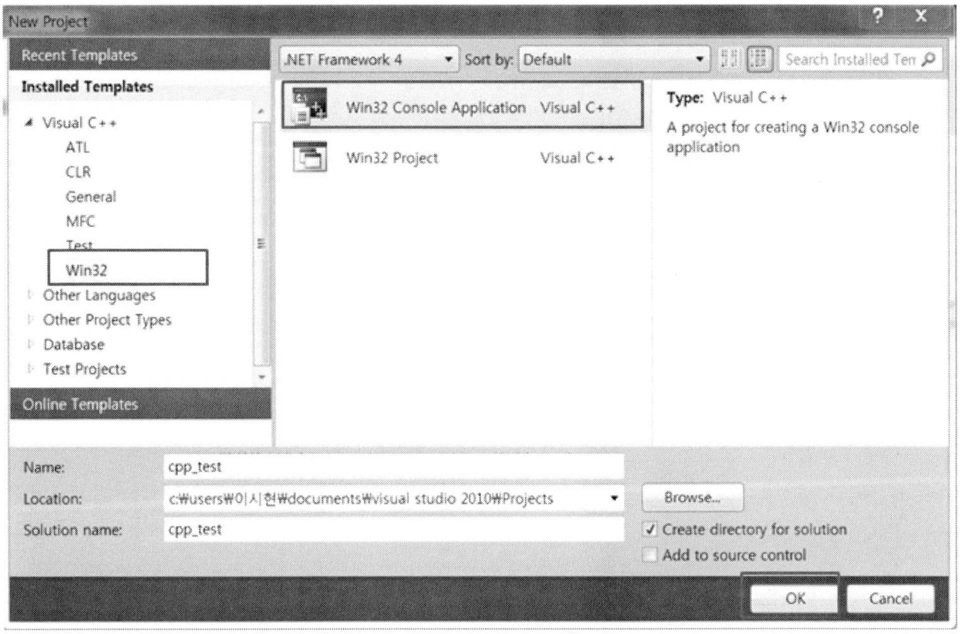

| 그림 1.10 | 새 프로젝트 대화상자

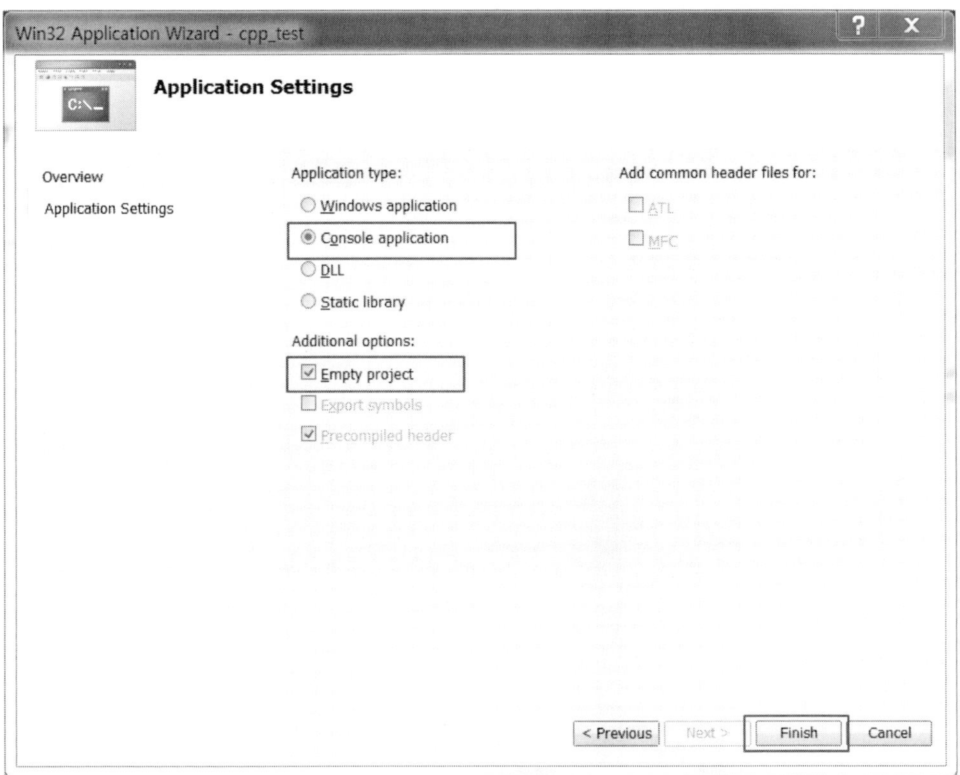

| 그림 1.11 | Win32 Application Wizard 설정 대화상자

| 그림 1.12 | Win32 Application Wizard 설정 대화상자

단계-3 : 프로젝트에 새로운 파일 추가

그림 1.13은 프로젝트에 새로운 파일을 추가하는 과정이다. 좌측 하단의 'Source Files'에서 오른쪽 마우스 버튼을 클릭하고 'Add' ⇒ 'New Item' 항목을 클릭한다. 그림 1.14는 새로운 파일을 추가하기 위한 대화상자이며 그림 1.15는 최종적으로 생성된 통합개발환경이다.

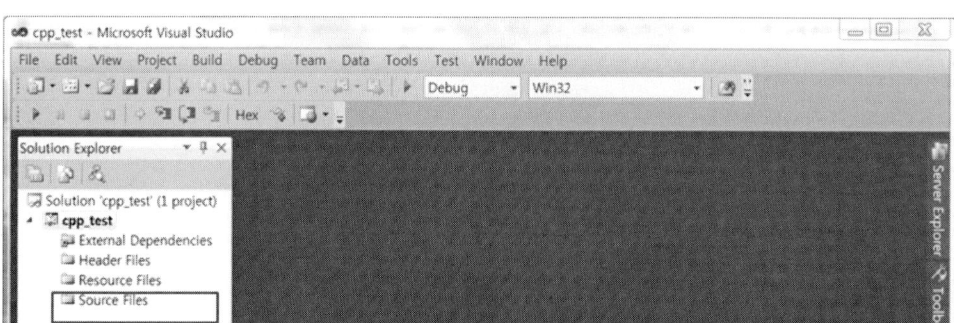

| 그림 1.13 | 새 파일을 추가하기 위한 화면

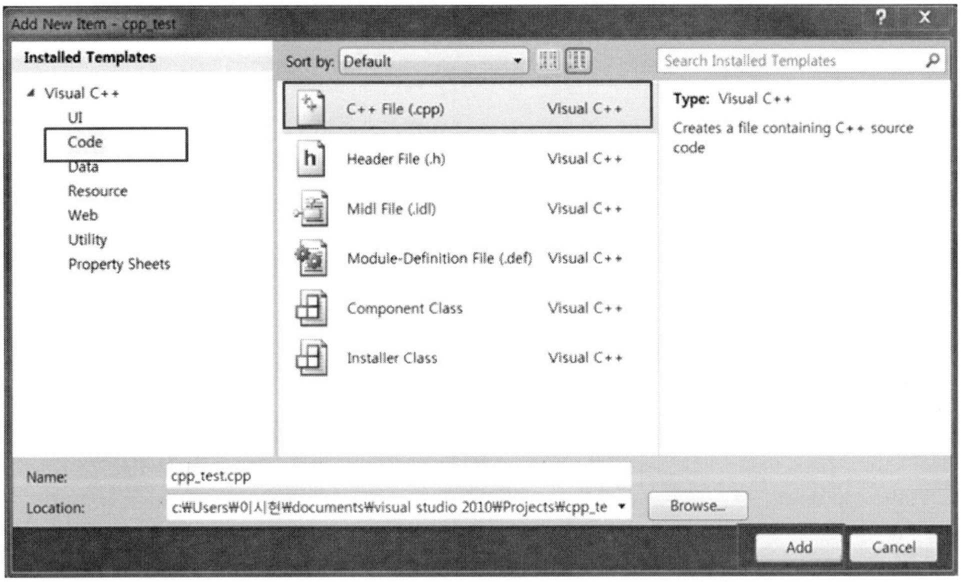

| 그림 1.14 | 새로운 파일을 추가하기 위한 대화상자

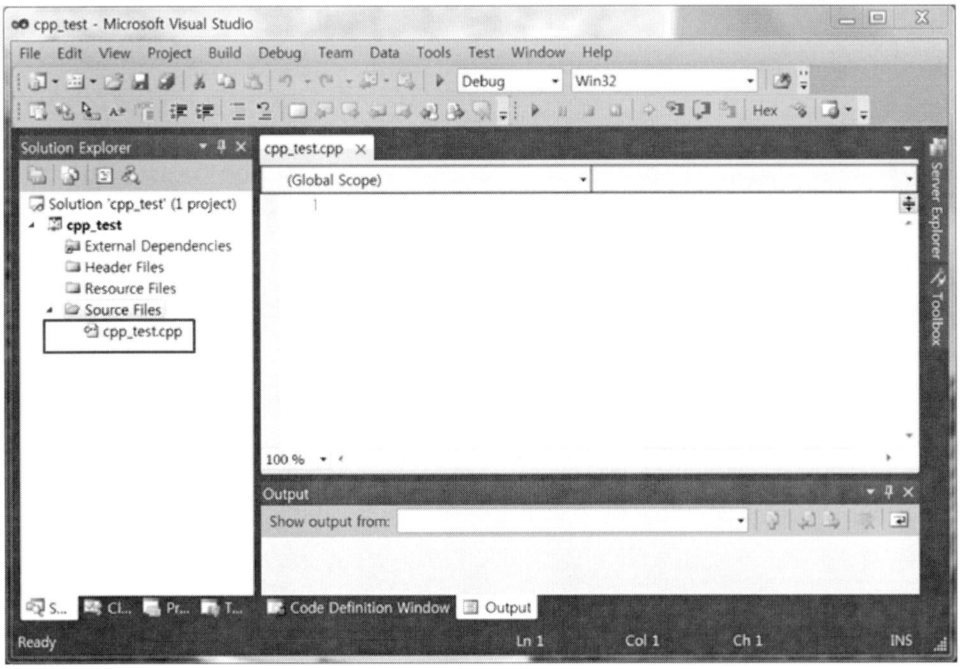

| 그림 1.15 | 최종적으로 생성된 통합개발환경

단계-4 : 프로그램 작성

소스 코드 편집 창에 다음과 같이 코드를 작성한다. 코드의 좌측에 표시된 번호와 ':' 기호는 설명을 위해서 추가한 것이므로 기술할 필요가 없다.

1_1.cpp

```
//----------------------------------------------------------
// first program : console application

#include <stdio.h>
#include <iostream>
using namespace std;

int main(void)
{
        printf("C++ 프로그래밍 \n");
        cout << "C++ 프로그래밍" << endl;
        cout << "\n";
        system("pause");

        return 0;
}
```

단계-5 : 컴파일(compile)

작성된 프로그램을 실행 가능한 파일로 생성하기 위해 메뉴에서 'Build' ⇒ 'Rebuild Solution'을 실행한다(솔루션 빌드는 솔루션 전체를 빌드하는 것인데 현재는 프로젝트가 한 개이므로 솔루션 빌드를 수행한다).

단계-6 : 프로그램 실행(run)

프로그램이 오류 없이 컴파일 되면 메뉴에서 [디버그(D)] ⇒ [디버깅 시작(S)]를 실행한다. 그림 1.16은 새로운 프로젝트를 생성, 컴파일 및 실행했을 때 표준출력장치(콘솔 화면)에 출력된 실행결과이다.

| 그림 1.16 | 실행결과

1.4.3 Visual C++ 내려 받기

Visual C++는 마이크로소프트(Microsoft)의 홈페이지에서 학생용 Visual Studio 2013(혹은 이전 버전)을 무료로 내려 받아 사용할 수 있다. Visual Studio 2013을 내려받기 위해서는 먼저 다음과 같이 마이크로소프트에 연결한다.

http://www.microsoft.com/en-us/default.aspx

다음은 그림 1.17과 같이 'Download Center'를 클릭하여 화면 아래로 내려가면 그림 1.18과 같이 Visual Studio를 내려 받을 수 있는 화면이 표시된다.

| 그림 1.17 | 마이크로소프트의 'Download Center' 화면

그림 1.18을 누르면 Visual Studio Express 2013(혹은 이전 버전)을 내려 받을 수 있는 화면이 표시된다. 여기서 화면 아래로 내려가면 그림 1.19와 같이 무료로 Visual Studio Express 2013을 선택하는 화면에서 원하는 버전을 선택하면 간단한 절차를 거쳐서 Visual Studio Express 2013을 내려 받을 수 있다.

| 그림 1.18 | Visual Stuio 2013을 내려 받을 수 있는 화면

| 그림 1.19 | Visual Stuio 2013 선택 화면

1.5 g++ 컴파일

C++로 작성된 프로그램은 Microsoft Visual Studio 2010™을 사용하거나 리눅스 환경에서 g++ 컴파일러를 사용할 수 있다. 본 절에서는 리눅스에서 g++로 컴파일하고 gdb로 디버깅하는 과정을 이해한다.

현재 많이 사용되는 리눅스는 우분투 리눅스이다. 우분투 리눅스에서 C++ 개발환경은 가상머신(VMware 혹은 VMware Player)을 설치(http://www.vmware.com)한 후 우분투 리눅스(http://www.ubuntu.com)를 설치한다. g++는 C++ 코드를 컴파일 하는 컴파일러이다. 우분투 리눅스에서는 기본적으로 C++ 컴파일러인 g++가 설치되지 않기 때문에 우분투 리눅스의 소프트웨어 센터에서 다운로더 후 설치해야한다. **우분투 리눅스의 실행 창의 왼쪽 아이콘에서 'ubuntu software center'에서 g++로 검색하면 GNU C++ compiler가 표시되면 이를 설치한다. g++ 컴파일러는 STL을 지원한다.**

g++를 사용하여 컴파일하는 방법은 다음과 같다. 이때 –o 옵션을 주지 않으면 a.out 실행파일이 생성된다.

```
g++ –o exe_filename source_filename
<사용 예>
#g++ –o cpp_test cpp_test.cpp
```

이때 실행하는 방법은 다음과 같이 ./cpp_test와 같이 한다. 이것은 리눅스에서 현재 디렉터리에서 실행하라는 명령이다. 만약 실행 패스가 설정되었다면 cpp_test만 실행하면 된다.

```
#./cpp_test
```

g++에서 gdb를 사용하기 위해서는 -g 옵션을 사용하여 컴파일 한다. -g 옵션으로 컴파일한 실행 파일을 실행한 후 gdb를 사용하여 디버깅한다. gdb를 사용하기 위한 컴파일은 다음과 같이 한다.

```
g++ -o exe_filename -g source_filename
<사용 예>
#g++ -o cpp_test -g cpp_test.cpp     // gdb 옵션으로 컴파일
#gdb                                 // gdb 실행
#run cpp_test                        // gdb 파일 실행
#list 1,5                            // 소스코드 1행에서 5행까지 표시
```

표 1.1은 gdb 명령어이다. gdb 명령어는 축약어와 완전한 명령어를 사용할 수 있다. 예로써 소스 코드의 1행에서 5행까지를 출력하는 경우에는 l 1,5 혹은 list 1,5로 할 수 있다.

| 표 1.1 | gdb 명령어

명령어	설명
b function_name	설정한 function_name 함수명에서 멈춘다.
b n	n으로 설정한 행 번호에서 멈춘다. <사용 예> #b 10 // 10행에 중단점(中斷店 : break point)을 설정한다.
r(run)	실행 파일을 실행한다.
n(next)	현재 행(n)을 실행(함수의 경우 실행하고 다음 라인으로 넘어감)한다.
c(continue)	설정한 다음 중단점까지 실행한다.
l(list)	현재 행에서 10개 라인씩 연속적으로 소스 코드를 출력한다. <사용 예> #list 20 // 20행을 기준으로 전, 후 5행씩 표시 #list 1,5 // 1행 ~ 5행까지를 표시
p(print)	지정한 변수명의 값을 프린트한다. <사용 예> #print i // i의 값을 출력
h(help)	도움말을 출력한다.
q(quit)	gdb를 종료하고 쉘로 복귀한다.

*** 예제 gdb 사용을 위한 코드

이 예제는 g++ 컴파일러를 사용하여 소스 코드를 컴파일하고 gdb를 사용하여 디버깅하는 과정을 설명한다.

cpp_test.cpp

```
#include <stdio.h>

int main(void)
{
        int i=0;
        char x[5] = {'a','b','c','d'};
        char y[6] = "efgh";

        for(i=0; i<5; i++)
                printf("%c", x[i]);            // breakpoint 설정
        printf("\n");

        for(i=0; i<5; i++)
                printf("%c", y[i]);
        printf("\n");                          // breakpoint 설정

          return 0;
}
```

그림 1.20은 gedit로 소스 코드를 작성한 화면이다. 그림 1.21은 ls를 실행하고 g++로 컴파일하고 실행한 결과이다. 이때 컴파일은 -g 옵션을 사용하여 gdb를 사용할 수 있도록 컴파일 하였고 실행은 ./cpp_test로 한다.

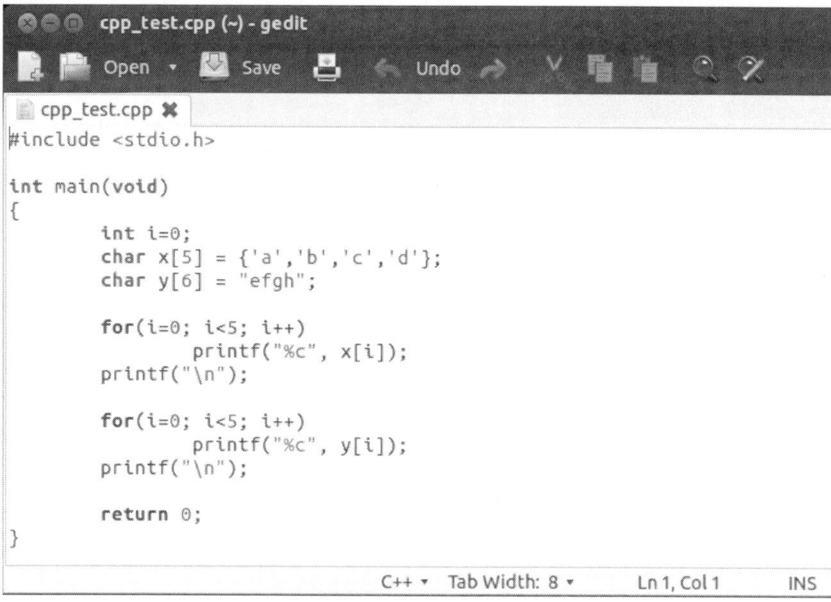

| 그림 1.20 | gedit에서 코딩한 화면

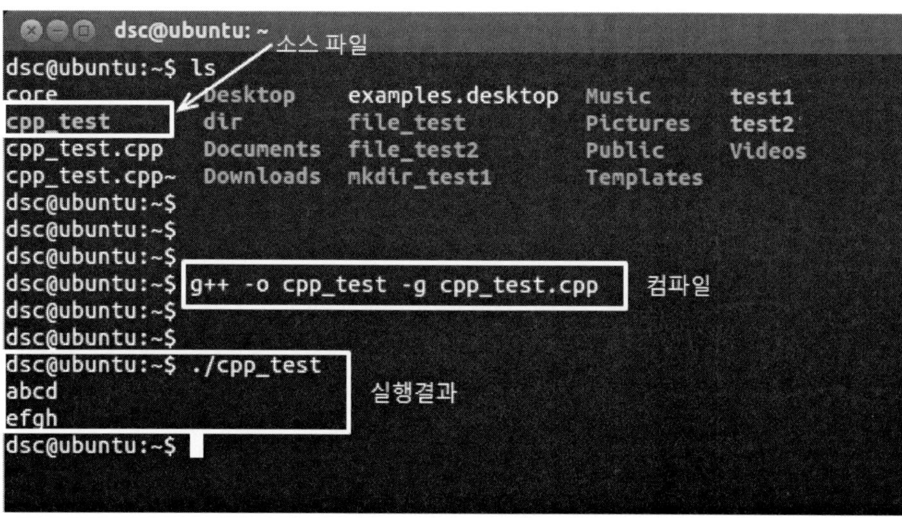

| 그림 1.21 | 실행결과

그림 1.22는 gdb를 실행하고 list 명령을 실행하여 소스 코드를 출력한 화면이다. 5행의 소스 코드를 출력한 후 다시 엔터키를 누르면 다음의 10행이 출력된다. 이때 list 명령어는 l 1,5와 같이 해도 된다.

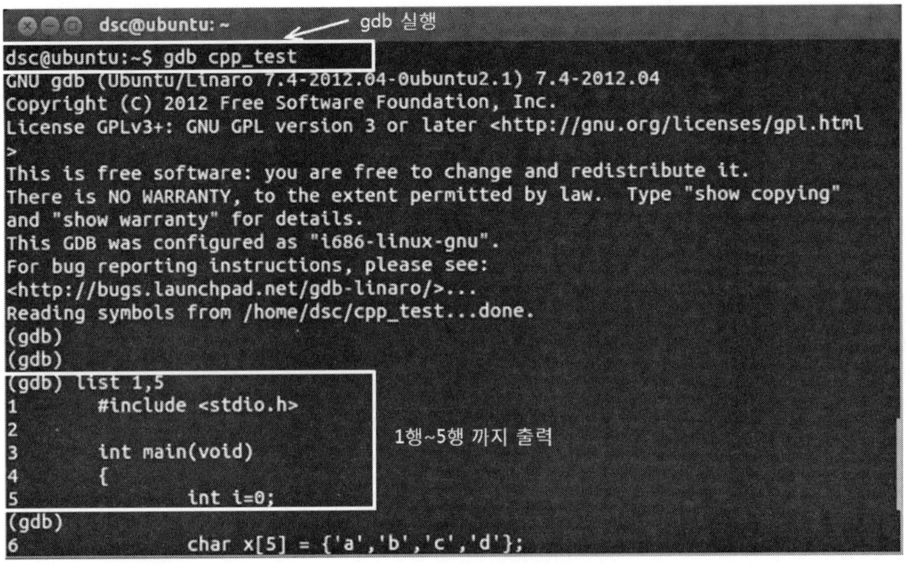

| 그림 1.22 | 실행결과

소스 코드를 단계별로 디버깅(debugging)하기 위해서는 중단점을 설정하고 1행씩 실행하고 변수 값을 출력한다. 이때 b, step, print 명령어를 사용한다.

```
#b 10              // 10행에 중단점 설정
#step              // 1행씩 실행
#step              // 1행씩 실행
......
#break 15          // 15행에 중단점 설정
#step              // 1행씩 실행
......
#print i           // 변수 i 값을 출력
```

요약

01. 컴퓨터는 데이터를 처리하고 논리적인 결정을 내리거나 여러 가지 수학 문제를 해결하는 장치이다.

02. 컴퓨터 프로그램(computer program)은 명령어(instruction)들을 사용하여 각종 연산과 데이터를 처리하며 컴퓨터 프로그래머(computer programmers)에 의해서 작성되고 컴파일러에 의해서 실행 가능한 파일을 생성한다. 소프트웨어(software)는 컴퓨터에서 작동되는 컴퓨터 프로그램을 말한다.

03. 컴퓨터의 하드웨어는 입출력 장치(input-output unit), 기억장치(memory unit), 산술 및 논리연산장치(arithmetic and logic unit), 제어장치(control unit)로 구성된다.

04. C는 1972년 미국 벨 연구소의 데니스 리체(Dennis Ritchie)에 의해서 개발되었으며, C++는 1983년 덴마크 사람인 비야네 스트롭(Bjarne stroustrup)에 의해 개발되었다.

05. C++는 C언어의 특징을 포함하며 다른 컴퓨터 프로그램에 비해서 매우 강력하고 유연하며 프로그래머 지향으로 설계되어 효율성 있는 프로그래밍 언어이다.

06. C++는 객체지향 프로그래밍의 주요 특징인 캡슐화, 상속, 다형성을 지원하며 템플릿 기반의 다양한 STL(Standard Template Library)을 제공한다.

07. 프로그램은 요구사양 정의, 프로그램 설계, 컴파일과 링크 과정을 통해서 개발된다. 개발된 프로그램은 시험과 디버깅을 통해서 시스템의 요구사양에 맞게 동작되는가를 확인하고 오류가 있거나 요구사양에 맞지 않을 경우에는 다시 수정한다.

연습문제_A

01. 프로그래밍 언어의 발전과정을 설명하여라.

02. C++의 표준화 과정에 대해서 설명하여라.

03. C++의 필요성과 응용분야에 대해서 설명하여라.

04. C와 C++의 특징에 대해서 설명하여라.

05. 객체지향 프로그래밍의 특징을 설명하여라.

06. 새로운 프로젝트를 생성하여 프로그램을 작성하는 과정을 단계별로 설명하여라.

07. 우분투 리눅스에 대해서 간략하게 설명하여라.

08. VMware(VMplyer)에 대해서 간략하게 설명하여라.

09. g++로 컴파일하는 방법을 설명하여라.

10. gdb로 디버깅하는 방법을 설명하여라.

11. 그림 1.23에서 각 메뉴(File, Edit, View, Project, Build, Debug, Team, Data, Tools, Window, Help)의 서브 메뉴(sub-menu) 기능을 설명하여라.

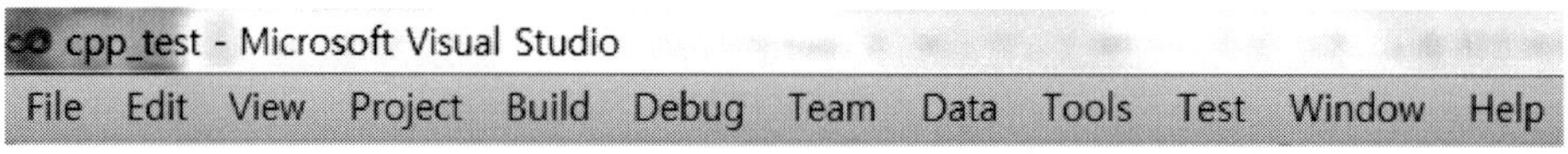

| 그림 1.23 | Microsoft Visual Studio 2010™ 메뉴

12. 그림 1.24는 'Project' ⇒ 'Properties' 대화상자이다. 각 항목을 설명하여라.

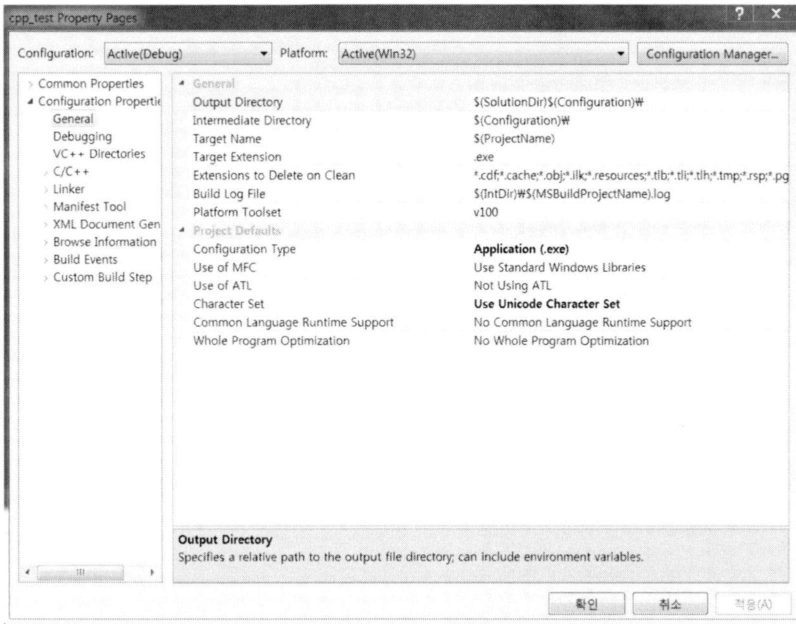

| 그림 1.24 | Project / Properties 대화상자

연습문제_B

13. $\sqrt{\sin x^2 + \cos x^2}$ 값을 구하는 프로그램을 작성하여라. 단, x는 라디안 값이며 $\theta = 90$, $radian = (\pi/180) \times \theta$)이다.

14. 다음과 같이 표준입력장치로 a, b, c의 값을 입력 받아 (식 1.1)을 계산하는 프로그램을 작성하고 설명하여라.

a=1 Enter↵

b=2 Enter↵

c=1 Enter↵

$$f(x) = \frac{-b + \sqrt{b^2 - 4ac}}{2a} \qquad (식\ 1.1)$$

제2장 C++ 기초

✱ 차례

✱ 학습목표

1. C++의 자료형, 키워드에 대해서 이해한다.
2. new, delete, bool에 대해서 이해한다.
3. namespace의 필요성을 이해하고 사용방법을 이해한다.
4. 참조자의 필요성과 사용방법을 이해한다.

2.1 개요

본 장에서는 C++의 자료형, C코드 호출 방법, namespace, 참조자(reference)의 내용을 이해한다. 프로그램의 기본적인 구성은 자료형(data type), 키워드(keyword), 연산자(operator) 그리고 식별자(identifier)로 구성되는 문장(statements)들로 이루어진다.

2.2 자료형

2.2.1 C++ 자료형

C++에서 사용되는 모든 상수 혹은 변수는 자료형(資料形 : data type)을 가진다. 자료형은 **변수를 메모리에 저장하는 단위(크기)이다. 자료형은 데이터를 담는 그릇에 비유할 수 있다. 자료형이 필요한 이유는 사용하는 자료의 길이에 적절한 메모리를 사용하여 메모리의 효율성을 높이는 것이다. C++의 자료형은 기본형(문자형, 정수형, 실수형), 불형(bool type), 복소수형, 허수형, 파생형(배열, 포인터), 그리고 사용자 정의형(구조체, 공용체, 열거체)이 있다.** C++ 표준에서는 기본 자료형에 대해서 최소 크기나 범위를 지정하지 않는 대신에 특정한 값의 범위를 만족하도록 요구하고 있다. C++ 컴파일러에서는 헤드파일 <climits>에서 기본 자료형의 크기와 범위를 지정하고 있지만 컴파일러에 따라서 다를 수 있다.

■ 자료형 개념 ■

우리는 친한 친구들과 자주 술을 마시는 경우가 있다. 이때 그림 2.1(왼쪽)과 같이 위스키, 소주, 맥주를 마시는 경우에는 술의 종류에 맞는 컵을 사용해야 한다. 만약 위스키 컵으로 맥주를 마시게 되면 크기가 작아 여러 번 사용해야 하고 많은 양을 넣으면 넘치는 경우가 발생하여 매우 비효율적으로 사용될 수 있다. 즉, 술의 종류에 적절한 컵을 사용해야 낭비 없이 효율적으로 술을 마실 수 있다. 이와 같이 C++에서 자료형은 그림 2.1(오른쪽)과 같이 사용하고자 하는 자료의 크기에 맞게 메모리를 사용해야한다. 그렇지 않으면 메모리를 낭비하거나, 자료가 삭제되는 경우가 발생된다. 자료형은 값을 저장하는 컵으로 설명할 수 있다.

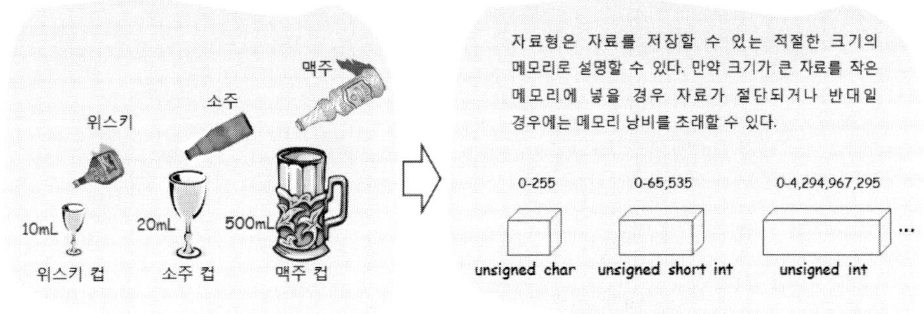

| 그림 2.1 | C++에서 자료형

예로써 1개의 문자 'x'를 저장하는 경우 1바이트 길이의 자료형(char)에 저장할 수 있지만 4바이트의 정수형(int)에 저장하여 처리하는 경우 메모리의 낭비를 초래한다. C++의 기본 자료형은 표 2.1과 같다.

| 표 2.1 | C++의 자료형(32비트 기준)

종류	자료형	길이 (바이트)	범위	C에서 입출력형식
문자형	char(signed char)	1	-128 ~ +127	%c
	unsigned char	1	0 ~ 255	
정수형	signed short int	2	-32,768 ~ +32,767	%d
	unsigned short int	2	0 ~ 65,535	%d
	int(signed int)	4	-2,147,483,648 ~ +2,147,483,647	%d
	unsigned int	4	0 ~ 4,294,967,295	%u
	signed long int	4	-2,147,483,648 ~ +2,147,483,647	%ld
	unsigned long int	4	0 ~ 4,294,967,295	%lu
실수형	float	4	$3.4x10^{-38}$ ~ $3.4x10^{+38}$(7 digits)	%f
	double	8	$1.7x10^{-308}$ ~ $1.7x10^{+308}$ (15 digits)	%lf
	long double	8	$1.7x10^{-308}$ ~ $1.7x10^{+308}$ (double과 동일)	%lf
불형	bool	1	true, false	-
확장문자형	wchar_t	2	0 ~ 65,535	-

그림 2.2는 int x=100;을 설명하는 것이다. 자료형 int는 그릇의 크기에 비유할 수 있고 변수 x는 그릇의 이름에 비유할 수 있다. 또한 값 100은 그릇에 저장된 양으로 설명할 수 있다.

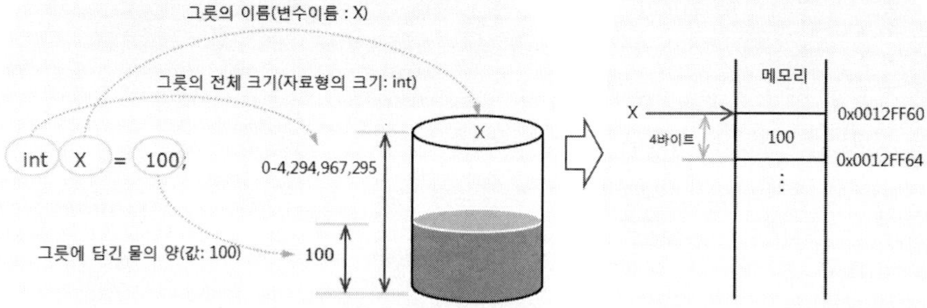

(a) 자료형과 변수의 값을 그릇의 크기와 양으로 비유 (b) 자료의 메모리의 할당

| 그림 2.2 | int x=100;의 동작

그림 2.3은 기본 자료형을 사용하는 경우 signed, unsigned, long, short가 자료형과 결합하여 사용할 수 있는 형태와 결합하여 사용할 수 없는 형태를 보인 것이다. 예로써 short char 혹은 long char 형태는 사용할 수 없지만 signed char, unsigned char은 사용할 수 있다. 또한 자료형이 단독으로 사용되는 것은 signed가 생략된 형태이다. 예로써 char는 signed char와 동일한 것이다.

또한 int형은 모든 형태의 조합이 가능하다. 예로써 signed int, unsigned int, long int, short int 등이 가능하다. 여기서 사용된 자료형은 모두 완전한 이름으로 기술하며 생략형을 사용할 수 있다. 예로써 [signed][int]는 signed, signed int, int 형태로 표현할 수 있다. C에서 입출력 형식은 사용된 자료형을 scanf( ) 함수를 사용하여 표준입력장치로부터 입력 받거나 printf( ) 함수를 사용하여 표준출력장치로 출력할 때 사용하는 형식이다.

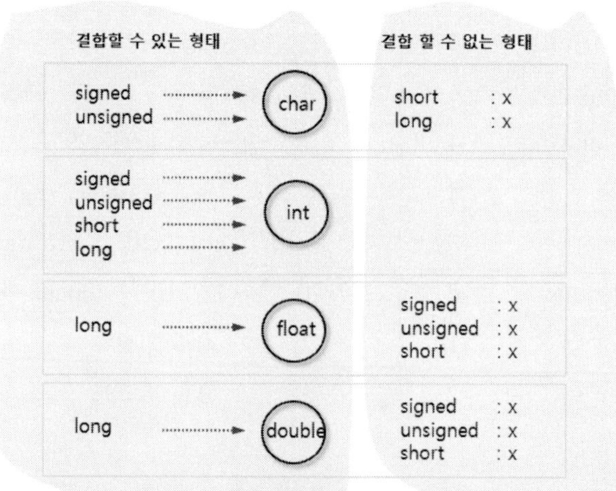

| 그림 2.3 | 기본 자료형을 사용하는 경우 자료형의 사용 가능한 경우와 불가능한(결합할 수 없는) 경우

2.2.2 wchar_t 자료형

컴퓨터 코드 체계에서 1개 문자를 표현하는데 7비트(영어), 8비트(비영어권), 16비트(한국어 혹은 일본어 등)의 값으로 표현되는 체계를 모두 16비트로 통일한 것이 유니코드 체계이다. 유니코드는 국제표준의 16비트 문자 체계이며 세계적으로 공용되는 부호체계이다.

ISO/IEC10646-1의 문자 체계에서는 ASCII 코드와 전 세계 26개 언어의 문자(특수문자, 특수기호 포함)에 대해서 모두 코드 값을 부여하고 있다. 윈도우즈 98 운용체제까지는 8비트 ANSI를 지원하지만 윈도우즈 XP/2000 이상의 운영체제에서는 ANSI와 유니코드 모두를 지원하고 있다. 표준 C헤드 파일인 string.h에는 문자형 자료는 char로 유니코드 문자는 wchar_t로 정의하고 있다.

또한 배열에서 szValue는 컴파일러에서 유니코드로 컴파일 되도록 설정되어 있어도 char로 기술되면 5바이트, wchar_t로 기술되면 10바이트, TCHAR로 기술되면 10바이트가 할당된다. 그러나 ANSI 만을 지원하는 플랫폼과의 호환성을 위해서 wchar_t를 직접 쓰지 않고 TCHAR형을 정의하고 있다.

```
char szValue[5];          // ANSI용 배열 선언
wchar_t szValue[5];       // 유니코드형으로 배열을 선언(ANSI에서는 오류)
TCHAR szValue[5];         // 유니코드형과 ANSI형에서 모두 사용할 수 있도록
                             하는 방법
```

** 예제 wchar_t 사용

이 프로그램은 기본 자료형에서 char, wchar_t가 문자와 문자열을 처리하는 방법을 이해하기 위한 것이다.

2_1.cpp

```
#include <iostream>
#include <tchar.h>
using namespace std;

void main()
{
        char a= 'x';
        wchar_t b= 'y';              // 확장문자형
```

```
08:        wchar_t c[20]= L"seoul";            // 유니코드로 표현
09:        cout << sizeof(a) << endl;          // 1바이트
10:        cout << sizeof(b) << endl;          // 2바이트
11:        cout << sizeof(c) << endl;          // 40바이트

12:        cout << a << endl;
13:        // cout << b << endl;
14:        // cout << c << endl;

15:        wcout << a << endl;
16:        wcout << b << endl;
17:        wcout << c << endl;
18: }
```

그림 2.4는 2_1.cpp의 실행결과이다. 실행결과는 char, wchar_t형이 초기화된 경우 자료형의 크기를 출력한다. 또한 cout과 wcout으로 출력한다.

| 그림 2.4 | 실행결과

1) 07행은 확장문자형으로 변수 b에 문자 'y'를 초기화 하였다. 이때 변수 b의 크기는 2바이트가 된다. 07행은 다음과 같이 해도 동일한 결과이다.

```
__wchar_t b= 'x';          // wide-character or multibyte character type
Zc:wchar_t b= 'y';         // to make wchar_t a typedef for unsigned short.
```

2) 08행은 확장문자형으로 변수 c에 문자열 "seoul"을 초기화 하였다. 이때 변수 c는 유니코드로 L"seoul"과 같이 초기화해야 한다.

3) 13행, 14행에서 변수 b, c는 확장문자형으로 초기화되었기 때문에 비정상적인 값으로 출력된다. 그래서 16행, 17행과 같이 wcout으로 출력해야 한다.

2.3 예약어(reserved word)

C++에서 예약어(豫約語 : reserved word)는 프로그램을 구성하는 명령어이다. 표 2.2는 표준 C(ISO/IEC 9899-1999)의 예약어)이며, C90 혹은 C99로 표시된 것은 C90, C99에서 추가된 키워드임을 표시한다. 예약어를 키워드(key word)로 표시하기도 한다. 표 2.3은 표준 C++에서 제공하는 예약어이다.

| 표 2.2 | 표준 C 키워드(C99 기준)

auto	enum(C90)	restrict(C99)	unsigned
break	extern	return	void(C90)
case	float	short	volatile(C90)
char	for	signed(C90)	while
const(C90)	goto	sizeof	_Bool(C99)
continue	if	static	_Complex(C99)
default	inline(C99)	struct	_Imaginary(C99)
do	int	switch	
double	long	typedef	
else	register	union	

| 표 2.3 | 표준 C++ 키워드

and	and_eq	asm	bitand
bitor	bool	catch	class
compl	const_cast	delete	dynamic_cast
explicit	export	false	friend
inline	mutable	namespace	new
not	not_eq	operator	or
or_eq	private	protected	public
reinterpret_cast	static_cast	template	this
throw	true	try	typeid
typename	using	virutal	wchar_t
xor	xor_eq		

표 2.3의 표준 C++ 키워드 중에서 and, and_eq, asm, auto, bitand, bitor, compl, export, not, not_eq, or, or_eq, xor, xor_eq는 마이크로소프트 C++에서는 지원되지 않는다. 그러나 표 2.4는 표준 C++에서 제공되지 않지만 마이크로소프트 C++에서 지원하는 마이크로소프트 확장 키워드이다. 확장 키워드는 키워드 앞에 _(underscore)를 사용한다.

| 표 2.4 | 마이크로소프트 확장 키워드

_abstract	_alignof	_asm	_assume
_based	_box	_cdecl	_declspec
_delegate	_event	_except	_fastcall
_finally	_forceinline	_gc	_hook
_identifier	_if_exists	_if_not_exists	_inline
_int16	_int32	_int64	_int8
_interface	_leave	_m128	_m128d
_m128i	_m64	_multiple_inheritance	_nogc
_noop	_pin	_property	_raise
_sealed	_single_ingeritance	_stdcall	_super
_try	_try_cast	_unhook	_uuidof
_value	_virtual_ingeritance	_w64	_wchar_t
deprecated	dllexport	dllimport	naked
noinline	noreturn	nothrow	novtable
property	selectany	thread	uuid

2.4 C++에서 C 코드 호출

C++ 컴파일러는 소스 파일을 컴파일하여 오브젝트 파일(object file)을 생성하고 생성된 오브젝트 파일을 관련된 파일과 묶어주는 링크과정을 통해서 최종적으로 실행파일을 생성한다. 이때 컴파일 과정에서 C에서는 컴파일시에 함수이름에 대한 정보만 오브젝트 파일(object file)에 포함하지만 C++에서는 함수이름, 인수의 종류와 자료형, 중복함수, 인라인 함수 등의 정보를 포함하게 된다. 그래서 C++에서 기존에 작성된 C 코드를 수정없이 호환성 있게 컴파일하기 위한 방법이 필요하다. C++ 코드에서 C 코드를 호출하는 방법은 형식과 같이 예약어 extern "C" 다음의 { } 내부에 C 코드 혹은 헤드파일을 기술한다.

■ 형식

```
extern  "C"
{
        // C_헤드_파일, 혹은 C_코드_기술;
}
```

■ 사용

```
extern  "C"                  // extern  "C"는 반드시 전역으로 선언한다.
{
        #include <stdio.h>
        int x=100;
}
```

예제 : extern "C" 사용

이 프로그램은 C++ 프로그램에서 기존에 작성된 C 코드를 별도의 수정 없이 사용하는 방법을 이해한다. C++에서 C코드로 컴파일 하도록 지정하기 위해서 extern "C"를 사용한다.

2_2.cpp

```
#include <iostream>
#include <iomanip>
using namespace std;
extern "C"                              // extern "C"로 C 헤드 파일 컴파일
{
        #include <stdio.h>
}
extern "C" int cfun(int a, int b)// extern "C"로 C코드를 C++로 컴파일
{
        int c = a+b;
        printf("C code block : ");
        printf("%d \n", c);
        return c;
}
void main(void)
{
```

```
17:         int x=0;

18:         x = cfun(100, 200);
19:         cout << "C++ code block : " ;
20:         cout << x << endl;
21: }
```

그림 2.5는 2_2.cpp의 실행결과이다. 실행결과는 C 코드영역에서 실행된 값과 C++ 코드 영역에서 실행된 값이 출력된 것을 확인할 수 있다.

| 그림 2.5 | 실행결과

1) 04행 ~ 07행은 C의 헤드 파일을 C++로 컴파일 하도록 지정한다. 이때 extern "C"는 반드시 전역으로 선언해야 한다.

2) 08행 ~ 14행은 cfun( ) 함수가 기존의 C 코드로 작성된 함수임을 전역으로 정의한다.

3) 만약 10행을 int class = a+b;과 같이 하면 오류이다. 이것은 비록 C 코드 영역이지만 C++의 키워드는 사용할 수 없다.

4) 18행은 main( ) 함수 내의 코드이며 이것은 모두 C++ 코드로 작성된 영역이다. 즉 12행은 C++ 코드에서 C 코드로 작성된 cfun( ) 함수의 내용을 호출하는 것이다.

*

2.5 new와 delete

2.5.1 동적 메모리 할당 기법

C/C++에서는 프로그램에서 일시적으로 필요하게 되는 메모리는 할당 후 사용하고 사용 후 할당된 메모리는 제거한다. 이렇게 필요시 메모리를 할당하고 사용후 할당된 메모리를 제거하는 것을 동적 메모리 할당이라 한다. C에서는 malloc( ) 함수와 free( ) 함수를 사용하고 C++에서

new와 delete를 사용한다. new는 일정한 크기의 기억 장소(메모리)를 할당(new)하고, 할당된 메모리를 제거하기 위해서 delete를 사용한다.

2.5.2 new와 delete 사용

전술한바와 같이 C에서는 malloc( )과 free( )를 사용하여 메모리를 할당하고 해제하며, C++에서는 new와 delete를 사용하여 메모리를 할당하고 해제한다. new와 delete를 사용하는 방법은 다음과 같다.

사용하기 new, delete

❶ 일반 변수에서 new와 delete 사용

```
int *ptr;
ptr = new int;                    // int 형의 메모리 할당
delete ptr;                       // 메모리 삭제
```

❷ 배열에서 new와 delete 사용

```
int *ptr;
ptr = new int[3];                 // 3개의 int형 데이터 할당
delete [] ptr;                    // 할당된 메모리 제거
```

❸ 클래스에서 new와 delete 사용(예제 5_5.cpp 참조)

```
class Aclass
{
  ......
};

void main()
{
  class Aclass *ptr1;
  ptr1 = new Aclass;              // 객체 1개를 메모리 할당
  delete ptr1;                    // 메모리 제거

  class Aclass *ptr2;
  ptr2 = new Aclass[2];           // 객체 배열(2개)을 메모리에 할당
  delete [] ptr2;                 // 메모리 제거
}
```

❹ malloc( ), free( ), new, delete의 비교

예제 2_3.cpp 참조

*** 예제 동적 메모리 할당 기법

이 예제는 C에서 malloc( ) 함수와 free( ) 함수를 사용하여 동적으로 메모리를 할당하고 제거하는 방법과 C++에서 new와 delete를 사용하여 메모리를 동적으로 할당하고 해제하는 방법을 이해하기 위한 것이다.

2_3.cpp

```
#include <malloc.h>        // #include <cmalloc>으로 사용할 수 없음
#include <iostream>
using namespace std;

int main(void)
{
        char str1[10];                                    // 정적 메모리 할당
        char *str2 = (char*)malloc(sizeof(char)*10)       // C 방식의 동적 할당
        memset(str1, 0, sizeof(char)*10);                 // 메모리 초기화
        char *str3 = new char[10];                        // C++ 방식의 동적할당

        cin >> str1;
        cin >> str2;
        cin >> str3;
        cout << endl;

        cout << str1 << endl;
        cout << str2 << endl;
        free(str2);

        cout << str3 << endl;
        delete [] str3;

        return 0;
}
```

프로그램의 실행결과는 그림 2.6과 같이 3개의 문자열을 입력받고 저장한 다음 출력하고 메모리를 해제한다.

| 그림 2.6 | 실행결과

1) 06행은 배열을 사용한 정적 메모리 할당방법이다. 이때 06행을 free(str1)과 같이 사용할 수 없다. 이것은 정적메모리 할당에는 free( ) 함수를 사용할 수 없기 때문이다.

2) 07행은 C 방식의 동적 메모리 할당 방법이며, 09행은 C++의 동적 메모리 할당방법이다.

3) 동적 메모리 할당 방법으로 할당된 메모리는 반드시 해제해야 한다. 07행의 malloac( ) 함수에서 할당된 메모리는 16행의 free( ) 함수를 사용해서 해제하고, 09행에서 할당한 메모리는 16행의 delete에서 할당한 메모리를 해제한다.

*

2.6 bool 자료형

2.6.1 bool

C++ 표준에서는 bool 자료형을 신규로 추가하였다. 이 자료형의 이름은 영국의 수학자 조지 불(George Bool)의 업적을 기리기 위해서 그의 이름을 인용한 것이다. bool 자료형은 1을 참(true), 0을 거짓(false)으로 하며 참과 거짓 중에서 어느 한가지 만 가질 수 있다. C++에서는 0이 아닌 모든 값(예로써, -1, +5, 문자 A 등)들은 1(참)으로 처리(출력)하고 0인 값은 0(거짓)으로 처리한다.

기존의 C방식에서는 참 혹은 거짓의 표현은 프로그램의 선두에 #define TRUE 1 형태로 기술하여 사용한다. C++에서는 bool 자료형 변수는 디폴트로 0과 1을 출력하지만 boolalpha를 사용하면 "true"와 "false"로 출력한다. 또한 boolalpha로 설정된 것을 nonboolalpha로 설정하면 출력을 다시 0, 1로 출력할 수 있다.

** 예제 : bool, boolalpha, nonboolalpha 사용

이 프로그램은 C++의 bool 자료형에서 bool, boolalpha, nonboolalpha의 동작을 이해하기 위한 것이다.

2_4.cpp

```
#include <iostream>
#include <iomanip>
using namespace std;

#define TRUE 1                    // C 방식의 기술방법
#define FALSE 0

void main(void)
{
    bool b1= true;                // C++ 방식의 기술방법
    bool b2= false;

    cout << "by C method" << endl;
    cout << setw(10) << TRUE << setw(10) << FALSE << endl << endl;

    cout << "by C++ method" << endl;
    cout << setw(10) << b1 << setw(10) << b2 << endl;
    cout << boolalpha << setw(10) << b1
         << setw(10) << b2 << endl << endl;

    cout << "using noboolalpha" << endl;
    cout << noboolalpha << setw(10) << b1
         << setw(10) << b2 << endl << endl;
    cout << "using boolalpha" << endl;
    cout << boolalpha << setw(10) << b1
         << setw(10) << b2 << endl << endl;
}
```

그림 2.7은 2_4.cpp의 실행결과이다. 프로그램의 출력은 C와 C++ 방식으로 참과 거짓을 1, 0으로 출력하고 참과 거짓을 boolalpha 형식(true, false)으로 출력하고 다시 nonboolalpha 형식(1, 0)으로 출력한다.

```
by C method
        1         0

by C++ method
        1         0
     true     false

using noboolalpha
        1         0

using boolalpha
     true     false

계속하려면 아무 키나 누르십시오 . . .
```

| 그림 2.7 | 실행결과

1) 04행과 05행은 C 방식에서 참(true)과 거짓(false)을 표현하는 방법이다. **이때 TRUE의 크기는 4바이트이지만 C++의 bool은 1바이트이다.**

2) 08행과 09행은 C++ 방식에서 사용하는 참(true)과 거짓(false)을 표현하는 방법이다.

*

2.7 namespace

2.7.1 개념

왜 C++에서 namespace가 필요한가? 대형의 응용 프로그램을 설계하는 경우 동일한 명칭의 식별자를 사용해야하는 경우가 발생된다. C++에서 대형 프로젝트를 설계하는 경우 발생될 수 있는 동일한 식별자는 namespace를 사용하여 구분하여 사용할 수 있다. C++에서 이러한 기능을 제공하는 것이 namespace이다. 즉, namespace는 식별자(변수, 라벨, 함수, 구조체 및 클래스 이름)가 정의되는 영역이다.

■ namespace 개념 ■

우리는 일상 생활에서 동일한 이름 때문에 혼돈이 있는 경우가 자주 있다. 예로써 "C++ 프로그래밍" 강좌에 홍길동이라는 학생이 3명 신청한 경우 홍길동 학생은 모두 이름이 같아 혼돈이 발생된다. 그래서 이러한 혼란을 피하기 위해서는 항상 전기과 홍길동, 전자과 홍길동으로 구분하여 호명해야 한다. 이런 문제는 C++에서 대형 프로그램을 설계하는 경우 많이 발생될 수 있다. 예로써 같은 변수를 여러 번 사용해야 하는데 같은 이름으로 사용하면 변수 간의 충돌이 발생되어 치명적인 오류를 발생하여 사용할 수 없다. 그래서 C++에서는 그림 2.8과 같이 동일한 변수를 여러 번 사용하기 위해서 namespace라는 이름공간을 사용한다. namespace를 사용하면 동일한 변수를 필요한 영역에서 구분하여 사용할 수 있게 되어 동일한 변수를 사용하여도 변수들 간의 충돌을 막을 수 있다.

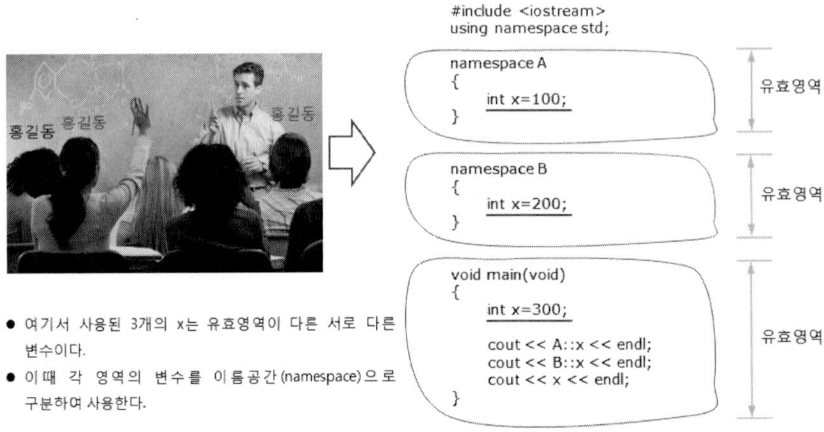

| 그림 2.8 | 일상적인 생활과 C++의 namespace

2.7.2 namespace

namespace는 대형의 응용 프로그램을 설계하는 경우 발생될 수 있는 변수 이름의 충돌을 방지하기 위해서 사용된다. namespace는 식별자(identifier)를 정의하여 사용할 수 있는 지정된 영역이다. namespace를 사용하면 동일한 프로그램에서 같은 이름의 식별자를 여러 번 정의하고 구분해서 사용할 수 있다. 프로그램에서 사용되는 식별자를 구조적으로 관리할 수 있는 방법을 제공하는 것이 namespace이다. namespace는 형식과 같이 예약어 namespace를 기술하고 namespace 이름과 중괄호를 사용하여 namespace의 범위를 표시한다. 또한 namespace는 using 구문과 같이 사용할 수 있다.

■ 형식

```
namespace  namespace_name          // namespace 정의
{
                                   // 변수 혹은 함수 정의
}
```

```
using namespace_name::identifier;   // namespace와 변수를 동시에 호출
        혹은
using namespace  namespace_name;    // 사용할 namespace 호출
variable;                           // 사용할 namespace의 변수
```

■ 사용

```
01: namespace  A                  // namespace A를 정의
02: {
03:        int x=100;
04: }

05: namespace  B                  // namespace B를 정의
06: {
07:        int x=200;
08: }

09: namespace  C                  // namespace C를 정의
10: {
11:        int x=300;
12: }

13: using namespace  A;           // 첫 번째 방법
14: cout << x << endl;            // 100
15: using B::x;                   // 두 번째 방법
16: cout << x << endl;            // 200

17: cout << C::x << endl;         // 세 번째 방법(300, 반드시 cout과 같이 사용해야 함)
18: cout << x << endl;            // 200(이때는 15행에서 설정한 B 값이 출력)
```

*** 예제 기본적인 namespace의 동작

이 예제는 namespace의 기본적인 동작을 확인하기 위한 것으로 각각의 namespace DATA, READ, WRITE에서 동일한 변수 a와 함수 out( )을 사용하여 이를 3가지 방법으로 namespace의 동작을 이해한다.

2_5.cpp

```
#include <iostream>
using namespace std;          // cin, cout 사용
```

```
03: namespace DATA
04: {
05:         int a=100;
06:         void out()
07:         {
08:             cout << "DATA namespace ......" << endl << endl;
09:         }
10: }
11: namespace READ
12: {
13:         int a=200;
14:         void out()
15:         {
16:             cout << "READ namespace ......" << endl << endl;
17:         }
18: }
19: namespace WRITE
20: {
21:         int a=300;
22:         void out()
23:         {
24:             cout << "WRITE namespace ......" << endl << endl;
25:         }
26: }
27: int main()
28: {
29:         // int a=500;                    // 오류(33행에 의한 05행이 중복 정의)
30:         using namespace DATA;            // 첫 번째 사용방법
31:         cout << a << endl;
32:         out();
33:         using READ::a;                   // 두 번째 사용방법
34:         using READ::out;
35:         cout << a << endl;               // 200
36:         out();
37:         // using namespace READ;         // READ를 다시 기술해도 무관
38:         // using READ::a;                // 33행에서 선언 후 다시 선언해도 무관
39:         // using READ::out;              // 34행에서 선언 후 다시 선언해도 무관
```

```
40:        cout << WRITE::a << endl;        // 세 번째 사용방법
41:        WRITE::out();
42:        return 0;
43:}
```

그림 2.9는 2_5.cpp의 실행결과이다. 실행결과는 각각의 namespace에서 사용된 동일한 식별자를 구분하여 사용될 수 있음을 보이며 첫 번째는 DATA namespace, 두 번째는 READ namespace, 세 번째는 WRITE namespace의 값과 함수가 실행된 결과를 출력한다.

| 그림 2.9 | 실행결과

1) 02행은 std의 namespace를 사용하기 위한 구문이다. 만약 02행을 사용하지 않으면 cin, cout, endl을 다음과 같이 사용할 수 있다.

```
using std::cin;
using std::cout;
using std::endl;
```

2) 03행, 11행, 19행은 각각 DATA, READ, WRITE namespace를 정의하였으며 각각의 namespace는 변수 a와 함수 out()을 가지고 있다.

3) 29행이 사용되면 오류가 발생된다. 이것은 29행에서 변수 a를 선언하고 33행을 사용하면 05행을 다시 사용하는 것이 되기 때문에 변수 a가 충돌되기 때문이다. C++ 코드에서 코드의 충돌을 해결하는 방법은 다음과 같다.

① 충돌을 해결하는 방법 : 다음과 같이 main() 함수 영역의 변수 a를 다음과 같이 { }를 사용하여 묶어 준다.

```
{  // 변수 a의 영역 시작
    int a=500;
}  // 변수의 a의 영역 끝
```

② 29행을 사용할 수 있는 경우 : 29행의 변수 a가 정의된 경우 30행과 40행을 기술할 수 있다. 30행은 DATA namespace를 사용하는 것을 선언하는 것이며, 40행은 WRITE의 변수 a를 사용하는 것이기 때문에 변수가 충돌되는 것은 아니다.

```
29: int a=500;
    ...
30: using namespace DATA;          // DATA 영역을 사용한다고 선언
    ...
40: cout << WRITE::a << endl;      // WRITE::a의 사용
```

③ 또한 29행이 정의된 다음 33행과 같이 using DATA::a, using READ::a, using WRITE::a를 사용하면 오류가 발생된다.

```
29: int a=500;
33: using DATA::a;                 // 오류
33: using READ:a;                  // 오류
33: using WRITE::a;                // 오류
```

4) 30행 ~ 32행, 33행 ~ 36행, 40행 ~ 41행은 모두 DATA, READ, WRITE 영역의 변수와 함수에 접근하는 동일한 방법이다.

5) 37행 ~ 39행은 33행 ~ 34행의 READ namespace가 선언되어도 같은 namespace를 다시 선언할 수 있다. 즉, namespace는 여러 번 선언할 수 있다.

2.7.3 여러 파일에서 namespace 사용

대형 프로그램을 설계하는 경우 1개의 파일에서 여러 개의 namespace를 사용하여 동일한 식별자를 구분하여 사용하는 경우 혹은 여러 개의 파일에서 동일한 namespace를 사용하는 경우도 있다. 이 예제를 통해서 1개의 파일에서 여러 개의 namespace를 사용하는 방법을 이해할 수 있다.

- 1개의 파일에서 서로 다른 여러 개의 namespace를 기술하고 이를 main( )에서 사용하는 방법 : 2_6.cpp
- 여러 개의 파일에서 동일한 namespace를 기술하고 main( )에서 사용하는 방법 : 2_7.cpp
- 헤드파일에서 1개의 namespace를 기술하고 다른 파일에서 namespace 변수를 사용하는 방법 : 2_8.cpp

*** 예제 : 1개의 파일에서 서로 다른 여러 개의 namespace 사용

이 프로그램에서는 1개의 파일에서 서로 다른 여러 개의 namespace를 기술하고 main( )에서 사용하는 방법을 이해한다.

2_6.cpp

```
#include <iostream>
using namespace std;
namespace  A            // namespace A를 정의
{
        int  x=1;
}
namespace  B            // namespace B를 정의
{
        int  x=2;
}
namespace  C            // namespace C를 정의

{
        int  x=3;
}
void main(void)
{
        cout << A::x << endl;
        cout << B::x << endl;
        cout << C::x << endl;
}
```

그림 2.10은 2_6.cpp의 실행결과이다. 실행결과는 1개의 파일에서 여러 개의 namespace를 정의하고 main( ) 함수에서 출력한다.

| 그림 2.10 | 실행결과

1) 03행, 07행, 11행에서 서로 다른 namespace A, B, C에서 동일한 변수를 정의하고 이를 main( ) 함수의 17행, 18행, 19행에서 사용한다.

*** 예제 : 여러 개의 파일에서 동일한 namespace를 기술하고 main( )에서 사용

이 예제는 여러 개의 파일에서 동일한 이름의 namespace를 기술하고 main( )에서 사용하는 방법을 이해한다.

2_7.h

```
namespace  A
{
        int  x=1;
}
```

2_7.cpp

```
#include "2_6.h"
#include <iostream>
using namespace std;

namespace  A
{
        int  y=2;
}
namespace  A
{
        int  z=3;
}

void main(void)
{
        using namespace A;

        cout << A::x << endl;
        cout << A::y << endl;
        cout << A::z << endl;
}
```

그림 2.11은 2_7.cpp의 실행결과이다. 실행결과는 각각의 namespace를 main( ) 함수에서 사용하고 출력한다.

| 그림 2.11 | 실행결과

1) 2_7.h 파일의 01행은 namespace A를 정의하고 2_7.cpp의 04행과 08행에서 각각 namespace A를 정의하였다.

2) 2_7.h 파일과 2_7.cpp 파일에서 정의한 namespace A를 main( ) 함수에서 사용하였다. 2_7.cpp의 14행은 생략해도 무관하다.

*

*** 예제 namespace를 헤드파일에서 정의하고 외부에서 사용

이 프로그램은 헤드 파일에서 namespace를 기술하고 외부 파일에서 사용하는 방법을 이해하기 위한 것이다.

cpp_test.h

```
namespace DATA
{
        int x=100;
}
```

2_8.cpp

```
#include <iostream>
#include "cpp_test.h"
using namespace std;
void main(void)
{
    int x=200;
    cout << x << endl;                // main()의 x 값
    cout << DATA::x << endl;          // DATA 영역의 x 값
}
```

그림 2.12는 예제 2_8.cpp의 실행결과이다. 실행결과는 main( ) 함수에서 정의한 x 값과 헤드 파일의 namespace DATA에서 정의한 x 값을 호출한 결과가 출력된다.

| 그림 2.12 | 실행결과

1) 2_8.cpp의 07행은 main( )에서 정의한 지역변수 x 값을 출력한다.

2) 2_8.cpp의 08행은 DATA 영역의 변수 x 값을 출력한다.

*

2.8 참조자(reference)

2.8.1 참조자의 정의

참조자(參照者 : reference)는 변수에 대한 별명(alias)이다. 그래서 변수와 참조자는 항상 같은 값과 위치를 가진다. 참조자는 C++에서 추가된 데이터형이다. C++에서 왜 참조자가 필요한가? 참조자는 프로그램에서 변수의 이름이 복잡할 때 참조자를 사용하여 간단한 별명을 사용하여 가독성(可讀性 : readability)을 높일 수 있으며, 변수의 이름을 직접 사용할 수 없는 경우에 변수의 참조자를 사용한다. 또한 참조자는 함수 호출에 사용되어 피호출함수 내부에서 호출함수의 값에 접근하는 경우 사용한다.

■ 참조자 개념 ■

정보통신과 2학년 A반의 홍길동 학생은 술 마시기를 너무 좋아하고 특히 맥주를 많이 잘 마시는 것으로 소문났다. 그래서 모든 학생들은 그를 맥주라 부르게 되었고 그의 별명은 맥주가 되어 버렸다. 여기서 우리는 홍길동과 맥주의 관계를 자세히 보자. 그림 2.13과 같이 홍길동과 맥주는 같은 사람(C++에서 변수(홍길동)와 참조자(맥주)는 동일한 값(동일한 사람이다.)이므로 키 크기와 얼굴 생김새가 같고(C++에서 변수와 참조자는 동일한 자료형이다) 같은 집(C++에서 변수와 참조자는 같은 번지를 가리키고 있다)에 살고 있다. 우리가 일상생활에서 있을 수 있는 예를 C++의 변수와 참조자로 비유하였다. 여기서 홍길동은 변수이고 맥주는 참조자이다.

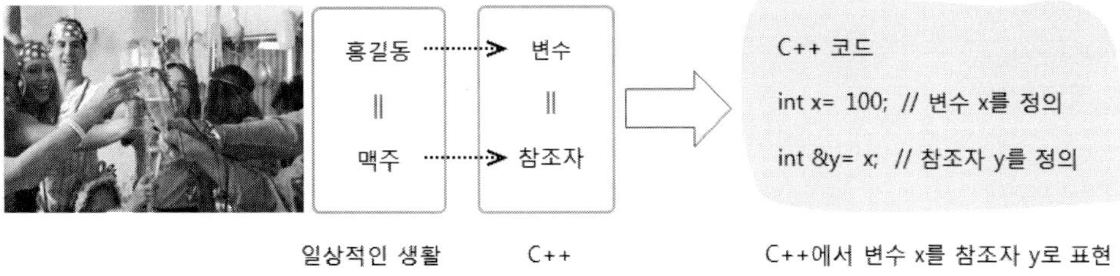

| 그림 2.13 | 일상적인 생활에서 C++의 변수와 참조자의 설명

그래서 참조자 y(맥주)는 변수 x(홍길동)와 같은 값(키와 얼굴 생김새)을 가지고 같은 번지(같은 집)를 가리키게 된다. 그래서 변수 값이 변하면 참조자 값도 같이 변한다. 참조자는 형식_2.4와 같이 자료형을 먼저 기술하고 연산자 &과 참조자 변수의 이름을 기술한다. 그림 2.14는 참조자의 동작이다.

■ 형식

자료형 &참조자_변수_이름 = 변수_이름 ;

■ 사용

❶ 참조자로 초기화되면 변수와 참조자는 같은 값을 가지고 동일한 번지를 가진다.

```
int x;
int &y= x;      // 참조자(정수형 참조자 y는 정수형 변수 x로 초기화)
```

❷ 포인터로 초기화되면 포인터 변수 y는 변수 x의 번지를 가지고 있다. 그래서 포인터 변수 y는 x의 값을 가지고 있다. 포인터 변수는 번지가 변경될 수 있지만 레퍼런스는 번지가 변경될 수 없다.

```
int x;
int *y= &x;     // 포인터(정수형 포인터 변수 y는 정수형 변수 x로 초기화)
```

2.8.2 참조자의 동작

그림 2.14는 변수 A=100;으로 정의 되고, 참조자 ref는 변수 A로 초기화되었다. 이때 참조자는 변수 A의 값과 같은 번지를 가리키게 된다. 결과적으로 변수 A 값과 ref는 같은 값이다.

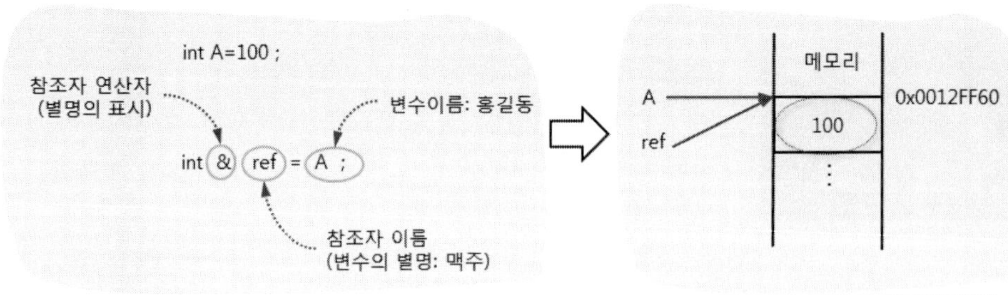

▼ 변수 A와 ref는 동일한 번지를 가리킨다.
▼ A 값이 변경되면 ref 값은 변경되지만 가리키는 위치(번지)는 고정된다.

```
A      = 100
ref    = 100
&A     = 0x0012FF60
&ref   = 0x0012FF60
```

| 그림 2.14 | 참조자의 동작(int & ref = A;)

참조자는 그림 2.14와 같이 변수를 기술하고 그 변수의 참조자 임을 표시하는 기호 &(앰퍼샌드)를 변수의 자료형과 참조자 이름으로 기술한다. 참조자는 반드시 선언과 동시에 초기화해야한다. 기호 &이 일반 변수 앞에서 사용하면 변수의 번지(address)가 되지만 변수를 선언하고 &와 같이 기술하면 해당 변수에 대한 참조자가 된다. 참조자는 C++에서 추가된 데이터형이다.

*** 예제 ⋮ 참조자의 동작

이 프로그램은 그림 2.14에서 설명한 참조자의 기본적인 동작을 이해하기 위한 것이다.

2_9.cpp

```
#include <iostream>
using namespace std;
void main(void)
{
        int x=100;
        int &ref= x;            // 정수형 참조자 ref를 정의
        cout << "x=" << x << endl;
        cout << "ref=" << ref << endl << endl;
        cout << "&x=" << &x << endl;
        cout << "&ref=" << &ref << endl;
        getchar();
}
```

그림 2.15는 2_9.cpp의 실행결과이며, x와 ref는 같은 값을 출력하고 x와 ref는 동일한 번지를 출력한다.

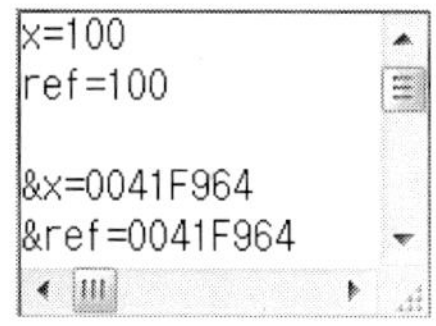

| 그림 2.15 | 실행결과

1) 06행은 정수형 변수 x를 정수형 참조자 ref에 초기화한다. 그래서 07행과 08행은 같은 값이 출력되고 09행과 10행은 같은 번지가 출력된다.

*

정리하기 참조자의 특징

❶ 참조자는 변수에 대한 다른 명칭이기 때문에 참조자에 대한 메모리는 할당되지 않지만 변수와 같은 번지를 가지고 있다.

❷ 참조자와 참조자가 참조하는 변수는 항상 같은 주소, 동일한 자료형과 동일한 값을 가지게 된다.

❸ 참조자는 독립적으로 사용될 수 없으며 변수와 같이 사용되어야 하고 선언과 동시에 항상 초기화되어야한다.

❹ 참조자가 참조하는 값은 변경될 수 있지만 대상(번지)은 변경할 수 없다. 또한 const를 사용하여 값을 변경할 수 없고 읽기 전용으로 사용하는 경우 const 참조자를 사용한다.

❺ 참조자는 변수를 참조(가리키는)하는 대상이 반드시 필요하지만 포인터는 참조(가리키는)하는 대상이 없을 수(널 포인터 사용)도 있다. 또한 참조자는 참조하는 대상을 변경할 수 없지만 포인터는 참조하는 대상을 변경할 수 있다.

참조자는 변수가 참조하는 값을 다른 별명(이름)으로 사용하기 위한 것이며, 참조자를 사용하면 변수와 동일한 위치를 가리키기 때문에 메모리를 절약할 수 있고 변수 이름이 복잡한 경우 편리하다.

분석하기 참조자 사용

❶ 참조자는 변수의 별명이므로 변수를 정의한 다음 그 변수에 대해서 참조하도록 해야 하며 정수 값을 직접 대입할 수 없다. cout에서 참조자형의 크기는 sizeof( ) 함수를 사용해서 구할 수 있다.

(1) 다음과 같이 참조자에는 직접 값을 대입할 수 없다.

```
int &ref = 100;                  // 오류
```

(2) 참조자는 반드시 변수를 선언한 다음 변수를 참조자에 참조하도록 해야 한다.

```
int value;
int &ref = value;                // ref는 value 값을 가리킨다.
cout << ref << endl;
```

(3) 참조자의 자료형 크기 출력

```
cout << sizeof(int &) << endl;   // int형 참조자의 자료형 크기
```

❷ 참조자는 반드시 선언과 동시에 초기화해야 하며 선언만 하는 경우에는 오류가 발생된다.

(1) 잘못된 표현

```
int &ref;                        // 오류
```

(2) 정상적인 표현

```
int value;                       // 정상
int &ref = value;                // 참조자는 변수와 같은 자료형, 번지를 가진다.
```

❸ 참조자는 1개의 변수를 여러 번 참조할 수 있고, 참조자가 가리키는 참조자를 다시 참조할 수 있다. 참조자가 변수를 참조하는 회수는 제한이 없다. 참조자가 참조하는 다음의 2가지는 그림 2.16과 같다.

(1) 참조자가 참조하는 곳을 다시 참조하는 경우

```
int value = 100;
int &ref1 = value;      // ref1 : 100
int &ref2 = ref1;       // ref2 : 100
int &ref3 = ref2;       // ref3 : 100
```

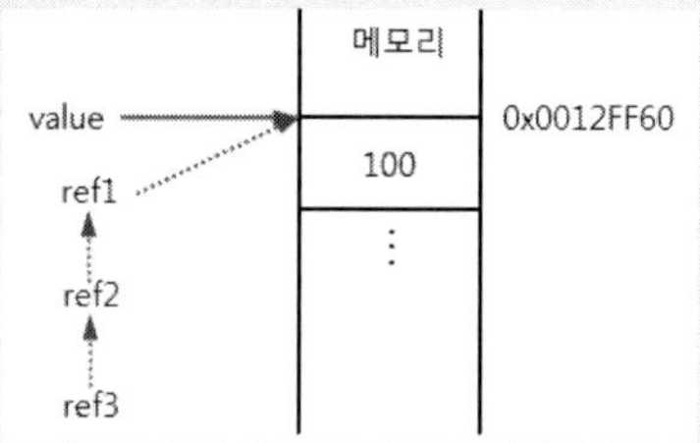

| 그림 2.16 | 참조자가 참조하는 곳을 다시 참조하는 경우

(2) 1개의 변수를 여러 개의 참조자가 참조하는 경우(그림 2.17)

```
int value = 100;
int &ref1 = value;    // ref1 : 100
int &ref2 = value;    // ref2 : 100
int &ref3 = value;    // ref3 : 100
```

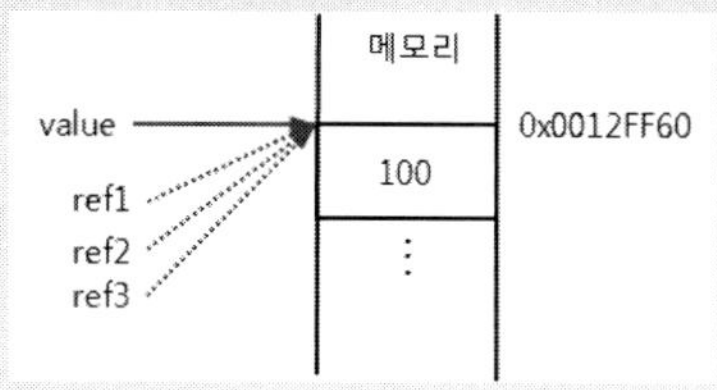

| 그림 2.17 | 1개의 변수를 여러 개의 참조자로 참조하는 경우

❹ 포인터와 참조자를 정의하고 사용하는 방법이다. 이때 포인터를 사용하여 x 값을 가리키는 경우 8바이트가 필요하지만 참조자를 사용하여 x를 가리키면 4바이트가 필요하게 된다. 그래서 **참조자를 사용하면 메모리를 절약할 수 있다.**

(1) 포인터(그림 2.18)

```
int x=100;
int *ptr = &x;
cout << *ptr << endl;
```

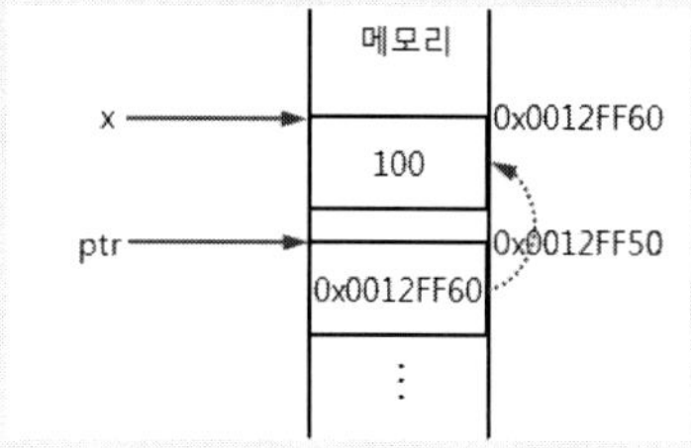

| 그림 2.18 | 포인터 동작

(2) 참조자(그림 2.19)

```
int x=100;
int &ref = x;
cout << ref << endl;
```

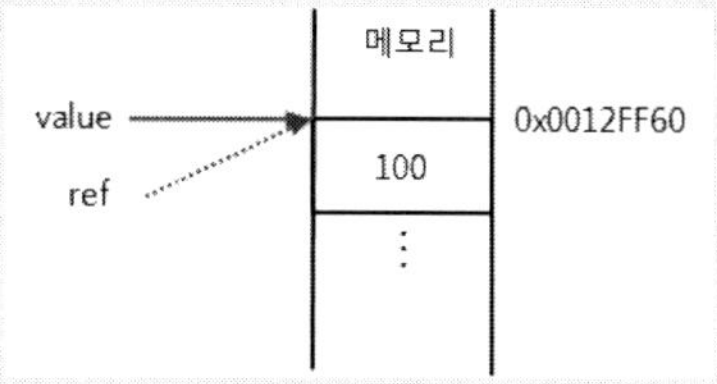

| 그림 2.19 | 참조자 동작

❺ 참조자는 배열의 값을 가리킬 수 있다.(그림 2.20)

```
int value[3] = {100, 200, 300};
int &ref1 = value[0];    // ref1 : 100
int &ref2 = ref1;        // ref2 : 100
int &ref3 = ref2;        // ref3 : 100
```

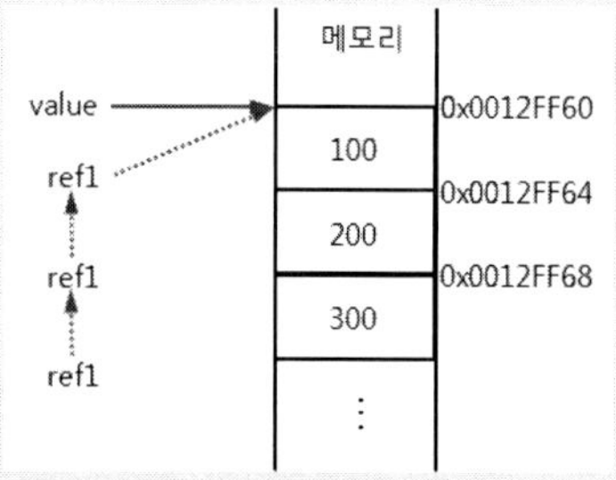

| 그림 2.20 | 참조자가 배열의 값을 가리키는 경우

❻ 참조자는 변수에 대한 별명이므로 변수를 참조하는 자료형과 일치해야한다. 만약 자료형이 다를 경우에는 형을 변환한 후 사용해야 한다.

```
int value=500;
float &ref = value;              // 오류(int형을 float형으로 참조)
float &ref = (float &)value;     // 정상(int형을 float &형으로 변환)
```

❼ 참조자가 참조하는 값을 다른 변수의 값으로 바꿀 수 있지만 참조자가 가리키는 대상(&ref)은 변경할 수 없다.

```
int a = 100;
int b = 200;
int &ref = a; // ref는 a 변수의 값을 가리킨다.
ref = b;      // 정상(ref는 b값 200을 참조, &ref(ref가 가리키는 위치)는 불변)
ref = &b      // 오류(ref는 a의 위치를 가리키고 있으며 다른 위치로 변경불가)
```

❽ 참조자는 복잡한 수식을 다른 명칭으로 사용(참조자)하여 복잡한 코드를 간단한 명칭으로 사용하여 프로그램의 가독성을 높일 수 있다.

```
void main(void)
{
  int x=1, y=1, z=1;
  int value[10]={100, 200, 300, 400, 500, 600, 700, 800, 900, 1000};

  int &ref = value[1*x+2*y+3*z];  // 700
  ref = ref + 5;                  // ref+5은 value[1*x+2*y+3*z]+5와 동일
  cout << ref << endl;            // 결과는 705가 출력
}
```

❾ 참조자는 함수를 호출하는 경우 피호출 함수에서 호출함수 내의 변수 값을 변경할 경우에 사용된다. 다음과 같이 호출함수(fun( ))에서 피호출 함수를 호출한 경우 피호출 함수에서 호출함수(main( )) 내의 값에 접근하여 값을 변경할 경우 참조자를 사용하여 호출함수 내의 변수에 접근한다(참조자에 의한 함수 호출). 이때 실행결과는 그림 2.21과 같이 피호출함수(fun( ))에서 증가한 값이 호출함수에서 증가되는 것을 확인할 수 있다.

```
#include <iostream>
using namespace std;
void fun(int &ref);

void main(void)
{
      int value = 100;
```

```
    cout << value << endl << endl;   // value : 100

    fun(value);                      // 함수 호출(변수로 호출)
    cout << value << endl;           // 증가된 value 값이 출력

    fun(value);
    cout << value << endl;           // 증가된 value 값이 출력
}

void fun(int &ref)                   // 피호출 함수(참조자로 받는다.)
{
    ref++;                           // main()의 변수 value 값을 증가
    cout << ref << endl;
}
```

| 그림 2.21 | 실행결과

⓾ 함수형 참조자는 다음과 같이 03행 ~ 06행 까지 함수를 정의한다. 다음은 09행과 같이 참조자로 가리키고자 하는 read( ) 함수로 초기화한다. 그리고 10행에서 함수형 참조자로 호출하여 한다.

```
01: #include <iostream>
02: using namespace std;

03: void read(int x)
04: {
05:     cout << x << endl;
06: }

07: void main()
08: {
09:     void (&ref)(int p) = read;
10:     ref(100);
11: }
```

⓫ 참조자는 const와 결합하여 const 참조자로 사용하여 변수의 값을 고정한다. const 참조자는 일반 변수에서 사용되는 const와 유사하게 동작한다.

```
void main(void)
```

```
{
    int value1 = 100;
    const int value2 = 200;
    const int &ref = value1;         // 읽기 전용의 참조자로 정의

    value1 = 300;                    // 정상(변수의 값은 변경 가능)
    // ref = 400;                    // 오류(const 참조자는 변경 불가)

    // ref = value1;                 // 오류(const 참조자는 다른 값으로 변경 불가)
    // ref = value2;                 // 오류(const 참조자는 다른 값으로 변경 불가)
    cout << ref << endl;
}
```

*** 예제 ⁝ 참조자가 가리키는 값의 변경

이 프로그램은 일반 변수(value1)를 참조자(&ref)로 초기화한 다음 참조자의 참조를 변경할 경우를 이해하기 위한 예제이다.

2_10.cpp

```
#include <iostream>
using namespace std;

void main(void)
{
        int value1=100;
        int value2=200;
        int &ref = value1;          // ref는 value1 값을 가리킨다.

        cout << "01번 위치: " << &value1 << endl;
        cout << "02번 위치: " << &value2 << endl << endl;

        cout << "03번 위치: " << value1 << endl;
        cout << "04번 위치: " << ref << endl;
        cout << "05번 위치: " << &value1 << endl;
        cout << "06번 위치: " << &ref << endl << endl;

        ref = value2;               // ref는 200을 가리킴
        cout << "07번 위치: " << value1 << endl;
```

```
16:         cout << "08번 위치: " << ref << endl;
17:         cout << "09번 위치: " << &value1 << endl;
18:         cout << "09번 위치: " << &value2 << endl;
19:         cout << "10번 위치: " << &ref << endl << endl;

20:         ref = value1 ;              // value1 값은 200으로 되어 있음
21:         cout << "11번 위치: " << value1 << endl;
22:         cout << "12번 위치: " << ref << endl;
23:         cout << "13번 위치: " << &value1 << endl;
24:         cout << "14번 위치: " << &ref << endl << endl;
25: }
```

그림 2.22는 2_10.cpp의 실행결과이며, 그림 2.23은 예제의 동작을 설명한 것이다.

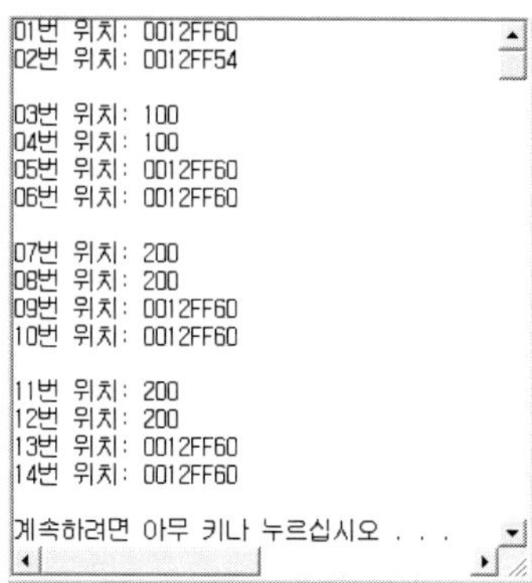

| 그림 2.22 | 실행결과

1) 09행은 정수형 참조자 ref는 정수형 변수 value1의 값으로 초기화된다. 그래서 ref와 value1은 모두 같은 번지와 같은 값을 가지게 된다.

2) **14행은 ref가 value2로 참조를 변경하는 것이 아니고 value2의 값 200을 ref가 가리키는 곳 (0x012FF60)에 대입하라는 의미이다. 14행의 실행결과는 value1=200, value2=200; 값으로 저장된다.**

3) 20행에서 다시 ref를 value1로 변경하더라도 ref가 가리키는 곳(0x012FF60)은 200이 된다.

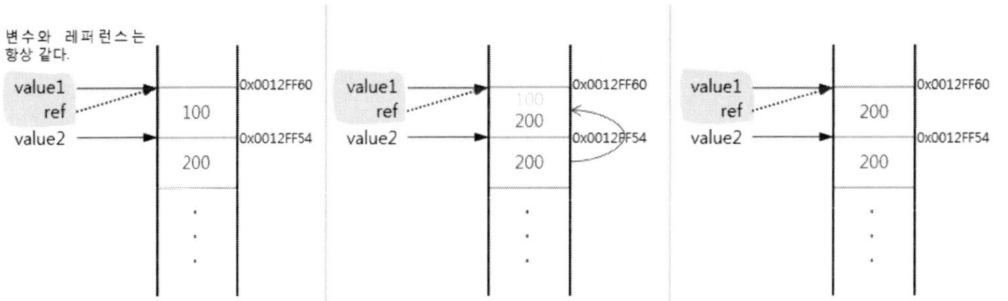

07행 수행결과
int &ref = value1;

value1 : 100
ref : 100
&value1 : 0x0012FF60
&ref : 0x0012FF60

value1과 ref는 동일한 것을 가리킨다.

14행 수행결과
ref = value2;

value1 : 200
ref : 200
&value1 : 0x0012FF60
&ref : 0x0012FF60

value2의 값(200)을 ref가 가리키는 것으로 설정된다.

20행 수행결과
ref = value1;

value1 : 200
ref : 200
&value1 : 0x0012FF60
&ref : 0x0012FF60

value1은 이미 값 200으로 할당되었기 때문에 ref=value1로 해도 값은 200이다.

| 그림 2.23 | 예제 2_10.cpp의 동작

*** 예제 : 포인터가 참조자를 참조하는 경우

이 프로그램은 변수 x가 포인터로 초기화 되고, 포인터를 참조자로 참조하는 경우 동작을 이해하기 위한 것이다.

2_11.cpp

```
#include <iostream>
using namespace std;

void main(void)
{
    int x=100;
    int *ptr1=&x;              // 포인터의 초기화
    int **ptr2=&ptr1;          // 다중포인터로 지정

    int *(&ref1) = ptr1;       // 정수형 참조자 포인터
    int **(&ref2)= ptr2;

    cout << "01번 위치 : " << &x << endl;
    cout << "02번 위치 : " << ptr1 << endl;
    cout << "03번 위치 : " << &ptr1 << endl;
```

```
13:    cout << "04번 위치 : " << *ptr1 << endl << endl;

14:    cout << "05번 위치 : " << ptr2 << endl;
15:    cout << "06번 위치 : " << &ptr2 << endl;
16:    cout << "07번 위치 : " << *ptr2 << endl ;
17:    cout << "08번 위치 : " << **ptr2 << endl << endl;

18:    cout << "09번 위치 : " << ref1 << endl;
19:    cout << "10번 위치 : " << ref2 << endl;
20:    cout << "11번 위치 : " << &ref1 << endl;
21:    cout << "12번 위치 : " << &ref2 << endl << endl;

22:    cout << "13번 위치 : " << *ref1 << endl;
23:    cout << "14번 위치 : " << **ref2 << endl << endl;
24: }
```

그림 2.24는 2_11.cpp의 실행결과이며, 그림 2.25는 예제의 동작을 설명한 것이다.

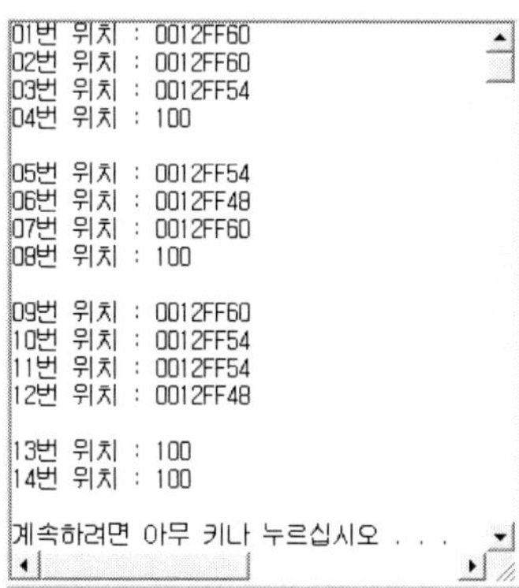

| 그림 2.24 | 실행결과

1) 06행은 일반 변수 x의 번지로 포인터 ptr에 초기화하고 07행은 06행의 포인터 변수를 다중포인터로 ptr2에 초기화 한다.

2) 08행은 포인터 ptr1을 &ref로 초기화하고, 09행은 다중포인터 ptr2를 &ref2로 초기화 한다.

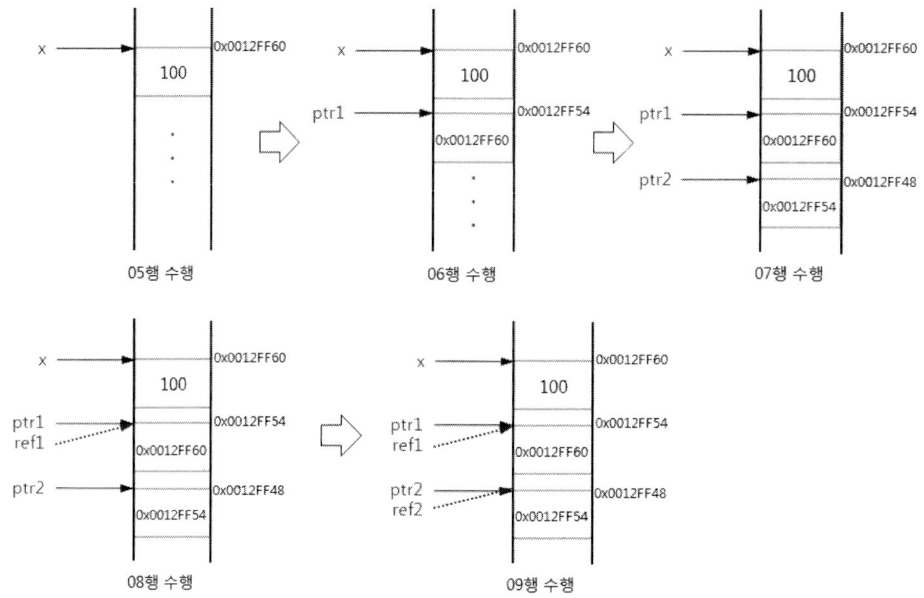

| 그림 2.25 | **예제의 동작**

2.8.3 함수에서 참조자의 사용

함수에서 참조자를 사용하는 경우 주의해서 사용해야한다. 다음은 함수에서 참조자가 반환 값과 인수로 사용되는 경우 4가지 경우가 어떻게 다르게 동작되는가를 코드로 확인하여 결과를 확인한다.

분석하기 참조자의 사용

❶ 받는 변수 : 참조자, 인수 : 참조자, 반환 값 : 참조자로 하는 경우

이 방법의 결과는 메모리를 참조하지만 일반 정수형으로 받는 경우에는 서로 다른 메모리 위치를 참조하게 되어 결과는 서로 다르게 출력된다. 그림 2.26은 받는 변수 : 참조자, 인수 : 참조자, 반환 값 : 참조자로 하는 경우 실행결과이다.

```
#include <iostream>
using namespace std;
int &fun(int &ref);
void main(void)
{
```

```
06:      int x=100;
07:      int &y=x;              // x, y는 값과 번지가 모두 동일
08:      cout << "1번 위치: " << "x=" << x << ", y=" << y<< endl;

09:      x=fun(x);
10:      cout << "2번 위치: " << "x=" << x << ", y=" << y<< endl;

11:      y=fun(x);              // int &y=fun(x);
12:      cout << "3번 위치: " << "x=" << x << ", y=" << y<< endl;

13:      x++;                   // x, y 값이 모두 103(x 값이 변하면 y 값도 변함)
14:      y++;                   // 13행에서 x=103이므로 여기서 1 증가하여 값이 모두 104
15:      cout << "4번 위치: " << "x=" << x << ", y=" << y << endl << endl;
16: }

17: int &fun(int &ref)          // int와 int &은 동일(반환 자료형의 모양(정수형과 정수형 별명)
18: {
19:      ref++;                 // x, y, ref 모두 값과 번지가 동일
20:      cout << "5번 위치: " << "ref=" << ref << endl << endl;
21:      return ref;
22: }
```

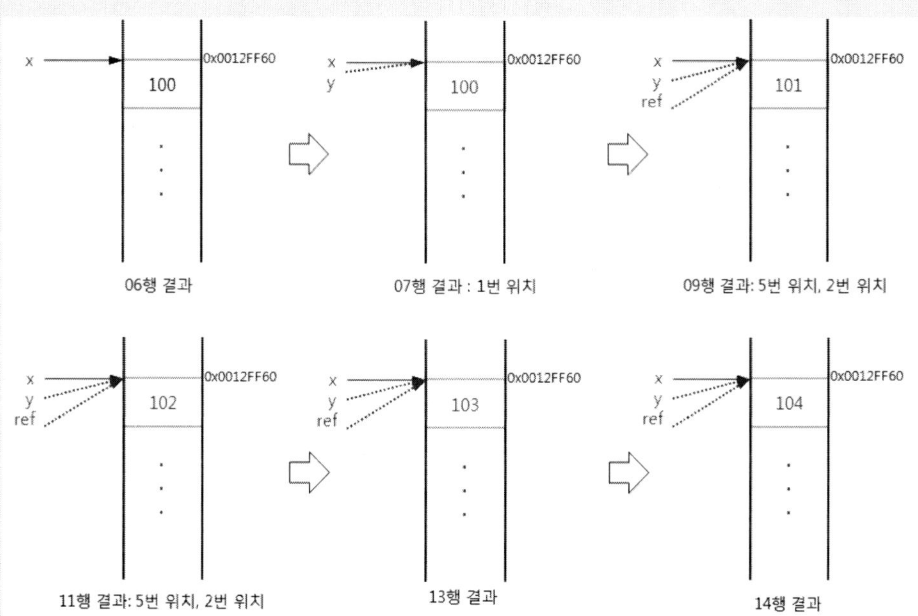

(a) 코드의 동작

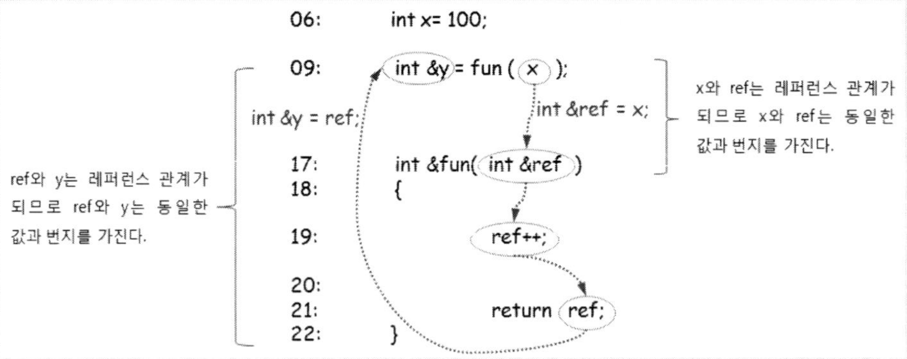

(b) 09행과 17행 ~ 22행의 동작

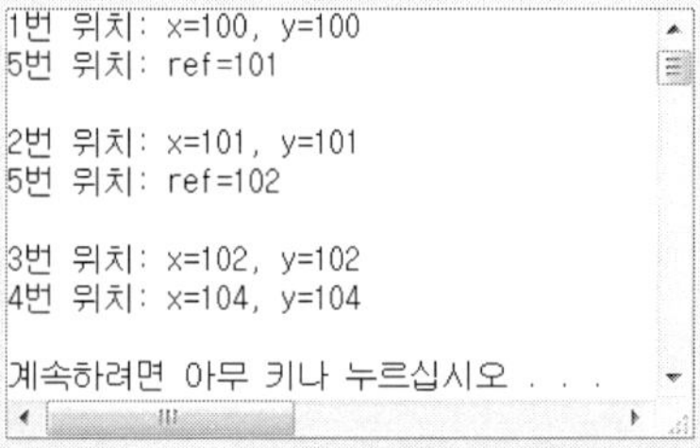

(c) 실행결과

| 그림 2.26 | 케이스 분석1의 동작

❷ 받는 변수 : 일반변수, 인수 : 참조자, 반환 값 : 참조자로 하는 경우

이 방법은 같은 메모리를 참조하지만 일반 정수형으로 받는 경우에는 서로 다른 메모리 위치를 참조하게 되어 결과는 서로 다르게 출력된다. 그림 2.27은 받는 변수 : 일반변수, 인수 : 참조자, 반환 값 : 참조자로 하는 경우 실행결과이다.

```
01: #include <iostream>
02: using namespace std;

03: int &fun(int &ref);

04: void main(void)
05: {
06:       int x=100;
07:       int y=x;           // x, y 값은 같지만 번지는 다른 번지
08:       cout << "1번 위치: " << "x=" << x << ", y=" << y<< endl;

09:       x=fun(x);          // x=101, y=100
10:       cout << "2번 위치: " << "x=" << x << ", y=" << y<< endl;

11:       y=fun(x);          // y=102, x=102(∵17행이 x=&ref와 같으므로 x와 같이 1 증가)
```

```
12:     cout << "3번 위치: " << "x=" << x << ", y=" << y<< endl;
13:     x++;                 // 102+1
14:     y++;                 // 102+1
15:     cout << "4번 위치: " << "x=" << x << ", y=" << y<< endl << endl;
16: }
17: int &fun(int &ref)
18: {
19:     ref++;               // x와 ref는 번지와 값이 동일
20:     cout << "5번 위치: " << "ref=" << ref << endl << endl;
21:     return ref;
22: }
```

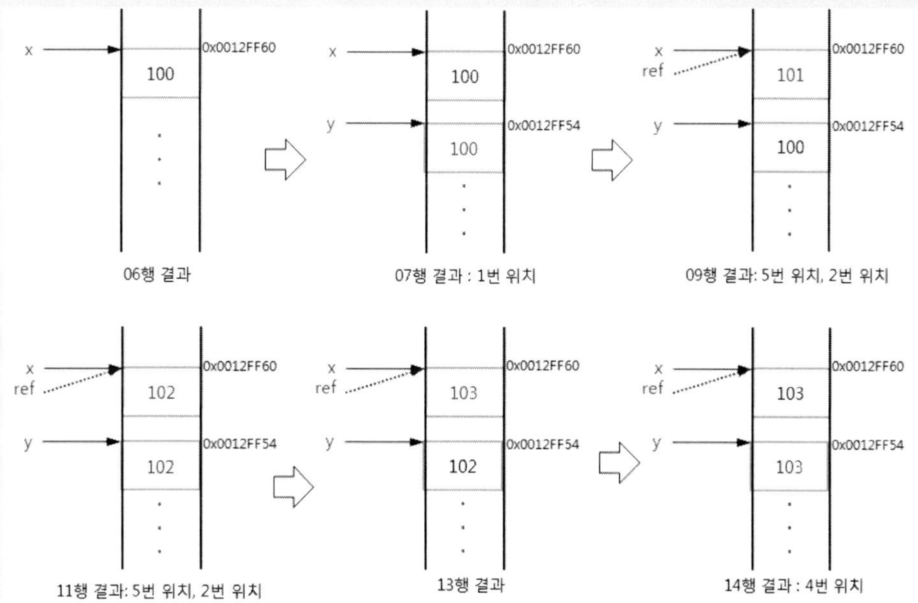

(a) 코드의 동작

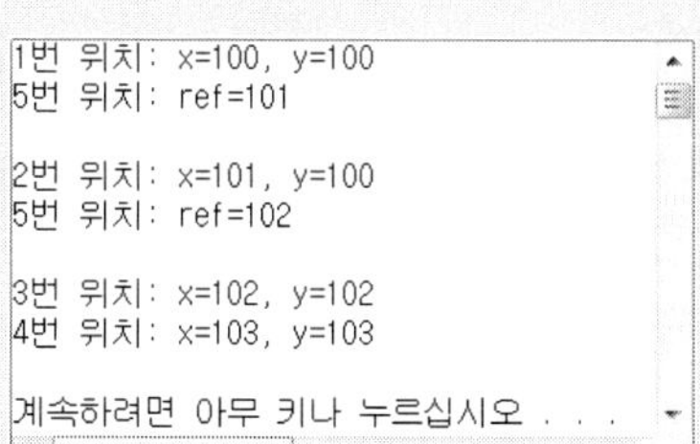

```
1번 위치: x=100, y=100
5번 위치: ref=101

2번 위치: x=101, y=100
5번 위치: ref=102

3번 위치: x=102, y=102
4번 위치: x=103, y=103

계속하려면 아무 키나 누르십시오 . . .
```

(b) 실행결과

| 그림 2.27 |

❸ 받는 변수 : 일반변수, 인수 : 참조자, 반환 값 : 일반변수로 하는 경우

그림 2.28은 받는 변수 : 일반변수, 인수 : 참조자, 반환 값 : 일반변수로 하는 경우 실행결과이다.

```
01: #include <iostream>
02: using namespace std;

03: int fun(int &ref);

04: void main(void)
05: {
06:      int x=100;
07:      int y=x;                  // x, y는 값이 같고 번지는 다름
08:      cout << "1번 위치: " << "x=" << x << ", y=" << y<< endl;

09:      x=fun(x);                 // x=101, y=100
10:      cout << "2번 위치: " << "x=" << x << ", y=" << y<< endl;

11:      y=fun(x);                 //  x=102, y=102
12:      cout << "3번 위치: " << "x=" << x << ", y=" << y<< endl;

13:      x++;                      // x=102+1
14:      y++;                      // y=102+1
15:      cout << "4번 위치: " << "x=" << x << ", y=" << y<< endl << endl;
16: }

17: int fun(int &ref)
18: {
19:      ref++;                    // x와 ref는 번지와 값이 동일
20:      cout << "5번 위치: " << "ref=" << ref << endl << endl;
21:      return ref;
22: }
```

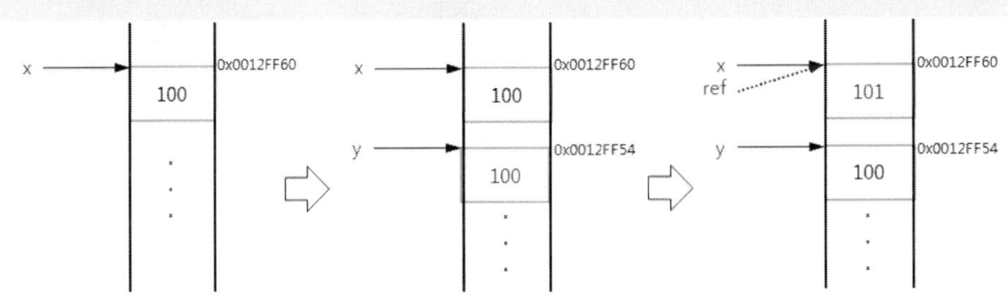

06행 결과 | 07행 결과 : 1번 위치 | 09행 결과: 5번 위치, 2번 위치

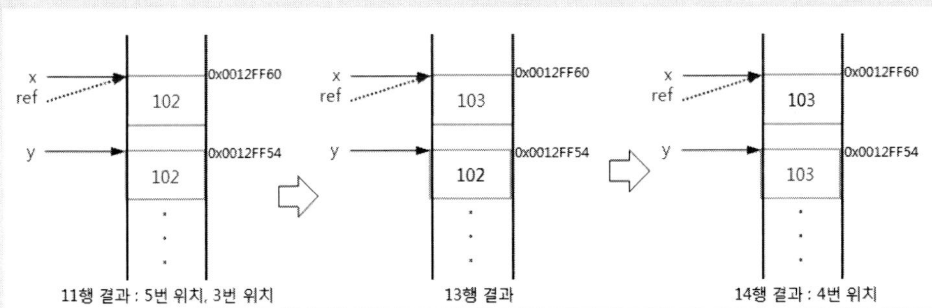

(a) 코드의 동작

```
1번 위치: x=100, y=100
5번 위치: ref=101

2번 위치: x=101, y=100
5번 위치: ref=102

3번 위치: x=102, y=102
4번 위치: x=103, y=103

계속하려면 아무 키나 누르십시오 . . .
```

(b) 실행결과

| 그림 2.28 |

❹ 받는 변수 : 일반변수, 인수 : 일반변수, 반환 값 : 일반변수로 하는 경우

이 방법은 값에 의한 함수의 호출이다. 그림 2.29는 일반변수, 인수 : 일반변수, 반환 값 : 일반변수로 하는 경우 실행결과이다.

```
#include <iostream>
using namespace std;

int fun(int ref);

void main(void)
{
        int x=100;
        int y=x;                    // x, y는 번지가 다르고 값이 동일
        cout << "1번 위치: " << "x=" << x << ", y=" << y<< endl;

        x=fun(x);
        cout << "2번 위치: " << "x=" << x << ", y=" << y<< endl;

        y=fun(x);
        cout << "3번 위치: " << "x=" << x << ", y=" << y<< endl;

        x++;                        // x=101+1
```

```
14:         y++;                    // y=102+1
15:         cout << "4번 위치: " << "x=" << x << ", y=" << y<< endl << endl;
16: }

17: int fun(int ref)
18: {
19:         ref++;                  // x, y, ref 모두 번지와 값이 다름
20:         cout << "5번 위치: " << "ref=" << ref << endl << endl;
21:         return ref;
22: }
```

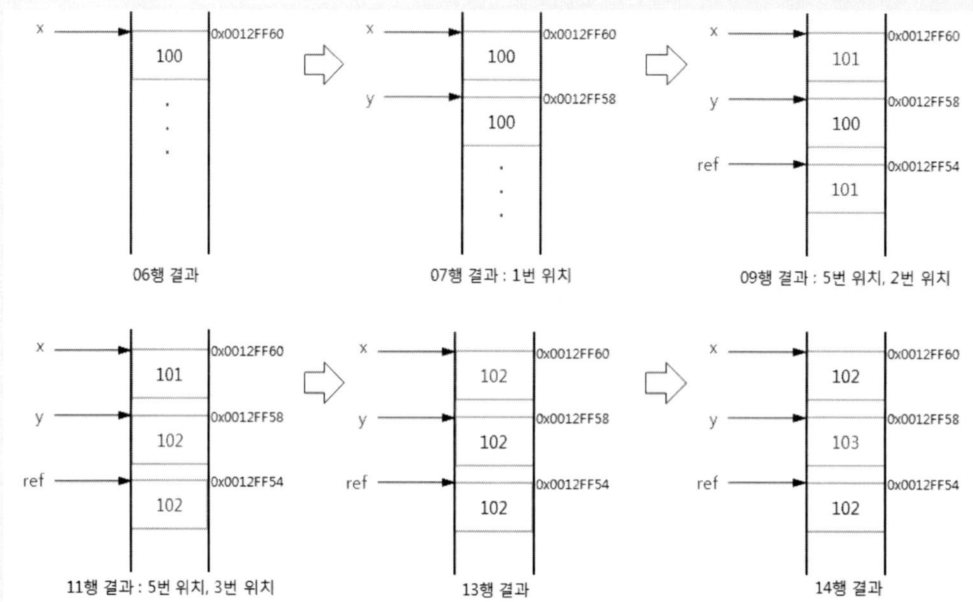

(a) 코드의 동작

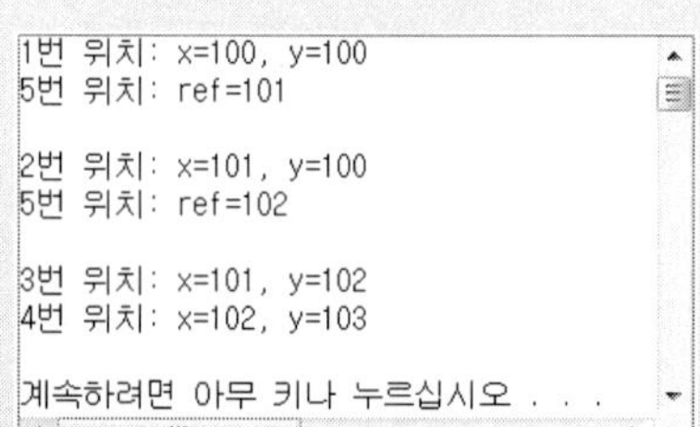

```
1번 위치: x=100, y=100
5번 위치: ref=101

2번 위치: x=101, y=100
5번 위치: ref=102

3번 위치: x=101, y=102
4번 위치: x=102, y=103

계속하려면 아무 키나 누르십시오 . . .
```

(b) 실행결과

| 그림 2.29 |

예제 구조체에서 참조자를 사용

이 프로그램은 구조체에서 참조자를 사용한 예이다. 구조체를 정의하고 사용하는 경우 새로운 구조체 변수를 만든 다음 사용해야 한다. 이때 새로운 구조체를 만들면 메모리에 구조형 변수가 할당되기 때문에 새로운 메모리가 필요하다. 그러나 함수의 인수 혹은 반환 값에 구조체를 참조자형 변수로 사용하면 별도의 메모리가 할당되지 않기 때문에 성능개선을 가져올 수 있다.

2_12.cpp에서 참조자를 사용하지 않을 경우 56바이트의 메모리가 별도로 필요하지만 참조자를 사용할 경우 28바이트의 메모리를 사용하게 되므로 성능개선을 가져올 수 있다. 또한 2_12.cpp은 구조체 대신 클래스를 사용할 수 있으며 이때 사용되는 인수 혹은 반환 값을 일반객체와 참조자형 객체로 사용할 수 있다.

2_12.cpp

```
#include <iostream>
using namespace std;
struct ITEM
{
        int num;
        char name[20];
        int cost;
};
typedef struct ITEM jaego;
void out(jaego &ref);                    // 구조체 변수를 정의한 후 사용해야 함
void main(void)
{
        jaego product;
        cout << "제품 번호: ";
        cin >> product.num;
        cout << "제품 이름: ";
        cin >> product.name;
        cout << "제품 가격: ";
        cin >> product.cost;
        out(product);
}
void out(jaego &ref)
```

```
23: {
24:        cout << endl;
25:        cout << ref.num << endl;
26:        cout << ref.name << endl;
27:        cout << ref.cost << endl;
28: }
```

그림 2.30은 2_12.cpp의 실행결과이며 구조체에서 참조자를 사용하여 입력된 재고항목의 값을 출력한다.

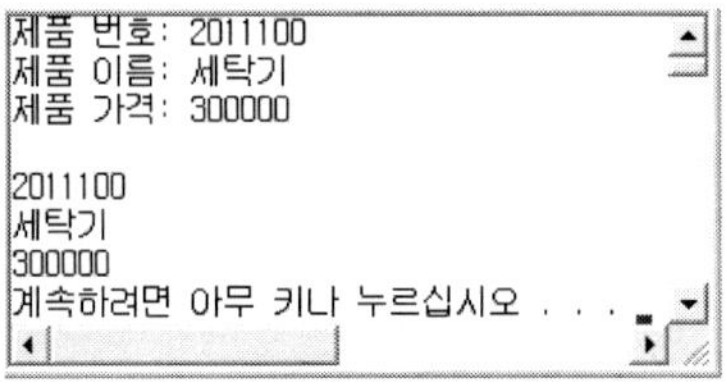

| 그림 2.30 | 실행결과

1) 13행은 구조체 jaego를 새로운 구조체 변수 product로 정의하고 20행의 out( ) 함수는 구조체 인수 product로 전달한다.

2) 22행의 피호출함수는 구조체 jaego를 참조자형 변수 ref로 받으며 25행 ~ 27행은 레퍼런스형의 멤버를 사용한다.

** 예제 변수, 매크로, 함수, 구조체의 중복 호출문제 해결

이 예제는 대형 프로그램에서 #ifdef ~ #define ~ #endif를 사용하여 변수, 매크로, 구조체, 함수가 중복호출 되는 문제점을 해결하기 위한 방법을 이해한다. 이 예제를 통해서 다음의 내용을 이해할 수 있다.

- 변수가 여러 파일에서 중첩되는 경우 #ifdef ~ #define ~ #endif 블록 내부에서 정의하여 여러 파일에서 한 번만 정의되도록 해야 한다. : 05행
- #define으로 정의되는 매크로는 각 파일에서 다시 정의해야 한다. 그래서 #ifdef ~ #define ~ #endif 블록 내부 혹은 외부에서 정의해도 무관하다. : 06행

- 구조체가 여러 파일에서 중첩되는 경우 #ifdef ~ #define ~ #endif을 사용하여 한번만 정의되도록 해야 한다. : 07행 ~ 12행
- 함수가 여러 파일에서 중첩되는 경우 #ifdef ~ #define ~ #endif 블록 내부에서 정의하여 여러 파일에서 한 번만 정의되도록 해야 한다. : 13행 ~ 21행

a.h

```
01: #ifndef __TEST__           // 01행과 02행은 동일한 이름으로 해야 한다.
02: #define __TEST__           // 01행과 02행은 임의의 명칭을 사용해도 무관하다.

03: #include <iostream>
04: using namespace std;

05: int f=500;                 // 외부 변수 정의

06: #define PI 3.14            // 매크로 정의

07: typedef struct DATA        // 구조체 정의
08: {
09:     int x;
10:     int y;
11:     int z;
12: };

13: int sum(int a, int b)      // 함수 정의
14: {
15:     DATA ob;
16:     ob.x=a;
17:     ob.y=b;
18:     ob.z= ob.x + ob.y;

19:     cout << PI << endl;
20:     return ob.z;
21: }
22: #endif

23: // #define PI 3.14         // 여기서 기술해도 무관
```

b.h

```
01: #include "a.h"
```

c.h

```
#include "a.h"
#include "b.h"
```

2_13.cpp

```
01: #include "a.h"
02: #include "b.h"
03: #include "c.h"

04: #define PI 1.23           // 매크로 재정의
05: extern int f;             // extern 변수로 선언

06: void main(void)
07: {
08:     cout << PI << endl;

09:     int value = sum(1, 2);

10:     cout << value << endl;
11:     cout << f << endl;
12: }
```

그림 2.31은 2_13.cpp의 실행결과이다. 헤드파일에서 선언된 변수, 매크로, 구조체, 함수 값을 출력한다.

| **그림 2.31** | **실행결과**

1) a.h의 01행, 02행, 21행 대신에 #pragma once를 사용해도 같은 결과이다. 이 코드들은 #ifdef ~ #define ~ #endif 블록에 포함된 변수, 매크로, 구조체, 함수를 한번 만 사용되도록 한다.

2) 05행은 변수가 여러 파일에서 중첩되는 경우 #ifdef ~ #define ~ #endif 블록 내부에서 정의하여 한 번만 정의되도록 해야 한다. 이때 전역변수는 헤드파일에서 선언 후 사용되는 파일(2_13.cpp)에서 변수를 05(2_13.cpp)행과 같이 extern으로 선언하고 사용해야 한다.

3) 그림 2.32는 예제의 실행과정이다. 그림 2.32와 같이 main( ) 함수에는 a.h, b.h, c.h가 포함되

어 main( )에는 변수, 매크로, 구조체, 함수가 4번 포함되기 때문에 오류가 발생된다. 그래서 a.h 파일에 #ifdef ~ #define ~ #endif을 사용하여 한 번만 포함되도록 한다.

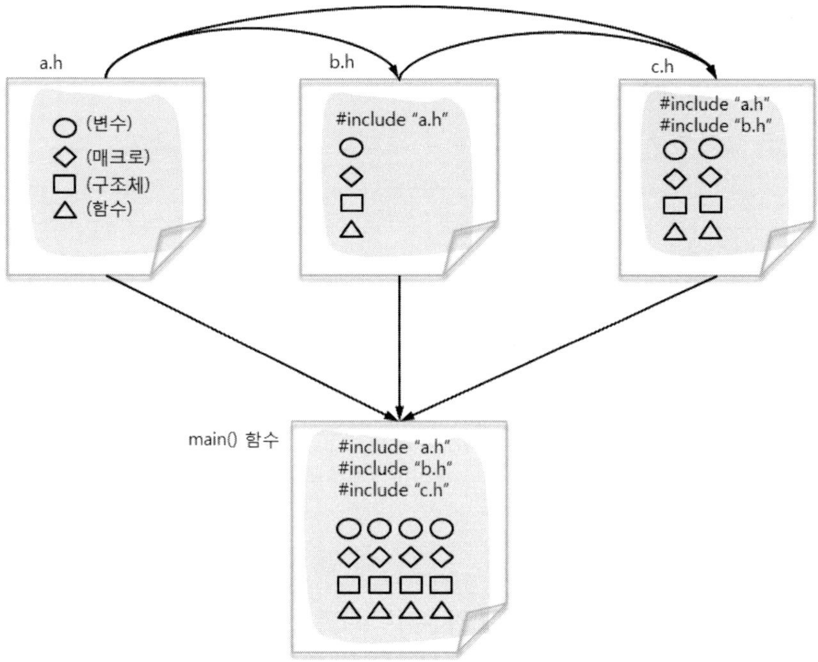

| 그림 2.32 | 예제 2_13.cpp의 동작

요약

01. 본 장에서는 그림 2.33과 같이 C++ 자료형, C 코드를 호출, namespace, 참조자(reference)의 내용을 이해하였다.

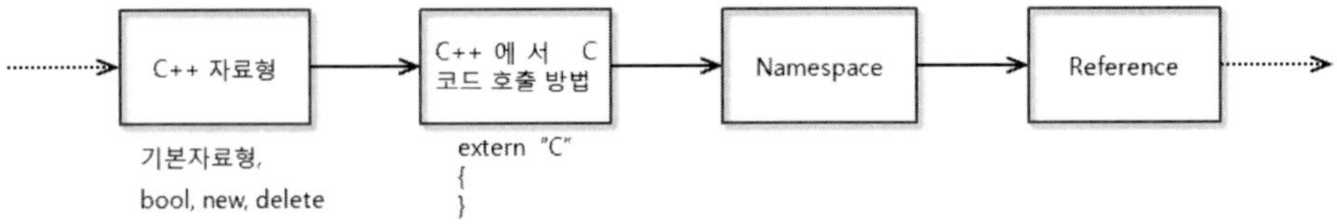

| 그림 2.33 | 본 장에서 학습한 내용

02. C 프로그램의 구성 요소는 여러 개의 명령어(instruction)와 문장(statements)들로 이루어진다. 문장은 키워드(keyword), 식별자(identifier), 함수(function), 데이터(data), 변수(variable) 등으로 구성된다.

03. **C++에서 자료형(data type)은 변수의 자료 크기이며 메모리에 저장되는 단위이다. 자료형이 필요한 이유는 사용하는 자료의 길이에 적절한 메모리를 사용하여 메모리의 효율성을 높이는 것이다.** C의 자료형은 기본형(문자형, 정수형, 실수형), 불형, 복소수형, 허수형, 파생형(배열, 포인터), 그리고 사용자 정의형(구조체, 공용체, 열거체)이 있다.

04. C++에서 new와 delete는 일반변수, 배열 그리고 클래스에서 메모리를 할당하고 제거하기 위해서 사용된다. bool 자료형은 참(true)과 거짓(false) 값을 표시한다.

05. namespace는 식별자(변수, 라벨, 함수, 구조체, 클래스 이름)가 정의되는 영역이다. namespace는 대형의 응용 프로그램을 설계하는 경우 동일한 이름의 식별자를 사용해야하는 경우에 유용하다.

06. 참조자는 변수에 대한 별명(alias)이며 변수와 참조자는 항상 같은 값과 위치를 가진다. 참조자는 변수의 이름이 복잡한 경우에 사용하거나 변수의 이름을 직접 사용할 수 없는 경우에 사용한다. 참조자를 사용하면 가독성을 높일 수 있다.

연습문제_A

01. 다음의 내용에 대해서 설명하여라.

- 주석문(comment)
- 키워드(keyword)
- 식별자(identifier)

02. C++에서 사용되는 기본 자료형의 범위를 설명하여라.

03. 표 2.5는 기본 자료형의 사용방법을 이해하기 위한 것이다. 자료형의 크기를 쓰고 사용 예가 잘못된 것은 ×로 표시하여라.

| 표 2.5 | char, int, float, double의 사용 방법

자료형	사용 예	자료의 크기
문자형	char	
	signed char	
	unsigned char	
	signed short char	
	unsigned short char	
	short char	
	long char	
정수형	int	
	signed int	
	unsigned int	
	unsigned short	
	unsigned short int	
	signed short	
	signed short int	
	short int	
	long int	
	signed long int	

자료형	사용 예	자료의 크기
실수형	unsigned long int	
	float	
	signed float	
	unsigned float	
	long float	
	signed long float	
	unsigned long float	
	short float	
	signed short float	
	unsigned short float	
	double	
	signed double	
	unsigned double	
	signed long double	
	unsigned long dobule	
	short float	
	signed short double	
	unsigned short double	

04. 유니코드의 사용목적과 동작을 설명하여라.

05. 메모리 할당기법(memory allocaton)에서 malloc( ), free( ), new, delete를 비교 설명하여라.

06. namespace의 사용 목적과 사용 방법을 설명하여라.

07. 참조자(reference)의 사용목적 2가지를 설명하여라.

08. 포인터와 참조자의 동작을 코드와 그림으로 설명하여라.

연습문제_B

09. 그림 2.34와 같이 C와 C++ 방법으로 문자열 "seoul"을 입력하고 출력하는 프로그램을 작성하여라.

| 그림 2.34 | 실행결과

10. 그림 2.35와 같이 C와 C++ 방법으로 공백을 포함하는 3개의 문자열을 입력하고 출력하는 프로그램을 작성하여라.

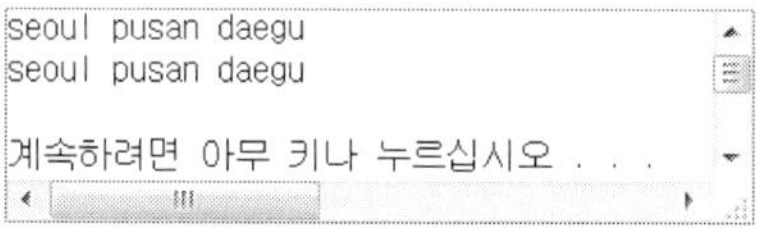

| 그림 2.35 | 실행결과

11. 그림 2.36과 같이 0에서 표준입력장치로 입력된 값까지 홀수 합, 홀수 개수, 그리고 짝수 합, 짝수 개수를 구하는 프로그램을 작성하여라.

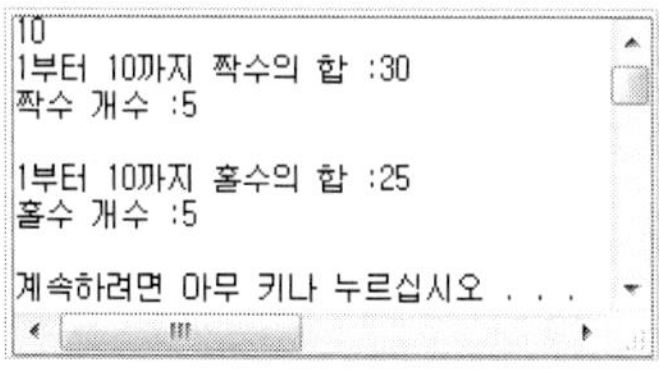

| 그림 2.36 | 실행결과

12. 다음의 표 2.6을 참조하여 그림 2.37과 같이 표준입력장치로 값을 입력받아 exp(4), log(4), log10(4), $\sqrt{4}$, 2^3 값을 구하는 프로그램을 설계하여라.

| 표 2.6 | 문제 12의 해결을 위한 라이브러리 함수

연산자	라이브러리 함수	설명
e^x	exp()	지수함수
$\log_e x$	log()	자연대수
$\log_{10} x$	log10()	상용대수($\log_{10} x = \log 10^x$)
$\sqrt{x}$	sqrt()	제곱근
x^y	pow()	누승

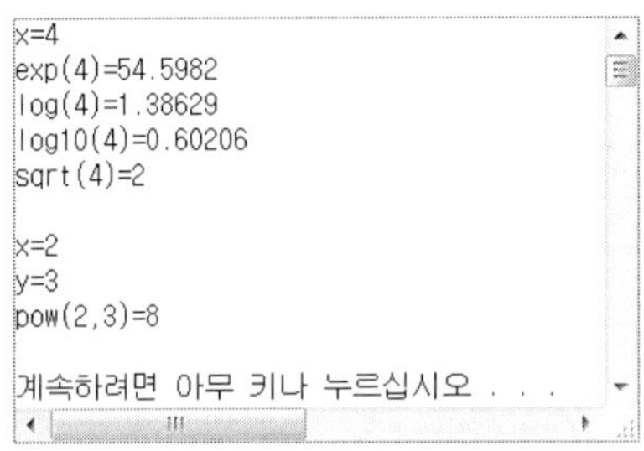

| 그림 2.37 | 실행결과

제3장 입 · 출력 객체

✱ 차례

✱ 학습목표

1. C의 입 · 출력 방법에 대해서 이해한다.
2. C의 printf( ), scanf( ) 함수를 이해한다.
3. C++의 입 · 출력 객체(cin, cout)를 이해한다.
4. 공백을 포함하여 입력하기 위한 cin.get( ), cin.getline( ). cin.ignore( )의 사용을 이해한다.

3.1 개요

C/C++에서 데이터 입출력은 스트림(stream)을 통해서 처리된다. 스트림은 그림 3.1과 같이 다른 장치(device)들 간에 데이터를 송수신하기 위한 인터페이스(interface)이다. C의 표준스트림은 stdin(키보드), stdout(콘솔 출력), stderr(오류 출력) 3가지가 있다. 그림 3.1은 표준입력장치에서 표준스트림(외부의 장치들과 가상적으로 연결하는 인터페이스 기능)을 통해서 표준출력장치로 처리되는 과정이다.

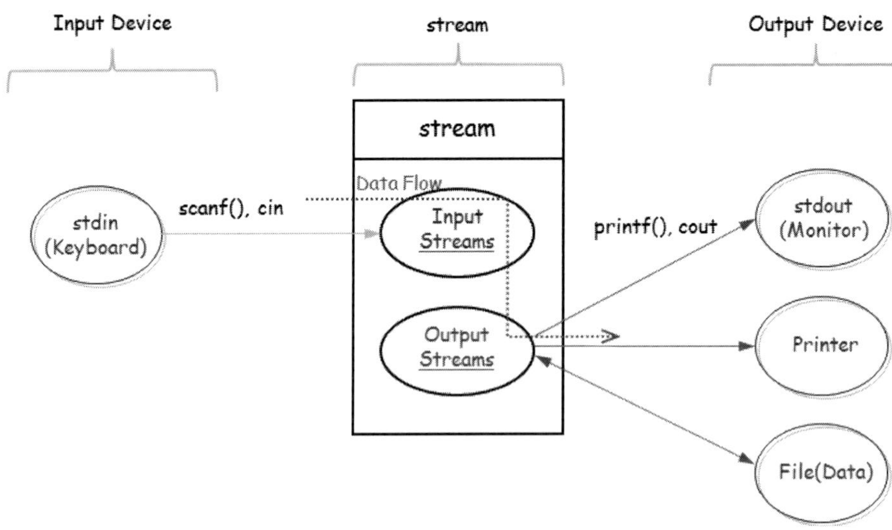

| 그림 3.1 | 스트림과 표준입력장치

3.2 C++ 입 · 출력 객체

C에서 표준입출력은 scanf( )와 printf( ) 함수를 사용하며, C++에서는 cin과 cout을 사용한다. 표 3.1은 C와 C++의 입출력 형식을 비교한 것이다.

| 표 3.1 | C와 C++의 입출력 형식 비교

C 형식	C++ 형식	설명
#include 〈stdio.h〉	#include 〈iostream〉	표준입출력 헤드 파일
scanf("%d" , x);	cin >> dec >> x ;	입력 값을 10진수로 받아 변수 x에 저장
printf("%d \n" , x);	cout << dec << x << endl;	변수 x의 값을 10진수로 출력

C++에서 데이터의 입출력은 cin, cout 객체(object)을 사용한다. C에서는 자료를 입출력하기 전에 먼저 자료의 형(type)에 맞게 변환해야 하지만 C++에서는 기본적인 자료형에 관해서는 사용자가 별도로 지정하지 않아도 다음과 같이 객체 cout에 의해 직접 처리된다. C++에서 사용되는 입출력 객체의 종류는 cin, cout, cerr가 있다. cout, cerr은 다음과 같다.

■ 형식

```
cout << [조정자][형식플래그] << 자료 ;
cerr << "출력문지열" ;
```

■ 사용

```
int x, y;
cout << setiosflags(ios::left) << x ;

cout << "seoul" ;                    // 메시지를 출력하는 방법
cerr << "error message" ;            // 오류 메시지를 출력
```

C++는 다양한 자료형을 갖는 혼합된 자료들을 쉽고 융통성 있게 입·출력할 수 있는 조정자(manipulator)와 형식플래그(format flags)를 제공한다. 그림 3.2는 C++의 입출력에서 조정자와 형식플래그를 사용하는 방법이다. 표 3.2는 조정자의 종류이며 표 3.3은 형식플래그이다. 또한 **입출력 조정자에서 setiosflags( )와 resetiosflags( )만 형식플래그를 사용한다.**

cin, cout에서 사용되는 조정자와 형식의 예는 다음과 같다. 다음 코드의 결과는 x=14와 같이 출력된다. 먼저 x=이 표준출력장치로 출력되고 5자리를 확보(setw(5))한 다음, 8진수로 변환(oct) 후 좌측으로 정렬(ios::left)하여 x 값을 출력하고 새로운 줄(endl)로 바꾸고 종료한다.

```
int x=12;
cout << "x=" << setw(5) << oct << setiosflags(ios::left) << x << endl;
```

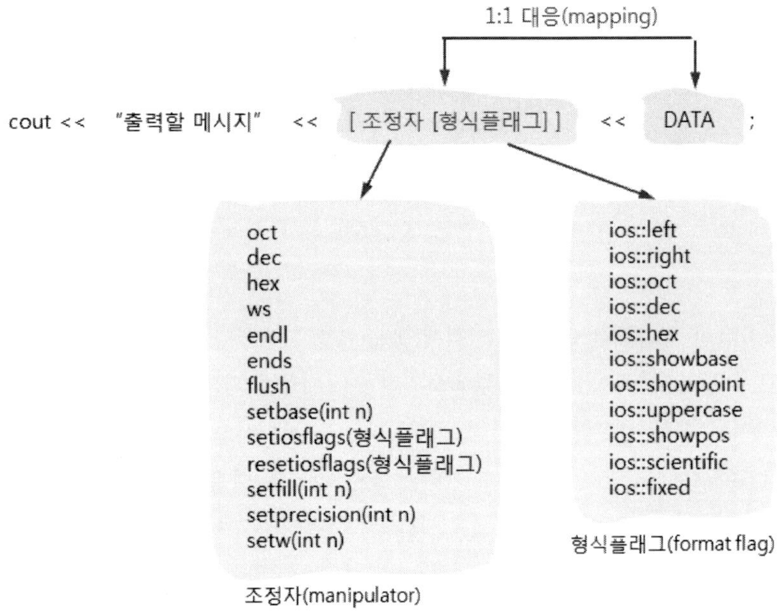

| 그림 3.2 | C++ 입출력 형식(조정자와 형식플래그의 사용)

| 표 3.2 | 입출력 조정자(manipulator)

조정문자	설명
oct	자료를 8진수로 설정한다.
dec	자료를 10진수로 설정한다.
hex	자료를 16진수로 설정한다.
ws	공백(white space)을 추출한다.
setw(n)	출력되는 n 자리수로 설정한다.
endl	개행 문자(\n)로 동작되고 출력 버퍼를 비운다.
ends	자료가 문자열일 경우 널(null) 문자를 삽입한다. 다음과 같이 코딩할 경우 출력은 abc가 된다. cout << "a" ; cout << "b" << ends; cout << "c" << endl;
flush	버퍼 내의 모든 내용을 제거한다.
setfill('c')	setw()에 의해 설정된 폭은 남은 부분에 단일 문자 상수로 채운다.
setbase()	자료를 각각 8, 10, 16진수로 설정한다. 이때 기본 값은 0이다.

setiosflags (format flags)	형식플래그(format flag)의 조건으로 설정한다. C++ 입출력 조정자 중에서 setiosflags( )와 resetiosflags( )만 형식플래그를 사용한다. setiosflags( )와 resetiosflags( )를 사용하기 위해서는 #include <iomanio>를 사용해야 한다.
resetiosflags (format flags)	이전까지 지정된 형식플래그의 조건을 해제한다. setiosflags( )와 resetiosflags( ) 만 형식플래그를 사용한다.
setprecision(n)	부동 소수점형일 때 소수 이하 자릿수를 설정한다. 이때 기본 값은 5자리이다. 만약 n이 0이면 실제 값에는 아무런 영향이 없다.

| 표 3.3 | 입출력 형식플래그(format flag)

<table>
<tr><th>형식플래그</th><th>설명</th></tr>
<tr><td>ios::oct</td><td>자료를 8진수로 설정한다.</td></tr>
<tr><td>ios::dec</td><td>자료를 10진수로 설정한다.</td></tr>
<tr><td>ios::hex</td><td>자료를 16진수로 설정한다.</td></tr>
<tr><td>ios::left</td><td>지정된 폭에서 왼쪽을 기준으로 출력한다.</td></tr>
<tr><td>ios::right</td><td>지정된 폭에서 오른쪽을 기준으로 출력한다.</td></tr>
<tr><td>ios::showbase</td><td>정수의 접두 문자 즉, 밑수(8진수의 0(숫자), 16진수의 0x)를 출력한다.</td></tr>
<tr><td>ios::showpoint</td><td>실수형을 표기할 때 6자리(소수점을 제외하고 정수+소수)로 표기하고 빈 영역은 0으로 출력한다. 이때 기본적으로 소수점을 제외하고 6자리(정수+소수)를 표시하며 기본 설정은 소수를 표시하지 않는 noshowpoint이다.

#include <iostream>
#include <iomanip>
using namespace std;

int main()
{
    double x = 1;
    double y = 1.0;

    cout << showpoint << x << endl;   // 소수점으로 보여줌
    cout << noshowpoint << x << endl;   // 다시 보여주지 않음
    cout << setw(10) << setiosflags(ios::showpoint) << y << endl;
    cout << setw(10) << noshowpoint << y << endl;

    return 0;
}</td></tr>
</table>

	실행결과
	1.00000
	1
	    1.00000
	          1

ios::uppercase	16진수의 접두문자(a ~ f)의 기호 및 지수문자(e)를 대문자로 표시한다.
ios::showpos	양의 정수일 때, 부호 +를 표시한다.
ios::scientific	실수형을 과학용 표기(지수형태)식으로 표시한다.
ios::fixed	고정 소수점(십진 비과학용)으로 표시한다.

cin은 C++에서 사용하는 자료 입력을 위한 객체로써 C에서 사용하는 scanf( ) 함수와 동일하다. C++에서는 자료 입력이 C와는 다르게 입력된 데이터를 저장하는 변수의 자료형에 상관없이 객체 cin에 의해서 변수가 갖는 자료형으로 자동 형 검사가 이루어지고 지정한 변수에 기억된다. 또한 cin을 통해서 입력되는 모든 데이터는 cin에 의해 섬세하게 형(type) 검사가 이루어지고, 연산자 >>(get from)과 같이 사용된다. 만약 cin을 사용하여 2개 이상의 자료를 동시에 입력할 경우에는 공백(white space character)과 탭(tab) 그리고 리턴(return)으로 구분하여 입력한다. cin을 사용하여 문자열을 입력하는 방법은 다음과 같다.

■ 형식

```
cin >> [조정문자][형식플래그] >> 변수 ;
```

■ 사용

```
#include <iomanip>  // setiosflags()에서 필요

int x, y;
cin >> setiosflags(ios::dec) >> x ;
```

예제 C 기반의 입출력

이 프로그램은 C++에서 C 기반의 입출력 형식을 사용하기 위한 목적으로 표준입력장치에서 정수와 문자열을 입력받아 표준출력장치로 출력한다. 이때 C++에서 C 기반의 헤드 파일은 01행과 같이 한다.

🗀 **3_1.cpp**

```
01: #include <cstdio>            // #include <stdio.h>
02: int main()
03: {
04:     int a;
05:     char b[20];
06:     scanf("%d", &a);
07:     scanf("%s", b);
08:     printf("\n");
09:     printf("%d \n", a);
10:     printf("%s \n", b);
11: }
```

그림 3.3은 3_1.cpp의 실행결과이다. 표준입력장치로 정수 값 100과 문자열 seoul을 입력 받아 그대로 출력한다.

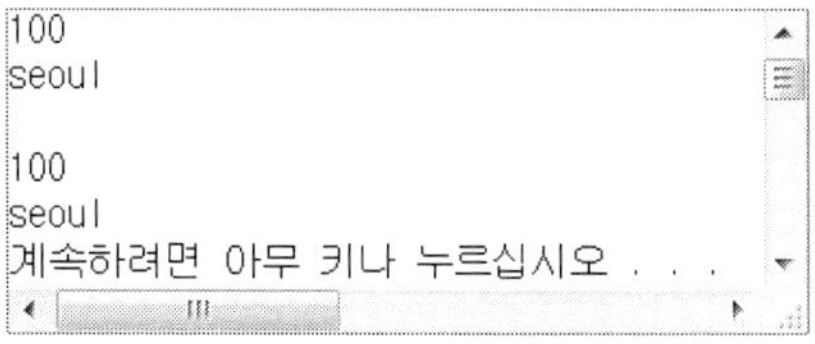

| 그림 3.3 | 실행결과

1) 01행은 C++에서 C 표준 라이브러리를 호출하는 방법이다. 01행을 #include 〈stdio.h〉로 기술해도 동일한 것이다. 그러나 C가 아닌 C++에서 C 코드를 사용하는 경우에는 01행과 같이 하는 것이 바람직하다.

2) 06행은 표준입력장치로 입력되는 자료를 10진수로 받아들여 변수 a에 저장한다. 이때 정수를 입력받는 경우에는 변수에 &기호를 사용해야한다.

3) 07행은 표준입력장치로 입력되는 자료를 문자열로 받아들여 변수 b에 저장한다. 이때 문자열을 입력받는 경우에는 변수에 &기호를 사용하지 않는다.

4) 09행은 표준출력장치로 변수 a의 값을 10진수로 출력하고 10행은 변수 b의 값을 문자열로 출력한다. ✱

예제 C++ 형식의 입출력

이 프로그램은 기본적인 C++의 입출력 형식을 이해하기 위해서 정수와 문자열 입력받아 출력하는 방법이다.

3_2.cpp

```
01: #include <iostream>
02: using namespace std;

03: int main()
04: {
05:     int a;
06:     char b[20];

07:     cin >> a;
08:     cin >> b;

09:     cout << endl;
10:     cout << a << endl;
11:     cout << b << endl;
12: }
```

그림 3.4는 3_2.cpp의 실행결과이다. 표준입력장치로 정수 값 100과 문자열 seoul을 입력 받아 그대로 출력한다.

| 그림 3.4 | 실행결과

1) 02행은 namespace를 사용하여 cin, cout, endl을 사용하기 위한 것이다. 이때 cin, cout, endl은 아래와 같이 3가지 방법으로 쓸 수 있다.

2) 07행과 08행은 표준입력장치로 입력되는 자료를 변수 a, b에 저장한다. 이때 별도의 형식을 지정하지 않아도 자료는 10진수와 문자열로 저장된다.

3) 10행과 11행은 표준출력장치로 a와 b의 값을 출력한다. 이때 별도의 형식을 지정하지 않아도

자료는 10진수와 문자열로 출력된다. 만약 변수 a를 다른 형식(8진수, 16진수 등)로 출력하는 경우에는 출력하고자 하는 형식을 지정해야한다.

*

분석하기 cin, cout, endl 사용

다음은 namespace와 cin, cout, endl을 사용하는 방법이다. 각각 형식이 다르지만 결과는 모두 같다.

```#include <iostream>```
 ```using namespace std;```
 	
 ```int main()```
 ```{```
 ```   int x;```
 ```   cin >> x;```
 ```   cout << x << endl;```
 ```}```
	첫 번째 방법은 가장 많이 사용하는 방법으로 namespace std를 먼저 선언하고 cin, cout, endl을 사용한다.

```#include <iostream>```
 ```using std::cin;```
 ```using std::cout;```
 ```using std::endl;```
 	
 ```int main()```
 ```{```
 ```   int a;```
 ```   cin >> a;```
 ```   cout << a << endl;```
 ```}```
	두 번째 방법은 using namespace std;를 선언하지 않고 파일 선두에 using std::cin, using std::cout, using std::endl을 선언하고 cin, cout, endl을 사용한다.

```#include <iostream>```
 ```int main()```
 ```{```
 ```   int a;```
 ```   std::cin >> a;```
 ```   std::cout << a << std::endl;```
 ```}```
	세 번째 방법은 using namespace std;를 선언하지 않고 입출력시에 std::cin, std::cout, std::endl를 직접한다.

```
#include <iostream>
using namespace std;
using std::cin;
using std::cout;
using std::endl;

int main()
{
        int a;
        std::cin >> a;
        std::cout << a << std::endl;
}
```

네 번째 방법은 첫 번째와 두 번째 방법을 혼합하여 사용하는 것이다. 이때 오류는 발생되지 않지만 중복하여 사용하는 결과이므로 좋은 코딩 방법이 아니다

** 예제 | C++에서 C 표준함수 호출

이 프로그램은 C++에서 C 표준 라이브러리 함수를 사용하기 위한 것이다. C++ 표준 라이브러리에서도 C 표준 라이브러리를 포함하고 있어서 그대로 사용할 수 있지만 C와 C++에서 다르게 사용될 수 있기 때문이다. C++는 중복(overloading)을 허용하고 있기 때문에 중복된 함수를 호출하지만 C에서는 그렇지 않은 경우가 있다. 예로써 abs( ) 함수는 중복되어 있어서 int, float, double, long, long double을 지원하지만 C에서는 항상 int 값을 취하고 반환한다. 또한 fabs( ) 함수는 float, double, long double을 지원하지만 C에서는 항상 double 값을 취하고 반환한다. 또한 C++에서 C의 표준 라이브러리 함수를 사용할 경우에는 표 3.4와 같이 기술한다.

3_3.cpp

```
#include <iostream>
#include <cstdio>
#include <cmath>
#include <string>
using namespace std;

int main()
{
    float a=-123;
    float b=0;
    char *c="seoul";
```

```
11:    printf("%lf \n", abs(a));       // #include <cstdio>, #include <cmath>
12:    cout << cos(b) << endl;         // #include <iostream>, using namespace std

13:    printf("%s \n", c);

14:    string d="pusan";               // #include <string>
15:    cout << d << endl;
16: }
```

그림 3.5는 3_3.cpp의 실행결과이다. 표준입력장치로 정수 값 100과 문자열 seoul을 입력 받아 그대로 출력한다.

| 그림 3.5 | 실행결과

1) 02행과 03행은 C++에서 C 표준 라이브러리 함수를 호출하기 위해 헤드 파일을 기술한다. 02행과 03행은 #include <stdio.h>, #include <math.h>와 같이 기술해도 무관하다.

2) 14행과 15행은 string 클래스를 사용하여 문자열을 처리하는 방법이다. 여기서 string 클래스 대신 C 표준 라이브러리의 함수를 사용할 수 있다.

| 표 3.4 | C와 C++의 헤드 파일과 표준 라이브러리의 사용

C	C++	설명
#include <stdio.h> #include <stdlib.h> #include <math.h> #include <string.h>	#include <cstdio> #include <cstdlib> #include <cmath> #include <cstring>	C++에서 C의 표준 라이브러리 함수를 사용할 경우 헤드 파일의 이름에 c를 포함하고 h를 없애고 기술한다.

int abs(int);	float abs(float);
	double abs(double);
	long abs(long);
	long double abs(long double);
		C에서 abs( ) 함수는 int형 만 지원하지만 C++에서는 int, float, double, long, long double형으로 중복되어 있다.

double fabs(double);	float fabs(float);
	double fabs(double);
	long double fabs(long double);
		C에서 fabs( ) 함수는 double형 만 지원하지만 C++에서는 float, double, long double형으로 중복되어 있다.

알아두기	코드 편집

동작	설명
Cont+c	마우스로 선택한 영역을 복사한다.
Cont+v	Cont+c로 복사한 영역을 붙인다.
Cont+x	마우스로 선택한 영역을 삭제한다.
Cont+k+c	마우스로 선택한 영역을 설명문으로 처리한다.
Cont+k+u	Cont+k+c로 설정한 설명문 영역을 해제한다.
Cont+마우스 휠	Cont 키를 누른 상태에서 마우스 휠(상,하)을 이동시키면 편집창의 글씨 크기를 크게(휠을 위로 이동) 하거나 작게(휠을 아래로 이동) 한다.

*** 예제 : 형식 플래그를 사용한 자료 출력

이 프로그램은 C++의 형식 플래그를 사용하여 입력된 자료를 8진수, 10진수 및 16진수로 출력하고 자리수를 10자리로 확보한 다음 우측 및 좌측으로 정열하고 +부호를 포함하여 출력하는 방법을 이해하기 위한 것이다.

3_4.cpp

```
#include <iostream>
#include <iomanip>       // setw(), setiosflag(), resetiosflags()에서 필요
using namespace std;
int main()
{
    int DATA;
    cout << ">>" ;
    cin >> dec >> DATA;
    cout << setiosflags(ios::showbase) << resetiosflags(ios::dec);
    cout << setiosflags(ios::oct) << DATA << resetiosflags(ios::oct) << endl;
    cout << setiosflags(ios::dec) << DATA << resetiosflags(ios::dec) << endl;
    cout << setiosflags(ios::hex) << DATA << resetiosflags(ios::hex) << endl;
    cout << setw(10) << setiosflags(ios::right) << DATA
```

```
14:            << resetiosflags(ios::right)  << endl;
15:     cout << setiosflags(ios::left) << DATA <<  resetiosflags(ios::left)
16:            << endl;
17:     cout << setiosflags(ios::showpos) << DATA << resetiosflags(ios::showpos)
18:            << endl;
19: }
```

그림 3.6은 3_4.cpp의 실행결과이다. 프로그램은 십진수 16을 입력하면 8진수, 10진수, 16진수로 출력한다. 또한 입력된 자료를 오른쪽 및 왼쪽으로 정렬하고 부호를 포함하여 출력한다.

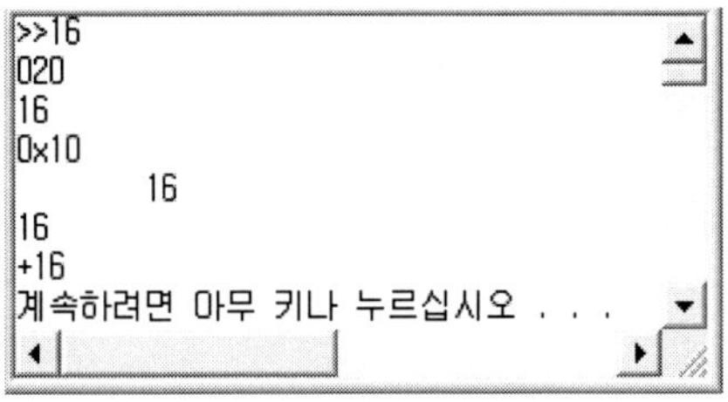

| 그림 3.6 | 실행결과

1) 09행은 자료를 출력할 때 밑수를 표시하고 설정된 10진수를 해제한다. **09행과 10행과 같이 하지 않고 직접 다음과 같이 사용할 수 있다.**

```
cout << oct << DATA << endl;
```

만약 09행, 10행, 11행, 12행에서 조건을 설정하고 사용 후 조건을 해제하지 않을 경우에는 다음에 사용되는 설정 값들이 비정상적으로 실행될 수 있기 때문에 반드시 해제해야 한다. 만약 10행을 다음과 같이 resetiosflags(ios::oct)를 삭제하면 그림 3.7과 같이 비정상적으로 실행된다.

```
10:    cout << setiosflags(ios::oct) << DATA << resetiosflags(ios::oct) << endl;
```

| 그림 3.7 | 10행에서 조건을 해제하지 않은 경우 비정상적인 실행결과

2) 10행은 DATA를 8진수로 다시 설정한 다음 DATA 값을 출력하고 설정된 8진수를 해제한다.

3) 13행 ~ 16행은 설정된 16진수를 다시 해제하고 자리수를 10자리로 확보한 다음 DATA를 오른쪽으로 정렬하여 출력한다.

*

3.3 cin.get( ), cin.getline( ), cin.ignore( )

C++에서 공백이 포함된 문자열을 입력 받을 수 있는 cin.get( ), cin.getline( ), cin.getignore( )의 형식은 다음과 같이 정의된다.

■ 형식

```
cin.get(char *cp, int len[,char terminator]);
cin.getline(char *cp, int len[,char terminator]);
cin.ignore([int n][,int delimiter]);
```

■ 사용

```
char str[ ];
cin.get( str, 10, 'm');          // cin.get( )을 사용하면 cin.ignore( )이 필요
cin.ignore(4, 'm');

cin.getline( str, 10, 'm');      // cin.ignore( )를 사용할 필요가 없음
cin.ignore(4, 'm');
```

정리하기 C++의 자료 입력

형태	설명
scanf( ), gets( )	• C에서 scanf( )는 공백을 포함하는 문자열을 입력받지 못한다. 그래서 공백을 포함하거나 엔터를 사용하여 2개 이상의 자료를 입력하는 경우 getd( )를 사용한다.
cin	• 표준입력장치로부터 조정문자(manipulator)로 설정한 한 종류의 자료만 입력받는 객체이다. • 문자열 입력에서 엔터키가 입력될 때까지의 연속된 자료를 입력받지만 입력되는 자료에 공백과 탭이 사용되면 공백과 탭 직전까지의 자료만 입력받는다.(즉, 공백을 포함한 문자열은 입력 받지 못함)

<table>
<tr><td>cin.get( )</td><td>• 표준입력장치로부터 엔터키가 입력될 때까지의 연속된 자료를 입력(공백과 탭을 포함)받는 함수이다. cin.get( ) 함수를 사용해서 연속적으로 자료를 입력 받는 경우 이전 자료의 개행문자가 버퍼에 존재하여 다음 입력이 비정상적으로 실행된다.
• 이를 없애기 위해서 cin.get( ) 사용 후 반드시 cin.ignore( ) 함수를 사용한다.</td></tr>
<tr><td>cin.getline( )</td><td>• 표준입력장치로부터 공백, 탭 및 개행 문자(\n)를 포함한 자료를 입력받는 멤버함수이며 입력 후 버퍼의 개행문자를 제거하기 때문에 연속해서 입력되는 다음 자료의 입력에 영향을 주지 않는다.</td></tr>
<tr><td>cin.getline( )</td><td>• cin.getline( ) 함수는 표준입력 장치로 공백을 포함한 문자열을 입력 받는 함수이기 때문에 정수형 자료를 입력으로 사용할 경우 오류가 발생된다.
char str[30];
cin.getline(str, 30); // 100 seoul 형식은 입력이 가능

int str[30];
cin.getline(str, 30); // 100 seoul 형식은 오류
(입력은 문자열로 지정해야 함)</td></tr>
</table>

*** 예제 cin.get( )와 cin.getline( ) 함수 사용

cin은 숫자, 문자 또는 문자열을 입력 받는 객체이다. 그러나 cin은 공백을 포함한 문자열을 입력받을 수 없다. 그래서 **공백을 포함한 문자열을 받기 위해서 cin.get( )과 cin.getline( )을 사용해야 한다. 그러나 cin.get( ) 함수는 입력 버퍼에 '\n'이 남게 되어 다음 입력에 영향을 주기 때문에 cin.ignore( )를 사용하여 버퍼를 비워주거나 cin.ignore( ) 함수를 사용해야 한다.** 그러나 cin.getline( ) 함수는 버퍼의 '\n'을 제거하기 때문에 cin.ignore( ) 함수를 사용할 필요가 없다.

3_5.cpp에서 15행, 18행, 21행의 주석문을 차례로 해제하고 실행하면서 cin.get( )와 cin.getline( )의 동작을 이해한다.

3_5.cpp

```
01: #include <malloc.h>
02: #include <iostream>
03: using namespace std;

04: int main(void)
05: {
06: while(1)
```

```
07: {
08:        char str1[10];
09:        char str2[10];
10:        char str3[10];           // 메모리 크기가 부족하면 18행에서 오류발생
11:        char str4[10];
12:        cout << ">>";
13:        cin.get(str1, 10);        // 버퍼를 제거해야 함
14:        cout << "1번 위치: " << str1 << endl << endl;
15:        // cin.ignore();          // 시험용(사용하지 않으면 13행에 의해서 비정상적)
16:        cin.get(str2, 10);
17:        cout << "2번 위치: " << str2 << endl << endl;
18:        // cin.ignore();          // 시험용(사용해야 19행이 정상적으로 동작)
19:        cin.getline(str3, 10);    // 문자열을 입력 받고 버퍼를 제거
20:        cout << "3번 위치: " << str3 << endl << endl;
21:        // cin.ignore();          // 시험용(생략해도 무관)
22:        cin.getline(str4, sizeof(str4));
23:        cout << "4번 위치: " << str4 << endl << endl;
24:        // cin.ignore();          // 시험용(생략해도 무관)
25:    }
26: }
```

그림 3.8은 3_5.cpp의 실행결과이다. 프로그램이 정상적으로 실행되면 공백으로 구분된 문자열을 입력받고 출력한다. 코드에서 16행만 사용하고 21행, 24행은 사용하지 않아도 정상적으로 동작된다.

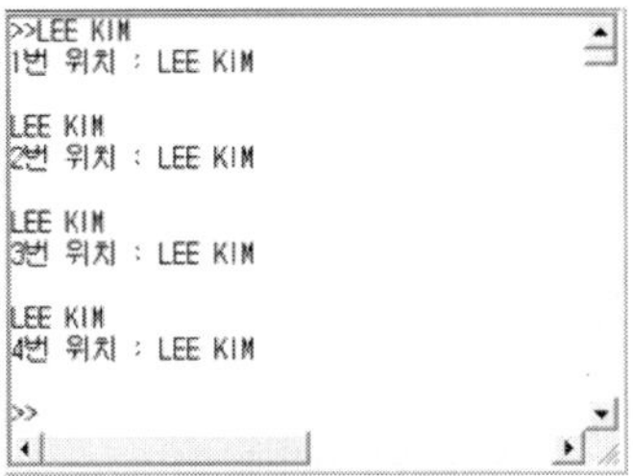

| 그림 3.8 | 실행결과

1) 08행 ~ 11행은 입력되는 문자열을 저장하기 위한 메모리를 할당한다. 이때 할당된 메모리는 입력되는 문자열을 저장할 수 있을 만큼 확보해야한다.

2) 15행의 cin.get( ) 함수는 공백을 포함한 문자열을 입력받지만 버퍼에 '\n'이 다음의 입력에 영향을 주므로 이를 제거해야 한다. cin.get( ) 함수는 공백을 포함한 문자열을 입력받지만 버퍼에 '\n'이 남아 다음 입력에 영향을 주어 비정상적으로 실행되기 때문에 입력 후 반드시 cin.ignore( ) 함수를 사용해야 한다.

3) 13행에서 입력되는 문자열의 크기가 08행에서 할당된 메모리의 크기보다 크면(메모리 공간이 부족하면) 실행오류가 발생되기 때문에 입력되는 문자열은 보다 메모리를 크게 할당해야한다.

4) 18행의 cin.ignore( ) 함수가 사용되어야 19행에 영향을 주지 않는다. 만약 18행에서 cin.ignore( )가 사용되지 않으면 비정상적으로 동작된다. cin.getline( ) 함수는 실행 후 버퍼의 '\n'을 제거하기 때문에 다음 입력에 영향을 주지 않는다.

5) 21행의 cin.ignore( ) 함수는 사용하지 않아도 된다. cin.getline( ) 함수는 입력을 받은 다음 버퍼의 '\n'을 제거하기 때문에 다음 입력에 영향을 주지 않는다.

6) 24행의 cin.ignore( ) 함수는 생략해도 무관하다. 이것은 cin.getline( ) 함수는 입력을 받은 다음 버퍼의 '\n'을 제거하기 때문에 사용하지 않아도 된다.

*

3.4 실수형의 정밀도

C++에서 실수형(實數形: real number type))의 정밀도(精密度 : precision) 기본적으로 정수와 소수를 포함해서 모두 6자리(. 제외)로 출력한다. setpression(n) 함수는 .을 제외하고 n자리로 설정하며 setprecision(n)+setiosflags(ios::fixed)로 설정되면 소수점 이하 6자리(.제외)로 출력한다.

정리하기 실수형의 형식과 정밀도

형태	설명
setprecision(n)만 사용하는 경우	자료의 정밀도를 n자리로 설정한다.
cout.setprecision(n)을 사용하지 않고 cout을 사용하여 출력하는 경우(default)	이 경우에는 기본적으로 float, double, long double은 모두 6자리(. 제외한 정수 + 소수 자리 수)로 출력한다.

cout.setprecision(n)을 사용하여 출력하는 경우	자료를 6자리(. 제외한 정수+소수 자리 수)로 출력(이때 정밀도는 6)한다.
setprecision(n) + setiosflags(ios::fixed)로 설정하고 cout.setprecision(n)으로 출력하는 경우	자료의 정밀도는 6으로 출력하고 출력되는 변수 값은 소수 이하 n자리까지 출력한다.

** 예제 실수형 자료의 사용과 정밀도 출력

이 프로그램은 실수형 자료의 정밀도를 설정하고 사용하는 방법을 이해하기 위한 예제이다. C++에서 실수형의 정밀도를 설정하는 cout.setprecision(n) 함수는 현재 설정된 정밀도를 표시하고 지금부터 n자리의 정밀도로 설정한다.

3_6.cpp

```
#include <iostream>
#include <iomanip>
using namespace std;

void main(void)
{

    double value = 123.123456789;
    cout << "value = 123.123456789" << endl << endl;

    cout << "1번 위치: default value = " << value << endl;

    cout << "2번 위치: precision = " << cout.precision(7)
        << " , " << "value = " <<  value << endl;

    cout << "3번 위치: precision = " << cout.precision(10)
        << " , " << "value = " <<  value << endl << endl;

    cout << setprecision(6);
    //cout << setiosflags(ios::fixed);
    cout << "4번 위치: precision = " << cout.precision(5)
            << " , " << "value = " <<  value << endl;
    cout << "5번 위치: precision = " << cout.precision(12)
            << " , " << "value = " <<  value << endl << endl;
```

```
19:     cout << setprecision(6);
20:     cout << setiosflags(ios::fixed);
21:     cout << "6번 위치: precision = " << cout.precision(5)
22:             << " , " << "value = " <<  value << endl;
23:     cout << "7번 위치: precision = " << cout.precision(12)
24:             << " , " << "value = " <<  value << endl << endl;
25: }
```

그림 3.9는 3_6.cpp의 실행결과이다. 프로그램에서 value 값을 123.123456789으로 설정한 다음 default, setprecision(7), setprecision(6), setprecision(6)+setiosflags(ios:: fixed)일 경우의 실수 값을 출력한다.

```
value = 123.123456789

1번 위치: default value = 123.123
2번 위치: precision = 6 , value = 123.1235
3번 위치: precision = 7 , value = 123.1234568

4번 위치: precision = 6 , value = 123.12
5번 위치: precision = 5 , value = 123.123456789

6번 위치: precision = 6 , value = 123.12346
7번 위치: precision = 5 , value = 123.123456789000

계속하려면 아무 키나 누르십시오 . . .
```

| 그림 3.9 | 실행결과

1) 08행은 C++에서 실수형의 기본 정밀도는 6자리(. 제외)로 설정되었기 때문에 123.123이 출력된다.

2) 09행과 10행에서 cout.setprecision(7) 함수는 먼저 설정된 정밀도를 출력하고 지금부터 정밀도를 7로 설정하는 함수이다.

3) 11행과 12행은 cout.setprecision(10) 함수에 의해서 설정된 정밀도를 7로 출력하고 지금부터 정밀도를 10으로 설정한다.

4) 13행은 지금 행부터 정밀도를 6으로 설정하고 15행은 기존에 설정된 정밀도를 출력하고 지금부터 정밀도를 5로 설정한다.

5) 19행과 20행이 수행되고 21행과 22행이 실행되면 21행에서 정밀도는 19행에서 설정된 6으로 출력되고 22행의 변수 value 값은 소수이하 5자리(. 제외)로 출력된다.

6) 23행과 24행에서 23행은 21행에서 설정된 정밀도 5를 출력하고 변수 value 값은 소수이하 12자리(. 제외)로 출력된다. *

요약

01. 본 장에서는 그림 3.10과 같이 스트림과 입출력 객체, C++ 입출력 객체에 대한 내용을 학습하였다.

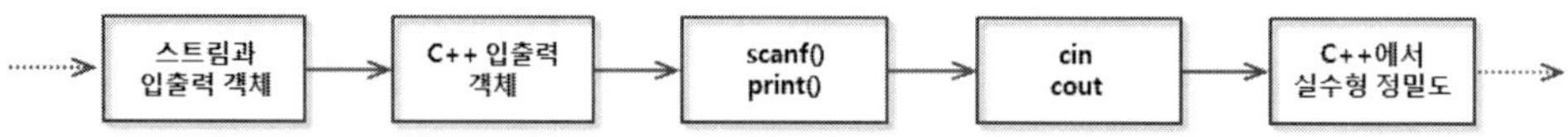

| 그림 3.10 | 본 장에서 학습한 내용

02. C의 입출력은 스트림(stream)을 통해서 처리된다. 스트림은 데이터를 다른 장치(device)들 간에 데이터를 주고받기 위한 인터페이스(interface)이며 표준스트림은 stdin(키보드), stdout(콘솔 출력), stderr(오류 출력) 3가지가 있다.

03. C++의 데이터의 입·출력은 cin, cout 객체(object)에 의해 처리된다. C에서는 자료를 입·출력하기 전에 먼저 직접 해당 자료의 형(type)에 맞게 변환해야 하지만 C++에서는 기본적 자료형에 관해서는 사용자가 별도로 지정하지 않아도 객체 cout에 의해 직접 처리된다.

04. cin은 공백을 포함한 문자열을 입력받을 수 없다. 그래서 공백을 포함한 문자열을 받기 위해서 cin.get( )와 cin.getline( ) 함수를 사용해야한다.

05. cin.get( ) 함수는 입력 버퍼에 '\n'이 남게 되어 다음 입력에 영향을 주기 때문에 반드시 cin.ignore( ) 함수를 사용해야한다.

06. cin.getline( ) 함수는 버퍼의 '\n'을 제거하기 때문에 cin.ignore( ) 함수를 사용할 필요가 없다.

연습문제_A

01. 컴퓨터 시스템에서 입출력 장치의 구성을 설명하여라.

02. 스트림(stream)이란 무엇이며 왜 필요한가?

03. C에서 형식화된 표준 입력 및 출력 함수의 기능을 간략하게 설명하여라.

04. printf( )의 형식지정필드(format specification field)를 설명하여라.

05. printf( ), fprintf( ), wprintf( )의 차이를 설명하여라.

06. scanf( )의 형식과 형식지정필드를 설명하여라.

07. scanf( ), fscanf( ), wscanf( )의 차이를 설명하여라.

연습문제_B

08. 그림 3.11과 같이 표준입력장치로부터 3을 입력받고, 자리수를 10자리로 확보하고, 빈 공백은 0으로 채워 출력하는 프로그램을 작성하여라.

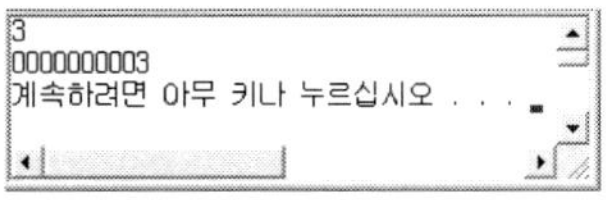

| 그림 3.11 | 실행결과

09. 예제 3_4.cpp를 C로 설계하여라.(그림 3.12 : 실행결과)

```
>>16
020
16
0x10
        16
16
+16
계속하려면 아무 키나 누르십시오 . . .
```

| 그림 3.12 | 실행결과

10. 예제 3_5.cpp를 다음의 조건으로 수정하여라.

(1) 08행을 C 방식으로 메모리를 할당하고 0으로 초기화한 다음 해제하여라.

(2) 10행을 C++ 방식으로 메모리를 할당하고 0으로 초기화한 다음 해제하여라.

(3) 프로그램을 16행, 20행, 24행을 차례로 사용하여 프로그램이 동작되는 것을 확인하고 설명하여라.

11. 표준입력장치로 입력되는 성적을 학점으로 처리하는 성적처리 프로그램을 C와 C++로 설계하여라. 만약 입력을 잘못하는 경우(특수문자와 영문자가 입력되는 경우)에는 그림 3.13과 같이 다시 입력되도록 한다.

```
당신의 점수를 입력하세요.
>>500
        0-100 점을 다시 입력하세요.

당신의 점수를 입력하세요.
>>99
당신의 학점은 A+입니다.

당신의 점수를 입력하세요.
>>A

        잘못 입력했습니다. 다시 입력하세요.

당신의 점수를 입력하세요.
>>
```

| 그림 3.13 | 실행결과

12. 그림 3.14와 같이 표준입력장치로 두 수를 입력받아 정수와 실수의 절대 값을 구하는 프로그램을 설계하여라($abs(x)$ 함수는 x의 절대 값을 구하고, $fabs(x)$ 함수는 x의 실수형 절대 값을 구한다).

```
input x:integer, y:double

x=-100
abs(-100)=100

y=-1.123
fabs(-1.123)=1.123
계속하려면 아무 키나 누르십시오 . . .
```

| 그림 3.14 | 실행결과

13. 그림 3.15와 같이 표준입력장치로 두 수를 입력받아 정수와 실수의 절대 값을 구하는 프로그램을 설계하여라($ceil(x)$ 함수는 x보다 작지 않은 최소 정수를 double로 반환하고, $floor(x)$ 함수는 x보다 크지 않은 최대 정수를 double로 반환한다).

```
123.456
ceil(123.456)=124
floor(123.456)=123

-123.456
ceil(-123.456)=-123
floor(-123.456)=-124
```

| 그림 3.15 | 실행결과

14. 그림 3.16과 같이 표준입력장치로 두 수를 입력받아 fmod( )와 modf( )의 값을 구하는 프로그램을 설계하여라($fmod(x, y)$함수는 x를 y로 나눈 나머지를 반환하고, z =modf$(x,\ y)$ 함수는 x의 정수부를 y에 소수 값을 z에 반환한다).

```
x=123.456
y=100

fmod(x, y) = 23.456

modf(x, y)
y = 123
z = 0.456

계속하려면 아무 키나 누르십시오 . . .
```

| 그림 3.16 | 실행결과

15. 그림 3.17과 같이 표준입력장치로 어떤 값을 입력받아 난수를 발생하는 프로그램을 설계하여라($rand(x)$ 함수는 0에서 정수형의 양수의 값의 최대 값인 32,767의 범위까지 정수난수를 발생하고, $srand(x)$ 함수는 x의 값에 따라서 난수열의 시작점을 서로 다르게 설정하여 출력한다).

```
>>3
rand(3)=48
rand(3)=7196
rand(3)=9294
rand(3)=9091
rand(3)=7031
rand(3)=23577
rand(3)=17702
rand(3)=23503
rand(3)=27217
rand(3)=12168

>>
```

| 그림 3.17 | 실행결과

16. 그림 3.18과 같이 두 값을 입력받아 $hypot(x, y)$, $atan2(y,x)$ 값을 구하는 프로그램을 설계하여라($hypot(x, y)$ 함수는 직각 삼각형의 밑변이 x, 높이가 y일 때 직각 삼각형의 빗변의 길이를 구하고, $atan2(x, y)$ 함수는 y/x의 arctan을 구한다. 라디안 각도 $\theta = 180/\pi$ 이다).

```
>>1 2
hypot(1,2)= 2.23607
atan2(1,2)= 63.435 [degree]

계속하려면 아무 키나 누르십시오 . . .
```

| 그림 3.18 | 실행결과

17. 그림 3.19와 같이 표준입력장치로 값을 입력받아 $\sin(90), asin(1), \sinh(1)$ 값을 구하는 프로그램을 설계하여라.

(힌트: $\sinh(x) = \dfrac{e^x - e^{-x}}{2}$, $\cosh(x) = \dfrac{e^x + e^{-x}}{2}$, $\sinh(x) = \dfrac{\sinh(x)}{\cosh(x)} = \dfrac{e^x - e^{-x}}{e^x + e^{-x}}$)

```
input value: 90
sin(90)=1

input value:
1
asin(1)=1.5708

input value: 1
sinh(1)=1.1752

계속하려면 아무 키나 누르십시오 . . .
```

| 그림 3.19 | 실행결과

제4장 클래스

✱ 차례

✱ 학습목표

1. 구조체(structure)와 클래스(class)의 차이점을 이해하고 클래스의 필요성, 사용목적을 이해한다.
2. 클래스를 정의하고 3가지 접근명시자(private, protected, public)의 동작을 이해한다.
3. 클래스의 멤버함수와 클래스 외부에 멤버함수를 기술하는 방법을 이해한다.
4. friend 함수와 friend 클래스를 정의하고 동작되는 방법을 이해한다.

4.1 개요

객체지향 프로그래밍(Object Oriented Programming)은 데이터(속성)와 함수(행위)를 캡슐화(encapsulation)하여 클래스(class)를 형성하는 것이다. 클래스는 정보 은닉(information hiding)의 특성을 가진다. 이것은 클래스가 잘 정의된 인터페이스(interface)를 통해 다른 객체와 서로 통신할 수 있지만 다른 클래스가 어떻게 구현되어 있는지는 알 수 없다. C를 비롯한 다른 절차적 언어(procedural programming language)들은 동작 지향적(action-oriented)이고 C++ 프로그래밍은 객체지향적(object-oriented)인 프로그래밍이다.

C에서 프로그램의 단위는 함수(function)이고 C++에서는 클래스(class)가 프로그래밍의 단위이며 이 클래스에서 객체가 인스턴스화(instantiate)된다. C++에서의 클래스는 C의 구조체(structure)가 발전한 것이다. 표 4.1은 구조체와 클래스를 비교한 것이다.

| 표 4.1 | 구조체와 클래스의 비교

구조체(structure)	클래스(class)
• 길이가 다른 자료를 1개의 이름으로 처리하기 위한 자료구조이다. • 구조체의 데이터를 처리하기 위한 별도의 함수가 필요하다. • 데이터 처리시 매번 함수를 호출해야 하며 이에 따른 시간이 많이 소요된다. • 구조형 데이터는 외부로 부터 개방되어 데이터의 보호 및 안정성에 문제가 있다.	• 구조체의 비효율성과 문제점을 개선하기 위한 자료형이다. • 클래스는 구조체(데이터) + 함수(메소드) 기능이다. • 데이터 은닉, 상속성 및 다형성을 지원하여 데이터의 보호 기능을 제공한다. • 객체지향 기능을 지원하여 대형 프로젝트 설계에 적합하다.

4.2 클래스 정의

4.2.1 클래스 개념

C++의 클래스(class)는 C의 구조체(C에서 사용자 정의형을 만들기 위해서 사용)와 매우 유사하다. 구조체는 관련된 데이터를 1개의 이름으로 정의(데이터 구조만 정의되고 데이터의 동작, 은닉 및 보호 기능은 제공되지 않음)하고 이를 구조체 변수로 생성하여 사용한다. 클래스는 구조체의 문제점을 개선할 수 있도록 데이터와 함수 기능이 포함된 기능이다. 이때 새로 정의하는 클래스형

변수를 객체(object)라 한다. 클래스는 정의 후 바로 사용할 수 없으며 클래스형 변수(객체)로 정의하여 사용한다. 구조체와 클래스의 차이점은 클래스에서는 데이터(데이터 멤버)와 함수(멤버함수 혹은 메소드)로 이루어진다는 것이다. C++는 클래스를 사용함으로써 캡슐화(encapsulation), 상속(inheritance), 다형성(polymorphism) 등의 유용한 특징을 갖는다.

클래스에서 캡슐화는 데이터(데이터 멤버)와 함수(멤버함수)들을 하나로 묶는 것(캡슐)이다. 클래스에서 캡슐화는 데이터와 함수들을 묶어주는 기능과 자료를 은닉하는 기능을 제공한다. 또한 C++에서는 클래스를 정의할 때 접근 명시자(private, protected, public)를 사용하여 데이터를 은닉할 수 있다.

클래스에서 상속은 기존의 클래스가 가지고 있는 데이터와 함수를 다른 클래스에서 받아 새로운 클래스를 정의하는 것이다. 기존의 클래스 기능을 상속받아 새로운 클래스를 정의할 때, 기존의 클래스가 가진 데이터 멤버와 멤버함수는 다시 구현하지 않고 새로운 부분만 추가하기 때문에 재사용성을 증대할 수 있다.

클래스에서 다형성은 클래스가 상속관계에 있을 때 가상함수를 사용하여 기초클래스의 일부를 사용하여 다른 기능으로 생성하는 것이다. 클래스의 다형성은 프로그램의 융통성과 확장성을 증가시킬 수 있다.

■ 클래스와 객체의 개념 ■

지난 겨울은 유난히 추운 시간이었던 것 같다. 필자만 추위를 많이 느끼는 것이 아닌 듯싶다. 추운 겨울에는 거리에서 붕어빵 아저씨를 자주 보게 된다. 붕어빵은 빵틀에서 밀가루 반죽을 붓고 팥을 넣어서 구워낸다. 이때 붕어빵은 항상 빵틀의 모양과 크기가 똑같은 붕어빵이 만들어진다. 그러나 만들어지는 붕어빵은 밀가루 반죽의 정도, 팥의 양 그리고 굽는 정도 등은 조금씩 다르다.

그림 4.1과 같이 C++에서 구조체와 클래스의 사용은 붕어빵 틀과 붕어빵의 관계와 같다. 여기서 붕어빵 틀은 구조체와 클래스의 원형으로 비유할 수 있고, 만들어지는 붕어빵은 객체에 비유할 수 있다. 그래서 구조체와 클래스는 항상 구조체와 클래스의 원형(붕어빵 틀)을 선언한 다음 구조체 혹은 클래스형의 객체(붕어빵)로 만들어 사용해야한다. 여기서 우리가 먹는 것(필요한 것)은 붕어빵틀(구조체, 클래스의 원형)이 아니라 붕어빵(객체)인 것이다. 구조체와 클래스를 사용할 경우에는 반드시 원형을 선언하고 객체를 만든 다음 사용해야한다.

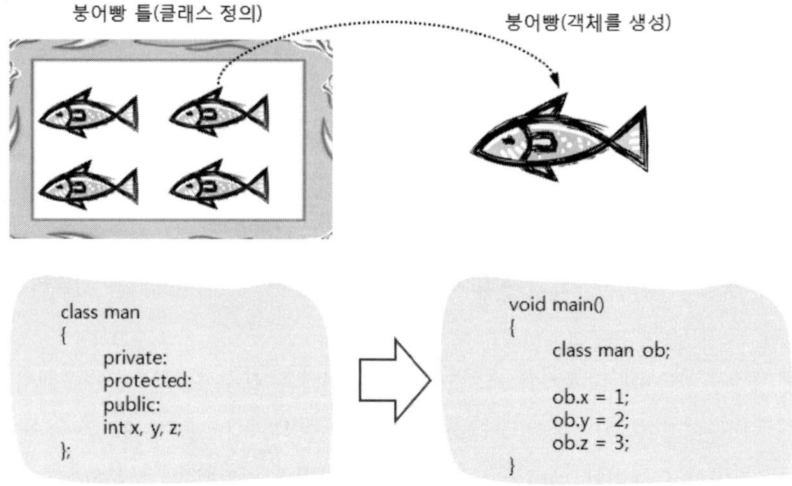

| 그림 4.1 | 클래스와 객체

4.2.2 클래스 정의

클래스는 형식과 같이 예약어 class로 시작하고 클래스 이름과 {}를 사용하여 정의한다. 클래스 내부에는 3가지 접근명시자(private, public, protected)가 있다.

■ 형식

```
class  클래스_이름
{
   // 영역_접근_명시자:
   // 데이터_멤버, 멤버_함수;
};
```

■ 사용

```
class Aclass             // 클래스 정의
{
private:                 // 접근명시자
   int a;                // 멤버변수 선언
protected:               // 접근명시자
   int b;
public:                  // 접근명시자
   float fun();          // 멤버함수 선언
}
```

4.2.3 객체(object)

객체(object)는 정의된 클래스를 다른 이름으로 생성한 클래스형의 변수를 객체 혹은 인스턴스(instance)라 한다. 클래스는 자신을 소유하는 객체가 만들어짐과 동시에 클래스 내의 데이터 멤버, 멤버함수들이 존재하게 되며 클래스 내의 모든 처리가 이루어지기 위해서는 클래스형을 갖는 객체가 만들어진 다음부터 사용할 수 있으며 메모리에 할당된다.

■ 형식

[**class**] 클래스_이름 객체_이름1, 객체_이름2, ... ;

■ 사용

```
calss Aclass
{
   // ......
};
class Aclass obj1, obj2;
```

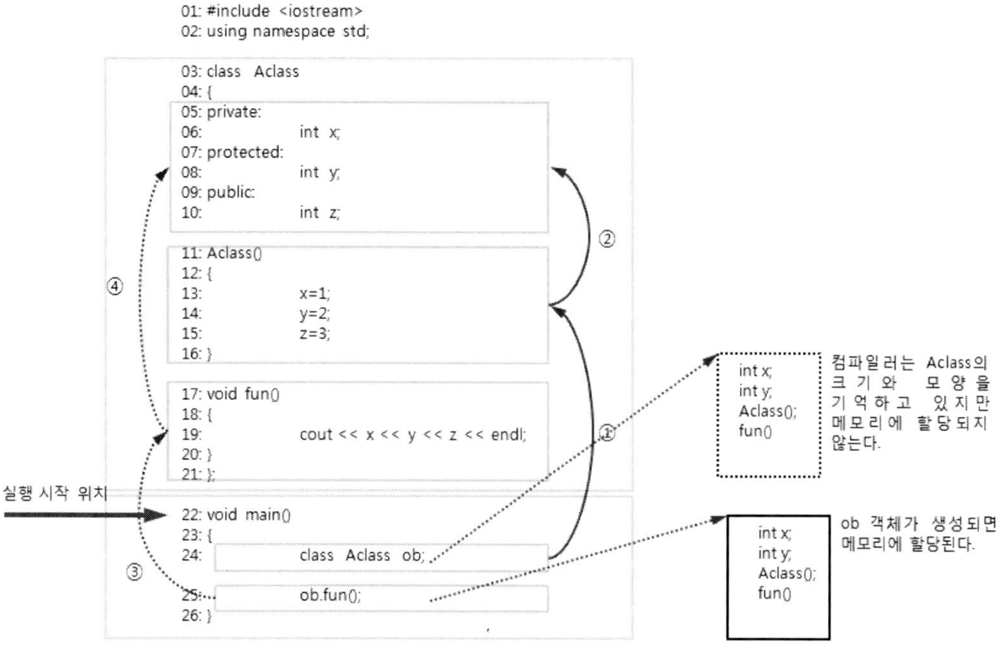

| 그림 4.2 | 클래스의 구조와 동작

그림 4.2는 클래스의 동작을 설명하기 위한 것이다. 클래스 Aclass는 03행에서 21행까지 정의된다. 이때 컴파일러는 클래스 내의 메모리 구조를 기억하고 있지만 메모리에 할당하지 않으며 24행과 같이 객체가 정의되면 비로소 메모리에 객체를 할당하게 된다. 그래서 클래스의 번지는 출력할 수 없지만 객체의 번지는 출력할 수 있다. 또한 클래스와 객체의 크기는 동일하게 8바이트로 출력할 수 있다. 05행, 07행, 09행은 접근명시자이며, 06행, 08행, 10행은 멤버변수이다. 11행에서 16행은 생성자(5장에서 다룬다.)이며 17행에서 20행은 일반 멤버함수이다. 클래스의 동작은 먼저 클래스가 정의된 다음 24행의 객체가 생성되면 내부적으로 생성자(11행 ~ 16행)가 동작되어 데이터 멤버(06행, 08행, 10행)이 초기화된다. 25행이 수행되면 멤버함수(17행 ~ 20행)가 실행되어 멤버변수(06행, 08행, 10행)의 결과를 출력한다.

4.3 클래스의 접근명시자

클래스는 접근명시자(接近明示者 : private, protected, public), 데이터 멤버 및 멤버함수로 구성된다. 접근명시자는 클래스 외부에서 클래스의 데이터 멤버에 접근할 수 있는 권한을 부여하는 명령어이다. 클래스의 접근명시자는 명시자로 기술된 영역의 데이터에 접근을 허용하는 범위를 설정하는 명령어이다. 즉, 클래스 내부에서 사용된 데이터 멤버를 보호하기 위한 목적으로 private, protected public 접근명시자를 사용한다.

■ 클래스 접근명시자의 개념 ■

어느 날 김복권 씨가 복권에 당첨되었다. 기쁨도 잠시 김복권 씨는 한 가지 깊은 고민에 빠져들게 되었다. 만약 복권 당첨금이 예금된 통장을 가지고 있다는 사실이 외부에 알려지면 어떻게 되겠는가? 한번 상상해 보라. 그래서 예금 통장의 비밀번호는 김복권 씨 자신만이 알고 있어야 하고, 복권에 당첨된 사실은 가족만 알고 있어야 하고, 김복권 씨는 성실한 직장인 이라는 사실은 외부의 모든 사람이 알고 있어도 무관하다. 이러한 내용은 클래스의 접근명시자 private, protected, public에 비유하여 설명할 수 있다. 그림 4.3과 같이 예금 통장의 비밀번호를 private, 복권에 당첨된 사실을 알고 있는 자신과 가족을 protected, 성실한 직장인 이라는 사실은 public으로 생각을 하자, 그러면 private, protected, public 명시자의 용도와 동작을 이해할 수 있을 것이다.

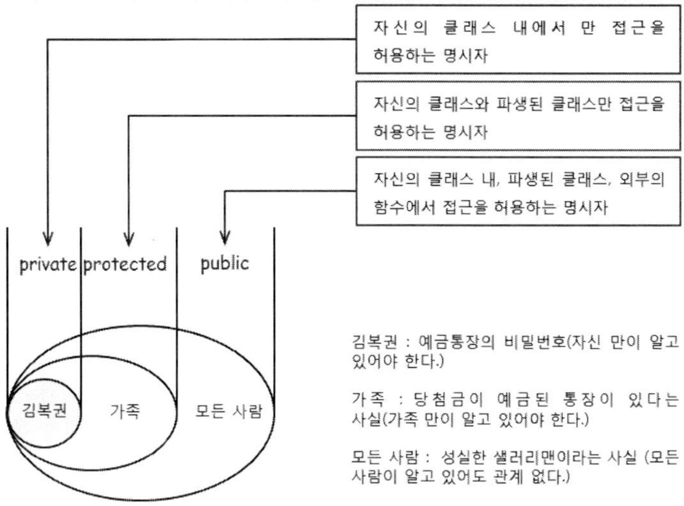

| 그림 4.3 | 접근명시자(private, protected, public)

정리하기 클래스의 접근 명시자(private, protected, public)

❶ private 접근명시자

- 클래스 내의 private 영역에 기술된 데이터 멤버 혹은 멤버함수를 외부로부터 보호하기 위한 것이다.
- 클래스 외부에서 public 영역의 멤버함수를 사용하는 경우 접근할 수 있다. 클래스의 접근명시자에 의한 데이터 멤버의 접근 허용범위는 표 4.2와 같다.

❷ protected 접근명시자

- protected에 기술된 데이터 멤버는 상속된 클래스에서만 접근 할 수 있다. 그러나 클래스 외부에서 public 영역의 멤버함수를 사용하는 경우 접근할 수 있다.

❸ public 접근명시자

- public 접근명시자는 public에 기술된 데이터 멤버는 클래스의 내부 혹은 클래스 외부에서 접근할 수 있도록 한다.
- public에 기술된 멤버함수는 클래스 외부에서 클래스 내의 모든 영역에 접근할 수 있도록 한다.

| 표 4.2 | 클래스의 접근명시자에 의한 데이터 멤버의 접근 허용범위

접근명시자	자신의 클래스에서 접근	파생클래스에서 접근	클래스 외부에서 접근
private	○	×(직접 접근불가)[(1)]	×(직접 접근불가)[(2)]
protected	○	○	×(직접 접근불가)[(3)]
public	○	○	○

(1) : 파생클래스에서 직접 접근은 불가하지만 기초클래스의 멤버함수를 통해서 접근이 가능
(2) : 클래스 외부에서 직접 접근은 불가하지만 기초클래스의 멤버함수를 통해서 접근이 가능
(3) : 클래스 외부에서 직접 접근은 불가하지만 기초클래스의 멤버함수를 통해서 접근이 가능

* 예제 클래스의 기술, 구조, 접근명시자 사용

이 프로그램은 클래스를 정의하고 동작을 이해하기 위한 것이다. 클래스는 접근명시자에 의한 데이터 멤버와 멤버함수를 포함한다. 이때 멤버함수의 기술은 클래스 외부에서 기술한다.

4_1.cpp

```
#include <iostream>
#include <iomanip>
using namespace std;
class ma                                    // 클래스 man 정의
{
private:
    int x;
protected:
    int y;
public:
int z;
man()                                       // 생성자 정의(5장 참조)
{
        x=1;
        y=2;
        z=3;
        cout << setw(3) << x << setw(3) << y << setw(3) << z << endl;
}
        void read(int a, int b, int c);
```

```
20: };
21: void man::read(int a, int b, int c)         // 멤버함수 정의
22: {
23:         x=a;
24:         y=b;
25:         z=c;
26:         cout << setw(3) << x << setw(3) << y << setw(3) << z << endl;
27: }
28: int main(void)
29: {
30:         class man ob;                       // 객체 정의
31:         ob.read(4, 5, 6);                   // 멤버함수 호출
32:         return 0;
33: }
```

그림 4.4는 4_1.cpp의 실행결과이다. 30행이 수행되면 man 클래스형의 객체 ob가 생성되고 내부적으로 생성자가 동작되어 1 2 3이 출력된다. 31행이 수행되면 다시 4 5 6 값이 출력된다. 프로그램의 실행 순서는 다음과 같다.

28행 → 29행 → 30행 → 12행~18행 수행(14, 15, 16행에 의해서 7, 9, 11행의 값이 초기화 후 x, y, z 값 출력) → 31행 → 21행~27행 수행(23, 24, 25행에 의해서 7, 9, 11행의 값이 4,5,6으로 초기화 후 26행에 의해서 x, y, z 값 출력)

| 그림 4.4 | 실행결과

1) 04행 ~ 20행은 클래스 man을 정의한다. 클래스 내부에서 생성자와 클래스 외부에서 read( ) 멤버함수를 정의한다.

2) 30행은 객체를 생성하고 이때 내부적으로 생성자(man)가 동작되어 1 2 3 값을 출력하고 31행이 실행되면 멤버함수 read( )가 수행되어 4 5 6 값이 출력된다.

*

❋ 예제 ┊ 클래스에서 데이터 멤버 접근 방법

이 프로그램은 클래스가 상속관계가 아닌 경우 클래스에서 데이터 멤버의 접근 방법을 이해하기 위한 것이다. 이 예제를 통해서 다음의 내용을 이해할 수 있다.

- 자신의 클래스에서는 자신의 private, protected, public 영역의 데이터 멤버에는 자유롭게 접근할 수 있다. : 14행 ~ 16행, 30행 ~ 32행
- 상속관계가 아닌 경우에 다른 클래스 간(Aclass → Bclass 혹은 Bclass → Aclass)의 private, protected 영역에는 접근할 수 없지만 public 영역에는 접근할 수 있다. : 35행 ~ 37행
- 클래스 외부(main( ) 함수)에서 직접 다른 클래스의 private, protected에는 접근할 수 없지만 public에는 접근할 수 있다. : 46행

4_2.cpp

```
01: #include <iostream>
02: #include <iomanip>
03: using namespace std;
04: class Aclass          // Aclass 정의
05: {
06: private:
07:         int a;
08: protected:
09:         int b;
10: public:
11:         int c;
12: void fun1(int p, int q, int r)
13: {
14:         a=p;          // 자신의 클래스에서는 모든 데이터멤버에 접근 가능
15:         b=q;          // 데이터 멤버를 초기화 해야 main()에서 사용할 수 있다.
16:         c=r;
17:         cout << a << b << c << endl;
18: }
19: };
20: class Bclass          // Bclass 정의
21: {
22: private:
```

```
        int x;
protected:
        int y;
public:
        int z;

int fun2(int i, int j, int k)
{
        x = i;
        y = j;
        z = k;
        cout << x << y << z << endl;

        class Aclass ob1;
        // ob1.a = x;          // 다른 클래스의 private 영역은 접근 불가
        // ob1.b = y;          // 다른 클래스의 protected 영역은 접근 불가
        ob1.c = z;             // 다른 클래스는 public만 가능

        ob1.fun1(1, 2, 3);
        return 2;
}
};

void main(void)
{
        class Aclass ob2;
        ob2.fun1(4,5,6);                    // Aclass의 멤버함수 호출
        cout << ob2.c << endl << endl;      // ob2.a, ob2.b;은 오류

        class Bclass ob3;
        cout << ob3.fun2(7,8,9) << endl;
}
```

그림 4.5는 4_2.cpp의 실행결과이며 실행결과 1번 위치는 Aclass의 멤버함수에서 접근한 데이터 멤버를 출력한 값이다. 2번 위치는 Bclass의 fun2( )의 데이터 멤버 값을 출력한다.(그림 4.6 참조)

```
456
6

789
123
2
계속하려면 아무 키나 누르십시오 . . .
```

| 그림 4.5 | 실행결과

1) 14행 ~ 16행, 30행 ~ 32행과 같이 자신의 클래스 내에 있는 멤버함수는 private, protected, public 영역에 직접 접근 가능하다.

2) 35행 ~ 36행과 같이 서로 다른 클래스의 private, protected는 접근 불가하지만, public 영역은 직접 접근이 가능하다.

3) 46행과 같이 클래스 외부에서는 public만 접근이 가능하다.(ob2.a, ob2.b는 접근 불가)

4) 48행은 ob3.fun2(7,8,9);와 다르게 동작한다. 이때 ob3.fun2( ) 함수는 반환 값을 가져야 48행과 같이 cout으로 값을 출력할 수 있지만 반환 값이 없으면 오류가 발생된다.

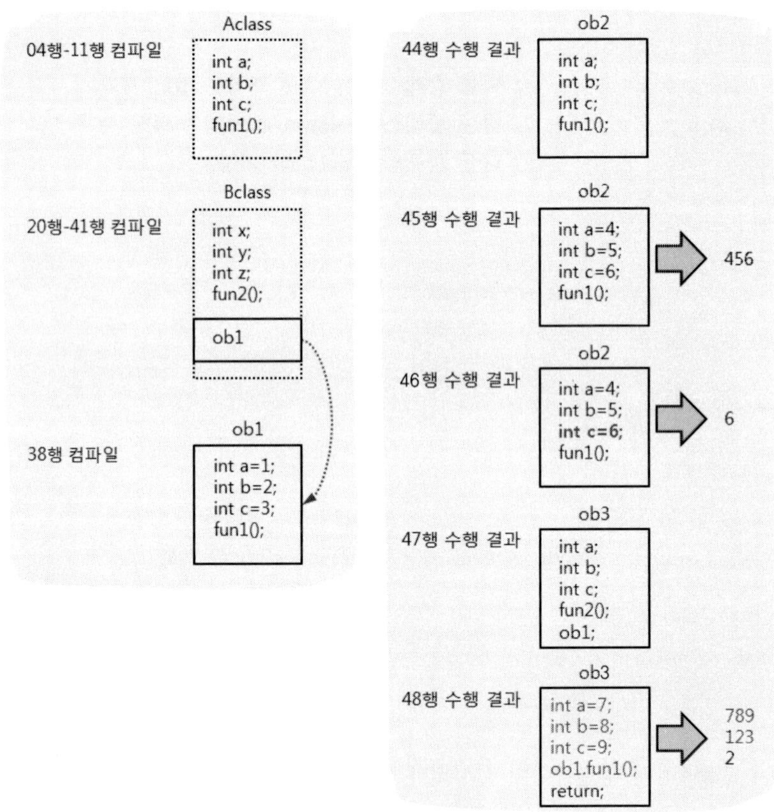

| 그림 4.6 | 4_2.cpp의 컴파일과 실행과정

**예제 : 클래스에 포함될 수 있는 멤버 형태

이 프로그램은 클래스 내부에서 사용될 수 있는 데이터의 종류를 이해하기 위한 것이다. 클래스 내부에는 데이터 멤버, 멤버함수, 매크로, typedef, const, static, static const과 enum을 사용할 수 있다. 그러나 const와 static을 사용할 경우 다음과 같이 주의해야 한다.(표 4.3 참조)

4_3.cpp

```
01: #include <iostream>
02: using namespace std;
03: // #define p 100                          // 10행을 여기에 기술해도 가능
04: class Aclass
05: {
06: private:
07: protected:
08: public:
09:         typedef int INT;                  // 매크로 정의
10:         #define p 100                     // #define 사용
11:         // static int q;
12:         // const int r;
13:         static const int s= 400;          // 데이터 멤버 초기화(실수 사용 불가)
14:         enum {a=500, b, c, d};            // 열거체 사용
15:         void fun();
16: };
17: inline void Aclass::fun()
18: {
19:         INT t = a+b;                      // int p= a+b;
20:         cout  << t << endl;
21:         cout  << p << endl;
22:         cout  << s << endl;
23: }
24: int main(void)
25: {
26:         class Aclass ob;
27:         ob.fun();
28:         cout << ob.a << endl;
29: }
```

그림 4.7은 4_3.cpp의 실행결과이다. 실행 값은 #define로 정의된 값(p), 정적상수로 정의된 값(s) 그리고 열거체로 정의된 두 개의 값(t)을 출력한다.

| 그림 4.7 | 실행결과

1) 09행은 정수형을 INT로 재정의하여 19행에서 사용하였다.

2) 10행은 클래스 내부에서 데이터 멤버를 #define으로 정의하였다. 이것은 03행과 같이 클래스 외부에서 기술하여 클래스 내부에서 사용할 수 있다.

3) 11행의 static 변수는 클래스 내부에서 선언하거나(이때 생성자가 필요) 초기화할 수 없지만 03행에서 static 변수를 사용할 수 있다.(표 참조)

4) 12행의 const 변수는 클래스 내부에서 선언하거나(이때 생성자가 팔요) 초기화할 수 없다. 만약 03행에서 const 변수를 사용할 경우 extern const int t;의 형태로 해야 한다.(표 4.3 참조)

| 표 4.3 | 11행과 12행을 사용(사용 가능한 방법과 오류 발생)

사용 코드	사용 방법
11: static int q; 12: const int r;	만약 11행과 12행을 왼쪽과 같이 기술할 경우 26행에서 다음과 같은 오류가 발생된다. 이것은 static, const 변수를 초기화해 주어야 할 생성자가 필요하기 때문이다. error C2512: 'Aclass' : no appropriate default constructor available
11: static int q;	만약 11행을 03행의 위치에 기술하는 경우에는 문제가 없으며 다음과 같이 기술해도 문제없다. 03: static int q=99;
12: const int r;	만약 12행을 03행의 위치에 기술하는 경우에는 오류가 발생되며, 다음과 같이 extern과 같이 기술해야 한다. 03: extern const int q;　　　// 정상 03: extern const int q=99;　　// 정상

11: static int q=200;	만약 11행을 왼쪽과 같이 기술할 경우 다음과 같은 오류가 발생된다. 그 이유는 클래스 내부에서는 static const 변수만 초기화 할 수 있기 때문이다. 'Aclass::q' : only static const integral data members can be initialized within a class
12: const int r=300;	만약 12행을 왼쪽과 같이 기술할 경우 다음과 같은 오류가 발생된다. 그 이유 cost 객체는 extern이 아니면(extern const int r; 형태) 초기화 할 수 없으며, 클래스 내부에서는 static const 멤버 만 초기화할 수 있으며, 기본생성자가 없기 때문이다. 'r' : const object must be initialized if not extern. 'Aclass::r' : only static const integral data members can be initialized within a class. 'Aclass' : no appropriate default constructor available

*

4.4 클래스 멤버함수

4.4.1 클래스 멤버함수의 정의

클래스에서 멤버함수(member function)는 클래스 외부로부터 은닉된 private의 데이터 멤버들을 사용하기 위해서 public에서 기술된 "멤버함수(member function)"라고 하는 함수를 사용해야 한다. 표 4.4는 클래스의 접근명시자에 의한 데이터 멤버의 접근 허용범위이다.

C++에서 클래스 멤버함수는 public 내에서 기술한다. 그러나 private와 protected 내에서 기술할 수 있다. 또한 멤버함수는 클래스의 내부에 기술하거나 외부에서 기술할 수 있다. 멤버함수를 외부에서 기술하는 방법은 클래스 내부에 데이터 멤버와 멤버함수의 원형만 선언하고 클래스 외부에서 멤버함수의 세부적인 내용을 기술하는 방법이다. 이것은 클래스를 간결하게 하여 프로그램의 효율성, 가독성 그리고 유지 보수(maintenance)를 쉽게 하기 위한 목적에 있다. 대형 프로그램을 설계하는 경우 주로 클래스를 간결하게 하기 위해서 클래스 멤버함수를 클래스 외부에서 기술한다. 클래스 내부에서 멤버함수를 정의하는 방법이다.

■ 형식

```
class 클래스_이름
{
      자료형 멤버_함수_이름 (인수_리스트, ...)
      {
         // ...
      }
};
```

■ 사용

```
class Aclass                        // Aclass 정의
{
public:
   int fun(int x, int y)            // 멤버함수를 클래스 내부에서 정의
   {
         int sum=0;
         sum = x+y;
         return sum;
   }
};
```

멤버함수를 클래스 외부에서 기술하는 방법은 다음의 형식과 같다. 멤버함수를 클래스 외부에서 기술하는 목적은 클래스의 가독성을 높이는 것이다. 즉, 클래스 내부에서 멤버함수가 너무 크면 클래스 본래의 기능을 이해할 수 없기 때문이다.

■ 형식

```
클래스_이름::함수_이름 (인수_리스트, ...)
{
      // 함수_내용_기술
}
```

■ 사용

```
class Aclass                        // Aclass 정의
{
public:
      int fun(int x, int y)         // 멤버함수를 클래스 내부에서 선언
};
```

```
Aclass::fun(int x, int y)            // 멤버함수를 클래스 외부에서 정의
{
        int sum=0;
        sum = x+y;
        return sum;
}
```

예제 : 클래스 멤버함수의 기술

이 프로그램은 클래스 멤버함수를 기술하는 방법을 이해하기 위한 것이다. 클래스 내부에서 기술하는 경우는 클래스 멤버함수는 클래스 내부에서 완전하게 기술하고, 클래스 외부에서 기술하는 경우에는 클래스 내부에서 원형만 선언하고 외부에서 몸체를 기술한다.

4_4.cpp

```
#include <string.h>
#include <iostream>
using namespace std;
class man                                // 클래스 man 정의
{
private:
   int num;
protected:
   char name[20];
public:
void write(int a, char *b);              // 멤버함수를 클래스 외부에 기술
void read()                              // 멤버함수를 클래스 외부에 기술
{
       cout << "학번: " << num << endl;
       cout << "이름: " << name << endl << endl;
}
};
void man::write(int a, char *b)
{
   num = a;
   strcpy(name, b);
```

```
22: }
23: void main(void)
24: {
25:     class man ob;
26:     int x;
27:     char *y = new char[20];
28:     cin >> x;
29:     cin.ignore( );
30:     cin.getline(y, strlen(y));
31:     ob.write(x, y);
32:     cout << endl;
33:     ob.read( );
34: }
```

그림 4.8은 4_4.cpp의 실행결과이다. 프로그램은 표준입력장치로 입력된 2개의 문자열(2010500, HONG-KIL DONG)은 클래스 외부에 기술된 write( ) 멤버함수에 의해서 멤버변수 num과 name에 각각 저장된다. 또한 저장된 문자열은 클래스 내부에 기술된 read( ) 멤버함수에 의해서 출력된다.

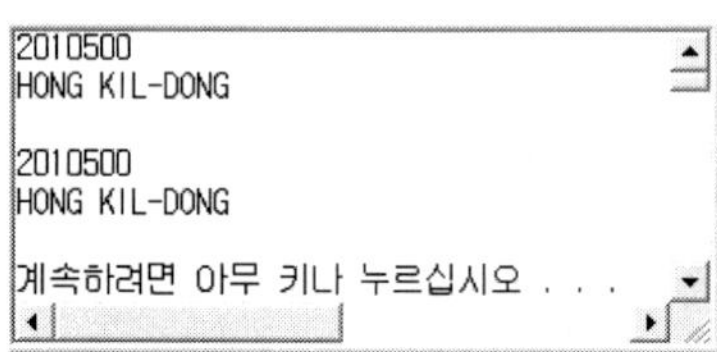

| 그림 4.8 | 실행결과

1) 04행은 클래스 man을 정의한다. 이때 write( ) 함수는 클래스 외부에서 기술하고 read( ) 함수는 클래스 내부에 기술한다.

2) 11행은 멤버함수 write( )를 클래스 외부에서 기술하기 위해서 클래스 내부에는 함수의 원형만 선언하고 18행과 같이 클래스 외부에서 몸체를 기술한다.

3) 12행 ~ 16행은 멤버함수 read( )를 클래스 내부에서 모두 기술하여 사용한다. 이때 멤버함수가 너무 크거나 많으면 클래스의 판독성이 떨어진다.

*

4.4.2 클래스의 멤버함수 동작

클래스에서 데이터 멤버 값의 접근을 제한하고 은닉하기 위한 목적으로 private, protected, public 접근명시자를 사용한다. 클래스의 접근명시자는 클래스가 상속된 경우와 상속되지 않은 경우에 다르게 동작한다. 접근명시자의 동작은 세부적으로 이해하기 위해서 표 4.4와 같이 6가지의 경우에서 각각 동작을 확인한다.

| 표 4.4 | 클래스의 접근명시자에 의한 데이터 멤버의 접근 허용범위

멤버함수를 사용한 접근명시자에 접근 방법	접근명시자의 동작
1. 그림 4.9와 같이 자신의 클래스 내부에서 멤버함수를 기술하고 private, protected, public의 데이터 멤버에 접근하는 경우	멤버함수를 클래스 내의 어떤 접근명시자에 기술해도 모두 접근 가능
2. 그림 4.10과 같이 main( )에서 직접 클래스의 멤버변수에 접근하는 경우	이 경우는 불가하며 클래스 내의 멤버함수를 사용해야 데이터 멤버에 접근할 수 있다.
3. 그림 4.11과 같이 클래스 외부에서 데이터 멤버에 접근하는 경우 멤버함수의 위치에 따른 사용	이 경우는 클래스 내의 public 영역에 기술된 멤버함수를 사용하는 경우에만 데이터 멤버에 접근할 수 있다.
4. 그림 4.12와 같이 멤버함수를 2개 사용하는 경우(main( )에서 클래스의 public의 멤버함수를 사용하여 다시 private, protected, public의 멤버함수를 사용하는 경우)	이 경우는 클래스 내의 public 영역에 기술된 멤버함수를 사용하여 다시 private, protected, public의 멤버함수를 사용하는 경우에는 모두 접근할 수 있다.
5. 파생 클래스가 아닌 클래스(Aclass)에서 다른 클래스(Bclass)의 멤버함수에 접근하는 경우	이 경우는 다른 클래스(Bclass)에서 직접 다른 클래스(Aclass)의 private, protected 영역에는 접근할 수 없다. 그러나 파생된 클래스의 경우에는 protected 영역에 접근할 수 있으며, 자신의 클래스 내의 멤버함수를 사용하면 private 영역에 접근할 수 있다.
6. 기초클래스(Aclass)로 부터 파생된 파생클래스(Bclass)에서 기초클래스의 데이터 멤버에 접근하는 경우	이 경우는 파생클래스(Bclass)에서 직접 기초클래스(Aclass)의 private, protected 영역에는 접근할 수 없다. 그러나 파생클래스에서 기초클래스의 멤버함수를 사용하면 기초클래스의 protected 영역에접근할 수 있다.

분석하기 자신의 클래스에서 데이터 멤버에 접근하는 방법

그림 4.9와 같이 자신의 클래스 내에서 클래스의 멤버함수가 private, protected, public 영역의 어느 곳에 기술되어도 모든 데이터 멤버에 접근할 수 있다. 그러나 클래스 외부(main( ) 함수)에서 접근할 경우 멤버함수가 public 영역에 기술되어야만 private 영역에 접근할 수 있다. 이때 멤버함수가 private, protected 영역에 있을 경우에는 다른 데이터 멤버에 모두 접근할 수 없다.

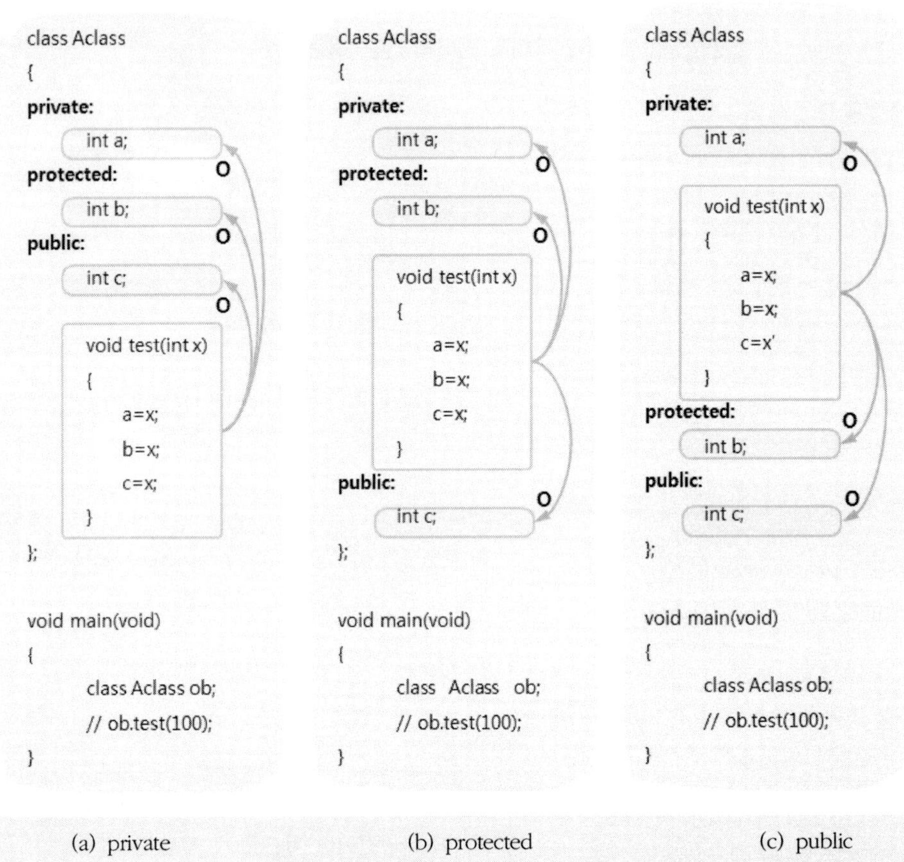

| 그림 4.9 | 자신의 클래스에서 클래스 멤버함수가 데이터 멤버에 접근하는 경우 멤버함수의 위치에 따른 접근

분석하기 main( )에서 직접 접근하는 방법

그림 4.10은 main( )에서 직접 클래스의 멤버변수에 접근은 불가하며 클래스 내의 멤버함수를 사용해야 한다.

```
#include <iostream>
using namespace std;

class Aclass
{
private:
    int a;          ← x
protected:
    int b;          ← x
public:
    int c;          ← o
};

void main(void)
{
    class Aclass ob;
    // ob.a = 100;
    // ob.b = 200;
    ob.c = 300;
    cout << ob.c << endl;
}
```

| 그림 4.10 | 클래스 외부에서 직접 클래스 내의 private, protected, public의 데이터 멤버에 접근하는 방법

- 클래스 외부에서 클래스 내의 private의 데이터 멤버에는 직접 접근할 수 없다. 클래스 외부에서 클래스 내의 private의 데이터에 접근하는 방법은 반드시 public의 멤버함수를 통해서만 접근이 가능하다.
- 클래스 외부에서 클래스 내의 protected의 데이터 멤버에는 직접 접근할 수 없다. 클래스 외부에서 클래스 내의 protected의 데이터 멤버는 파생클래스에서만 접근할 수 있다.
- 클래스 외부에서 클래스 내의 public의 데이터 멤버에는 직접 접근할 수 있다.
- 클래스 외부에서 클래스 내의 public, protected, public 접근명시자의 접근

분석하기 클래스 외부에서 데이터 멤버에 접근하는 방법

그림 4.11은 클래스 외부 즉 main( ) 함수에서 외부의 멤버함수를 사용하여 접근하는 경우이다. 이때 클래스 외부에서 클래스 내의 데이터 멤버에 접근하는 경우 반드시 public 영역의 멤버함수를 사용해야 한다. 그 외 영역의 멤버함수를 사용하여 접근할 수 없다.

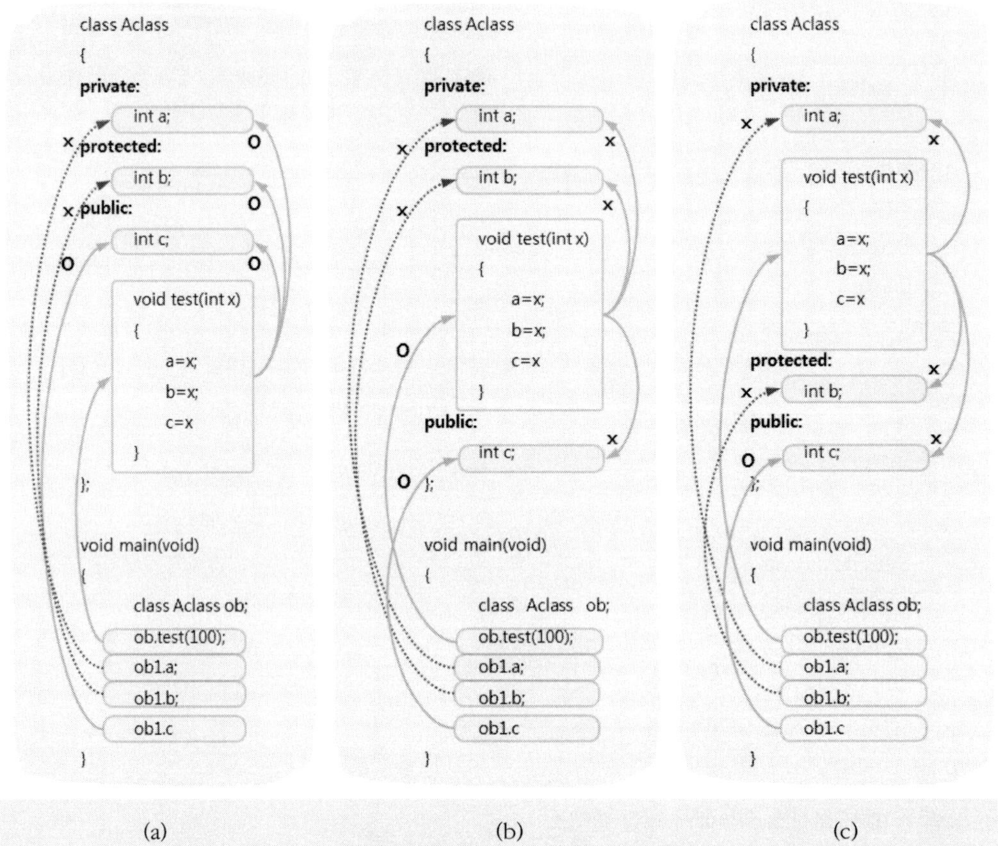

| 그림 4.11 | 멤버함수를 (a) private, (b) ptotected, (c) public에 기술한 경우 클래스 외부에서 데이터멤버의 접근

분석하기 멤버함수를 2개 사용하여 접근하는 방법

클래스의 데이터멤버 접근은 그림 4.12와 같이 클래스 외부에서는 반드시 클래스 내의 public 영역 멤버함수를 사용해야 한다. public 영역의 멤버함수를 사용하여 다른 영역의 멤버함수를 사용하면 모두 영역의 데이터 멤버에 접근이 가능하다.

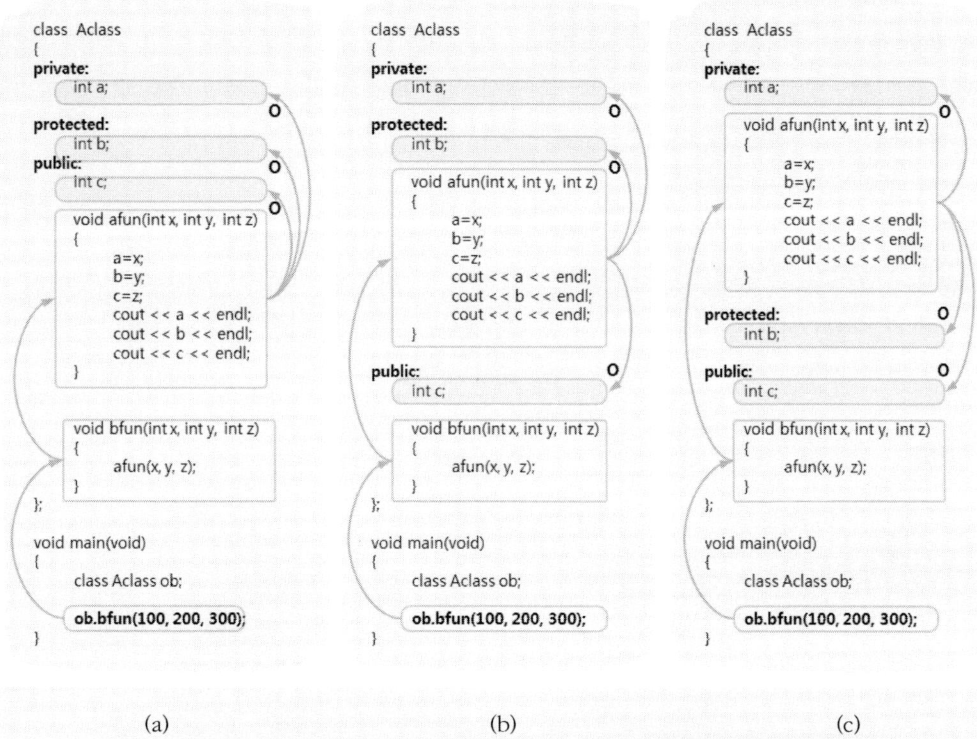

| 그림 4.12 | 클래스 외부에서 public의 멤버함수를 사용하여 (a) private, (b) protected, (c) public 영역에 기술한 경우 데이터멤버에 접근하는 방법

4.5 객체 생성과 멤버함수 호출

4.5.1 객체의 생성

클래스가 정의되면 클래스는 클래스형의 일반 객체, 포인터 객체, 참조자 객체로 생성할 수 있다. 또한 생성된 객체들은 일반 멤버함수, 함수형 포인터로 접근할 수 있다. 일반 객체와 포인터 객체에 접근하는 방법은 형식과 같다. 멤버함수의 호출 방법은 일반 객체일 경우에는 직접 멤버 접근 연산자('.' : dot)를, 그리고 포인터로 정의된 객체일 때는 간접 멤버 접근 연산자('->')를 이용해서 멤버함수에 접근한다.

■ 형식

```
객체_이름.멤버_이름;              // 일반객체
객체_이름->멤버_이름;             // 포인터 객체
```

■ 사용

```
class Aclass                      // 클래스 정의
{
private:
protected:
public:
   int a, b;
};

int main()
{
   class Aclass ob1, *ob2;        // 객체 정의
   ob1.a;                         // 일반객체에 의한 멤버접근
   ob2->b;                        // 포인터객체에 의한 멤버접근
}
```

4.5.2 멤버함수의 호출

클래스가 정의된 다음 클래스는 일반객체, 포인터형 객체 그리고 참조자형 객체로 생성하고 멤버함수를 호출할 수 있다. 또한 생성된 일반객체, 포인터형 객체 그리고 참조자형 객체는 일반

멤버함수 혹은 포인터 함수와 결합하여 호출할 수 있다. 클래스가 일반 객체, 포인터 객체, 참조자 객체로 정의된 다음 일반 멤버함수와 함수형 포인터로 결합되어 사용된다.

분석하기 클래스의 멤버함수 사용방법

클래스(Aclass)는 일반 객체, 포인터 객체, 참조자 객체로 생성할 수 있으며 멤버함수는 일반 멤버함수, 포인터형 멤버함수로 접근할 수 있다.

```
class Aclass                    // 클래스 정의
{
private:
    int x;
protected:
    char *str;
public:
void fun(int a, char *b)      // 멤버함수 정의
{
    x=a;
    str=new char [30];
    strcpy(str, b);
}
};
```

❶ Aclass를 일반 객체와 일반 멤버함수로 호출하는 방법은 다음과 같다.

```
class Aclass obj
obj.fun(100, "seoul");
```

❷ Aclass를 일반 객체와 포인터 멤버함수로 호출하는 방법은 다음과 같다.

```
class Aclass obj;
void (Aclass::*mfptr)(int x, char *y );
mfptr = &Aclass::fun;
(obj.*mfptr)(100, "seoul");
```

❸ Aclass를 포인터 객체와 일반 멤버함수로 호출하는 방법은 다음과 같다.

```
class Aclass obj1;
class Aclass *obj2=&obj1;
obj2->fun(100, "seoul");
```

❹ Aclass를 포인터 객체와 포인터 멤버함수로 호출하는 방법은 다음과 같다.

```
class Aclass obj;
class Aclass *obptr = &obj;
void (Aclass::*mfptr)(int x, char *y);

mfptr=&Aclass::fun;
(obptr->*mfptr) (100, "seoul");
```

❺ Aclass를 참조자 객체와 일반 멤버함수로 호출하는 방법은 다음과 같다.

```
class Aclass obj;
class Aclass &robj=obj;
robj.fun(100, "seoul");
```

*** 예제 포인터 객체와 포인터 멤버함수를 사용한 데이터 멤버 호출

이 프로그램은 객체의 멤버함수 호출방법에서 포인터 객체의 포인터 멤버함수를 호출하는 방법이다.

4_5.cpp

```
#include <iostream>
#include <string.h>          // C++에서 #include <string>도 가능
using namespace std;

class Aclass                 // base형 클래스 정의
{
private:
    int number;
    char *name;
protected:
public:
    void fun(int a, char *b)
    {
        number =a;
        name = new char[40];
        strcpy(name, b);
```

```
16:             cout << number << endl;
17:             cout << name << endl;
18:         }
19: };
20: void main()
21: {
22:     class Aclass ob;
23:     class Aclass *obptr=&ob;
24:     void (Aclass::*mfptr)(int x, char *y);
25:     mfptr=&Aclass::fun;
26:     int a;
27:     char b[20];
28:     cin >> a ;
29:     cin.ignore();
30:     cin.getline(b, sizeof(b));
31:     cout << endl;
32:     (obptr->*mfptr)(a, b);
33:     cout << endl;
34: }
```

그림 4.13은 4_5.cpp의 실행결과이며 클래스 base를 객체 ob로 정의하고 객체 ob를 포인터 객체 A에 초기화한다. 멤버함수 fun( )은 함수형 포인터로 정의하고 이를 포인터 객체 A가 함수형 포인터 ptr로 호출한다.

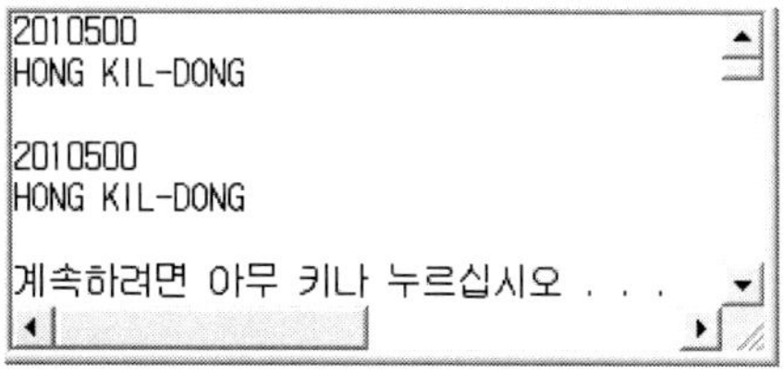

| 그림 4.13 | 실행결과

1) 24행은 클래스 base형의 포인터 함수 ptr을 선언한다.

2) 25행은 함수형 포인터 ptr에 클래스 base형의 멤버함수 fun( )을 번지로 초기화한다.

3) 30행은 입력에서 공백을 포함한 문자열을 입력 받기 위한 방법이다. 만약 이렇게 하지 않을 경우 공백 직전까지만 입력된다.

4) 32행은 포인터형 객체와 포인터 멤버함수로 출력한다.

4.5.3 멤버함수의 반환

클래스 내의 데이터 멤버 값(return)을 클래스 외부로 전달하기 위한 방법은 2가지로 할 수 있다. 첫 번째는 멤버함수를 사용하여 클래스 외부로 데이터 값을 전달할 수 있다. 두 번째는 멤버함수에서 return을 사용한다. 그림 4.14는 클래스 내부의 데이터 멤버 값을 클래스 외부로 전달하는 방법이다.

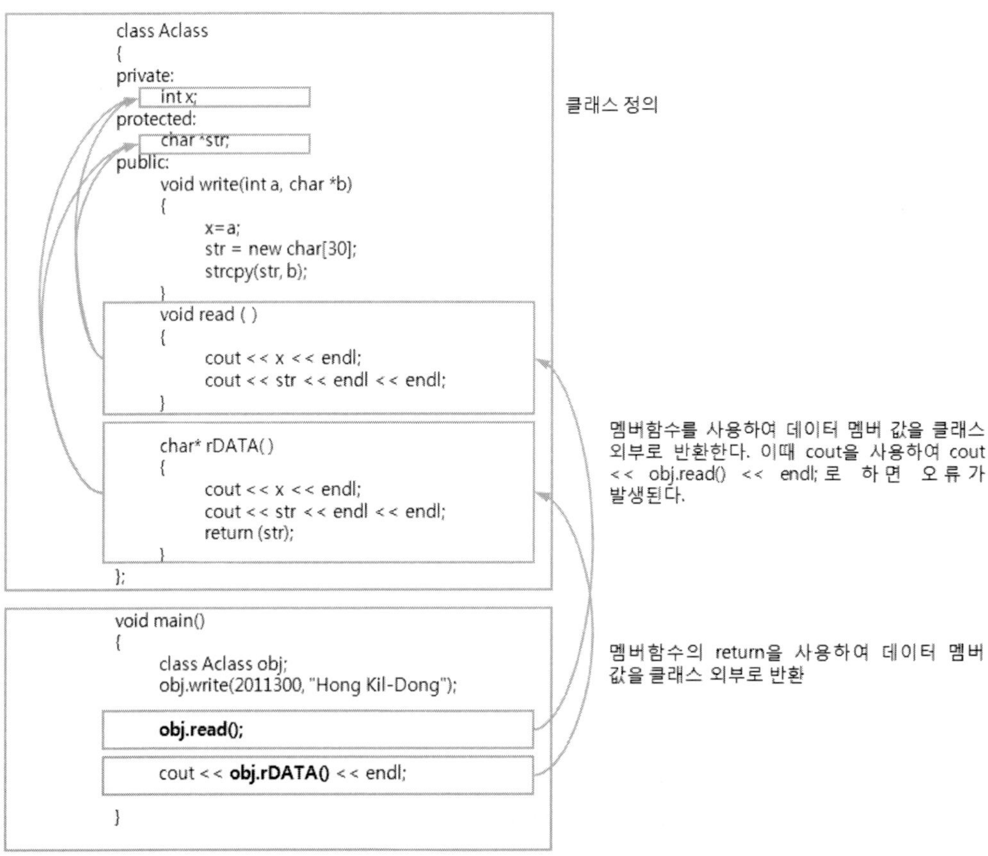

| 그림 4.14 | 멤버함수로 부터의 반환

** 예제 : 클래스 내의 데이터 멤버 값을 반환하는 방법

이 프로그램은 클래스 내의 데이터 멤버 값을 클래스 외부(main( ) 함수)로 반환하는 방법을 이해하기 위한 것이다.

4_6.cpp

```
#include <iostream>
#include <string>
using namespace std;

class Aclass
{
private:
    int x;
protected:
    char *str;
public:
    void write(int a, char *b)              // 멤버함수의 정의
    {
            x=a;
            str = new char[30];
            strcpy(str, b);
      }
    void read ()                            // 멤버함수를 사용한 값 반환
    {
            cout << x << endl;
            cout << str << endl << endl;
    }

    char* rDATA()                           // 문자열을 반환
    {
            cout << x << endl;
            cout << str << endl << endl;
            return (str);                   // 문자열 반환
    }
};
void main(void)
{
            class Aclass obj;
```

```
32:         obj.write(2011300, "Hong Kil-Dong");   // 초기화
33:         obj.read();
34:         // cout << obj.read() << endl;          // 오류(반환 값이 있어야 됨)
35:         cout << obj.rDATA() << endl;            // return을 사용한 값 반환
36: }
```

그림 4.15는 4_6.cpp의 실행결과이다. 32행에서 초기화된 정수 값(2011300)과 문자열(Hong Kil-Dong)은 write( ) 함수에 의해서 멤버변수 x와 str에 저장된다. 저장된 멤버 변수는 read( ) 함수에 의해서 출력되고 main( ) 함수에서 rDATA( ) 함수에 의해서 출력되며 문자열이 클래스 외부로 전달되어 한 번 더 출력된다.

```
2011300
Hong Kil-Dong

2011300
Hong Kil-Dong

Hong Kil-Dong
계속하려면 아무 키나 누르십시오 . . .
```

| 그림 4.15 | 실행결과

1) 11행은 int과 char *형을 인수로 갖는 멤버함수 write( )를 정의하며 a 값을 멤버변수 x에 전달하고 str에 30바이트를 할당한다. 또한 str에 문자열 b를 복사한다.

2) 17행은 멤버함수를 사용하여 클래스 외부로 데이터 멤버 값을 전달한다. 이때 출력은 33행과 같이 해야 하며 만약 34행과 같이하면 오류가 발생된다.

3) 22행은 멤버함수의 return을 사용하여 클래스 외부로 데이터 멤버 값을 전달한다. 이때 출력은 35행과 같이 한다.

*

4.6 friend 함수와 friend 클래스

4.6.1 friend 함수(friend function)

friend 함수(函數 : function)는 private의 데이터 멤버에 접근하는 다른 방법의 함수이다. friend

함수는 멤버함수와는 달리 클래스에 종속되지 않는 외부 함수로 별도로 정의되어 private, protected 및 public에 접근하는 함수를 말한다. friend 함수는 public의 멤버함수와 동일한 기능을 갖는 함수로서 클래스 내부의 함수 앞에 명령어 friend를 기술한다. 또한 friend 함수는 여러 개의 클래스에서 동일하게 호출하여 사용할 수 있다.

■ friend 함수의 개념 ■

이소주와 김이슬은 우리 과에서 잘 알려진 매우 친한 친구 사이이다. 그래서 두 사람은 습관, 행동 및 취미가 비슷하여 매우 잘 어울린다. 또한 친구이기 때문에 돈과 책을 빌리거나 빌려주기도 한다. 그러나 두 사람은 친구이기 때문에 동작(행동)이 매우 비슷하고 닮았지만 근본적으로 다른 사람(모양, 얼굴 생김새)이다. 여기서 우리는 이소주와 김이슬은 친구 관계이기 때문에 다음과 같이 3가지를 주목해야 할 필요가 있다.(그림 4.16)

첫 번째, 친구이기 때문에 같은 행동을 한다(일반 멤버함수와 friend 함수는 동작하는 것은 같다.)
두 번째, 친구 관계이기 때문에 물건을 빌리거나 빌려 줄 수 있다.(friend 클래스의 데이터 멤버 혹은 멤버함수를 사용할 수 있다.)
세 번째. 친구 관계(다른 사람)이기 때문에 재산 등을 상속할 수 없다.(friend 관계는 전달되거나 상속할 수 없다.)

일상 생활에서 친구 관계	C++에서 friend 관계
홍길동과 김길동은 친구이기 때문에 항상 같이 행동한다. 그러나 다른 사람이다.	friend 함수(김길동)는 멤버함수(홍길동)와 같이 클래스의 private 영역에 접근하는 함수이며, 모양(정의하는 형식)은 다르다.
홍길동과 김길동은 서로 돈을 빌리거나 빌려준다.	friend 클래스는 다른 클래스의 데이터 멤버와 멤버함수를 공유할 수 있다.
홍길동과 김길동은 돈을 빌려주지만 결코 주지는 않는다. 이것은 친구 관계이기 때문에 빌려줄 수는 있지만 상속해 주지는 않는다.	friend 클래스에서 friend 관계는 전이되거나 상속되지는 않는다. 또한 friend 클래스는 데이터 멤버와 멤버함수를 공유할 수 있지만 상속되지는 않는다.

| 그림 4.16 | friend 함수와 friend 클래스의 동작

자! 여기서 우리는 클래스의 일반 멤버함수와 friend 함수의 동작과 차이점을 비교하자. 우리는 홍길동(일반 멤버함수)과 김길동(friend 함수)은 친구(일반 멤버함수의 기능을 할 수 있다.)이다. **결론은 클래스의 private 영역은 일반 멤버함수로만 접근할 수 있지만 friend 함수는 멤버함수와 친구이기 때문에 private 영역의 데이터 멤버에 접근할 수 있다.** 요약하자면 friend 함수는 일반 멤버함수와 유사하게 동작하며, 클래스의 private 영역에 접근할 수 있는 함수이다. 그러나 형식은 다르기 때문에 사용 방법을 유의해야 한다. **friend 클래스는 다른 클래스와 친구 관계이기 때문에 다른 클래스의 데이터 멤버와 멤버함수를 사용(빌려줄 수 있다.)할 수 있다.**

| 표 4.5 | 일반 멤버함수와 friend 함수의 차이점

	일반 멤버함수	friend 함수
사용목적	• 클래스 private의 데이터 멤버에 접근하기 위한 함수이다.	• 클래스 private의 데이터 멤버에 접근하기 위한 다른 방법의 함수이다. • friend 함수는 public의 멤버함수를 사용할 수 없는 경우 사용하는 함수이며 private 데이터 멤버에 접근하는 다른 함수(*this가 필요하지 않고 멤버함수를 사용하지 못할 경우에 사용)이다. • friend 함수는 프로그램 내에서 자주 사용하는 것을 제한해야 한다. • friend 함수는 private, protected, public의 모든 위치에 접근할 수 있기 때문에 friend 함수는 함수의 가독성(readability)을 높이는 경우에만 사용하는 것이 바람직하다.
클래스와의 관계(종속성)	• 클래스에 종속된 함수이다. • *this 함수가 필요하다. • 클래스 외부에서 멤버함수를 기술하거나 데이터 멤버를 사용하는 경우 영역지정연산자 ::이 필요하다.	• 클래스에 종속되지 않은 외부 함수이다. • *this 함수가 필요 없다.(무관함) • 클래스 외부에서 멤버함수를 기술하거나 데이터 멤버를 사용하는 경우 영역지정연산자 ::이 필요 없다.
기술 위치	• 일반 멤버함수는 반드시 public 영역에 기술해야 한다.	• friend 함수는 private, protected, public 영역모두에 기술할 수 있다.
접근 방법	• 일반 멤버함수는 *this가 존재하기 때문에 private 데이터 멤버에 직접 접근할 수 있다. 그러나 인수로 클래스 형의 객체를 사용할 수 있다.	• friend 함수는 public의 일반 멤버함수와 다르게 *this가 존재하지 않기 때문에 friend 함수 내에서 클래스 private의 데이터 멤버에 접근하기 위해서 반드시 클래스 형의 객체를 인수(argument)로 사용해야 한다.

■ 형식

```
friend 자료형 함수_이름 (인수_리스트, ... )
{
    // ...
}
```

■ 사용

```
friend int fun(int x, int y)
{
    // ...
}
```

데이터 멤버를 public 영역에 두는 방법은 클래스 밖에서 아무런 제한 없이 항상 접근이 가능하지만 객체지향언어의 본래의 목적(데이터 보호)에 부합되지 않는다. 멤버함수를 사용하는 방법은 public에 공용의 멤버함수를 두어 이들 함수들을 통해서 private의 데이터 멤버에 접근하는 방법이다. 이 방법은 private의 데이터 멤버에 접근할 수 있는 가장 일반적인 방법이다.

예제 기본적인 friend 함수의 동작 이해

이 프로그램은 friend 함수의 정의와 기본적인 동작을 이해하기 위한 것이며 예제를 통해서 다음의 3가지를 이해한다.

- friend 함수는 클래스 내부에 혹은 외부에 기술할 수 있다. 클래스 외부에서 기술할 경우 18행과 같이 friend를 사용하지 않는다.
- friend 함수는 *this가 존재하지 않기 때문에 반드시 함수의 인수를 클래스형 참조자 객체(&)로 해야 한다. : 10행, 11행
- friend 함수는 private, protected, public 영역에 모두 기술할 수 있다. : 09행 ~ 16행

4_7.cpp

```
01: #include <iostream>
02: using namespace std;
03: class Aclass                                  // A 클래스 정의
04: {
05:  private:
06:       int a;
07: protected:
08:    int b;
09: public:
10:    friend void write(class Aclass &ob1, int x, int y);
11:    friend void read(class Aclass &ob2, int x, int y)    // 반드시 & 사용
12:    {
13:          ob2.a= x;
14:          ob2.b= y;
15:          cout << ob2.a << ob2.b << endl;
16:    }
17: };
```

```
18: void write(class Aclass &ob1, int x, int y)          // friend 사용하면 오류
19: {
20:       ob1.a= x;
21:       ob1.b= y;
22:       cout << ob1.a << ob1.b << endl;
23: }
24: void main()
25: {
26:       class Aclass ob3, ob4;
27:       write(ob3, 1, 2);                                // friend 함수 호출
28:       read(ob4, 3, 4);                                 // friend 함수 호출
29: }
```

그림 4.17은 4_7.cpp의 실행결과이다. 프로그램은 클래스 내에서 friend 함수 read( )를 기술하고 외부에서 write( ) 함수를 기술한다.

```
12
34
계속하려면 아무 키나 누르십시오 . . .
```

| 그림 4.17 | 실행결과

1) 10행은 friend 함수 write( )를 클래스 내부에서 선언하고 외부에서 18행 ~ 23행과 같이 정의한다. 이때 외부에서는 friend를 사용하지 않는다.

2) 11행 ~ 16행은 friend 함수 read( )를 클래스 외부에서 정의한다. 이때 10행, 11행에서 클래스형 객체는 반드시 &을 사용해야 한다.

*

*** 예제 일반 멤버함수와 friend 함수의 차이점 이해

이 프로그램은 일반멤버함수와 friend 함수의 차이점과 동작을 이해하기 위한 것이며 예제를 통해서 다음의 2가지를 이해한다.(표 4.6 참조)

- 일반멤버함수와 friend 함수를 클래스 외부에서 기술하는 경우 차이점을 이해한다. : 10행 ~ 11행, 13행 ~ 18행, 19행 ~ 24행

• 일반멤버함수는 private, protected 영역에는 기술할 수 없지만 friend 함수는 private, protected 영역에 함수를 기술할 수 있다.(11행을 private, protected 영역에서 기술하고 확인한다.)

4_8.cpp

```
01: #include <iostream>
02: using namespace std;
03: class Aclass                              // A 클래스 정의
04: {
05: private:
06:     int a;
07: protected:
08:     int b;
09: public:
10:     void write(int x, int y);
11:     friend void read(class Aclass &ob2, int x, int y);
12: };
13: void Aclass::write(int x, int y)          // 일반멤버함수 정의
14: {
15:         a= x;
16:         b= y;
17:         cout << a << b << endl;
18: }
19: void read(class Aclass &ob1, int x, int y)     // friend 함수 정의
20: {
21:         ob1.a= x;
22:         ob1.b= y;
23:         cout << ob1.a << ob1.b << endl;
24: }
25: void main()
26: {
27:         class Aclass ob2, ob3;
28:         ob3.write(1, 2);           // 일반 멤버함수 호출
29:         read(ob3, 3, 4);           // friend 함수 호출
30: }
```

그림 4.18은 4_8.cpp의 실행결과이다. 클래스 외부에서 일반멤버함수 write( )와 friend 함수 read( )를 사용하고 호출한다.

```
12
34
계속하려면 아무 키나 누르십시오 . . .
```

| 그림 4.18 | 실행결과

1) 10행은 일반멤버함수 write( )를 클래스 내부에서 선언하고 외부에서 13행 ~ 18행과 같이 정의한다. 이때 외부에서 멤버함수를 기술할 때 :: 연산자를 사용한다.

2) 11행은 friend 함수 write( )를 클래스 내부에서 선언하고 외부에서 19행 ~ 24행과 같이 정의한다. 이때 외부에서는 friend를 사용하지 않는다.

3) 28행은 일반 멤버함수를 호출하고 29행은 friend 함수를 호출한다.

*

** 예제 : 상속되지 않은 여러 클래스에서 friend 함수의 사용

이 프로그램은 상속되지 않은 여러 개의 클래스에서 동일한 friend 함수를 사용하는 방법과 동작을 이해하기 위한 예제이다. 이때 Bclass에서 Aclass 상속을 사용하면 오류가 발생된다.

4_9.cpp

```
#include <iostream>
using namespace std;
class Aclass                                   // Aclass 정의
{
private:
   int value;
public:
   Aclass(int x)
   {
         value=x;
         cout << "Aclass : " << value << endl;
   }
   friend void fun(class Aclass ob1, class Bclass ob2);
};
```

```
15: class Bclass                          // Bclass 정의
16: {
17: private:
18:     int value;
19: public:
20:    Bclass(int y)
21:    {
22:        value=y;
23:        cout << "Bclass : " << value << endl << endl;
24:    }
25:    friend void fun(class Aclass ob3, class Bclass ob4);
26: };
27: void fun(class Aclass ob5, class Bclass ob6)      // friend 함수 정의
28: {
29:        cout << ob5.value << endl;
30:        cout << ob6.value << endl;
31: }
32: void main(void)
33: {
34:        class Aclass ob7(100);         // Aclass 생성자 호출
35:        class Bclass ob8(200);         // Bclass 생성자 호출
36:        fun(ob7, ob8);                 // 공통 friend 함수 호출
37: }
```

그림 4.19는 4_9.cpp의 실행결과이다. 프로그램은 32행과 33행에서 각각 A, B 클래스가 실행되고 공통 friend 함수가 실행된다.

| 그림 4.19 | 실행결과

1) 03행 ~ 14행, 15행 ~ 26행은 각각 클래스 Aclass, Bclass를 정의한다. 이때 Bclass에서 Aclass를 상속하면 오류가 발생된다.

2) 13행과 25행은 friend 클래스를 선언하고 36행에서는 공통 friend 함수를 호출하고 객체를 인수로 전달한다. *

*** 예제 : 클래스가 상속관계에 있는 경우 friend 함수의 동작

이 프로그램은 클래스가 상속관계에 있는 경우 friend 함수의 동작을 이해하기 위한 것이다. 이 예제를 통해서 다음의 3가지를 이해한다.

- 클래스가 상속관계에 있는 경우 friend 함수는 상속되지 않는다. : 40행
- 기본생성자(10행 ~ 12행), 인수를 갖는 생성자(13행 ~ 17행) 및 초기자의 사용방법(13행)을 이해한다.(19행과 같이 상속할 경우에는 반드시 기초클래스에 기본 생성자를 정의해주어야 한다.)

4_10.cpp

```
01: #include <iostream>
02: #include <iomanip>
03: using namespace std;
04: class Aclass                                  // A 클래스 정의
05: {
06: private:
07:     char *a;
08:     char *b;
09: public:
10:     Aclass()                                  // 기본생성자 정의
11:     {
12:     }
13:     Aclass(char *x, char *y) : a(x), b(y)     // 인수를 갖는 생성자와 초기자 사용
14:     {
15:         cout << setw(10) << a << setw(10) << b << endl;
16:     }
17:     friend void fun(class Aclass &ob1);       // friend 함수 선언
18: };
19: class Bclass : public Aclass                  // 상속할 경우 반드시 기본 생성자가 필요함
20: {
21: private:
22:     char *c;
23:     char *d;
24: public:
25:     Bclass(char *p, char *q) : c(p), d(q)
```

```
26:     {
27:         cout << setw(10) << c << setw(10) << d << endl;
28:     }
29: };
30: void fun(Aclass &ob1)                    // friend 함수 정의(fried 사용하면 오류)
31: {
32:         cout << setw(10) << ob1.a << setw(10) << ob1.b << endl;
33: }
34: void main()
35: {
36:     class Aclass ob2("seoul", "pusan"); // 생성자 호출
37:     fun(ob2);                           // friend 함수 호출
38:     cout << endl;
39:     class Bclass ob3("daegu", "jinju"); // 생성자 호출
40:     // fun(ob3);                        // 실행오류(friend 함수는 상속 안됨)
41:     cout << endl;
42: }
```

그림 4.20은 4_10.cpp의 실행결과이다. 프로그램은 37행이 실행되어 seoul pusan이 출력되고 38행이 실행되어 seoul pusan이 출력된다. 39행이 실행되면 deagu jinju가 출력된다. 그러나 40행이 사용되면 실행오류가 발생된다.

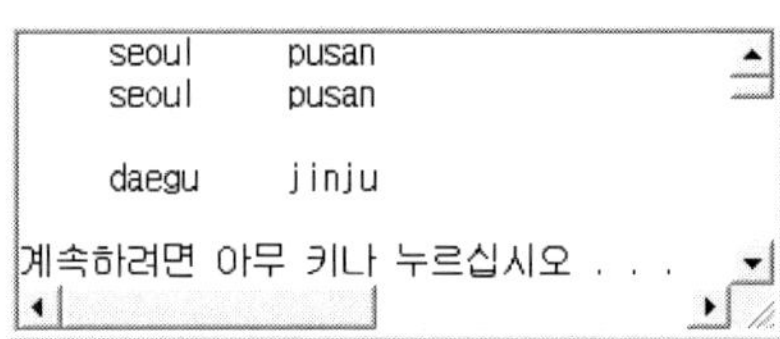

| 그림 4.20 | 실행결과

1) 04행은 기초클래스 A를 정의하고 19행은 Aclass를 상속받아 Bclass를 정의한다. 이것은 friend 함수가 클래스를 상속받는 경우의 동작을 확인하기 위한 것이다. B class클래스는 Aclass를 public 형태로 상속받는다.

2) 17행은 friend 함수 fun( )을 선언하고 30행 ~ 33행은 클래스 외부에서 기술한다. 이때 friend 함수의 인수는 클래스형의 객체로 해야 한다.

3) 36행은 클래스 Aclass를 새로운 객체 ob2를 생성함과 동시에 2개의 인수(seoul, pusan)를 가지고 생성자를 호출한다.

4) 37행은 friend 함수 fun( )을 객체 ob3으로 호출한다.

5) 39행은 Bclass를 2개의 인수로 호출한다. 그러나 40행은 실행오류가 발생된다. 이것은 friend 함수 fun( )이 상속되지 않기 때문이다.

*

4.6.2 friend 클래스

friend 클래스(friend class)는 어떤 클래스(Bclass)에서 다른 클래스(Aclass)의 private와 protected 영역에 접근할 수 있는 방법이다. **friend 클래스는 다른 클래스의 모든 멤버(private, protected, public) 영역에 접근할 수 있게 하는 것이다. 그러나 다른 클래스 멤버들의 구조를 갖는 것(기억 장소를 포함하지 않음)이 아니다.**

■ 형식

```
class 클래스_이름
{
    friend class 클래스_이름 ;
}
```

■ 사용

```
class Aclass
{
    friend class friend_class_name ;
}
```

friend 클래스는 멤버함수를 사용하지 않고 다른 클래스의 데이터 멤버에 접근하기 위한 방법이다. 그림 4.21와 같이 Aclass에서 Bclass를 friend 클래스로 선언하면 Bclass에서 Aclass의 private, protected, public 영역에 접근하여 멤버를 사용할 수 있다. friend 클래스의 선언과 사용은 그림 4.21의 왼쪽과 같이 먼저 friend 클래스를 선언한 다음 다른 클래스에서 사용해야 한다. 만약 오른쪽과 같이 반대로 사용할 수는 없다. friend 클래스를 선언할 때 friend 예약어는 private, protected 및 public의 어느 영역에 선언해도 무관하다.

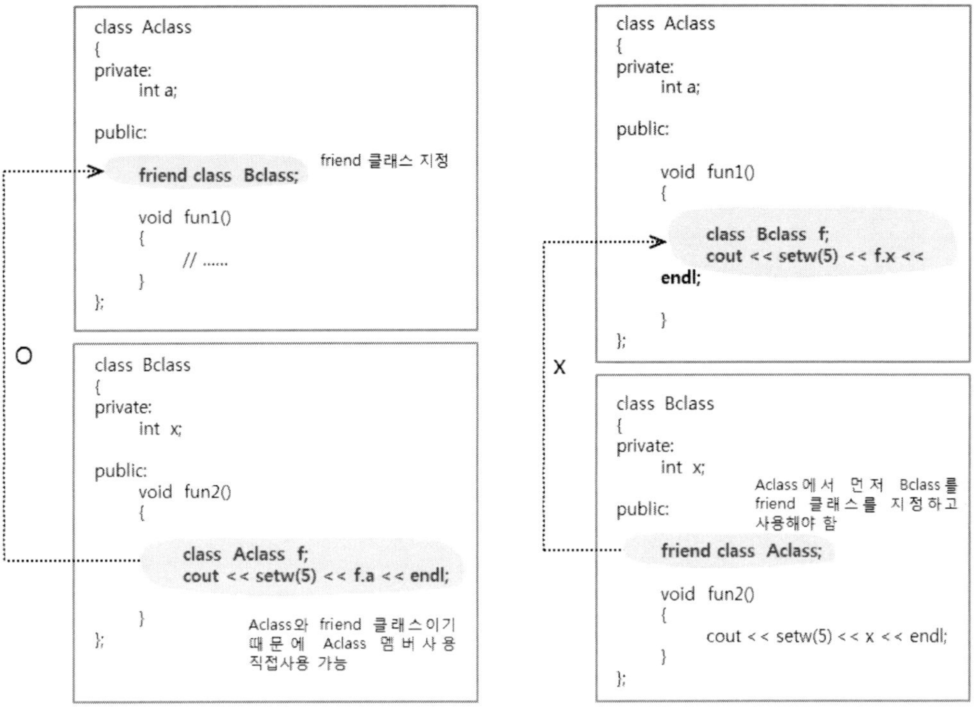

(a) 정상적인 기술 (b) 잘못된 기술

| 그림 4.21 | friend 클래스의 선언과 사용

friend 클래스는 클래스(Bclass)와 클래스(Aclass)의 private, protected, public 영역에 접근하도록 하는 방법이지만 그림 4.22(a)와 같이 friend 관계가 전이되거나 그림 22(b)와 같이 상속되지 않는다. 또한 friend 관계는 서로 교환되지 않는다.

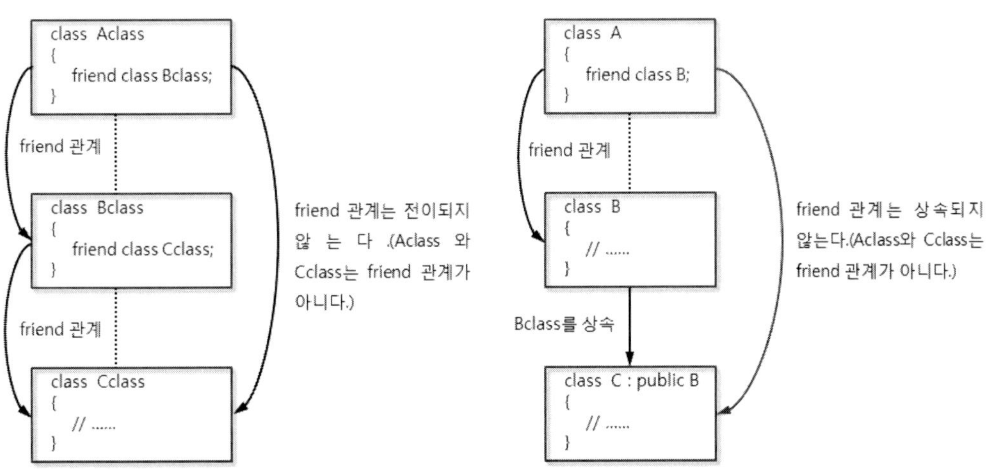

| 그림 4.22 | friend 클래스에서 friend의 관계와 상속

예제 friend 클래스

이 프로그램은 friend 클래스의 기술과 동작을 이해하기 위한 것이다. friend 클래스는 반드시 friend 클래스를 먼저 기술(11행)한 다음 사용(32행 ~ 34행)해야 한다.

4_11.cpp

```
01: #includ <iostream>
02: #include <iomanip>
03: using namespace std;

04: class Aclass
05: {
06: private:
07:     int a;
08:     int b;
09: protected:
10: public:
11:     friend class Bclass;                // friend 클래스 선언
12:     void  fun1()
13:     {
14:             a=100;
15:             b=200;
16:             cout << "Aclass" << endl;
17:             cout << setw(5) << a << setw(5) << b << endl;
18:     }
19: };

20: class Bclass
21: {
22: private:
23:     int x;
24:     int y;
25: public:
26:     void fun2()
27:     {
28:             x=300;
29:             y=400;
30:             cout << "Bclass" << endl;
31:             cout << setw(5) << x << setw(5) << y << endl;
```

```
32:        class Aclass f;             // friend class로 지정해야 만 가능
33:        f.fun1();
34:        cout << setw(5) << f.a << setw(5) << f.b << endl;
35:    }
36: };

37: void  main()
38: {
39:        class Aclass ob1;
40:        ob1.fun1();                 // Bclas -> Aclass 실행
41:        cout << endl;

42:        class Bclass ob2;
43:        ob2.fun2();                 // 실행결과: 100, 200 2회 출력
44:        cout << endl;
45: }
```

그림 4.23은 4_11.cpp의 실행결과이다. 먼저 40행이 실행되면 Aclass의 12행 ~ 18행이 실행된다. 계속해서 43행이 실행되면 26행 ~ 35행이 실행된다.

```
Aclass
  100  200

Bclass
  300  400
Aclass
  100  200
  100  200

계속하려면 아무 키나 누르십시오 . . .
```

| 그림 4.23 | 실행결과

1) 11행은 Bclass를 friend 클래스로 선언한다. 이때 friend 클래스는 private, protected, public 어느 위치에서 기술해도 무관하지만 클래스 외부에서는 기술할 수 없다.

2) 32행 ~ 34행은 11행에서 friend 클래스로 지정해야 사용할 수 있다. 그러나 32행 ~ 34행과 11행을 바꾸어서 사용할 수 없다.

*

예제 : 클래스의 일반 멤버함수를 다른 클래스에서 friend 함수로 지정

이 프로그램은 Aclass에서 정의한 일반 멤버함수를 다른 클래스(Bclass)에서 Aclass의 멤버함수를 friend 함수로 지정하는 방법을 이해하기 위한 것이다. friend 함수는 private의 데이터 멤버에 접근할 수 있는 다른 방법의 멤버함수이다.

4_12.cpp

```
#include <iostream>
#include <iomanip>
using namespace std;
class Aclass
{
private:
      int a;
      int b;
  public:
      Aclass()                          // Aclass 생성자 정의
      {
         a=100;
         b=200;
         cout << "Aclass() " << endl;
         cout << setw(5) << a << setw(5) << b << endl << endl;
      }
      void fun1(class Aclass &p);       // 일반 멤버함수 선언
};
void Aclass::fun1(class Aclass &p)      // 일반 멤버함수 정의
{
      cout << "fun1()" << endl;
      cout << setw(5) << p.a << setw(5) << p.b << endl << endl;
}
 class Bclass
{
  private:
      int x;
      int y;
 public:
```

```
30:         friend void fun1(class Aclass &p);       // friend 함수로 지정
31:         Bclass( )
32:         {
33:                 x=300;
34:                 y=400;
35:                 cout << "Bclass( )" << endl;
36:                 cout << setw(5) << x << setw(5) << y << endl << endl;
37:         }
38: };
39: void main(void)
40: {
41:         class Aclass ob1, ob2;
42:         ob1.fun1(ob2);
43:         class Bclass ob3;
44:         // ob3.fun1(ob3);             // 오류
45: }
```

그림 4.24는 4_12.cpp의 실행결과이다. 프로그램은 37행이 실행되면 생성자가 호출된다. 38행이 실행되면 객체 ob2를 인수로 전달하는 함수 fun1( )을 호출한다.

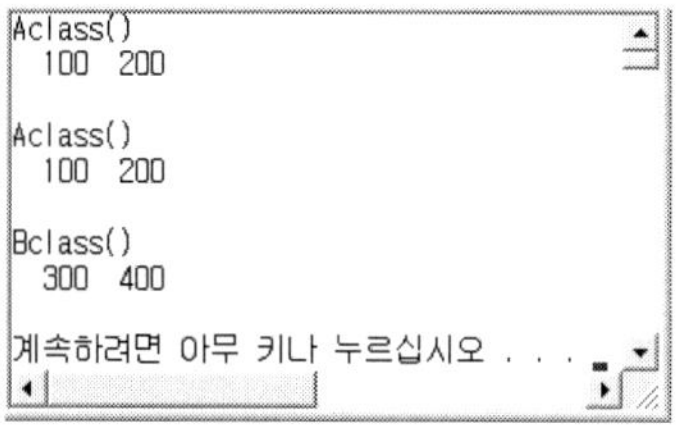

| 그림 4.24 | 실행결과

1) 30행은 Aclass의 함수 fun1( )을 Bclass에서 friend 함수로 지정하는 방법이다. 이때 17행과 19행의 멤버함수를 인수가 없는 멤버함수로 정의하고 30행을 인수 없는 형태로 정의해도 무관하다.

2) **다른 클래스(Aclass)에서 정의된 멤버함수는 다른 클래스(Bclass)에서 다시 friend 함수로 정의만 할 수 있고 사용할 수 없다. 즉, 다시 정의된 friend 함수를 정의만 하고 초기화할 수 없다. 또한 44행과 같이 사용할 경우 오류가 발생된다.**

4.7 파일의 분리

대형 프로젝트를 설계하는 경우 솔루션은 여러 개의 프로젝트를 포함하고 프로젝트는 여러 개의 헤드 파일과 소스 파일들을 포함한다. 다음은 많은 소스 파일을 몇 개의 파일로 분리하는 방법을 이해하기 위한 것이다.

** 예제 : 파일의 분리

이 프로그램은 대형 프로젝트를 설계하는 경우 많은 소스 파일을 몇 개의 파일로 분리하는 방법을 이해하기 위한 것이다.

4_13.h

```
#include <iostream>
#include <string>
using namespace std;
class Aclass
{
private:
    int x;
protected:
    char *str;
public:
    void write(int a, char *b);                    // 멤버함수의 정의
    void read ();                                  // 문자열을 반환
};
```

4_13_1.cpp

```
#include "test.h"
void Aclass::write(int a, char *b)                 // 멤버함수의 정의
    {
        x=a;
        str = new char[30];
```

```
    strcpy(str, b);
}
void Aclass::read ()                            // 문자열을 반환
{
    cout << x << endl;
    cout << str << endl << endl;
}
```

4_13_2.cpp

```
#include "test.h"
void main()
{
    class Aclass obj;
    obj.write(2011300, "Hong Kil-Dong");  // 멤버함수 호출
    obj.read();
}
```

그림 4.25는 예제 4_13.cpp의 실행결과이다. 프로젝트는 1개의 헤드파일과 2개의 소스파일로 구성되며 다른 파일에서 기술된 클래스를 main( ) 함수에서 호출하여 출력한다.

| 그림 4.25 | 실행결과

1) 4_13.h 파일은 클래스를 정의한다.

2) 4_13_1.cpp은 클래스를 정의하고 4_13_2.cpp의 main( ) 함수에서 다른 파일(4_13_1. cpp)의 클래스를 호출한다.

*

요약

01. 본 장에서는 그림 4.26과 같이 클래스를 이해하기 위해서 구조체의 구조, 동작 그리고 구조체의 문제점을 설명하였다. 또한 클래스의 접근명시자, 클래스의 데이터 멤버에 접근 방법, friend 함수, friend 클래스를 이해하였다.

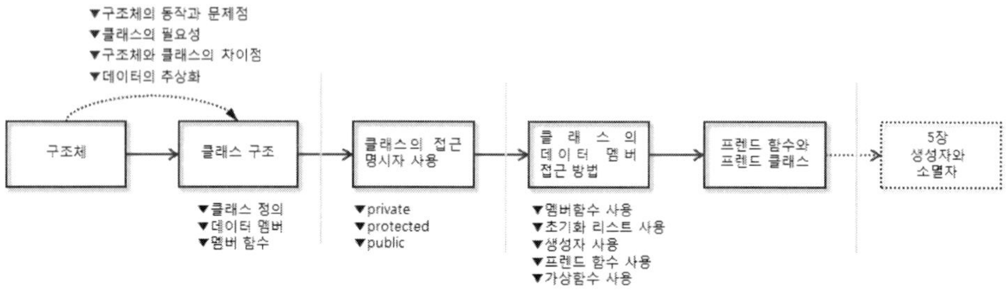

| 그림 4.26 | 본 장에서 학습한 내용

02. 구조체와 클래스를 기술하는 방법은 비슷하지만 클래스는 데이터 은닉, 상속성, 다형성 friend 등의 기능을 가진다.

03. 클래스의 접근명시자는 private, protected, public이 있다.

04. private 접근명시자는 클래스 내의 private 영역에 기술된 데이터 멤버 혹은 멤버함수를 외부로부터 보호하기 위한 것이다. 클래스 외부에서 public 영역의 멤버함수를 사용하는 경우 접근할 수 있다.

05. protected 접근명시자는 protected에 기술된 데이터 멤버는 상속된 클래스에서만 접근 할 수 있다. 그러나 클래스 외부에서 public 영역의 멤버함수를 사용하는 경우 접근할 수 있다.

06. public 접근명시자는 public에 기술된 데이터 멤버는 클래스의 내부 혹은 클래스 외부에서 접근할 수 있도록 한다. public에 기술된 멤버함수는 클래스 외부에서 클래스 내의 모든 영역에 접근할 수 있도록 한다.

07. 클래스가 정의된 다음 클래스는 일반객체, 포인터형 객체 그리고 참조자형 객체로 생성할 수 있다. 생성된 객체는 일반 멤버함수 혹은 포인터 함수와 결합하여 호출될 수 있다.

08. friend 함수는 private의 데이터 멤버에 접근하는 다른 방법의 함수이다. friend 함수는 멤버함수와는 달리 클래스에 종속되지 않는 외부 함수로 별도로 정의되어 private, protected 및 public에 접근하는 함수를 말한다.

09. friend 클래스(friend class)는 어떤 클래스(Bclass)에서 다른 클래스(Aclass)의 private와 protected 영역에 접근할 수 있는 방법이다. friend 클래스는 다른 클래스의 모든 멤버(private, protected, public) 영역에 접근할 수 있지만 다른 클래스 멤버들의 구조를 갖는 것(기억 장소를 포함하지 않음)이 아니다.

연습문제_A

01. 구조체와 클래스의 차이점과 클래스의 사용목적을 설명하여라.

02. 클래스를 정의하고 구조에 대해서 설명하여라.

03. 다음의 클래스 접근명시자 3가지의 동작을 설명하여라.

- private
- protected
- public

04. 클래스의 멤버함수를 클래스의 내부와 외부에서 정의하는 방법을 설명하여라.

05. 클래스의 멤버함수와 friend 함수의 사용방법을 설명하여라.

06. friend 클래스를 설명하여라.

연습문제_B

07. 그림 4.27과 같이 학번과 이름을 입력 받아 이를 출력하는 프로그램을 다음의 4가지 조건으로 설계하여라.

(1) 변수를 사용하여 설계하여라.(함수: ×, 구조체: ×, 클래스: ×)

(2) 1번의 코드를 수정하여 구조체만을 사용하여 설계하여라.(함수: ×, 구조체: ○, 클래스: ×)

(3) 2번의 코드를 수정하여 구조체의 내부와 외부에 함수를 사용하여 설계하여라.(구조체를 사용하고 구조체 내부(write( ))와 외부에 함수(read( ))를 사용하는 방법)

(4) 3번의 코드를 수정하여 클래스로 구현하여라.(클래스를 사용하고 클래스 내부(write( ))와 외부에 함수(read( ))를 사용하는 방법)

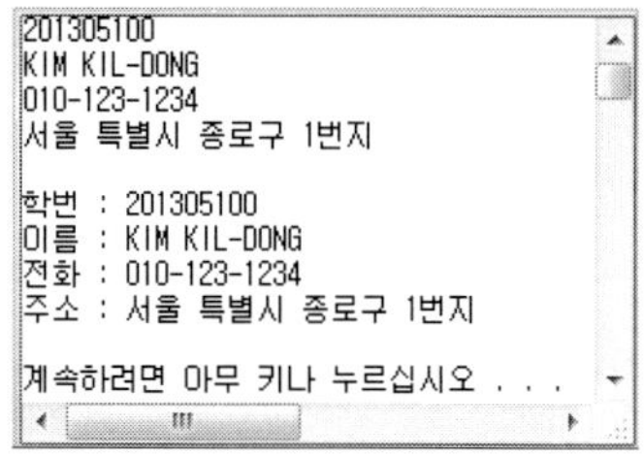

| 그림 4.27 | 실행 결과

08. 그림 4.28의 실행결과와 같이 3개의 정수 값을 표준입력장치로부터 입력받아 이를 출력하는 프로그램을 완성하고 설명하시오(단, 각 문제는 반드시 1개의 구문으로 작성할 것).

```
#include <iostream>
using namespace std;

class  Aclass
{
private:
   int a;

protected:
   int b;

void afun(int x, int y, int z)
{
   (01)_______________________________
   b=y;
   c=z;
   cout << a << endl;
   cout << b << endl;
   cout << c << endl;
}

public:
   int c;

   void bfun(int *x, int *y, int *z)
   {
   (02)_______________________________
   }
};

void main(void)
{
   (03)_______________________________
```

```
28:   cin >> p;
29:   cin >> q;
30:   cin >> r;
31:   class Aclass ob;
32:   cout << endl;
33:   (04)________________________________
34: }
```

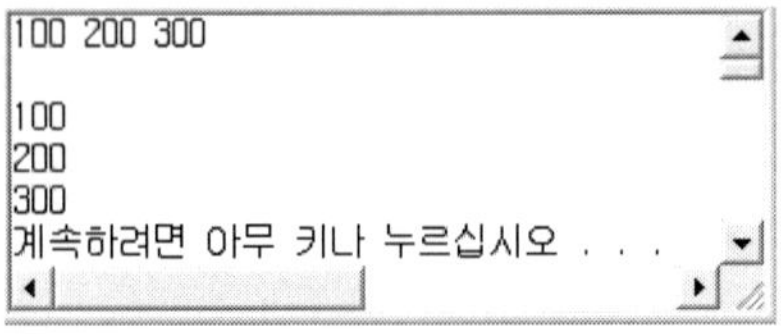

| 그림 4.28 | 실행결과

09. 문제 08에서 20행과 33행을 함수 호출에서 값에 의한 호출(call-by value), 참조자에 의한 호출(call-by reference)로 수정(필요시 22행도 수정하여라.)하여라.(단, 각 문제는 반드시 1개의 구문으로 작성할 것)

10. 그림 4.29의 실행결과와 같이 학번과 이름을 표준입력장치로 입력받아 출력하는 프로그램을 아래의 조건에 맞게 설계하여라.

(1) 일반 객체와 일반 멤버함수로 설계하여라.
(2) 일반 객체와 포인터형 멤버함수로 설계하여라.
(3) 포인터 객체와 일반 멤버함수로 설계하여라.
(4) 포인터 객체와 포인터형 멤버함수로 설계하여라.
(5) 참조자 객체와 일반 멤버함수로 설계하여라.

| 그림 4.29 | 실행결과

11. 그림 4.30의 실행결과와 같이 2개의 문자열을 표준입력장치로부터 입력받아 이를 출력하는 프로그램을 완성하고 설명하시오(단, 각 문제는 반드시 1개의 구문으로 작성하고 포인터 객체와 함수형 포인터를 사용할 것).

```
#include <iostream>
#include <string.h>
#include <malloc.h>
using namespace std;

class base
{
private:
    char *a;
protected:
    char *b;
public:
    void write (char *c, char *d);
    char* read( )
    {
        cout << a << endl;
        (01)____________________________________
    }
};

(02)____________________________________________
{
    a=new char[20];
        strcpy(a, c);

        b=(char *)malloc(sizeof(char)*20);
        strcpy(b, d);

    free(c);
    free(d);
  }

void main( )
{
    char *x = new char[20];
    char *y = new char[20];

    cin.getline(x, strlen(x));
    cin.getline(y, strlen(y));
    cout << endl;

    class base ob1;
    class base *ob2=&ob1;

    (03)____________________________________
    (04)____________________________________
```

```
    (05)____________________________________

    (06)____________________________________
}
```

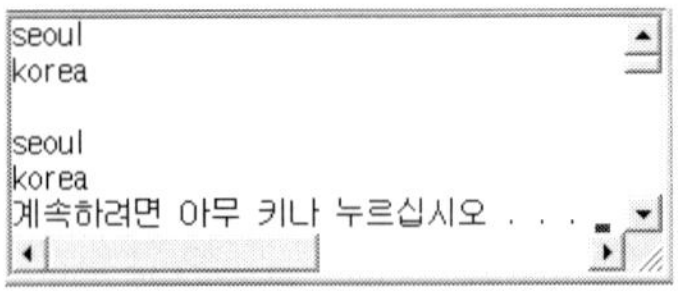

| 그림 4.30 | 실행결과

12. 그림 4.31의 실행결과와 같이 2개의 정수 값을 표준입력장치로부터 입력받아 이를 출력하는 프로그램을 다음의 조건으로 설계하시오.

(1) 클래스와 일반 멤버함수를 사용하지 않고 설계하여라.(변수만 사용할 것)
(2) 일반 멤버함수로 클래스 내부에서 설계하여라.
(3) 일반 멤버함수로 하고 클래스 외부에서 설계하여라.
(4) 일반 멤버함수를 private, protected, public 영역에서 기술하면 어떻게 되는가?
(5) friend 함수를 클래스 내부에서 기술하는 방법으로 설계하여라.
(6) friend 함수를 클래스 외부에서 기술하는 방법으로 설계하여라.
(7) friend 함수를 private, protected, public 영역에서 기술하면 어떻게 되는가?

| 그림 4.31 | 실행결과

13. $x=1.1+2.2i, y=3.3+4.4i$일 경우 아래의 식을 참조하여 $x+yi$, $x-yi$, $x\times yi$, $x\div yi$ 값을 구하는 프로그램을 설계하여라.(실행결과 : 그림 4.32)

$$x+yi=(x_0+y_0)+(x_1+y_1)i$$

$$x-yi=(x_0-y_0)+(x_1-y_1)i$$

$$x\times yi=(x_0\times y_0)+(x_1\times y_1)i$$

$$x\div y=\frac{1}{s}(x_0y_0+x_1y_1)+(x_1y_0+x_0y_1)$$

$$where, s=y_0^2+y_1^2$$

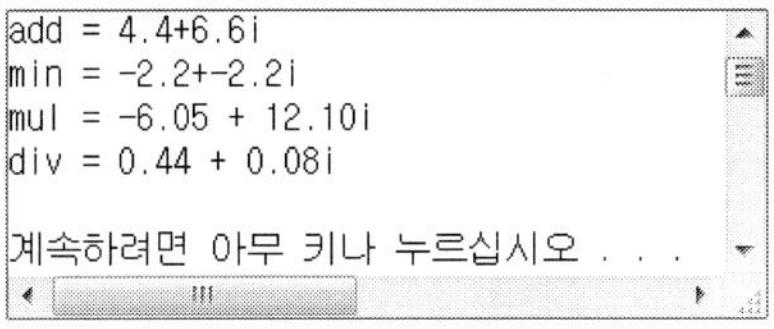

| 그림 4.32 | 실행결과

14. $x=1.1$, $y=2.2$ 일 경우 아래의 식을 참조하여 지수함수 z를 계산하는 프로그램을 설계하여라.(실행결과 : 그림 4.33)

$$z=e^{(x+yi)}=e^{x}(\cos y+\sin yi)$$

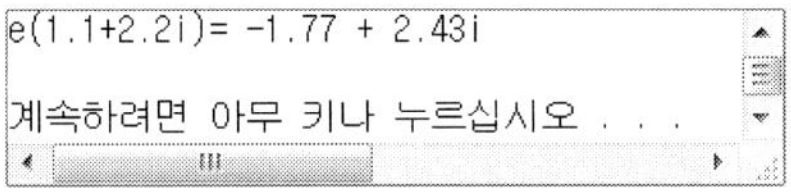

| 그림 4.33 | 실행결과

15. $x=1.1$, $y=2.2i$일 때 아래의 식을 참조하여 $\sin(x+yi), \cos(x+yi), \tan(x+yi)$ 값을 구하는 프로그램을 설계하여라.(실행결과 : 그림 4.34)

$$\sin(x+yi)=(\sin x\cosh y)+(\cos x\sinh y)i$$

$$\cos(x+yi)=(\cos x\cosh y)-(\sin x\sinh y)i$$

$$\tan(x+yi)=\frac{\sin(x+yi)}{\cos(x+yi)}$$

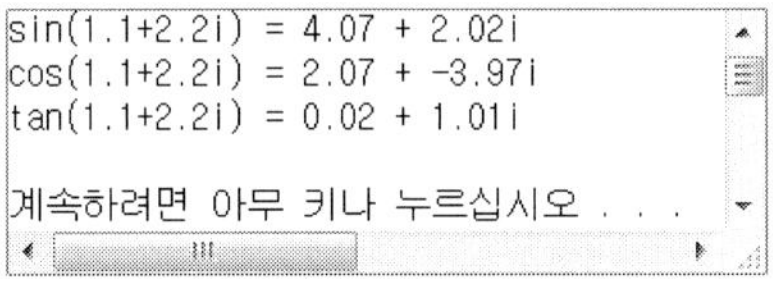

| 그림 4.34 | 실행결과

16. $x=1.1$, $y=2.2i$ 일 때 아래의 식을 참조하여 $\log_e(x+yi)$, $\log_{10}(x+yi)$ 값을 구하는 프로그램을 설계하여라.(실행결과 : 그림 4.35)

$$\log_e(x+yi)=\log_e|x+yi|+\tan^{-1}(\frac{y}{x})i$$

$$\log_{10}(x+yi)=\log_{10}e\times\log_e(x+yi)$$

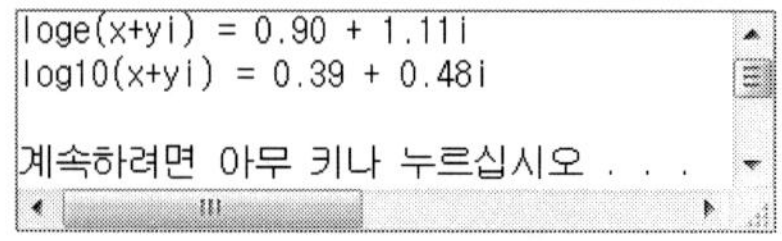

| **그림 4.35** | **실행결과**

17. $x=1.1$, $y=2.2i$ 일 때 아래의 식을 참조하여 $\sqrt{x+yi}$ 값을 구하는 프로그램을 설계하여라.(실행결과 : 그림 4.36)

$$\sqrt{x+yi} = (\sqrt{x+|x+yi|}) + (\sqrt{(-x+|x+yi|)/2})i$$

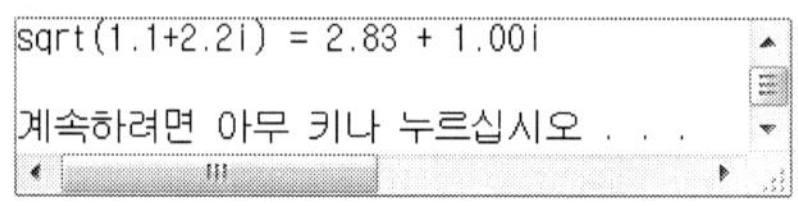

| **그림 4.36** | **실행결과**

제5장 생성자와 소멸자

✱ 차례

✱ 학습목표

1. 생성자와 소멸자를 정의하고 필요성을 이해한다.
2. 생성자와 소멸자의 동작을 이해하고 프로그램에 적용할 수 있도록 사용방법을 이해한다.
3. 초기자(initializer)의 사용과 동작을 이해한다.
4. 복사생성자(copy constructor)의 사용과 동작을 이해한다.

5.1 개요

5.1.1 개념

클래스에서 private, protected, public 영역의 멤버변수를 초기화하는 방법은 일반 멤버함수 사용, 생성자(constructor) 사용 그리고 초기자 사용이 있다. 이때 클래스의 멤버변수를 초기화하기 위한 목적의 함수를 생성자라고 한다. 생성자는 기본생성자, 얕은복사생성자, 깊은복사생성자가 있다. 클래스에서 멤버함수(member function)는 클래스 외부로부터 은닉된 private의 데이터 멤버들을 사용하기 위해서는 public에서 기술된 "멤버함수(member function)"라고 하는 함수를 사용해야 한다. 클래스의 데이터 멤버에 접근하는 방법은 인수를 전달하는 방법. 디폴트인수를 사용하는 방법, 초기자를 사용하는 방법, friend 함수를 사용하는 방법, 생성자를 사용하는 방법이 있다.

| 표 5.1 | 클래스의 데이터 멤버를 초기화하는 방법

접근 방법	설명
1. 멤버함수 사용	인수를 갖는 멤버함수 사용 : 인수를 갖도록 정의하고 함수 호출에서 인수를 가지고 함수를 호출하는 방법이다.
	디폴트 인수를 갖는 멤버함수 사용 : 데이터 멤버를 초기화 하는 방법이며 다시 새로운 인수로 함수를 호출하면 새로운 값으로 대체된다.
2. friend 함수 사용	클래스와 독립적으로 외부에서 정의하는 friend 함수를 사용하여 데이터 멤버에 접근한다.
3. 초기자 사용	멤버함수를 호출하는 경우 초기자를 사용하여 데이터 멤버를 초기화 한다. 이때 초기자를 사용하는 경우는 반드시 생성자에서만 사용할 수 있다.
4. 일반 생성자, 복사생성자 사용	객체가 생성되는 시점에서 내부적으로 자동 호출되는 생성자를 사용한다. 생성자는 데이터 멤버의 초기화 전용 함수이다. 복사생성자를 사용해서 초기화할 수 있지만 복사생성자는 객체간의 데이터 멤버를 복사하는 것이 목적이다.
5. 가상함수 사용	가상함수를 사용하여 데이터 멤버를 초기화 할 수 있지만 가상함수 원래의 목적은 아니다.

5.1.2 생성자와 소멸자의 필요성

클래스의 public 영역에 기술하는 멤버함수는 private 영역의 데이터 멤버에 접근할 수 있도록 하는 함수이다. 이때 private 영역의 데이터 멤버를 초기화할 경우 초기화할 때마다 멤버함수를 호출해야 하기 때문에 프로그램의 비효율성을 가져올 수 있다. 그래서 이러한 비효율성을 없애고 초기화 목적의 함수가 생성자(constructor)이다. 생성자(클래스 객체의 초기화)에 의해서 생성된 메모리를 제거(delete)하는 함수를 소멸자(destructor)라 한다.

클래스 내의 모든 데이터 멤버는 객체가 정의되는 순간에 생성자에 의해서 메모리의 힙(heap) 영역에 할당하게 된다. 생성자는 객체(클래스형 변수)가 생성되는 동시에 내부적으로 자동 실행되고, 실행 영역을 벗어나게 되면 소멸자에 의해서 생성자가 생성한 메모리를 제거하게 된다. 생성자와 소멸자는 클래스와 같은 이름으로 기술하고 함수의 반환 값을 갖지 않는 특수한 형태의 멤버함수이다.

5.2 생성자(constructor)

5.2.1 생성자의 정의

생성자(生成者 : constructor)는 private, protected, public 영역의 데이터 멤버에 접근하여 값을 초기화(初期化 : initialization) 하거나 변경하기 위한 목적으로 사용하는 멤버함수이다. 또한 생성자는 호출함수에서 객체를 정의함과 동시에 멤버변수에 접근해서 초기화하거나 멤버변수의 크기가 결정되지 않은 포인터 형의 변수일 경우 그 크기를 결정하고 메모리를 할당한다. 생성자는 반드시 선언과 호출에서 일치해야 한다. 만약 객체에서 호출되는 생성자의 형이 같지 않을 경우에는 생성자를 호출할 수 없다.

■ 형식

```
클래스_이름([인수_리스트], ...)
{
      // , ...
}
```

■ 사용

```
01: class A                          // 클래스 A 정의
02: {
03: private:
04:   int x;
```

```
05: public:
06:   A()                              // 인수 없는 생성자 정의
07:   {
08:   }
09:   A(int x, int y)                  // 인수를 갖는 생성자 정의
10:   {
11:   }
12: };

13: void main()
14: {
15:   class A ob1;                     // 06행의 생성자 호출
16:   class A ob3(100, 200);           // 09행의 인수를 갖는 생성자 호출
17:   class A *ob4 = new A(300, 400);  // 객체형 메모리 할당
18: }
```

5.2.2 생성자 사용

생성자는 클래스의 데이터 멤버를 초기화하기 위한 초기화 전용의 함수로 생성자의 기술과 동작은 다음과 같다.

정리하기 생성자의 기술과 동작

❶ 생성자는 객체가 생성되는 순간에 내부에서 자동으로 호출되어 데이터 멤버를 초기화하는 함수이다.

❷ 생성자는 반드시 클래스 내의 public에 정의하며, 정의 방법은 클래스 이름과 동일한 이름의 함수로 정의한다.

❸ 생성자는 함수의 반환 값(return value)이 없기 때문에 함수의 자료형은 별도로 기술할 필요가 없다(만약 생성자에 반환 값을 사용하면 오류가 발생된다). 또한 생성자는 같은 이름을 갖는 중복된 여러 생성자들을 기술(중복)할 수 있다. 이때 생성자의 이름은 같지만 인수의 자료형, 인수의 수를 다르게 정의해야한다.

❹ 생성자는 1개의 클래스 내에 중복된 이름으로 정의된 여러 생성자들을 가질 수 있으며 구분은 생성자에 사용된 인수의 데이터형과 데이터 개수로 구별한다.

❺ 생성자를 1개라도 정의하지 않으면 기본생성자가 컴파일러에 의해서 자동으로 추가되며 추가된 기본생성자는 인수와 함수 내부의 동작이 없는 생성자이다.

❻ 클래스 내의 모든 생성자의 호출은 객체가 정의(생성)됨과 동시에 자동으로 동작되며 영역을 벗어나게 되면 생성자에 의해서 할당된 메모리를 소멸자가 제거하게 된다.

❼ 만약 생성자가 클래스 내의 데이터 멤버나 객체의 메모리가 할당되지 않은 경우에는 소멸자는 생략할 수 있으며 기술하는 경우에는 아무 것도 기술하지 않는다. 그래서 생성자가 기술되어도 메모리가 할당되지 않은 경우에는 반드시 소멸자를 기술할 필요가 없기 때문에 소멸자를 정의하지 않아도 된다. 그러나 생성자에 의해서 메모리가 할당되면 반드시 소멸자를 기술하여 메모리를 제거해야 한다.

❽ 생성자는 반드시 클래스의 public 영역에서 기술(객체가 클래스 외부에서 생성되고 사용되기 때문이다)해야 한다. 그러나 클래스 내부에서만 객체를 정의할 경우에는 private에서 생성자를 정의할 수 있다.

❾ 생성자의 호출은 객체를 정의할 때(정적으로 생성)와 new 연산자로 메모리를 할당할 때(동적으로 생성) 호출된다.

❿ 소멸자의 호출시기는 객체를 정의한 함수가 끝날 때(정적으로 제거)와 delete 연산자로 할당된 메모리를 해제할 때(동적으로 제거) 호출된다.

예제 생성자 동작

이 프로그램은 생성자의 기본적인 동작을 이해하기 위한 것이다. 생성자는 public 영역에서 기술하고 여러 개의 생성자를 기술할 수 있다. 동일한 생성자의 호출은 인수의 형태와 인수의 개수로 구분한다.

5_1.cpp

```
#include <iostream>
#include <iomanip>
using namespace std;
class A
{
private:
    int x;
protected:
    int y;
public:
    A() : x(1), y(2)                    // 인수 없는 생성자 정의
    {
        cout << "A() call" << endl;
        cout << setw(5) << x << setw(5) << y << endl;
    }
```

```
16:     A(int a, int b)                          // 인수를 갖는 생성자 정의
17:     {
18:             x=a;
19:             y=b;
20:             cout << "A(int a, int b) call" << endl;
21:             cout << setw(5) << x << setw(5) << y << endl;
22:     }
23: };

24: void main()
25: {
26:     class A ob1;                             // 11행의 생성자 호출
27:     class A *ob2 = new A;                    // 11행의 생성자를 호출
28:     cout << endl;

29:     class A ob3(100, 200);                   // 16행의 생성자를 호출
30:     class A *ob4 = ncw A(300, 400);          // 16행의 생싱자를 호출
31:     cout << endl;
32: }
```

그림 5.1은 5_1.cpp의 실행결과이다. 데이터 멤버 x, y는 초기자에 의해서 초기화된 다음 인수가 없는 생성자 혹은 인수가 있는 생성자가 호출된다.

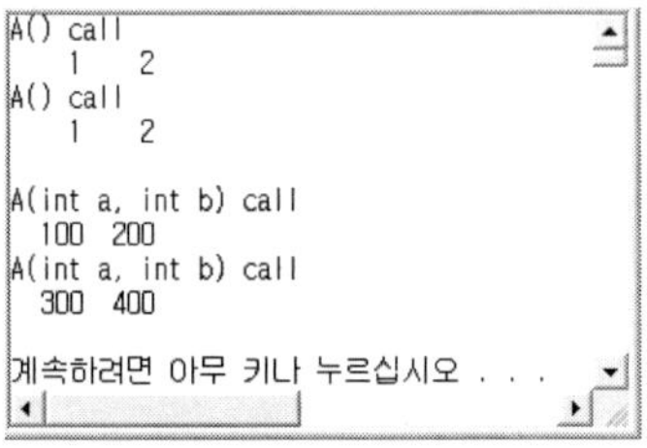

| 그림 5.1 | 실행결과

1) 08행은 인수가 없는 생성자를 정의한다. 이때 x, y 값이 초기화 되지 않으면 쓰레기 값으로 초기화되기 때문에 초기자로 초기화한다.

2) 26행은 일반 객체가 생성되면 컴파일러는 내부적으로 11행의 인수가 없는 생성자를 호출한다. 27행에서 새로운 메모리가 할당될 경우에도 11행의 생성자가 호출된다.

3) 29행은 인수를 갖는 객체가 생성되면 컴파일러는 내부적으로 16행의 인수를 2개 갖는 생성자를 호출한다. 30행에서 새로운 메모리가 할당될 경우에도 16행의 생성자가 호출된다. *

5.2.3 생성자에서 기본 인수 사용

생성자의 기본 인수 값(default parameter)은 생성자가 실행될 때 데이터 멤버의 값을 효율적으로 초기화하기 위한 방법으로 생성자에 사용된 매개 변수를 미리 어떤 값으로 초기화하는 방법이다. 기본 인수를 값으로 갖는 경우는 생성자가 객체를 통해 호출함수에서 인수 없이 호출되면 생성자에서 정의된 기본 값으로 변수에 전달되며 호출함수에서 인수 값을 가지고 생성자를 호출하면 호출함수의 인수 값으로 초기화된다. 기본 인수를 값으로 사용하는 방법은 다음과 같다.

■ 형식

```
생성자_이름(인수_이름 = 초기값, ...)
{
        // , ...
}
```

■ 사용

```
class Aclass                                    // 클래스 정의
{
protected:
   int x;
private:
   char y[20];
public:
   Aclass(int a=100, char b[]= "seoul" )       // 기본생성자 정의
   {
          x = a;
          strcpy(y, b);
          cout << x << b << endl;
   }
```

**** 예제 기본 인수 값을 사용하는 생성자 사용**

이 프로그램은 데이터 멤버를 초기화하기 위한 목적으로 기본 인수 값을 사용하는 생성자를 정의하고 사용하는 방법이다.

5_2.cpp

```
01: #include <iostream>
02: using namespace std;
03: class Aclass                                  // 클래스 정의
04: {
05: protected:
06:     int x;
07:     char y[20];
08: private:
09: public:
10:     Aclass(int a=100, char *b= "seoul")       // 기본인수가 값을 갖는 생성자 정의
11:     {
12:         x = a;
13:         strcpy(y, b);
14:         cout << x << " " << b << endl;
15:     }
16: };
17: void main()
18: {
19:     class Aclass ob1;                         // 100, seoul 출력
20:     class Aclass ob3(200 );                   // 200, seoul 출력
21:     class Aclass ob4(300, "pusan");           // 300, pusan 출력
22: }
```

그림 5.2는 5_3.cpp의 실행결과이다. 이 결과는 생성자가 호출되기 전 초기자에 의해서 데이터 멤버가 초기화된다.

```
100 seoul
200 seoul
300 pusan
계속하려면 아무 키나 누르십시오 . . .
```

| 그림 5.2 | 실행결과

1) 10행은 기본인수가 값을 갖는 생성자 Aclass( )를 정의한다. 이때 09행과 같이 객체를 정의할 때 초기 값을 주지 않을 경우에는 기본인수 값으로 출력된다.

2) 20행을 다음과 같이 기술할 경우에는 오류는 발생되지 않지만 결과 값은 출력되지 않는다.

이것은 Aclass의 기본 생성자를 정의하지 않았기 때문이다.

```
20: class Aclass ob2();
```

*

5.2.4 생성자에서 초기자 사용

초기자(初期者 : initializer)는 생성자가 호출된 경우 생성자의 함수 내부에서 이루어지지 않고 생성자 함수의 외부에서 데이터 메모리를 초기화하는 방법이다. **초기자는 생성자 외부에서 직접 데이터 멤버에 접근해서 초기화되기 때문에 초기화를 위한 별도의 메모리는 할당되지 않는다. 만약 초기화 과정이 메모리를 할당하는 경우(포인터 혹은 배열을 사용하는 경우)에는 반드시 생성자의 함수 내부에서 초기화되도록 해야 한다.**

■ 형식

```
생성자_이름(인수_이름, ...) : 데이터멤버_이름(인수_이름, ...)
{
        // , ...
}
```

초기자는 클래스의 데이터 멤버를 초기화하는 것이 목적으로 사용되지만 파생 클래스에서 기초 클래스의 데이터 맴버를 직접 초기화하는 경우 유용하다. 초기자의 동작은 다음과 같이 요약할 수 있다.

- 초기자는 클래스의 데이터 멤버를 초기화하기 위한 방법이다.
- 초기자는 반드시 생성자와 같이 사용되어야 한다. 즉 초기자는 단독으로 사용할 수 없다.
- 초기자는 생성자 보다 먼저 동작되어 데이터 멤버를 초기화한다. 이때 초기자가 먼저 동작되고 다음에 생성자가 동작된다.

그림 5.3은 초기자에 의한 데이터 멤버를 초기화하는 방법이다. 먼저 객체 ob1이 인수 100, 200으로 생성되면 10행 ~ 20행의 생성자가 내부적으로 호출된다. 이때 생성자가 호출되기 전 가장 먼저 초기자에 의해서 a값(100)을 x에 b값(200)을 y에 초기화한다. 다음에 생성자에 의해서 x=1;, y=b;로 동작된다. 만약 16행, 17행이 없어도 멤버 변수는 각각 x는 100, y는 200으로 초기화된다.

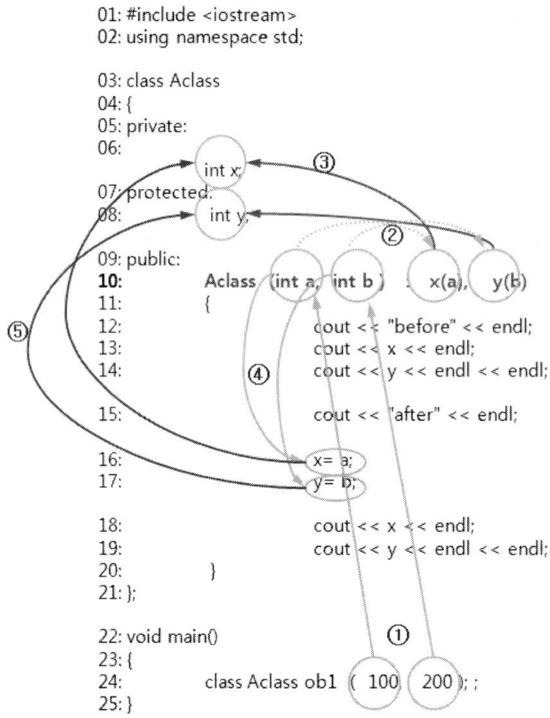

| 그림 5.3 | **초기자의 동작(예제 5_3.cpp 프로그램)**

*** 예제 : 초기자 사용

이 프로그램은 데이터 멤버를 초기화하기 위한 목적으로 생성자에서 초기자(initializer) 사용 방법을 이해한다. **초기자 사용은 반드시 생성자에서만 사용할 수 있으며 일반 멤버함수에서는 사용할 수 없다. 이 예제를 통해서 다음의 내용을 이해할 수 있다.**

- 초기자는 클래스의 데이터 멤버를 초기화 : 10행은 6행, 8행의 데이터 멤버를 직접 초기화한다.
- 초기자는 반드시 생성자와 같이 사용(즉 초기자는 단독으로 사용 불가) : 10행
- 초기자는 생성자 보다 먼저 동작되어 데이터 멤버를 초기화(초기자는 생성자보다 먼저 동작되고 다음에 생성자가 동작) : 10행이 6행과 8행의 데이터 멤버를 직접 초기화하고 그 다음 생성자의 16행과 17행에 의해서 2번째로 초기화 된다.

5_3.cpp

```
01: #include <iostream>
02: using namespace std;
```

```
03: class Aclass
04: {
05: private:
06:     int x;
07: protected:
08:     int y;
09: public:
10:     Aclass::Aclass(int a, int b ) : x(a), y(b)        // 초기자 사용
11:     {
12:         cout << "before" << endl;
13:         cout << x << endl;
14:         cout << y << endl << endl;

15:         cout << "after" << endl;
16:         x=300;
17:         y=400;

18:         cout << x << endl;
19:         cout << y << endl << endl;
20:     }
21: };

22: void main()
23: {
24:     class Aclass ob1(100, 200);
25: }
```

그림 5.4는 5_3.cpp의 실행결과이다. 이 결과는 생성자가 호출되기 전 초기자에 의해서 데이터 멤버가 초기화된다.

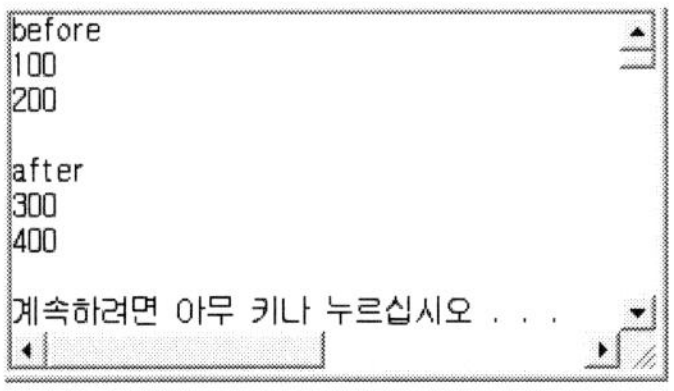

| 그림 5.4 | 실행결과

1) 10행은 초기자를 사용하여 생성자의 외부에서 데이터 멤버를 직접 초기화한다.

2) 16행, 17행은 생성자에 의해서 2번째로 초기화한다. 그러나 10행의 초기자는 클래스 외부에서 직접 초기화된다. ✱

** 예제 | 참조자형의 초기화

이 프로그램은 생성자의 초기자에서 참조자형으로 전달하는 방법을 이해하기 위한 예제이다.

5_4.cpp

```
#include <iostream>
using namespace std;
class A                         // A 클래스 정의
{
private:
public:
        A()                     // 기본 생성자 정의
        {
                cout << "A() call" << endl;
        }
        void fun()              // 멤버함수 정의
        {
                cout << "A::fun() call" << endl;
        }
};
class B                         // B 클래스 정의
{
private:
    int &x;                     // 변수를 참조자로 정의
        class A &y;             // 클래스를 참조자로 정의
public:
        B(int p, class A q) : x(p), y(q)     // 참조자형 초기자 사용
        {
                cout << "B(int p, class A q) : x(p), y(q) call" << endl;
                cout << "x=" << x << endl;
                y.fun();
        }
};
void main()
{
        class A ob1;
        class B ob3(100, ob1);
}
```

그림 5.5는 5_4.cpp의 실행결과이다. 변수와 클래스의 참조자형 초기자를 사용하여 데이터 멤버를 초기화한다.

```
A() call
B(int p, class A q) : x(p), y(q) call
x=100
A::fun() call
계속하려면 아무 키나 누르십시오 . . .
```

| 그림 5.5 | 실행결과

1) 19행은 변수 x를 정수형 참조자로 선언하고 20행은 클래스를 참조자로 선언한다.

2) 22행은 멤버함수 B를 정의하며 초기자를 사용하여 p는 19행의 x를 초기화하고 q는 20행의 y를 직접 초기화한다. 여기서 19행과 22행이 정의된 상태에서 22행의 초기자 사용 예이다.

```
22: B(int p, class A q) : x(p), y(q)            // 정상
22: B(int p, class A q) : x(&p), y(&q)          // 오류
22: B(int &p, class A &q) : x(p), y(q)          // 오류(32행에서 오류)
22: B(int &p, class A &q) : x(&p), y(&q)        // 오류
```

3) 32행은 클래스 B를 객체 ob2로 생성하고 100과 ob1을 호출하며 이때 ob1은 참조자형으로 인수를 전달한다.

*

5.3 소멸자(destructor)

5.3.1 소멸자 정의

소멸자(消滅者 : destructor)는 생성자가 할당한 메모리를 사용 후 제거하는 함수이다. 소멸자를 기술하는 방법은 생성자와 같은 방법으로 정의된 클래스명과 같은 이름으로 기술하며 반드시 클래스 내의 public에서 기술해야 한다. 소멸자는 소멸자 앞에 '~'를 사용하여 생성자와 구분하여 기술한다. 또한 소멸자는 생성자와 다르게 인수(parameter)를 갖지 않으며 이것은 클래스 내에서 1개의 소멸자만 정의되어야 한다.

■ 형식

```
~클래스_이름(인자_리스트)
{
   // , ...
}
```

■ 사용

```
class Aclass
{
private:
   char *name;
public:
   Aclass()                          // 생성자 정의
   {
         name = new char[ 20 ];      // 메모리 할당
   }

   ~Aclass()                         // 소멸자 정의
   {
         delete [] name;             // 생성자의 의해서 할당된 메모리 제거
   }
};
```

5.3.2 소멸자의 사용과 동작

소멸자는 생성자에 의해서 할당된 메모리를 제거하기 위해서 사용하며 소멸자가 실행되는 시점은 객체가 실행 영역을 벗어나면 자동으로 실행되어 할당된 메모리를 제거한다. 생성자와 소멸자는 1개의 프로그램 내에서 한 쌍으로 기술되어야 하며 이것은 생성자에 의해 메모리가 할당되면 할당된 메모리는 소멸자에 의해 반드시 메모리가 제거되어야 하기 때문이다. 소멸자는 생성자가 사용되어도 필요에 따라 기술하지 않을 수도 있다. 이것은 생성자가 항상 메모리를 할당하는 것은 아니기 때문이다.

클래스에서 소멸자는 생성자에서 할당한 메모리를 사용한 다음 소멸자에서 제거되도록 한다. 소멸자는 클래스 사용이 종료되면 내부적으로 호출되어 실행된다. 그림 5.6은 생성자와 소멸자의 동작 및 호출 시점이다. 생성자에서는 new를 사용하여 메모리를 할당하고 소멸자는 생성자가 할당한 메모리를 제거한다.

분석하기 소멸자의 동작

❶ 소멸자는 생성자가 할당한 메모리를 사용 후 제거하는 함수이며 소멸자를 기술하는 방법은 생성자와 같은 방법으로 정의된 클래스명과 같은 이름으로 기술하며 반드시 클래스 내의 public에서 기술해야 한다.

❷ 소멸자는 생성자 앞에 '~'를 사용하여 생성자와 구분하여 기술한다. 또한 소멸자는 생성자와 다르게 인수(parameter)를 가질 수 없으며, 소멸자는 클래스 내에서 1개만 정의되어야 한다.

❸ 소멸자는 함수의 반환 값이 존재하지 않기 때문에 함수의 자료형은 별도로 기술할 필요가 없다. 이것은 소멸자의 동작에서 인수나 반환 값이 필요 없기 때문에 정의하지 않는다. 만약 소멸자에 반환 값을 사용하면 오류가 발생된다.

❹ 소멸자는 매개변수를 받을 수 없고, 여러 개의 소멸자를 기술할 수 없으며 디폴트 매개변수도 사용할 수 없다.

❺ 소멸자를 1개라도 정의하지 않으면 컴파일러에 의해서 자동으로 기본소멸자가 추가된다.

❻ 소멸자는 실행 영역이 벗어나면 자동으로 실행되어 생성자가 할당한 메모리를 제거한다.

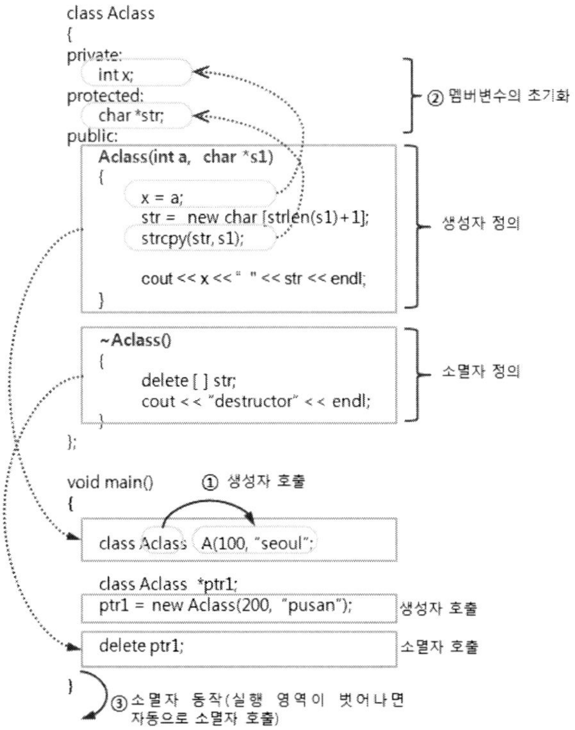

(a) 프로그램

(b) 실행결과

| 그림 5.6 | 생성자와 소멸자의 동작과 호출

*** 예제 : 생성자와 소멸자의 동작

이 프로그램은 생성자와 소멸자의 동작을 이해하기 위한 것이며, 예제를 통해서 다음의 내용을 이해할 수 있다.

- 기본 기본생성자의 정의 : 10행 ~ 14행
- 인수를 갖는 생성자의 정의 : 15행 ~ 23행
- 소멸자의 정의 : 24행 ~ 28행
- 클래스의 객체형 포인터의 사용과 메모리 제거 : 36행 ~ 38행
- 클래스의 객체형 포인터 배열의 사용과 메모리 제거 : 40행 ~ 42행

5_5.cpp

```
01: #include <iostream>
02: using namespace std;
03: class Aclass
04: {
05: private:
06:         int x;
07: protected:
08:         char *str;
09: public:
10:     Aclass()                                // 생성자 정의
11:     {
12:             str = new char[20];             // new를 사용한 20바이트 메모리 할당
13:             cout << "생성자 실행" << endl;
14:     }
15:     Aclass(int a, char *s1)                 // 인수를 갖는 생성자 정의
16:     {
```

```
            x=a;
            str= new char [strlen(s1)+1];     // 동적 메모리 할당
            strcpy(str, s1);

            cout << "인수 생성자 실행" << endl;
            cout << "x=" << x << endl;
            cout << "str=" << str << endl;
    }

    ~Aclass()                                 // 소멸자 정의
    {
            delete [] str;                    // 메모리 제거
            cout << "소멸자 실행" << endl;
    }
};

void main()
{
        class Aclass A;                       // 기본 생성자 실행
        cout << endl;

        class Aclass B(100, "seoul");         // 인수를 갖는 생성자 실행
        cout << endl;

        class Aclass *ptr1;
        ptr1 = new Aclass;                    // 1개 객체를 메모리 할당
        delete ptr1;                          // 메모리 제거
        cout << endl;

        class Aclass *ptr2;
        ptr2 = new Aclass[2];                 // 2개 객체 배열을 메모리에 할당
        delete [] ptr2;                       // 메모리 제거
        cout << endl;
}
```

그림 5.7은 5_5.cpp의 실행결과이다. 실행결과는 생성자와 소멸자가 동작되는 순서로 출력된다.

| 그림 5.7 | 실행결과

1) 10행은 기본생성자를 정의하고 15행은 2개의 인수를 갖는 생성자를 정의한다. 이때 생성자는 20바이트 메모리만 할당한다.

2) 26행은 18행에서 동적으로 할당된 메모리를 제거한다. 이때 할당된 메모리는 배열이므로 배열 형태로 메모리를 제거한다.

3) 32행은 10행의 기본생성자를 호출하고 34행은 15행의 인수를 갖는 생성자를 호출한다.

4) 37행에서 1개의 객체를 생성하고 38행은 생성한 객체를 가리키는 ptr1로 생성된 메모리를 제거한다.

5) 42행은 생성된 2개의 객체 배열을 생성하고 생성된 메모리를 제거한다. 실행결과에서 마지막 2번의 소멸자가 실행되는 것은 10행과 15행에서 최초로 메모리를 할당한 것을 프로그램이 종료되는 시점에서 삭제하는 것이다.

*

5.4 복사생성자

5.4.1 개념

복사생성자(複寫生成者 : copy constructor)는 어떤 객체를 다른 객체로 복사하는 생성자이다. 즉, 새로운 객체가 생성될 경우 이미 생성된 객체를 인수로 전달 받아 초기화 할 때 사용되는 생성자로써 복사생성자는 연산자의 중복함수 operator = ( )과 동일한 기능을 갖는 생성자이다. 또한 복사생성자는 클래스 내에 일반 생성자와 마찬가지로 정의되지만 괄호 내의 인수는 반드시 클래스형의 인수를 받는 매개변수가 기술 되어야 한다. 표 5.2는 복사생성자의 종류와 복사생성자가 호출되는 시점이다.

| 표 5.2 | 복사생성자의 종류와 호출

복사생성자 종류	1. 얕은복사생성자(기본복사생성자에 의한 동작)
	2. 깊은복사생성자
복사생성자가 호출되는 시점	1. 기존에 생성된 객체로 새로운 객체를 초기화하는 경우
	2. 함수 호출에서 객체를 값에 의한 방법으로 전달하는 경우
	3. 함수 내에서 객체를 값에 의해 반환하는 경우

5.4.2 기본멤버함수(default member function)

C++에서는 프로그래머가 기술하지 않지만 컴파일러가 내부적으로 제공하는 멤버함수를 기본멤버함수(default member function)라 한다. 이것은 클래스에서 생성자나 소멸자를 정의하지 않아도 객체가 생성될 때 항상 생성자가 동작되고 객체가 소멸될 때는 항상 소멸자가 호출되어 할당된 메모리가 해제된다. 이것은 컴파일러가 내부적으로 추가하는 기본멤버함수가 동작되기 때문이다. 그러나 프로그래머가 기본멤버함수를 기술하는 경우에는 별도로 추가하지 않는다.

기본멤버함수는 기본생성자, 기본소멸자, 기본복사생성자 그리고 기본대입생성자가 있으며 그림 5.8은 컴파일러에 의해서 추가되는 기본멤버함수이다.

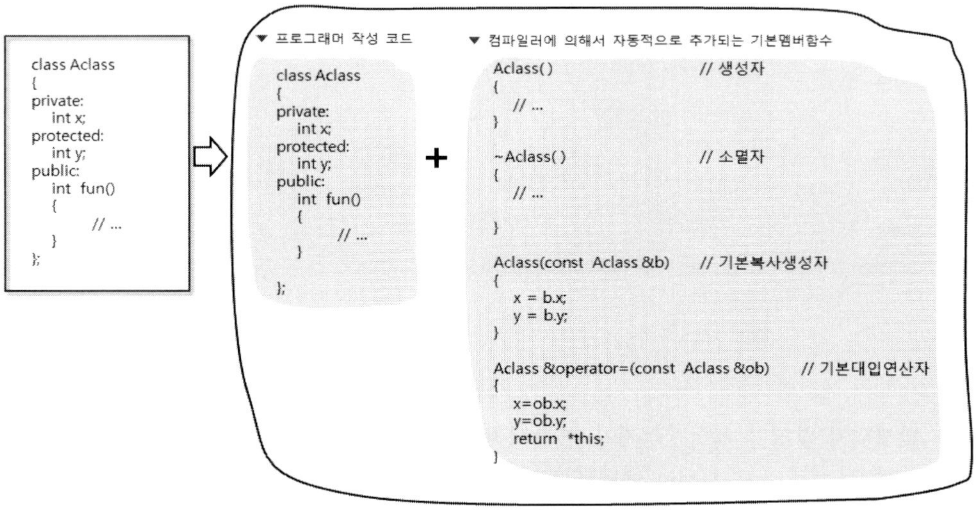

| 그림 5.8 | 기본멤버함수

5.4.3 복사생성자의 정의

복사생성자 함수는 연산자의 중복함수 operator = ( )와 동일한 기능을 갖는 생성자이며 다음과 같이 호출한다.

■ 형식

```
클래스_이름(const 클래스_이름  &객체_이름)        // & 생략 가능
{
      // ......
}
```

■ 사용

```
class Aclass
{
private:
   int x;
public:
   A(int a)                          // 일반 생성자 정의
   {
         x = a;
   }
   A(const class Aclass &tmp)        // 깊은복사생성자 정의
   {
         x = tmp.x;
   }
};

void main()
{
   class Aclass ob1(100);            // 일반 생성자 호출
   class Aclass ob2(ob1);            // 복사생성자 호출(class A ob2=ob1;와 동일)
   class Aclass ob3 = ob1;           // 복사생성자 호출
}
```

복사생성자는 생성자의 인수를 객체로 받는 것과 동일하다. 이것은 C++에서 일반 변수의 대입과 참조자형의 대입이 이루어지는 것과 같다. **객체의 대입에서 참조자형으로 대입하는 경우에는 오류는 발생되지 않지만 복사생성자가 호출되지 않는다. 또한 함수에서 객체를 사용하는 경우 반환되는 클래스형은 반드시 일반 객체로 해야 한다. 만약 포인터 및 참조자형의 반환을 사용하면 오류는 발생되지 않지만 복사생성자가 호출되지 않는다.**

분석하기 일반변수, 참조자 및 객체에서 = 연산자 사용

❶ 일반 변수의 대입

```
int x=100;
int y(x);                    // int y=x;와 동일한 표현
cout << y << endl;           // 100이 출력
```

❷ 참조자의 대입

```
int x=100;
int &y(x);                   // int &y=x;와 동일한 표현
cout << y << endl;           // 100이 출력
```

❸ 일반 객체의 대입

```
#include <iostream>
using namespace std;

class Aclass
{
private:
   int x;
public:
   A(int a)                  // 일반 생성자 정의
   {
        x = a;
   }

   A(class Aclass &tmp)      // 복사생성자 정의
   {
        x = tmp.x;
   }
};

void main()
{
     class Aclass ob1(100);  // 일반 생성자 호출
     class Aclass ob2(ob1);  // 복사생성자 호출(class A ob2=ob1;와 동일)
     class Aclass ob3 = ob1; // 복사생성자 호출
}
```

❹ 참조자 객체의 대입
```
class A ob4(100);
class A &ob5(ob4);          // class A &ob5=ob4;와 동일한 표현
class A &ob6=ob4;
```

기본복사생성자(default copy constructor)는 멤버변수 대 멤버변수의 복사를 수행하는 기능이며 이것은 컴파일시 컴파일러에 의해서 자동적으로 추가된다. 기본복사생성자는 사용자가 직접 입력할 수 있으며 사용자가 입력하지 않으면 컴파일러가 내부적으로 추가한다. **기본복사생성자는 멤버 대 멤버를 초기화하고 기본 대입연산자는 멤버 대 멤버를 대입(치환)한다.**

5.4.4 얕은복사생성자

얕은복사생성자(shallow copy constructor)는 기본복사생성자(default copy constructor)에 의한 동작을 얕은복사생성자라 한다. 얕은복사생성자는 그림 5.9와 같이 먼저 할당된 객체 ob1의 데이터 멤버 str1, str2의 값(포인터이므로 번지)이 ob2에 복사된다. 그래서 결과적으로 객체 ob1, ob2의 데이터 멤버 str1과 str2는 같은 번지를 가지게 되고 가리키는 값도 동일한 값이 된다.

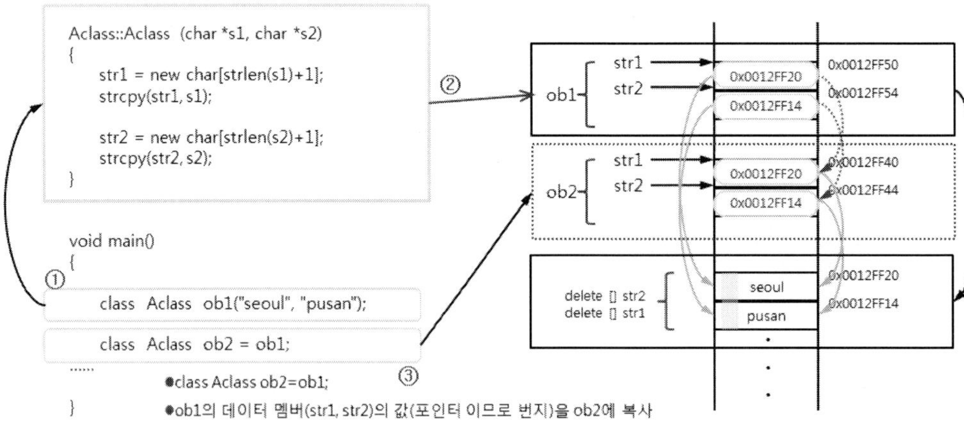

| 그림 5.9 | 얕은복사생성자의 동작(기본생성자에 의한)과 메모리 할당

결과적으로 얕은복사생성자는 2개의 객체가 모두 같은 번지를 가리키게 되고 생성자에 의해서 할당된 1개의 메모리는 소멸자가 2번에 걸쳐서 메모리를 제거하기 때문에 실행오류가 발생된다. 이러한 문제점을 없애기 위해서 깊은복사생성자를 사용한다.

예제 얕은복사생성자의 문제점(깊은복사생성자의 필요성)

이 프로그램은 얕은복사생성자의 동작을 이해하고 얕은 동작의 문제점을 확인하고 이를 해결하기 위한 방법을 이해한다. 이때 컴파일러는 내부적으로 기본복사생성자를 추가한다.

5_6.cpp

```
#include <iostream>
#include <string>
using namespace std;

class Aclass
{
private:
        char *str1;
protected:
        char *str2;
public:
        Aclass::Aclass(char *s1, char *s2);      // 생성자
        ~Aclass();                               // 소멸자
};

Aclass::Aclass(char *s1, char *s2)               // 생성자 정의
{
        cout << "기본 생성자 실행" << endl;

        str1 = new char[strlen(s1)+1];
        strcpy(str1, s1);

        str2 = new char[strlen(s2)+1];
        strcpy(str2, s2);

        cout << str1 << endl;
        cout << str2 << endl << endl;
}

Aclass::~Aclass()                                // 소멸자 정의
{
        cout << "소멸자 실행" << endl;
        delete [] str2;
        delete [] str1;
}
```

```
30: void main()
31: {
32:         class Aclass ob1("seoul", "pusan");
33:         class Aclass ob2 = ob1;                    // 깊은복사생성자가 필요

34:         cout << "&ob1 = " << &ob1 << endl;
35:         cout << "&ob2 = " << &ob2 << endl << endl;
36: }
```

그림 5.10은 5_6.cpp을 실행하면 발생되는 실행오류이다. 이것은 깊은복사생성자가 필요하지만 이를 사용하지 않았기 때문이다. 5_6.cpp에서 깊은복사생성자 코드를 추가하면 실행오류가 발생되지 않는다.

| 그림 5.10 | 실행결과

1) 32행이 실행되면 14행 ~ 23행의 생성자(데이터 멤버를 초기화)를 호출한다.

2) 33행은 객체의 멤버 대 멤버를 대입(객체 ob1을 객체 ob2에 대입)한다. 이때 깊은복사생성자가 필요하게 된다. 여기서 사용자가 기본복사생성자(얕은복사생성자)를 기술하지 않았기 때문에 컴파일러가 다음과 같은 기본복사생성자를 추가하게 된다.

```
Aclass::Aclass(const Aclass &obj) : str1(obj.str1, obj.str2)
{
        // ......
}
```

5.4.5 깊은복사생성자

얕은복사생성자(기본복사생성자를 사용)는 멤버 변수를 가리키는 포인터 변수의 번지만 복사하게 되어 생성된 객체보다 더 많은 소멸자에 의한 메모리 삭제가 발생되기 때문에 실행오류가 발생된다.

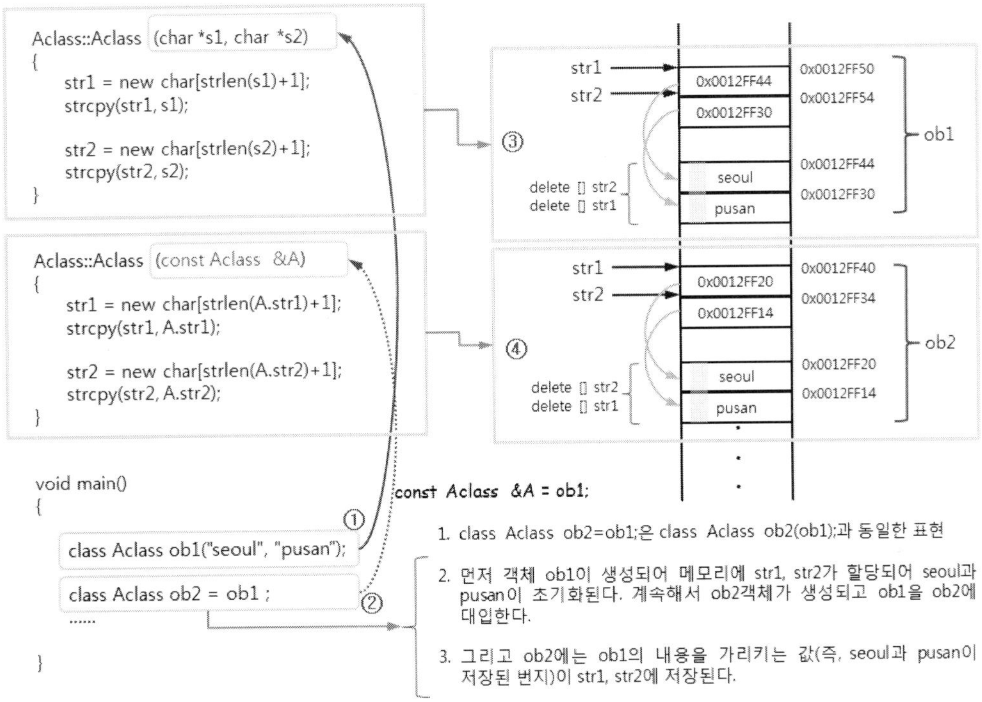

| 그림 5.11 | 깊은 복사생성자의 동작과 메모리 할당

깊은복사생성자는 왜 필요한가? 깊은복사생성자(deep copy constructor)는 객체간의 복사에서 각각의 객체에 대한 멤버변수를 동적 메모리 할당하고 포인터 변수의 내용(멤버변수)을 할당한 새로운 메모리에 복사하는 방법이다. 그래서 깊은복사생성자는 멤버변수의 번지만 복사하지 않고 포인터가 가리키는 멤버 변수를 각각 복사하기 때문에 얕은복사생성자에서 발생되는 문제점을 해결할 수 있다. 그림 5.11은 깊은복사생성자의 동작과 메모리 할당이다. 깊은복사생성자의 메모리 할당은 각각의 객체에 할당되고 할당된 메모리는 각각 제거되기 때문에 실행오류가 발생되지 않는다.

*** 예제 : 깊은복사생성자의 동작

이 프로그램은 얕은복사생성자의 문제점을 없애기 위한 깊은복사생성자의 동작을 이해하기 위한 예제이다. 얕은복사생성자의 코드에서 12행, 25행~34행 그리고 44행이 추가되었다.

5_7.cpp

```
01: #include <iostream>
02: #include <string>
03: using namespace std;

04: class Aclass
05: {
06: private:
07:         char *str1;
08: protected:
09:         char *str2;
10: public:
11:         Aclass(char *s1, char *s2);          // 생성자
12:         Aclass(const Aclass &A);             // 깊은복사생성자
13:         ~Aclass();                           // 소멸자
14: };

15: Aclass::Aclass(char *s1, char *s2)          // 생성자 정의
16: {
17:         cout << "기본 생성자 실행" << endl;

18:         str1 = new char[strlen(s1)+1];
19:         strcpy(str1, s1);

20:         str2 = new char[strlen(s2)+1];
21:         strcpy(str2, s2);

22:         cout << str1 << endl;
23:         cout << str2 << endl << endl;
24: }

25: Aclass::Aclass(const Aclass &A)             // 깊은복사생성자 정의
26: {
27:         cout << "복사생성자 실행" << endl;

28:         str1 = new char[strlen(A.str1)+1];
29:         strcpy(str1, A.str1);
```

```
30:         str2 = new char[strlen(A.str2)+1];
31:         strcpy(str2, A.str2);
32:         cout << str1 << endl;
33:         cout << str2 << endl << endl;
34: }
35: Aclass:: ~Aclass()                                    // 소멸자 정의
36: {
37:         cout << "소멸자 실행" << endl;
38:         delete [] str2;
39:         delete [] str1;
40: }
41: void main()
42: {
43:         class Aclass ob1("seoul", "pusan");
44:         class Aclass ob2 = ob1;                        // 복사생성자 호출
45:         cout << "&ob1 = " << &ob1 << endl;
46:         cout << "&ob2 = " << &ob2 << endl << endl;
47: }
```

그림 5.12는 5_7.cpp의 실행결과이다. 예제에서 얕은복사생성자는 실행오류가 발생되지만 깊은 복사생성자에서는 데이터 멤버를 멤버 대 멤버를 복사하기 때문에 실행오류가 발생되지 않는다.

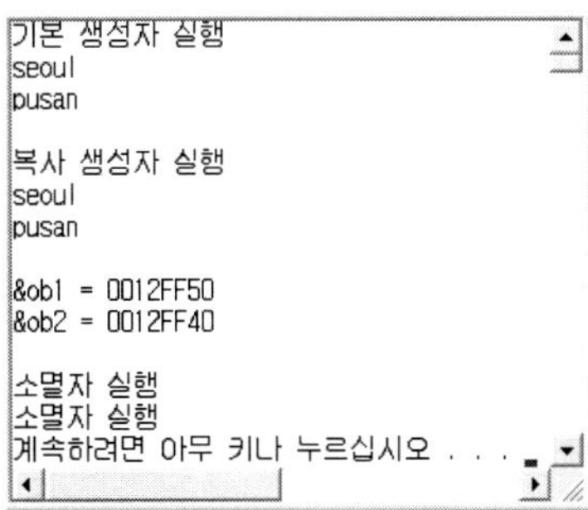

| 그림 5.12 | 실행결과

1) 25행 ~ 34행은 복사생성자를 정의한다. 복사생성자는 인수를 객체로 받으며 데이터 멤버를 각각 복사한다.

2) 44행에서 복사생성자가 호출된다. 이때 복사생성자는 인수를 객체로 하는 생성자가 호출되는

것과 같다. **44행은 먼저 ob2, ob1 객체가 생성되는 시점에서 15행 ~ 24행의 일반 생성자가 호출되고 =이 수행되면서 25행 ~ 34행의 깊은 생성자가 호출된다.** 44행은 다음의 코드와 동일하다.

```
class Aclass ob2(ob1);
```

5.4.6 깊은복사생성자의 호출과 동작

클래스에서 깊은복사생성자가 정의되면 복사생성자는 다음과 같이 3가지 경우 내부적으로 호출된다. 이것은 3가지의 경우 각각 메모리에 객체를 복사하는 과정이 이루어지기 때문이다. 즉, 3가지의 경우 모두 = 연산자가 동작되는 것이다.

첫 번째, 기존에 생성된 객체로 새로운 객체를 초기화하는 경우

두 번째, 함수 호출에서 호출함수와 피 호출함수의 인수를 클래스형 객체로 전달하는 경우(**이때 인수는 반드시 일반 객체로 해야 한다. 만약 호출함수의 인수를 포인터 혹은 참조자형으로 전달하면 오류가 발생된다. 또한 피호출 함수의 인수를 참조자형으로 하면 오류는 발생되지 않지만 복사생성자가 호출되지 않는다.**)

세 번째, 함수 호출에서 함수의 반환 값을 클래스형 객체로 반환하는 경우(이때 **반환되는 클래스형은 반드시 일반 객체로 해야 한다. 만약 포인터 및 참조자형으로 함수의 반환 값을 사용하는 경우 오류는 발생되지 않지만 복사생성자가 호출되지 않는다.**)

*** 예제 : 복사생성자의 호출(1) : 기존의 객체에 새로운 객체로 초기화하는 경우

이 프로그램은 복사생성자가 호출되는 첫 번째의 경우이다. 이 경우에는 기존의 객체를 새로운 객체로 초기화 하는 경우 복사생성자가 호출된다. **여기서 복사생성자를 정의하는 인수는 반드시 참조자형으로 해야 하며 초기화 하는 객체(27행)는 모두 일반 객체로 해야 한다.**

5_8.cpp

```
01: #include <iostream>
02: using namespace std;
```

```
class Aclass
{
private:
        int x;
 protected:
        int y;
 public:
        Aclass();                       // Aclass::Aclass(); 해도 무관
        Aclass(const Aclass &A);
 };
Aclass::Aclass()                        // 생성자 정의
{
        x=100, y=200;
        cout << "constructor..." << endl;
}
Aclass::Aclass(const Aclass &A)         // 복사생성자 정의(반드시 &을 사용)
{
        cout << "deep copy constructor..." << endl;
        x=A.x;                          // 반드시 해야 값이 출력 됨
        y=A.y;                          // x=100, A.x=100
}
void main()
{
        class Aclass ob1;               // 일반 생성자 호출
        class Aclass ob2= ob1;          // 복사생성자 호출(= class Aclass ob4(ob3);)
        cout << endl;
}
```

그림 5.13은 5_8.cpp의 실행결과이다. 프로그램이 실행되면 일반 생성자와 복사 생성성자가 호출되는 메시지를 출력한다.

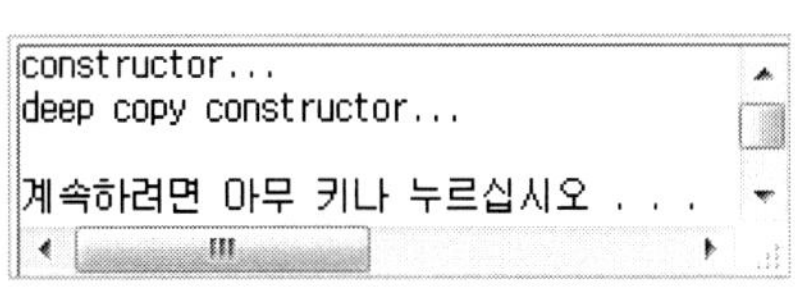

| 그림 5.13 | 실행결과

1) 13행 ~ 17행은 10행에서 선언한 일반 생성자를 클래스 외부에서 정의한다. 13행 ~ 17행은 26행이 수행되면 호출된다.

2) 18행 ~ 23행은 11행에서 선언한 복사생성자를 클래스 외부에서 정의한다. 18행 ~ 23행은 27행이 수행되면 호출된다. 만약 27행을 다음과 같이 하면 오류는 발생되지 않지만 복사생성자는 호출되지 않는다.

```
27: class Aclass *ob4=&ob3;
```

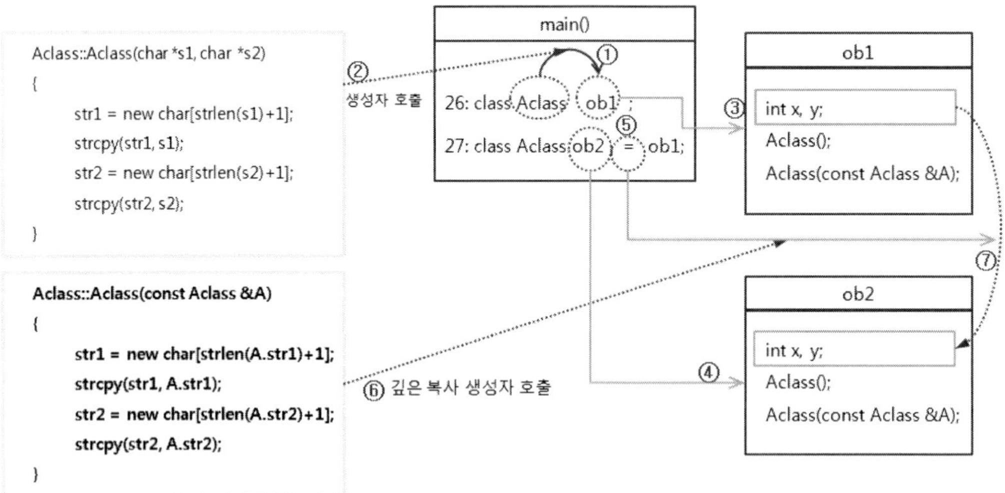

| 그림 5.14 | 예제의 동작

*** 예제 : 복사생성자의 호출(2) : 함수의 인수로 객체를 사용하는 경우

이 프로그램은 복사생성자가 호출되는 두 번째의 경우이다. 이 경우에는 함수의 인수를 객체로 사용하는 경우이다.

5_9.cpp

```
#include <iostream>
using namespace std;
class Aclass
{
private:
```

```
        int x;
    protected:
        int y;
    public:
        Aclass();                           // Aclass::Aclass(); 해도 무관
        Aclass(const Aclass &A);
    };
Aclass::Aclass()                            // 생성자 정의
{
        x=100, y=200;
        cout << "constructor..." << endl;
}
Aclass::Aclass(const Aclass &A)             // 복사생성자 정의(반드시 &을 사용)
{
        cout << "deep copy constructor..." << endl;
        x=A.x;                              // 반드시 해야 값이 출력 됨
        y=A.y;                              // x=100, A.x=100
 }
void fun(class Aclass ob1)                  // 복사생성자 호출(& 사용시 복사생성자 미호출)
{
        cout << "fun()..." << endl;
}
void main()
 {
        class Aclass ob2;                   // 일반 생성자 호출
        fun(ob2);                           // 복사생성자 호출
        cout << endl;
}
```

그림 5.15는 5_9.cpp의 실행결과이다. 프로그램이 실행되면 일반 생성자와 복사생성자가 호출되는 메시지를 출력한다.

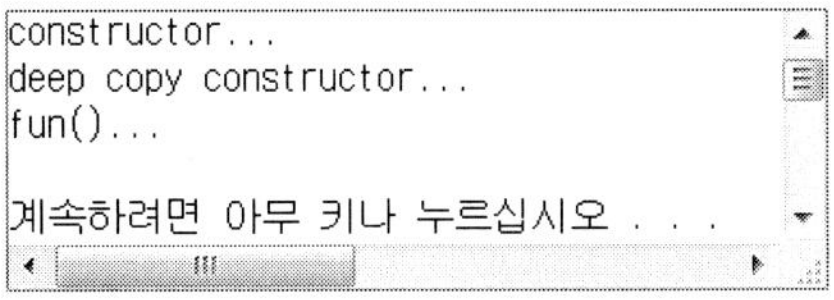

| 그림 5.15 | 실행결과

1) 13행 ~ 17행은 10행에서 선언한 일반 생성자를 클래스 외부에서 정의한다. 13행 ~ 17행은 30행이 수행되면 호출된다.

2) 18행 ~ 23행은 11행에서 선언한 복사생성자를 클래스 외부에서 정의한다. 18행 ~ 23행은 31행이 수행되면 호출된다. 만약 31행을 다음과 같이 하면 모두 오류가 발생된다.

   fun(&ob2); 혹은 fun(*ob2);

3) 24행은 일반 함수를 정의한다. 여기서 함수의 인수를 객체로 정의하며, 객체를 참조자형(&)으로 하면 복사생성자가 호출되지 않는다.

4) 31행은 호출함수의 인수를 일반 객체로 하고 24행의 피 호출함수의 인수를 일반 객체로 호출한다. 이때 31행이 수행되면 18행 ~ 23행의 복사생성자가 호출된다.

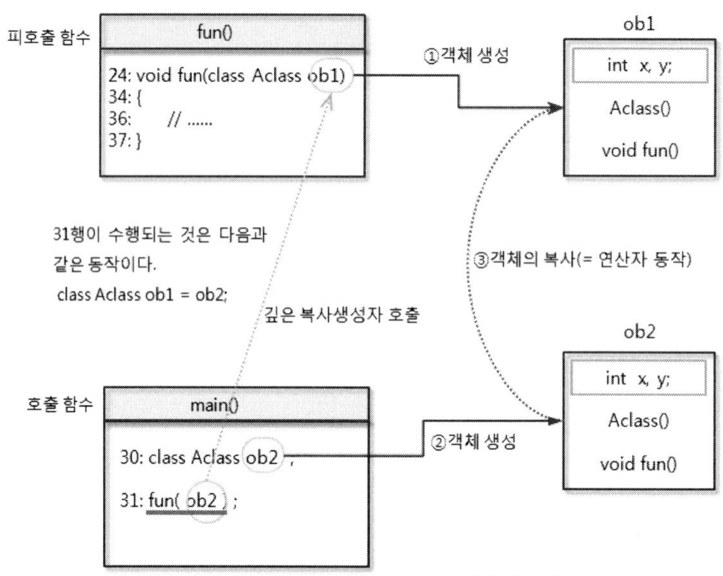

| 그림 5.16 | 예제의 동작

*

*** 예제 ⋮ 복사생성자의 호출(3) : 객체를 함수의 반환 값으로 사용하는 경우

이 프로그램은 복사생성자가 호출되는 세 번째의 경우이다. 이 경우에는 객체를 함수의 반환 값으로 사용한다.

5_10.cpp

```
#include <iostream>
using namespace std;

class Aclass
{
private:
        int x;
protected:
        int y;
public:
        Aclass();                        // Aclass::Aclass(); 해도 무관
        Aclass(const Aclass &A);
};

Aclass::Aclass()                         // 생성자 정의
{
        x=100, y=200;
        cout << "constructor..." << endl;
}

Aclass::Aclass(const Aclass &A)          // 복사생성자 정의(반드시 &를 사용)
{
        cout << "deep copy constructor..." << endl;
        x=A.x;                           // 반드시 해야 값이 출력 됨
        y=A.y;                           // x=100, A.x=100
}

class Aclass fun(void)                   // Aclass를 반환
{
        cout << "fun()..." << endl;
        class Aclass ob;                 // 일반 생성자 호출
        return ob;                       // 복사생성자 호출(포인터, 참조자형 불가)
}

void main()
{
        fun();                           // 복사생성자 호출
        cout << endl;
}
```

그림 5.17은 5_10.cpp의 실행결과이다. 프로그램이 실행되면 일반 생성자와 복사 생성성자가 호출되는 메시지를 출력한다.

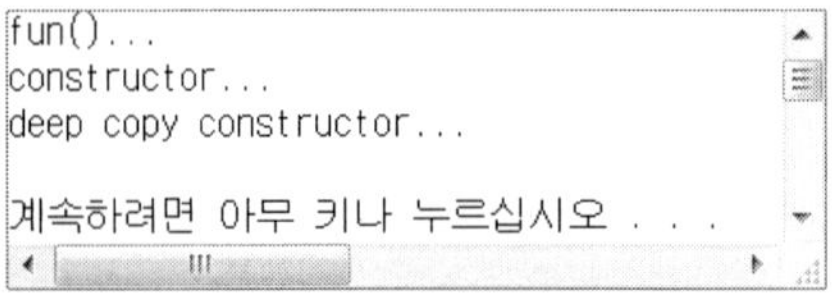

| 그림 5.17 | 실행결과

1) 24행 ~ 29행은 일반 함수를 정의한다. 이때 함수는 반환 값을 객체로 하는 함수이다.

2) 32행은 24행 ~ 29행의 함수 fun( )을 호출한다. 이때 24행 ~ 29행의 복사생성자가 호출된다.

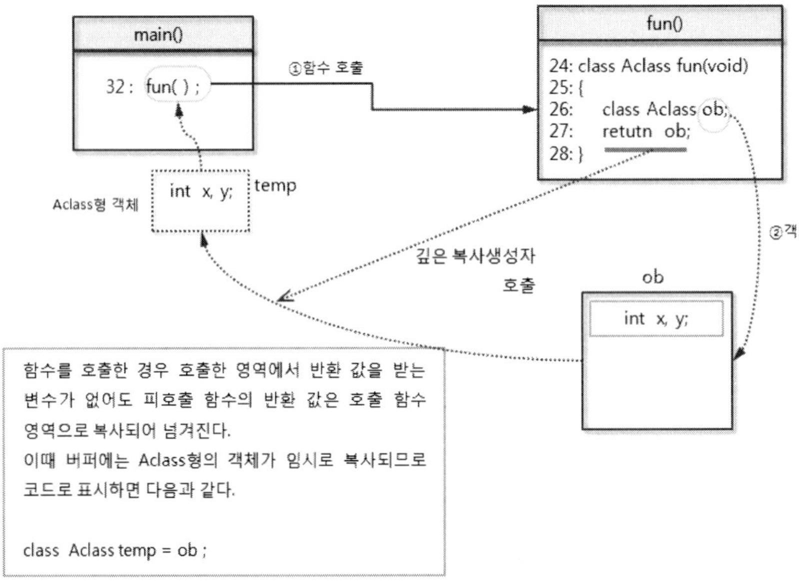

| 그림 5.18 | 예제의 동작

요약

01. 본 장에서는 그림 5.19와 같이 생성자, 소멸자 및 복사생성자의 동작에 대해서 학습하였다.

| 그림 5.19 | 본 장에서 학습한 내용

02. 클래스의 private, protected, public 멤버변수를 초기화하는 방법은 멤버함수, 생성자(constructor) 및 초기자가 있다. 생성자는 멤버변수 초기화 전용의 함수이다. 생성자는 기본생성자, 얕은복사생성자, 깊은복사생성자가 있다. 소멸자는 생성자에 의해서 할당된 메모리를 제거하는 것이다.

03. 생성자는 반드시 클래스 내의 public에 정의하며, 클래스 이름과 동일한 이름으로 정의한다. 생성자는 함수의 반환 값(return value)이 없기 때문에 함수의 자료형은 별도로 기술할 필요가 없으며, 생성자는 같은 이름을 갖는 중복된 여러 생성자들을 기술(중복)할 수 있다.

04. 생성자를 한 개라도 정의하지 않으면 기본생성자가 컴파일러에 의해서 자동으로 추가되며 추가된 기본생성자는 인수와 함수 내부의 동작이 없는 생성자이다. 클래스 내의 모든 생성자의 호출은 객체가 정의(생성)됨과 동시에 자동으로 동작되며 영역을 벗어나게 되면 생성자에 의해서 할당된 메모리를 소멸자가 제거하게 된다.

05. 생성자는 반드시 클래스의 public 영역에서 기술(객체가 클래스 외부에서 생성되고 사용되기 때문이다)해야 한다. 그러나 클래스 내부에서만 객체를 정의할 경우에는 private에서 생성자를 정의할 수 있다.

06. 생성자의 호출시기는 객체를 정의할 때(정적으로 생성)와 new 연산자로 메모리를 할당할 때(동적으로 생성)이며 소멸자의 호출시기는 객체를 정의한 함수가 끝날 때(정적으로 제거)와 delete 연산자로 할당된 메모리를 해제할 때(동적으로 제거)이다.

07. 복사생성자(copy constructor)는 새로운 객체가 생성될 경우 이미 생성된 객체를 인수로 전달받아 초기화 할 때 사용되는 생성자로써 복사생성자는 연산자의 중복함수 operator

= ( )과 동일한 기능을 갖는 생성자이다.

08. 복사생성자의 호출은 기존에 생성된 객체로 새로운 객체를 초기화하는 경우, 함수 호출에서 함수의 인수를 클래스형 객체로 전달하는 경우, 함수 호출에서 함수의 반환 값을 클래스형 객체로 반환하는 경우이다.

연습문제_A

01. 생성자와 소멸자를 정의하여라.

02. 생성자와 소멸자를 사용하는 목적을 설명하여라.

03. 생성자와 소멸자는 언제 호출되고 동작되는가?

04. 복사생성자를 정의하여라.

05. 복사생성자는 몇 가지가 있는가?

06. 복사생성자가 호출되는 3가지 시점을 설명하여라.

07. 데이터멤버를 초기화할 수 있는 방법을 모두 설명하여라.

08. 클래스에서 데이터 멤버, 멤버함수, 객체에 static을 사용하는 경우 어떻게 동작하는가?

09. 클래스에서 데이터 멤버, 멤버함수, 객체에 const를 사용하는 경우 어떻게 동작하는가?

10. mutable과 explicit의 사용 목적과 동작을 코드로 설명하여라.

연습문제_B

11. 그림 5.20과 같이 표준입력장치에서 100, 200 값을 입력 받아 이를 출력하는 프로그램을 다음의 조건으로 설계하여라.

(1) 일반 변수를 사용하여 설계하여라.
(2) 일반 멤버함수를 사용하여 클래스 외부에서 설계하여라.
(3) friend 함수를 사용하여 클래스 외부에서 설계하여라.

(4) 생성자를 사용하여 클래스 외부에서 설계하여라.

(5) 초기자를 사용하여 클래스 외부에서 설계하여라.

```
100
200
100  200
계속하려면 아무 키나 누르십시오 . . .
```

| 그림 5.20 | 실행결과

12. 그림 5.21의 회로에서 Z(임피던스 크기), θ(임피던스의 각)가 (식 5.1), (식 5.2)와 같다. 이때 회로는 $0^\circ < \theta < 90^\circ : X > 0$이면 유도성(inductive), $0^\circ : X = 0$ 이면 저항성(resistive), $-90^\circ < \theta < 0^\circ : X < 0$이면 용량성(capacitive))이다. 이를 판별하는 프로그램을 설계하여라.

$$Z = \sqrt{R^2 + X^2} \qquad \text{(식 5.1)}$$

$$where, X_L = \omega L, X_C = -\frac{1}{\omega C}, X = X_L + X_C, \omega = 2\pi f$$

$$\theta = \tan^{-1}\frac{X}{R} \qquad \text{(식 5.2)}$$

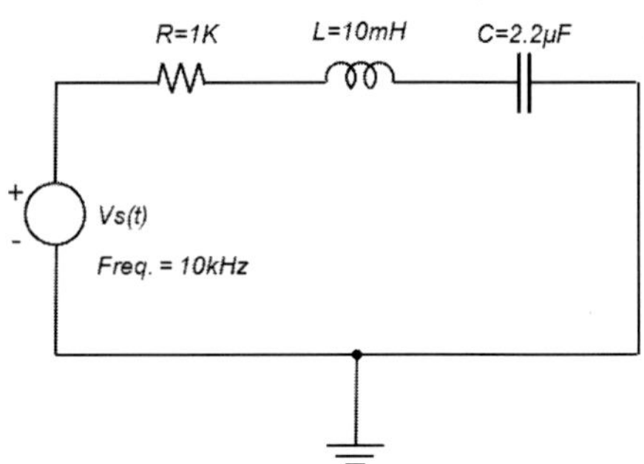

| 그림 5.21 | RLC 직렬 회로

```
Z = 1.18e+003 [ohm]
theta = 3.18e+001 [degree]

inductive circuit.

계속하려면 아무 키나 누르십시오 . . .
```

| 그림 5.22 | 실행결과

13. 그림 5.23의 회로에서 $R=5\Omega, C=220\mu F, L=0.3mH$일 때, (식 5.3) ~ (식 5.10)을 참조하여 fr(공진주파수), ω_1(공진각주파수), ω_2(공진각주파수), $\Delta\omega$(공진각주파수 차), f_1(하측파대주파수), f_2(상측파대주파수), Δf(대역폭), Q(quality factor)가 (식 5.3) ~ (식 5.10)과 같을 때 이를 계산하는 프로그램을 설계하여라. 여기서 $\omega=2\pi f$ 이다.

(1) $f_r=\dfrac{1}{2\pi\sqrt{LC}}$ (식 5.3)

(2) $\omega_1=\dfrac{1}{2}\left\{-\dfrac{R}{L}+\sqrt{(\dfrac{R}{L})^2+4\omega^2}\right\}$ (식 5.4)

(3) $\omega_2=\dfrac{1}{2}\left\{\dfrac{R}{L}+\sqrt{(\dfrac{R}{L})^2+4\omega^2}\right\}$ (식 5.5)

(4) $\Delta\omega=\omega_2-\omega_1$ (식 5.6)

(5) $f_1=\dfrac{1}{4\pi}\left\{-\dfrac{R}{L}+\sqrt{(\dfrac{R}{L})^2+4\omega^2}\right\}$ (식 5.7)

(6) $f_2=\dfrac{1}{4\pi}\left\{\dfrac{R}{L}+\sqrt{(\dfrac{R}{L})^2+4\omega^2}\right\}$ (식 5.8)

(7) $\Delta f=f_2-f_1$ (식 5.9)

(8) $Q=2\pi f_r LR$ (식 5.10)

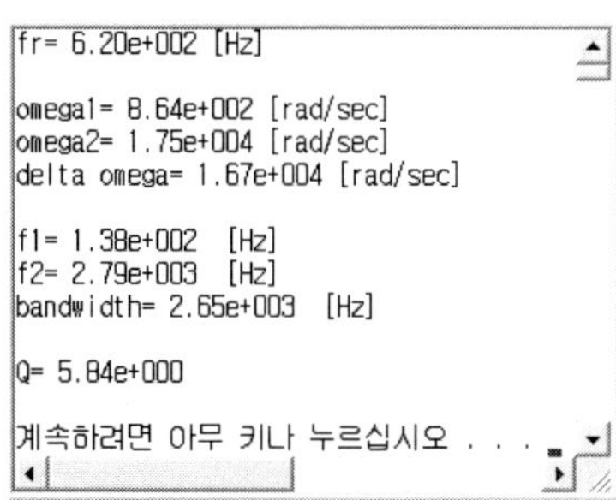

| 그림 5.23 | 실행결과

memo for **C++ Programming**

제6장 클래스에서 static과 const 사용

✱ 차례

✱ 학습목표

1. 클래스에서 static 사용 방법을 이해한다.
2. 클래스에서 const 사용 방법을 이해한다.
3. explicit와 mutable의 사용과 동작을 이해한다.

6.1 개요

본 장에서는 클래스에서 static와 const 예약어가 어떻게 사용되고 동작되는가를 이해한다. 또한 explicit와 mutable의 동작을 이해한다.

6.2 클래스에서 static 사용

6.2.1 static 예약어

C와 C++에서 변수는 기억영역(어디서), 유효기간(언제까지), 유효범위(어느 영역 까지)를 가진다. 변수를 기억영역에 할당하는 방법은 변수 값이 프로그램 종료까지 존재하는 정적 할당(靜的 割當 : static allocation)과 변수 값이 필요시 일시적으로 할당되는 동적 할당(動的 割當 : dynamic allocation)이 있다. 즉, 기억 등급(storage class)은 '변수를 어디에 어떻게 기억할 것인가' 이다. 표 6.1은 변수의 4가지의 기억 등급이다.

| 표 6.1 | 변수의 4가지 기억 등급

기억 등급	유효기간	유효범위	저장되는 장소	초기화 시기(초기화 값)
① 자동변수 (키워드: auto)	일시적	지역적({} 블록 내)	스택	실행시(임의의 값)
② 외부정적변수 (키워드: static)	영구적	전역적(1개 파일)	메모리	컴파일시(0)
③ 외부변수 (키워드: extern)	영구적	전역적(모든 파일)	메모리	컴파일시(0)
④ 레지스터변수 (키워드: register)	일시적	지역적({..})	레지스터	실행시(임의의 값)

static 예약어는 static 변수로 정의된 영역 내에서 변수의 값을 계속 기억(유지)하기 위한 것이다. 변수 혹은 함수가 static으로 정의되면 다른 파일에서는 임의로 접근해서 사용할 수 없다. 또한 함수 외부에서 전역변수가 선언되고 함수 내부에서 같은 이름으로 static 변수가 선언되어도 충돌 없이

사용할 수 있다. 그 이유는 함수 내에서는 외부에서 선언된 전역변수가 자동으로 은닉되고 내부의 static변수가 우선적으로 처리되기 때문이다. static 변수의 형식은 다음과 같다.

■ 형식

```
static  자료형  변수이름;
```

■ 사용

```
static int x=100;
int y=200;
y=x;         // 정상(일반 변수에서 static변수 대입)

int x=100;
static int y=200;
y=x;         // 정상(static변수에서 일반 변수 대입)
```

분석하기 static 변수의 특징

❶ static 변수는 메모리의 힙(heap)에 기억되어 프로그램이 실행되는 동안 계속해서 변수의 값을 가지고 있다.

❷ static 변수로 정의된 변수는 자동(auto) 변수로 재정의 할 수 없다.

❸ 일반 변수에 static변수를 대입하거나 static변수에서 일반 변수를 대입할 수 있다.

❹ static 변수는 컴파일 중에 평가(초기화)되기 때문에 초기화하지 않은 경우, 정수형의 변수는 정수 0, 문자 정수는 '\0'으로, 실수형 변수는 실수 0.0으로 초기화 된다.

* 예제 기본적인 static의 동작

이 프로그램은 static 예약어의 기본적인 동작을 이해하기 위한 것이다. 이 예제를 통해서 static의 선언 위치, static 변수와 일반 변수와의 차이점을 이해한다.

6_1.cpp

```
#include <iostream>
#include <iomanip>
using namespace std;
```

```
04: void fun(void);
05: static int x= 100;                 // static 변수 초기화(int x=100;과 동일 함)
06: void main(void)
07: {
08:         cout << x << endl;         // x=100(05행의 static 변수)
09:         static int x= 300;         // 09행 이후 모두 이 static 변수로 동작
10:                 cout << x << endl; // x=300(09행의 static 변수)
11:         int i;
12:         for(i=0; i<3; i++)
13:                 fun();             // 05행의 전역 static 변수로 동작
14:         for(i=0; i<3; i++)
15:         {
16:                 x++;               // 09행의 지역 static 변수로 동작
17:                 cout << x << endl;
18:         }
19:         for(i=0; i<3; i++)
20:                 fun();             // 05행의 전역 static 변수로 동작
21:         cout << x << endl ;        // 09행의 지역 static 변수 값
22:         cout << ::x << endl ;      // 05행의 전역 static 변수 값
23: }
24: void fun(void)
25: {
26:         int y=200;
27:         x++;                       // 05행의 전역 static 변수
28:         y++;                       // 26행의 지역 변수
29:         cout << setw(5) << x << setw(5) << y << endl ;
30: }
```

그림 6.1은 6_1.cpp의 실행결과이다. 05행의 전역 static 변수 x는 그 값을 기억하고 있기 때문에 1씩 증가된 값이 출력되지만 26행의 일반 변수 y는 값이 항상 101로 출력된다.

```
100
300
  101  201
  102  201
  103  201
301
302
303
  104  201
  105  201
  106  201
303
106
계속하려면 아무 키나 누르십시오 . . .
```

| 그림 6.1 | 실행결과

1) 05행은 static 변수 x를 100으로 초기화한다. 이때 변수 x를 다음과 같이 전역 변수 형태로 정의해도 동일하게 동작된다.

```
05: int x=100;
```

2) 08행은 05행의 전역 static 변수 x이므로 100이 출력된다.

3) 10행은 09행에서 지역 static 변수 x를 300으로 정의하였기 때문에 10행 이후부터 x는 300으로 초기 값으로 동작된다.

4) 12행 ~ 13행은 05행의 전역 static 변수 x와 26행의 일반 변수 y를 3번 반복하여 호출한다. 여기서 static 변수 x는 값이 기억되어 증가되지만 일반 지역변수 y는 값이 항상 동일하게 출력하게 된다.

5) 16행은 09행에서 지역 static 변수 x가 동작된다.

6) 19행 ~ 20행은 05행의 전역 static 변수 x와 26행의 일반 변수 y를 3번 반복하여 호출한다.

7) 21행은 05행의 전역 static 변수 x의 값이고 22행은 09행의 지역 static 변수 x가 출력된다.

8) 09행은 main( ) 함수 내에서 기술되었기 때문에 main( ) 내의 모든 영역에서 지역 static 변수로 동작된다. 05행은 전역의 static 변수로 동작되고 09행까지 유효한 영역으로 동작된다.

*

6.2.2 클래스에서 static

클래스에서 static으로 정의하는 변수는 일반 변수, 함수, 객체(object)에서 1개의 프로그램 내에서만 사용되는 정적(static)인 실행 범위를 가지게 하는 것이다. static으로 정의된 static 변수는 자동(auto) 변수(블록 내에서만 사용)와 다르게 항상 변수의 값들을 유지하여 다른 프로그램과 연결되어도 독립된 1개의 파일에서만 유효한 예약어이다. static이 클래스에 사용되는 경우 객체를 정의할 때, 일반 변수와 같이 객체가 선언된 위치에 따라 실행 영역이 다를 수 있다. static은 다음과 같이 클래스에서 3가지로 사용된다.

- static 멤버변수로 사용
- static 멤버함수로 사용
- static 객체로 사용

6.2.3 static 멤버변수

static 멤버변수는 static 예약어를 클래스 내의 멤버변수에 사용하는 것이다. 클래스에서 static 멤버변수로 정의되면 객체에서 일반 멤버변수에 포함되지 않고 구분된다.

■ 형식

```
class 클래스_이름
{
        static 자료형 변수_이름 ;
};
```

■ 사용

```
자료형 클래스_이름::멤버변수 = 초기값;

class Aclass
{
private:
        static int count;                    // 멤버변수 선언
public:
        Aclass()
        {
            cout << count << "번째 객체 호출" << endl;
            count++;
```

```
        }
};

int Aclass::count =1;              // static 멤버변수의 초기화

int main(void)
{
    class Aclass obj1;             // 객체 생성(생성자 동작)
    return 0;
}
```

정리하기 **static 멤버변수**

❶ 클래스에서 static 멤버변수로 정의하는 목적은 모든 객체가 1개의 static 멤버변수를 공동으로 사용하기 위한 것이다. 즉 동일한 클래스 객체가 공유하는 멤버변수이다.

❷ static 멤버변수는 특정 객체의 소유가 아니라 클래스의 소유이므로 반드시 클래스 이름을 접근해야 한다.

❸ static 멤버변수는 생성되는 클래스형 객체의 호출되는 회수를 검사하기 위한 방법으로 사용될 수 있다. 또한 각 객체에서 값을 동일하게 가지게 하기 위한 목적으로 사용될 수 있다.

❹ static 멤버변수는 main( ) 함수가 호출되기 전에 이미 메모리 공간을 확보하고 초기화된다. 따라서 static 멤버변수는 생성자를 사용하여 초기화(객체를 생성해야 만 동작) 하지 않고 C++의 static 멤버 초기화 문법으로 main( ) 함수 이전에 자료형을 정의함과 동시에 초기화가 이루어져야 한다. 또한 static 멤버변수가 public으로 선언되면 객체가 생성되기 전에 접근할 수 있다.

❺ 클래스내의 모든 멤버변수는 객체가 정의되면서 존재 되지만 static 멤버변수는 객체가 정의되지 않아도 독자적으로 존재할 수 있기 때문에 객체를 통하지 않고 클래스형의 이름과 ::를 사용하여 멤버 변수에 접근할 수 있다.

❻ static 멤버변수는 객체의 멤버로 각각 존재하는 것이 아니고 생성된 여러 개의 객체가 이를 공유하게 된다. 이것은 선언되어 있는 클래스 내에서 직접 접근할 수 있는 권한이 부여된 것이다.

예제 : 클래스에서 static의 필요성

이 프로그램은 클래스에서 static의 필요성을 확인하기 위한 목적으로 생성자를 호출하는 회수를 계산한다. static을 사용하지 않을 경우에는 생성자가 호출된 회수가 기억되지 않지만 06행의

count 변수에 static을 사용할 경우에는 생성자 호출회수를 카운트할 수 있다.

6_2.cpp

```
01: #include <iostream>
02: using namespace std;
03: class Aclass
04: {
05: private:
06:         int count;                // 멤버변수 선언
07: public:
08:         Aclass()
09:         {
10:             count =1;               // 멤버변수의 초기화
11:             cout <<  "count= " << count << endl;
12:             count++;
13:         }
14: };
15: int main(void)
16: {
17:     for(int i=0; i<3; i++)
18              class Aclass obj2;
19:     return 0;
20: }
```

그림 6.2는 6_2.cpp의 실행결과이다. 프로그램은 객체가 3번 생성되어 생성자가 내부적으로 3회 호출되었다. 그러나 객체의 생성은 계속 1번째로만 출력된다.

| 그림 6.2 | 실행결과

1) 06행은 클래스에서 멤버변수로 선언하였다. 이때 클래스의 멤버변수는 선언되면서 초기화되지 않았기 때문에 11행에서 초기화한다.

2) 17행, 18행, 19행에서 객체를 3회 생성하였기 때문에 내부적으로 생성자가 3회 호출된다.*

✲✲✲ 예제 static 멤버변수의 사용

이 프로그램은 클래스에서 static 멤버변수를 사용하고 초기화하는 방법을 이해하기 위한 것이다. 이 예제를 통해서 다음의 2가지를 이해한다.

- 클래스에서 static 멤버변수의 선언과 초기화 : 06행, 14행
- 클래스에서 static 멤버변수의 동작 : 17행 ~ 19행

6_3.cpp

```
01: #include <iostream>
02: using namespace std;
03: class Aclass
04: {
05: private:
06:         static int count;                    // 멤버변수 선언
07: public:
08:         Aclass()
09:         {
10:                 cout << “count= “ << count << endl;
11:                 count++;
12:         }
13: };
14: int Aclass::count =1;                        // static 멤버변수의 초기화
15: int main(void)
16: {
17:         for(int i=0; i<3; i++)                    // 객체 생성(생성자 동작)
18:                 class Aclass ob;
19:         return 0;
20: }
```

그림 6.3은 6_3.cpp의 실행결과이다. 프로그램은 객체가 3번 생성되어 생성자가 내부적으로 3회 호출되었다. 그림 6.4는 예제에 대한 동작이다.

| 그림 6.3 | 실행결과

1) 07행은 클래스에서 static 멤버변수를 선언하였다. 이때 클래스의 static 멤버변수는 14행과 같이 반드시 클래스 밖에서 초기화하여야 한다. 또한 static 멤버변수는 생성자에서도 초기화 할 수 없다.

2) 17행 ~ 20행은 객체가 3번 생성되었기 때문에 생성자가 3번 호출된다. 따라서 11행의 static 멤버변수는 1씩 증가된 결과를 출력한다.

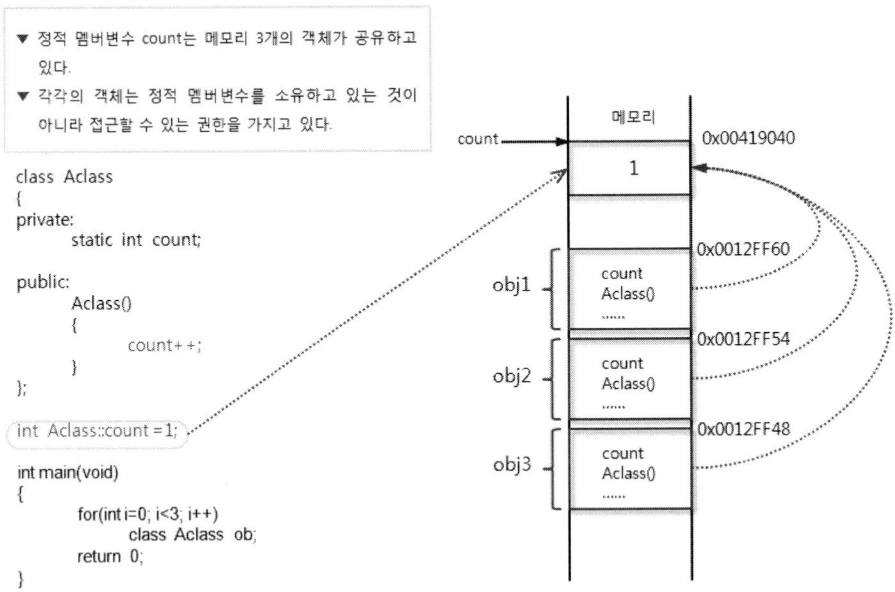

| 그림 6.4 | 예제의 동작

6.2.4 static 멤버함수

클래스에서 static 멤버함수는 클래스 내의 private에 있는 static 멤버변수에 접근(access)할 수 있다. 일반 멤버함수에서는 클래스 내의 모든 멤버변수와 객체를 서로 연결하는 *this포인터가 존재하지만 static 멤버변수를 소유하는 객체는 없다.

클래스에서 static 멤버함수는 다음의 형식과 같다. **또한 사용 예에서 06행의 static 멤버변수는 반드시 11행 ~ 15행과 같이 static 멤버함수만 접근할 수 있다.(일반 멤버함수 ⇒ static 멤버변수 : 호출 가능, static 멤버함수 ⇒ 일반 멤버변수 : 호출 불가) 이것은 static 멤버함수는 변수의 값을 계속 유지해야 되기 때문에 일반 멤버변수로 전달되면 다시 새로운 값으로 되기 때문이다.**

반대로 일반 멤버함수에서는 static 멤버함수로 접근은 어떤 값에서 static으로 되는 것은 가능하기 때문이다.

■ 형식

```
class  클래스_이름
{
        public:
            static 반환형 함수_이름(인수_리스트);
};

반환형  클래스_이름::함수_이름(인수_리스트)
{
        // ...
}
```

■ 사용

```
#include <iostream>
using namespace std;

class Aclass
{
private:
        static int x;
public:
        static void fun(int a);   // static 멤버함수 선언
};

int Aclass::x=100;              // static 변수의 초기화
void Aclass::fun(int a)         // static 멤버함수 정의
{
            x=a;                // 반드시 static 멤버변수는 static 멤버함수만 접근 가능
            cout << x << endl;
}

void main()
{
            class Aclass ob1, ob2;

            ob1.fun(200);       // static 멤버함수를 객체로 호출
            Aclass::fun(300);   // static 멤버함수를 클래스로 호출
}
```

static 멤버함수의 특징은 다음과 같다.

정리하기 static 멤버 함수의 동작

❶ static 멤버함수는 객체로 호출하거나 클래스 이름의 멤버함수로 호출할 수 있다.

❷ static 멤버함수는 클래스의 멤버이므로 클래스의 private, protected 내의 static 멤버변수에 접근할 수 있지만 일반 멤버변수에는 접근할 수 없다.

❸ static 멤버함수에서는 일반 멤버함수를 호출할 수 없다.

❹ 일반 멤버함수에서 static 멤버변수를 접근할 수 있다.

❺ static 멤버함수는 객체 없이 호출할 수 있으므로 *this가 존재하지 않는다.

그림 6.5에서 static 객체, static 멤버함수, static 변수의 동작과 접근은 다음과 같이 2가지만 기억하도록 한다.

static 객체 ⇛ static 멤버함수(객체 혹은 클래스 이름으로) ⇛ static 변수
일반 멤버함수 ⇛ static 멤버함수

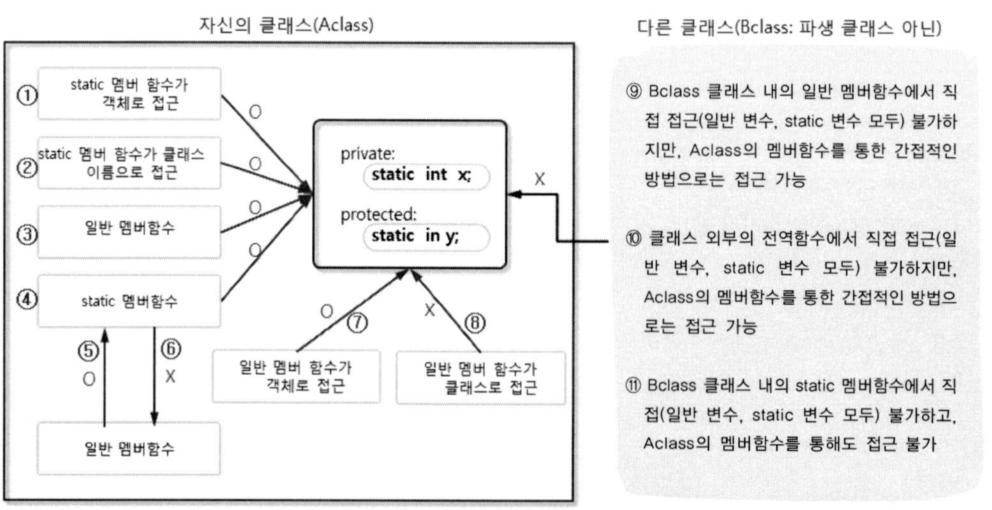

| 그림 6.5 | static 멤버함수의 사용

예제 static 멤버함수의 동작(그림 6.5의 ①, ②, ③)

이 프로그램은 클래스에서 static 멤버변수를 정의하고 static 멤버함수가 접근하는 방법이다. 이 예제를 통해서 아래의 내용을 이해할 수 있다.

- static 멤버변수의 선언과 초기화 방법 : 07행, 15행
- 클래스 외부에서 static 멤버함수의 정의 방법 : 13행, 25행 ~ 30행
- 객체로 멤버함수가 static 멤버변수를 접근 방법 : 34행
- 객체로 static 멤버함수가 static 멤버변수를 접근 방법 : 35행
- 클래스 이름으로 static 멤버함수가 static 멤버변수에 접근 방법 : 36행

6_4.cpp

```
01: #include <iostream>
02: #include <iomanip>
03: using namespace std;
04: class Aclass
05: {
06: private:
07:         static int a;
08: protected:
09:         static int b;
10: public:
11:         Aclass();
12:         void fun1();
13:         static void fun2(int x, int y);   // static 멤버함수
14: };
15: int Aclass::a=100;                        // static 변수 초기화
16: int Aclass::b=200;
17: Aclass::Aclass()                          // 생성자 정의
18: {
19:         cout << setw(5) << a << setw(5) << b << endl << endl;
20: }
21: void Aclass::fun1()                       // 일반 멤버함수 정의
22: {
23:         cout << setw(5) << a << setw(5) << b << endl ;
24: }
```

```
25: void Aclass::fun2(int x, int y)        // static 멤버함수 정의
26: {
27:         a=x;                           // x가 static 아니면 오류
28:         b=y;                           // x가 static 아니면 오류
29:         cout << setw(5) << a << setw(5) << b << endl ;
30: }
31: void main()
32: {
33:         class Aclass ob;
34:         ob.fun1();                     // 일반 멤버함수가 static 변수(그림 6.5의 ③)
35:         ob.fun2(300, 400);             // 객체의 static 멤버함수가 static 변수(①)
36:         Aclass::fun2(500, 600);        // 클래스로 static 멤버함수가  static 변수(②)
37: }
```

그림 6.6은 6_4.cpp의 실행결과이다. 실행결과 출력 값은 첫 번째, 생성자 동작 두 번째, 일반 멤버함수 호출 세 번째, 객체로 호출하고 네 번째, 클래스 이름으로 호출한 값을 출력한다.

| 그림 6.6 | 실행결과

1) 07행과 09행과 같이 static 멤버변수를 선언하고 초기화는 반드시 클래스 15행과 16행과 같이 외부에서 초기화한다. 만약 15행과 16행에서 static을 기술하면 오류가 발생된다.

2) 13행은 static 멤버함수를 클래스 외부에서 기술하는 경우이다. 13행에서 원형을 선언하고 25행 ~30행에서 몸체를 기술한다. 이때 13행에서는 멤버함수 앞에 static를 기술하지만 클래스 외부에서 기술하는 경우에는 25행과 같이 static을 기술하지 않는다.

3) 34행은 일반 멤버함수로 static 변수에 접근한다.

4) 35행은 객체 static 멤버함수로 static 멤버변수에 접근한다.

5) 36행은 클래스 이름의 static 멤버함수로 static 멤버변수에 접근한다.

예제 : static 멤버함수의 동작(그림 6.5의 ②, ⑤, ⑧)

이 프로그램은 클래스에서 static 멤버함수를 정의하고 사용하는 방법을 이해하기 위한 것이다. 이 예제를 통해서 아래의 내용을 이해한다.

- 일반 멤버함수에서 static 멤버함수의 호출 : 23행
- static 멤버함수에서 일반 멤버함수의 호출불가 : 27행

6_5.cpp

```
01: #include <iostream>
02: #include <iomanip>
03: using namespace std;
04: class Aclass
05: {
06: private:
07:         static int a;
08: protected:
09:         static int b;
10: public:
11:         Aclass();
12:         void fun1();
13:         static void fun2(int x, int y);      // static 멤버함수 정의
14: };
15: int Aclass::a=100;                           // static 변수의 초기화
16: int Aclass::b=200;
17: Aclass::Aclass()
18: {
19:         cout << setw(5) << a << setw(5) << b << endl << endl ;
20: }
21: void Aclass::fun1()                          // 일반 멤버함수로 접근
22: {
23:         Aclass::fun2(300, 400);              // 일반 멤버함수 ⇒ static 함수 호출(②)
24: }
25: void Aclass::fun2(int x, int y)              // static 멤버함수 정의
26: {
27:         // Aclass::fun1();                   // ⑧: statuic ⇒ non-static 호출 : 오류
```

```
28:         a=x;                        // x가 static 아니면 오류
29:         b=y;                        // x가 static 아니면 오류
30:         cout << setw(5) << a << setw(5) << b << endl ;
31: }

32: void main( )
33: {
34:       class Aclass ob;
35:       ob.fun1( );                   // ⑤: 일반멤버함수 ⇒ static멤버함수 ⇒ static변수
36:       // Aclass::fun1();            // 클래스 이름으로 일반멤버함수 접근 불가
37: }
```

그림 6.7은 6_5.cpp의 실행결과이다. 프로그램의 실행결과는 35행이 실행되고 35행이 실행된 결과를 출력한다.

| 그림 6.7 | 실행결과

1) **13행에서 static 명령어는 반드시 함수이름의 왼쪽에 만(int 앞 혹은 뒤에) 기술할 수 있다. 만약 함수 이름 다음에 기술하면 오류가 발생된다.**

2) 23행의 일반멤버함수에서 25행의 static 멤버함수를 호출하고 28행과 29행은 7행과 9행의 static 변수에 접근한다.

3) 35행은 객체로 일반멤버함수를 호출한다. 그래서 35행의 일반멤버함수 ⇒ 25행의 static 멤버함수 호출 ⇒ 07행, 09행의 static 멤버변수에 접근한다.

4) 36행은 클래스 이름으로 일반멤버함수를 호출할 수 없다. 이것은 문법상 틀린 것이기 때문에 오류가 발생된다.

** 예제 : 다른 클래스에서 static 멤버변수의 접근

이 프로그램은 상속되지 않은 다른 클래스(Bclass)의 멤버함수에서 다른 클래스(Aclass)의 static 멤버변수에 접근하는 방법을 이해하기 위한 것이다. 이 예제를 통해서 다음의 내용을 확인할 수 있다.

- 상속되지 않은 Bclass의 멤버함수에서 Aclass의 static 멤버변수에 직접 접근할 수 없지만 Aclass의 멤버함수(fun1( ))를 사용하면 접근할 수 있다. : 47행
- 일반 멤버함수(fun4( ))에서 Aclass의 static 멤버변수에 직접 접근할 수 없지만 Aclass의 멤버함수(fun1( ))를 사용하면 접근할 수 있다. : 57행
- Bclass의 static 멤버함수에서 Aclass의 static 멤버변수에 직접 접근할 수 없으며, Aclass의 멤버함수(fun1( ))를 사용하면 오류가 발생되지 않지만 접근할 수 없다. : 58행

6_6.cpp

```
01: #include <iostream>
02: #include <iomanip>
03: using namespace std;
04: class Aclass
05: {
06: private:
07:         static int x;
08: protected:
09:         static int y;
10: public:
11:         static int z;
12:         void fun1()
13:         {
14:             x=100;
15:             y=200;
16:             z=300;
17:             cout << setw(5) << x << setw(5) << y << setw(5) << z << endl << endl;
18:         }
19: };
20: int Aclass::x=1;          // static 변수는 반드시 외부에서 이렇게 초기화 해야함
21: int Aclass::y=2;
```

```
int Aclass::z=3;
class Bclass
{
private:
   int a;
protected:
   int b;
public:
   int c;
   void fun2()                  // 일반 멤버함수
   {
      cout << "fun2()" << endl;
      Aclass ob1;
      ob1.fun1();               // 그림 6.5의 ⑨
      // cout<< setw(5) << x << setw(5) << y << setw(5) << z << endl; // 오류
   }
   static void fun3()           // static 멤버함수
   {
      cout << "fun3()" << endl;
      Aclass ob2;
      ob2.fun1();               // 그림 6.5의 ⑪
      // cout << setw(5) << x << setw(5) << y << setw(5) << z << endl; // 오류
   }
};
void fun4()                     // 클래스 외부의 전역 함수
{
      cout << "fun4()" << endl;
      Aclass ob3;
      ob3.fun1();               // 그림 6.5의 ⑩
      // cout << setw(5) << x << setw(5) << y << setw(5) << z << endl; // 오류
}
void main()
{
      cout << "main()" << endl;
      class Bclass ob4;
      ob4.fun2();
      ob4.fun3();
```

```
59:         ob4.fun4();
60: }
```

그림 6.8은 6_6.cpp의 실행결과이다. 이 결과는 Bclass의 멤버함수에서 Aclass의 static 멤버변수에 직접 접근할 수 없고, 일반 멤버함수에서 Aclass의 static 멤버변수에 접근할 수 없으며, Bclass의 static 멤버함수에서 Aclass의 static 멤버변수에 접근할 수 없다. 그러나 main( ) 함수에서 일반 멤버함수를 통해서 Aclass의 fun1( )를 통해서 static 멤버변수에 접근하여 결과를 출력한다.

```
main()
fun2()
  100  200  300

fun3()
  100  200  300

fun4()
  100  200  300

계속하려면 아무 키나 누르십시오 . . .
```

| **그림 6.8** | **실행결과**

1) 36행은 다른 클래스(Bclass)의 static 함수에서 직접 Aclass의 static 변수에 직접 접근할 수 없지만 35행과 같이 Aclass의 멤버함수를 사용하면 접근할 수 있다.

2) 43행은 Bclass의 static 함수에서 Aclass의 static 변수에 직접 접근은 할 수 없지만 41행 ~ 42행과 같이 Aclass의 멤버함수를 사용하면 접근할 수 있다.

3) 51행은 외부 일반 함수에서 직접 Aclass의 static 변수에 직접 접근은 할 수 없지만 49행 ~ 50행과 같이 Aclass의 멤버함수를 사용하면 접근할 수 있다.

*

6.2.5 static 객체

클래스의 객체를 static으로 생성하는 것이 static 객체이다. 그림 6.9와 같이 static 객체는 생성된 영역의 범위에서 유효하며 static 객체는 프로그램이 종료되면 파기된다. static 객체의 유효범위는 그림 6.9와 같이 함수 외부에서 기술되면 글로벌 객체로, 함수 내부에서 기술되면 함수 내부에서 유효 범위가 된다.

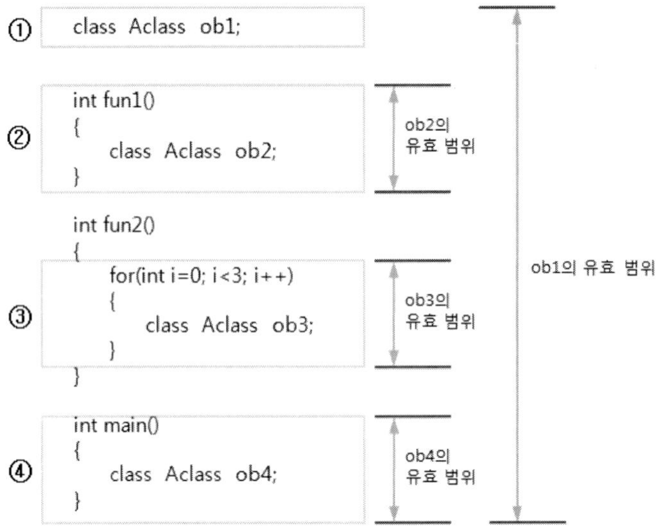

| 그림 6.9 | static 객체의 유효 범위

예제 static 객체의 동작

이 프로그램은 static 객체의 동작을 확인하기 위한 것으로 실행결과와 같이 static 객체를 사용할 경우 값이 증가되지만 일반 객체는 값이 증가되지 않는다. 이 예제를 통해서 다음의 내용을 이해할 수 있다.

- static 객체는 멤버변수의 값을 유지하고 있다. : 23행 ~ 25행
- 일반객체는 멤버변수의 값이 소멸된다. : 45행 ~ 49행
- static 객체는 기술하는 위치에 무관하게 전역적으로 동작된다. : 23행, 42행

6_7.cpp

```
01: #include <iostream>
02: using namespace std;
03: void fun2();
04: void fun3();
05: class Aclass
06: {
07: private:
08:             int x;
```

```
public:
        Aclass(int p)
        {
            x= p;
        }
        void fun1()
        {
            x++;
            cout << x << endl;
        }
};
void main()
{
    cout << "main() : static object" << endl;
    static Aclass ob1(100);         // static 객체의 유효영역은 전역적
    for(int i=0; i<3; i++)
      ob1.fun1();                   // 일반멤버함수 호출
    cout << endl;
    cout << "fun2() : static object" << endl;
    for(int i=0; i<3; i++)
      fun2();                       // 클래스 외부 함수에서 static 객체호출
    cout << endl;
    cout << "fun3() : non-static object" << endl;
    for(int i=0; i<3; i++)
      fun3();                       // 클래스 외부 함수에서 non-static 객체 호출
    cout << endl;
    cout << "main() : static object" << endl;
    for(int i=0; i<3; i++)
      ob1.fun1();
    cout << endl;
}
void fun2()
{
    static Aclass ob2(200);         // static 객체 ob2는 전역적
    ob2.fun1();
}
```

```
45: void fun3()
46: {
47:         Aclass ob3(300);            // 일반 객체는 값이 기억되지 않는다.
48:         ob3.fun1();
49: }
```

그림 6.10은 6_7.cpp의 실행결과이다. static 객체는 그 값을 계속 유지하여 값이 증가하지만 일반 객체는 값이 증가되지 않는다.

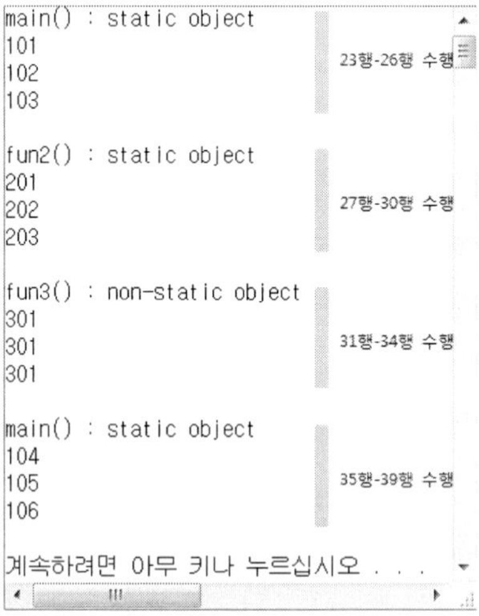

| 그림 6.10 | 실행결과

1) 23행의 static 객체 ob3의 유효 영역은 fun3( ) 함수의 내부에서만 유효하여 37행 ~ 38행에 그 값이 유지되어 104부터 출력된다.

2) 42행 ~ 43행은 fun2( ) 함수 내부에서 유효한 static 객체 ob2를 생성하고 생성자에 값 200을 전달한다.

3) 47행 ~ 48행은 fun3( ) 함수 내부에서 유효한 static 객체 ob3를 생성하고 생성자에 값 300을 전달한다.

6.3 클래스에서 const 사용

6.3.1 const 예약어

const는 변수의 값을 고정하기 위해서 사용되며 일반 변수, 함수, 포인터 및 클래스에서 사용된다. const의 평가는 컴파일 중에 이루어지기 때문에 프로그램 실행 중에 발생되는 오류를 최대한 줄일 수가 있어 프로그램을 효율적으로 설계할 수가 있다.

정리하기 변수에서 const 사용

❶ 일반 변수에서 const 사용

```
① const float PI = 3.14;                  // PI를 3.14로 고정
   PI=5.14;                               // 오류(PI는 다른 값으로 변경할 수 없다.)
② const int sum  = x+y;                   // 수식의 결과 값을 sum으로 고정
```

❷ 일반 함수에서 const 사용

```
① const int x = function();               // 함수의 반환 값을 고정
② void fun( const char *x,  const int y ) // 함수의 인자를 const로 고정하여 사용
   {
          // ....
   }
```

❸ 포인터에서 const 사용

포인터에서 const는 다음과 같이 3가지로 사용되며 이때 포인터 기호 '*'를 기준으로 왼쪽에 const가 기술되면 포인터 값을 고정하고 오른쪽에 기술되면 번지를 고정한다. 만약 양쪽 모두 기술되면 값과 번지 모두를 고정한다.

분석하기 포인터에서 const 사용

❶ 상수 포인터

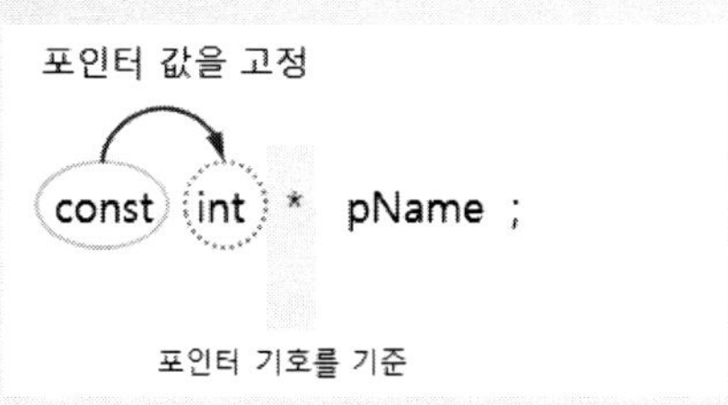

상수 포인터는 포인터 변수의 값을 고정하지만 주소를 변경할 수 있다.

```
const char *ptr = "seoul";
ptr[0]='x';         // 오류(값 변경불가)
ptr="pusan";        // 정상(번지 변경 가능)
```

❷ 포인터 상수

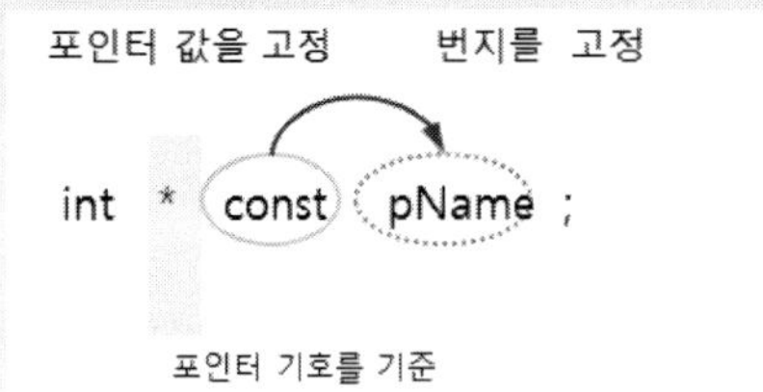

포인터 상수는 포인터 변수의 값은 변경할 수 있으며 변수의 주소만 고정한다.

```
char *const ptr = "seoul";
ptr[0]='K';        // 정상(값은 변경 가능)
ptr="pusan";       // 오류(시작번지 변경불가)
```

❸ 상수 포인터와 포인터 상수

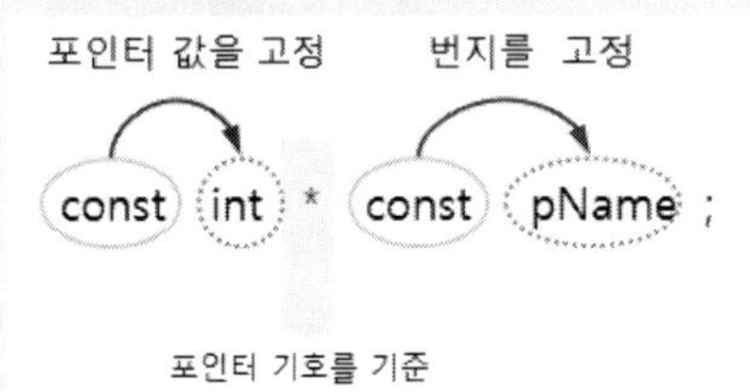

상수에 대한 포인터 상수는 포인터 변수의 값과 변수의 주소를 모두 변경할 수 없게 고정한다.

```
char *const ptr = "seoul";
ptr[0]='x';        // 오류(값 변경불가)
ptr="pusan";       // 오류(번지 변경불가)
```

분석하기 클래스에서 const 사용

class Aclass ob;

❶ Aclass *const ptr = &ob;// ob의 멤버변수의 값은 변경가능, 다른 객체는 가리킬 수 없음

❷ const Aclass *ptr = &ob;// ob의 멤버변수의 값은 변경 불가, 다른 객체는 가리킬 수 있음

❸ const Aclass const *ptr = &ob;   // ob의 멤버변수의 값과 다른 객체 모두 변경불가

알아두기 const 사용

❶ 배열에서 const 사용(배열의 첨자에 const 사용 불가)

```
#include <stdio.h>

void main()
{
#define MAX 3

int value[MAX] = {100, 200, 300};

Printf("value[0] = %d", value[0]);
}
```

① 배열의 첨자에는 반드시 매크로 정의를 사용해야 한다. (#define MAX 5)

② 배열의 첨자에는 const를 사용할 수 없다. (const int MAX=5; 사용시 오류 발생)

③ 만약 배열의 첨자를 일반 변수로 정의하여 사용하면 오류가 발생된다. (int MAX=5; 사용시 C, C++ 모두 오류)

④ 그러나 C++에서 위의 ①,②번은 모두 정상적으로 실행된다.

다음과 같이 배열의 첨자에는 정수 값으로 정의된 경우(int MAX=5;)와 const로 선언된 경우(const int MAX=5;)는 사용할 수 없으며 반드시 매크로로 정의(#define MAX 5)해야 한다. 그러나 C++에서는 2가지 모두 사용가능하다.

❷ switch~case~break 문에서 const 사용(case의 라벨문에서 const 사용불가)

다음과 같이 switch-case 문에서 case의 라벨문은 정수 값을 정의하거나 const를 사용할 수 없으며 반드시 매크로 형태로 정의(#define 사용)해야 한다. 또한 switch 문의 값은 const 혹은 매크로를 사용할 수 있다. 그러나 C++에서는 매크로와 const를 모두 사용할 수 있다.

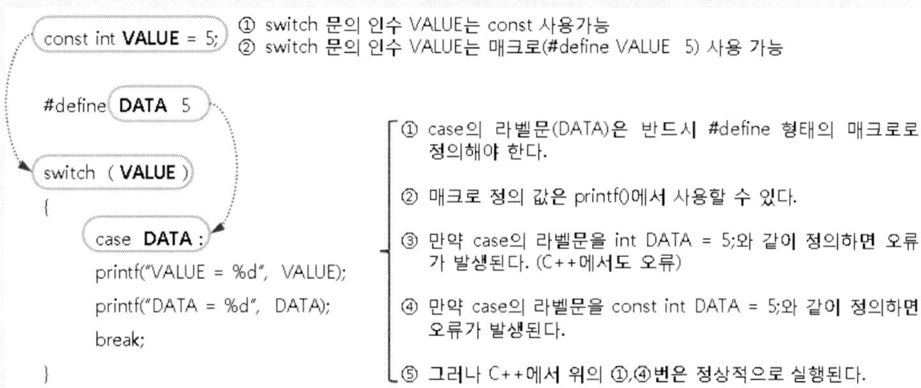

❸ #define과 const의 차이점

#define과 const의 차이점은 #define으로 선언된 매크로와 const로 선언된 변수가 평가되는 시점이다. #define은 전 처리기에 의해 처리되지만 const는 컴파일러에 의해 평가되기 때문에 다음과 같이 결과 값이 다르다.

```
#define A  2 + 2
const int B = 2 + 2;

int i = A * 3;                 // 2 + 2 * 3 = 8
int j = B * 3;                 // (2 + 2) * 3 = 12
```

❹ 리터럴상수, 매크로상수 및 const를 정의하는 방법

```
① 100,  'x', 0x3e, 123.456     // 리터럴 상수
② #define PI 3.14              // 매크로 상수
③ int DATA = 200;             // 일반 변수 DATA에 값 200을 대입
④ const int VALUE = 200;      // const 변수 VALUE에 값 200을 대입하며 이 값으로 고정
```

예제 const가 포인터에 사용되는 경우

이 프로그램은 const가 일반 변수와 포인터에서 사용된 경우 동작을 이해하기 위한 목적으로 여러 가지 경우에서 const를 사용하여 동작을 확인한다.

6_8.cpp

```
#include <iostream>
using namespace std;

void main()
{
    int a = 100;
    a = 200;
    cout << "1번 위치 : " << a << endl;

    int b = 200;
    const int *pA= &b;
    cout << "2번 위치 : " << *pA << endl;

    const int c = 300;
    // c= 400;                      // (오류: const 변수의 값은 변경 불가)

    const int *pB = &c;             // const 포인터에 const 값을 치환
    cout << "3번 위치 : " << *pB << endl << endl;

    const char *pC = "seoul";       // 값 고정(값은 자료의 저장 번지, 내용은 변경 가능)
    cout << "4번 위치 : " << pC << endl;
    // pC = 'K';                    // 실행오류(시험용)
    // pC[0] = 'K';                 // 오류(시험용)

    pC = "pusan";                   // pC는 값(번지) 다른 문자열 치환 가능
    cout << "5번 위치 : " << pC << endl << endl;

    // const char* const pD = "daegu";// 오류(값과 번지 모두 고정)
    // pD="kyungju";
}
```

그림 6.11은 6_8.cpp의 실행결과이다. 실행결과의 1번 위치는 a의 값을 출력하고, 2번 위치는 변수 b의 번지로 초기화된 *pA의 값을 출력하고, 2번 위치는 변수 b의 번지로 초기화된 *pA의 값을 출력하고, 3번 위치는 const 변수 c의 번지로 초기화된 const *pB의 값을 출력한다. 4번 위치와 5번 위치는 초기화된 문자열 seoul과 pusan을 출력한다.

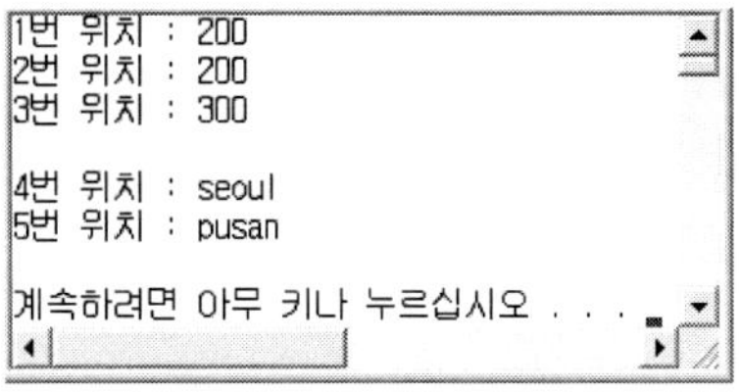

| 그림 6.11 | 실행결과

1) 06행은 05행이 일반 변수이므로 다른 값으로 대입할 수 있다. 그러나 12행은 11행이 const형 변수이기 때문에 다시 다른 값으로 대입할 수 없다.

2) 09행의 const형 포인터 변수에는 일반 변수의 값을 대입할 수 있다.

3) 13행은 const형 포인터 변수 pB에 11행에서 정의한 const형 정수형 c의 값을 대입한다.

4) 15행의 값을 고정(값은 자료의 저장 번지, 내용은 변경 가능)하기 때문에 내용 즉, 문자열을 변경할 수 있다.

5) 21행을 char* const pH = "daegu";와 같이 할 경우에도 오류가 발생된다.

*

분석하기 const가 함수에서 사용되는 경우

❶ 함수의 반환 값에 사용되는 경우

이 경우는 반환 값이 값에 의한 반환, 참조자에 의한 반환, 포인터에 의한 반환으로 사용할 수 있다. 이때 값에 의한 반환은 값을 변경할 수 없지만 참조자와 포인터에 의한 방법은 값이 변경될 수 있기 때문에 const를 사용하여 고정한다.

```
const int fun(int x)          // 함수의 반환 값을 고정
{
      // ...
      return x;
}

void main()
{
      // ...
      fun();
}
```

❷ 함수의 매개변수에 사용되는 경우

이 경우에는 함수 내에서 사용되는 인수의 값을 고정하기 위한 방법이다.

```
int fun(const int x)                // 함수 내의 인수 값을 고정
{
      cout << x << endl;
}

void main()
{
      // ...
      fun();
}
```

❸ 함수 선언에 사용되는 경우

이 형식은 함수 fun( ) 내에서 클래스의 데이터 멤버 값을 고정하기 위한 것이다. 이것은 반드시 클래스와 함께 사용해야 하며 일반함수에서는 사용할 수 없다. 이때 const는 멤버함수 다음에 기술해야 한다.

```
class Aclass
{
private:
int fun(int x) const             // fun() 함수 내에서 데이터 멤버 값을 고정
{
      // ...
      return x;
}
};

void main()
{
      class Aclass ob;
      ob.fun(100);
}
```

** 예제 : const가 함수의 반환 값에 사용되는 경우(참조자)

이 프로그램은 const가 함수의 반환 값에 사용되는 경우의 동작을 이해하기 위한 것이다. 이 예제에서는 다음의 내용을 이해할 수 있다.

- 참조자에 의한 반환은 변경될 수 있기 때문에 const를 사용하여 반환 값을 고정한다. : 11행, 20행
- 참조자에 의한 반환에 의한 함수 호출 : 19행

6_9.cpp

```
01: #include <iostream>
02: using namespace std;

03: class point
04: {
05: private:
06:     int x;                      // 멤버변수 선언
07: public:
08:     point(int y=0) : x(y)
09:     {
10:     }

11:     const int& getx()           // 참조자에 의한 반환 값을 고정
12:     {
13:         return x;
14:     }
15: };

16: int main(void)
17: {
18:         point ob(1);
19:         cout << "x=" << ob.getx() << endl;

20:         // ob.getx()=5;
21:         cout << "x=" << ob.getx() << endl;
22: }
```

그림 6.12는 6_9.cpp의 실행결과이다. 실행결과의 11행의 함수에 const를 사용한 경우와 사용하지 않은 경우 출력한다.

(a) 11행에 const 사용한 경우 값이 고정된 경우

(b) 11행에 const 사용하지 않고 20행을 해제하여 값이 변경된 경우

| 그림 6.12 | 실행결과

1) 11행은 함수의 반환 값을 고정하기 위해서 const를 사용하였다. 만약 11행에 const를 사용하지 않고 20행의 주석을 해제하면 반환 값이 변경된다.

2) 19행의 함수의 반환 값을 참조자로 출력하는 방법이다.

*

*** 예제 const가 함수의 반환 값에 사용되는 경우(포인터)

이 프로그램은 const가 함수의 반환 값에 사용되는 경우의 동작을 이해하기 위한 것이다. 이 예제에서는 다음의 내용을 이해할 수 있다.

- 포인터에 의한 반환은 변경될 수 있기 때문에 const를 사용하여 반환 값을 고정한다. : 11행, 20행
- 포인터에 의한 함수 호출 : 19행

6_10.cpp

```
01: #include <iostream>
02: using namespace std;
03: class point
04: {
05: private:
06:     int x;                    // 멤버변수 선언
07: public:
08:     point(int y=0) : x(y)
09:     {
10:     }
11:     const int* getx()         // 포인터에 의한 반환 값을 고정
12:     {
```

```
13:         return &x;
14:     }
15: };

16: int main(void)
17: {
18:         point ob(1);
19:         cout << "x=" << *ob.getx() << endl;

20:         // *ob.getx()=5;
21:         cout << "x=" << *ob.getx() << endl;
22: }
```

그림 6.13은 6_10.cpp의 실행결과이다. 실행결과의 11행의 함수에 const를 사용한 경우와 사용하지 않은 경우 출력한다.

(a) 11행에 const 사용한 경우 값이 고정된 경우

(b) 11행에 const 사용하지 않고 20행을 해제하여 값이 변경된 경우

| 그림 6.13 | 실행결과

1) 11행은 함수의 반환 값을 고정하기 위해서 const를 사용하였다. 만약 11행에 const를 사용하지 않고 20행의 주석을 해제하면 반환 값이 변경된다.

2) 19행의 함수의 반환 값을 포인터로 출력하는 방법이다.

*

** 예제 : const가 함수의 인수에 사용되는 경우(참조자)

이 프로그램은 const가 함수의 인수의 참조자로 사용되는 경우의 동작을 이해하기 위한 것이다. 이 예제에서는 다음의 내용을 이해할 수 있다.

- const 참조자 인수는 함수내부에서 값을 고정한다. : 03행
- 만약 03행에서 const를 사용하지 않으면 06행을 사용할 수 있게 되어 값이 변경된다. : 06행

6_11.cpp

```
01: #include <iostream>
02: using namespace std;
03: void getx(const int &a)          // 인수를 고정
04: {
05:     cout << a << endl;
06:     // a=100;                    // 오류
07:     cout << a << endl;
08: }
09: int main(void)
10: {
11:     int x=200;
12:     getx(x);
13: }
```

그림 6.14는 6_11.cpp의 실행결과이다. 실행결과의 11행의 함수의 인수에 const를 사용한 경우와 사용하지 않은 경우 출력한다.

(a) 03행에 const 사용한 경우 값이 고정되므로 06행 사용 불가

(b) 03행에 const 사용하지 않고 06행을 해제하여 사용한 경우 값이 변경된 결과

| 그림 6.14 | 실행결과

1) 03행은 함수의 인수를 고정하기 위해서 const를 사용하였다. 만약 03행에 const를 사용하지 않고 06행의 주석을 해제하면 값이 변경된다.

2) 12행 ⇛ 03행의 함수 호출은 참조자에 의한 호출이다.

*** 예제 | const가 함수의 인수에 사용되는 경우(포인터)

이 프로그램은 const가 함수의 인수의 포인터로 사용되는 경우의 동작을 이해하기 위한 것이다. 이 예제에서는 다음의 내용을 이해할 수 있다.

- const 포인터 인수는 함수내부에서 값을 고정한다. : 03행
- 만약 03행에서 const를 사용하지 않으면 06행을 사용할 수 있게 되어 값이 변경된다. : 06행

6_12.cpp

```
01: #include <iostream>
02: using namespace std;
03: void getx(const int *a)              // 인수를 고정
04: {
05:      cout << *a << endl;
06:      // *a=100;                       // 오류
07:      cout << *a << endl;
08: }
09: int main(void)
10: {
11:      int x=200;
12:      getx(&x);
13: }
```

그림 6.15는 6_12.cpp의 실행결과이다. 실행결과의 11행의 함수의 인수에 const를 사용한 경우와 사용하지 않은 경우 출력한다.

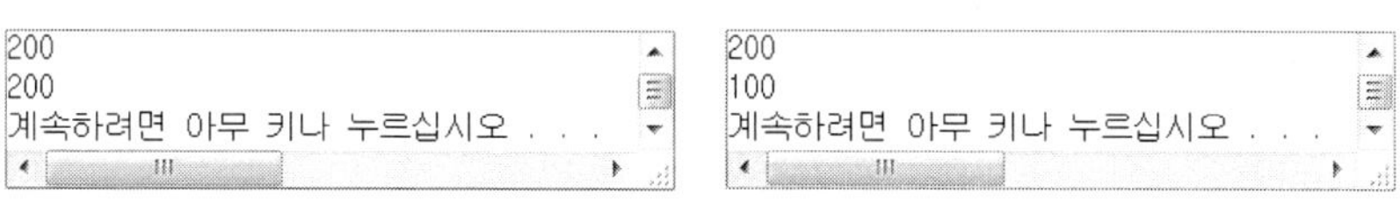

(a) 03행에 const 사용한 경우 값이 고정되므로 06행 사용 불가

(b) 03행에 const 사용하지 않고 06행을 해제하여 사용한 경우 값이 변경된 결과

| 그림 6.15 | 실행결과

1) 03행은 함수의 인수를 고정하기 위해서 const를 사용하였다. 만약 03행에 const를 사용하지 않고 06행의 주석을 해제하면 값이 변경된다.

2) 12행 ⇛ 03행의 함수 호출은 포인터에 의한 호출이다. *

*** 예제 : const가 함수의 선언에 사용되는 경우

이 프로그램은 const가 함수의 선언에 사용되는 경우의 동작을 이해하기 위한 것이다. 이 예제에서는 다음의 내용을 이해할 수 있다.

- const가 함수의 선언에 사용되는 경우는 클래스에서만 사용이 가능하며 클래스의 데이터 멤버 값을 고정하는 것이다. : 12행, 16행
- const 객체는 const 멤버함수만 호출할 수 있다. : 22행, 24행
- const 함수는 데이터 멤버변수의 값은 변경할 수 없지만(16행) 인수의 값은 변경할 수 있다.(14행, 15행)

6_13.cpp

```
01: #include <iostream>
02: #include <iomanip>
03: using namespace std;
04: class Aclass
05: {
06: private:
07:     int x;                      // 멤버변수 선언
08: public:
09:     Aclass(int a=0) : x(a)      // 일반 멤버함수 사용불가
10:     {
11:     }
12:     void getx(int b) const
13:     {
14:             b=1;                // 인수의 값은 변경 가능
15:             b=2;
16:             // x=3;             // 오류(데이터 멤버 변경 불가)
17:             cout << setw(5) << x << setw(5) << b << endl;
18:     }
19: };
20: int main(void)
21: {
22:         const Aclass ob(100);
24:         ob.getx(300);
25: }
```

그림 6.16은 6_13.cpp의 실행결과이다. 실행결과는 x의 값 100과 b의 값 2가 출력된다.

| 그림 6.16 | 실행결과

1) 만약 09행 ~ 11행을 일반 멤버함수로 사용하면 오류가 발생된다. 그 이유는 일반멤버함수는 기본인수값을 사용할 수 없기 때문이며 두 번째는 일반멤버함수에는 초기자를 사용할 수 없기 때문이다.

2) 12행은 함수선언에서 const를 사용하여 클래스의 데이터 멤버 값을 고정한다. 이때 14행과 15행의 인수 값은 변경할 수 있다.

3) 22행과 23행은 const 객체는 const 함수만 호출할 수 있다.

*

6.3.2 클래스에서 const 사용

const 예약어가 클래스에서 사용되는 경우 다음과 같이 3가지로 사용된다. 즉 반환형에 사용되는 경우, 인수로 사용되는 경우 그리고 멤버함수에 사용되는 경우이다.

```
const int fun(const int x) const
{
        // ......
        return x;
}
```

- const가 데이터 멤버에 사용되는 경우
- const가 멤버함수의 반환 값에 사용되는 경우
- const가 멤버함수의 인수에 사용되는 경우
- const가 멤버함수에 사용되는 경우

(1) const가 데이터 멤버에 사용되는 경우

C에서 const는 일반변수, 함수 및 포인터에 사용되며 한번 초기화된 값을 다시 다른 값으로

변경할 수 없게 하는 예약어이다. 일반 변수가 const 변수를 다른 값으로 할당할 수 없지만 const 변수는 일반 변수 값을 할당할 수 있다.

- 클래스에서 const 예약어를 사용하면 const 멤버변수, const 멤버함수 및 const 객체가 된다. const는 변수의 값을 고정하는데 사용된다.
- const 멤버변수는 클래스 멤버 변수에 const가 한번 초기화 되면 다시 다른 값을 변경할 수 없다. 클래스의 멤버함수에서 const가 사용된 경우 별도로 초기화하지 않은 경우 쓰레기 값으로 초기화 된다. 이때 쓰레기 값으로 초기화되었기 때문에 다시 다른 값으로 할당 할 수 없다. 클래스의 멤버변수는 반드시 멤버 초기자(member initialize)를 사용하여 초기화 해야한다. 멤버 초기자는 멤버변수를 초기화하는데 생성자 보다 먼저 실행되기 때문에 const 멤버변수를 초기화하기 위한 목적으로 사용된다.
- const 멤버함수가 사용되면 이 함수를 통해서 멤버 변수의 값이 변경할 수 없게 하는 것이다. const 멤버함수는 const로 선언되지 않은 일반 함수를 호출할 수 없으며 멤버변수의 포인터를 반환할 수 없다. 일반 멤버함수는 const 멤버변수를 조작하지 않아도 호출도 불가능하다.
- const 객체가 사용되면 어떤 방법으로든 멤버변수의 변경은 할 수 없으며 const 멤버함수만 호출할 수 있다.
- 생성자와 *this에는 const를 사용할 수 없다.

*** 예제 ⋮ const 멤버변수의 사용과 접근 방법

이 프로그램은 클래스의 멤버변수가 const 멤버변수로 선언된 경우 const 멤버변수의 초기화 방법과 접근방법을 이해하기 위한 것이다. 이 예제를 통해서 다음의 내용을 이해할 수 있다.

- 12행은 함수선언에서 const를 사용하여 클래스의 데이터 멤버 값을 고정한다. 이때 14행과 15행의 인수 값은 변경할 수 있다.
- **const 멤버변수에서 일반 멤버변수의 접근이 가능**하며(예로써 12행에서 x=y; 사용가능), **일반 멤버변수는 const 멤버변수에 접근할 수 없으며**(예로써 12행에서 y=x;는 불가), **const 멤버변수에서 const 멤버변수는 접근할 수 없다**(예로써 06행이 const int x;로 선언된 경우 12행에서 x=y;는 오류).
- const 멤버변수는 외부에 초기화하지 않으면 쓰레기 값으로 초기화되어 다른 값으로 다시 초기화할 수 없다. 그러나 생성자의 멤버 초기자를 사용하면 초기에 쓰레기 값으로 초기화 되어도 멤버 초기자를 사용하여 다시 초기화할 수 있다. : 07행, 10행

• const 멤버변수는 static 변수와 같이 클래스 외부에서 Aclass::y=100;과 같이 초기화할 수 없다. : 07행

6_14.cpp

```
01: #include <iostream>
02: using namespace std;
03: class Aclass
04: {
05:         private:
06:         int x;                          // 일반 멤버변수
07:         const int y;                    // const 멤버변수(쓰레기 값으로 초기화)
08:         protected:
09:         public:
10:         Aclass(int a, int b) : x(a), y(b) // 멤버 초기자 사용
11:         {
12:             // x= a;
13:             // y= b;                    // 오류(일반변수(b)에서 const 변수 접근 불가)
14:             cout << "x = " << x << endl;
15:             cout << "y = " << y << endl << endl;
16:         }
17: };
18: int main(void)
19: {
20:         class Aclass obj1(1, 2);
21:         // class Aclass obj2(3, 4);   // 오류(3번째 값으로 초기화)
22:         return 0;
23: }
```

그림 6.17은 6_14.cpp의 실행결과이다. 20행에서 전달된 값을 10행의 멤버초기자에 의해서 초기화된 x, y값을 출력한다.

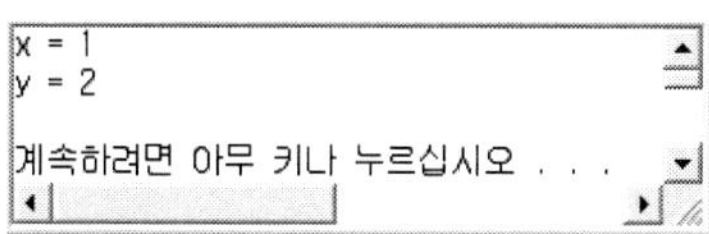

| 그림 6.17 | 실행결과

1) 06행은 클래스에서 일반 멤버변수로 선언하였고 07행은 const 멤버변수를 선언하였다. 이때 const 멤버변수의 선언은 private, protected, public 어느 위치에서 기술해도 무관하다.

2) 07행에서 const 멤버변수는 쓰레기 값으로 초기화되었기 때문에 다른 값으로 다시 변경할 수 없다.

3) 09행에서 x(a), y(b)을 삭제할 경우에는 다음과 같은 오류 메시지가 출력된다. 이것은 07행이 const 멤버변수이기 때문에 초기자 리스트로 초기화해야하며 클래스 외부에서 Aclass::y=100;과 같이 할 수 없다.

```
09행: 'Aclass::y' : error C2758: 'Aclass::y' : must be initialized in constructor
base/member initializer list
```

4) 10행은 21행과 22행의 오류를 막기 위해서 멤버 초기자를 사용하는 방법이다.

5) 13행은 일반변수(b)가 const 멤버변수(y)를 접근하기 때문에 오류가 발생된다. 그러나 const 멤버변수에서 일반 변수의 접근은 가능하다.

6) 20행은 07행에서 const 멤버변수 y가 초기화되지 않았으면 최초로 쓰레기 값으로 초기화되기 때문에 다른 값을 대입할 경우 오류가 발생된다. 그러나 07행의 const 멤버변수 y는 쓰레기 값으로 초기화되지만 20행의 값을 10행에서 전달받아 초기자로 초기화할 수 있다. 만약 10행에서 초기자를 사용하지 않으면 20행은 오류가 발생된다.

*

** 예제 : const static 멤버변수

이 프로그램은 클래스에서 const, static, const static 멤버변수가 사용된 경우 초기화와 동작을 이해하기 위한 것이며, 이 예제를 통해서 다음의 3가지를 이해한다.

- const 멤버변수를 선언하고 초기화하는 방법 : 07행, 09행
- static 멤버변수를 선언하고 초기화하는 방법 : 08행, 23행
- const static 변수를 선언하고 초기화하는 방법 : 09행

6_15.cpp

```
01: #include <iostream>
02: using namespace std;
```

```
03: class Aclass
04: {
05: private:
06:         int a;
07:         const int b;                // 반드시 이니셜라이저에 의해서만 초기화 가능
08:         static int c;               // 반드시 클래스 외부에서 초기화 가능
09:         const static int d=100;     // 직접 값을 초기화 가능
10: public:
11:         Aclass(int p, int q, int r, int s): a(1), b(2)      // 초기자 사용
12:         {
13:             a=p;
14:             // b=q;                 // 오류(값 변경 불가)
15:             c=r;
16:             // d=s;                 // 오류(값 변경 불가)
17:             cout << a << endl;
18:             cout << b << endl;
19:             cout << c << endl;
20:             cout << d << endl;
21:         }
22: };
23: int Aclass::c=200;                  // static는 반드시 클래스 외부에서 초기화해야 함
24: void main(void)
25: {
26:         class Aclass ob1(6,7,8,9);
27: }
```

그림 6.18은 6_15.cpp의 실행결과이다. 11행의 이니셜라이저의 값이 먼저 초기화되고 main( ) 함수에서 전달된 인수 값(6, 7, 8, 9)이 클래스 멤버변수에 직접 전달된다. 그러나 08행과 09행의 멤버변수 c, d 값은 초기화되지 않는다.

```
6
2
8
100
계속하려면 아무 키나 누르십시오 . . .
```

| 그림 6.18 | 실행결과

1) 07행에서 const **멤버변수는 직접 값을 초기화할 수 없으며 반드시 초기자에 의해서만 초기화할 수 있다.** 이때 초기화 후 14행과 같이 다시 다른 값으로 변경할 수 없다.

2) 08행의 **static 변수는 23행과 같이 반드시 클래스 외부에서 초기화해야 한다.** 이때 static 멤버변수는 직접 값을 초기화할 수 없고, 초기자에 의해서 초기화할 수 없다. 그러나 15행과 같이 다른 값으로 변경할 수 없다.

3) 09행에서 **const static 멤버변수는 직접 값을 초기화할 수 있다.** 이때 static const int d=100;으로 해도 무관하다. 또한 11행에서 초기자를 사용(예로써 d(4)와 같이)할 수 없으며, 생성자를 통해서 초기화할 수 없다.

*

(2) const가 반환 값에서 사용되는 경우

클래스에서 함수형 포인터에 const가 사용된 경우의 동작은 다음과 같이 요약할 수 있다. 반환 값을 const로 하는 것은 반환 값을 고정하기 위한 것이다. 이것은 반환된 포인터를 전달 받은 곳에서 포인터를 변경할 수 있기 때문에 변경할 수 없도록 하기 위한 것이다. 그래서 넘겨받은 포인터를 변경하지 못하게 고정시키기 위해서 const로 한다.

** 예제 : 반환 값에 const를 사용하지 않는 경우

이 프로그램은 const가 함수의 반환 값으로 사용되지 않는 경우 반환 값이 전달받는 함수에서 값이 변경되는 것을 확인하기 위한 것이다.

6_16.cpp

```
#include <iostream>
using namespace std;
class Aclass
{
private:
   int a, b;
public :
    Aclass(int x, int y):a(x),b(y)
    {
          cout << a << ", " << b << endl;
    }
```

```
12:     int* fun1()
13:     {
14:             return &a;
15:     }
16:     void fun2() const
17:     {
18:             cout << a << ", " << b << endl;
19:     }
20: };
21: void main()
22: {
23:         class Aclass ob(1,2);
24:         *ob.fun1() = 10;
25:         ob.fun2();
26: }
```

그림 6.19는 6_16.cpp의 실행결과이다. 실행결과 12행의 함수 반환 값에 const를 사용하지 않았기 때문에 결과 값이 변경되어 출력된다.

| 그림 6.19 | 실행결과

1) 12행 ~ 15행은 함수의 값을 포인터로 반환하고 있다. 이때 참조자로 반환하는 경우는 다음과 같이 한다.

```
12: int& fun1()
13: {
14:     return a;
15: }
```

2) 이때 12행 ~ 15행은 값, 참조자, 포인터로 전달하고 받는 경우에도 모두 값이 변경된다.

*

*** 예제 반환 값에 const를 사용하는 경우

이 프로그램은 12행과 같이 함수의 반환 값에 const를 사용하여 함수의 반환 값을 변경할 수 없도록 하는 방법을 이해하기 위한 예제이다.

6_17.cpp

```
01: #include <iostream>
02: using namespace std;
03: class Aclass
04: {
05: private:
06:     int a, b;
07: public :
08:      Aclass(int x, int y):a(x),b(y)
09:      {
10:             cout << a << ", " << b << endl;
11:      }
12:     const int* fun1()
13:     {
14:             return &a;
15:     }
16:      void fun2() const
17:      {
18:             cout << a << ", " << b << endl;
19:      }
20: };
21: void main()
22: {
23:        class Aclass ob(1,2);
24:        // *ob.fun1() = 10;            // 오류(값 변경 불가)
25:        ob.fun2();
26: }
```

그림 6.20은 6_17.cpp의 실행결과이다. 실행결과 12행의 함수 반환 값에 const를 사용하였기 때문에 반환 값을 변경할 수 없게 된다. 그래서 24행과 같이 사용하면 오류가 발생된다.

```
1, 2
1, 2
계속하려면 아무 키나 누르십시오 . . .
```

| 그림 6.20 | 실행결과

1) 12행에서 const가 사용되어 24행에서 값을 변경할 수 없게 된다.

*

(3) const가 함수의 인수에서 사용되는 경우

const가 함수의 인수로 사용되는 경우 함수호출 과정에서 인수의 값이 변경되는 것을 방지하기 위한 목적으로 사용된다. 이때 인수는 일반 변수, 참조자 및 포인터변수로 사용될 수 있다.

예제 : 함수 인수에 const를 사용하지 않는 경우

이 프로그램은 const가 함수의 인수로 사용되지 않는 경우에는 함수에서 전달되는 값이 변경되는 것을 확인하기 위한 것이다.

6_18.cpp

```
#include <iostream>
using namespace std;

void fun(int &y);

void main()
{
        int x = 1;
        fun(x);                 // 함수 호출
}

void fun(int &y)                // 참조자로 전달
{
        cout << y << endl;
        y = 2;                  // 값이 변경
        cout << y << endl;
}
```

그림 6.21은 6_18.cpp의 실행결과이다. 실행결과 09행의 함수 인수에 const를 사용하지 않았기 때문에 값이 변경되어 출력된다.

```
1
2
계속하려면 아무 키나 누르십시오 . . .
```

| **그림 6.21** | **실행결과**

1) 07행의 함수에서 x 값을 참조자로 전달하면 09행과 같이 값을 받게 된다. 그러나 12행에서 값이 2로 변경된다.

2) 이때 07행은 값, 참조자, 포인터로 전달하고 받는 경우에도 모두 값이 변경된다.

*

** 예제 : 함수 인수에 const를 사용하는 경우

이 프로그램은 const가 함수의 인수로 사용되지 않는 경우에는 함수에서 전달되는 값이 변경되는 것을 막기 위해서 const를 사용한다.

6_19.cpp

```
01: #include <iostream>
02: using namespace std;
03: void fun(const int *y);
04: void main()
05: {
06:         int x = 1;                // const int x = 1; 동일
07:         fun(&x);
08: }
09: void fun(const int *y)
10: {
11:         cout << *y << endl;
12:         // y = 2;                 // 변경 불가
13:         cout << *y << endl;
14: }
```

그림 6.22는 6_19.cpp의 실행결과이다. 실행결과 09행의 함수 인수에 const를 사용하였기 때문에 값을 변경할 수 없게 된다.

| 그림 6.22 | 실행결과

1) 07행의 함수에서 x 값을 포인터로 전달하면 09행과 같이 값을 받게 된다. 그러나 09행에서 인수를 const로 하였기 때문에 12행에서 값을 변경할 수 없다.

2) 이때 07행은 값, 참조자, 포인터로 전달하고 받는 경우에도 const를 사용할 수 있다.

(4) const가 멤버함수에 사용되는 경우

클래스에서 const 멤버함수는 멤버변수를 변경할 수 없도록 하며 읽기 전용으로 하기 위한 목적이다. const 멤버함수(const member function)는 public의 데이터 멤버에 접근은 가능하지만 데이터 멤버의 값들을 초기화하거나 변경할 수 없도록 읽기 전용의 멤버함수로 정의하는 방법이며 멤버함수 뒤에 const를 기술한다.

const 멤버함수를 정의하는 목적은 프로그램 작성 중에 private의 멤버변수를 변경하지 못하게 하는 것이다. 만약 클래스에서 const로 지정된 멤버함수 내에서 private의 데이터 멤버들을 초기화 하는 경우 오류가 발생된다. 이와 같이 읽기 전용의 멤버함수를 const 멤버함수라 한다. **const 멤버함수는 클래스 내에 정의되는 생성자와 소멸자에는 const와 함께 기술할 수 없다.** const 멤버함수는 형식과 같으며 일반함수에서는 함수 다음에 cosnt를 기술할 수 없다.

■ 형식

```
자료형 멤버함수_이름( ) const
{
        // ...
        반환_값 ;
};
```

■ 사용

```
#include <iostream>
#include <string>
using namespace std;

class Aclass
{
private:
   int num;
   char str[20];
public:
   void write ()                    // 일반 멤버함수에는 const 사용 불가
   {
      num = 2011300;
      strcpy ( str, "HONG KIL-DONG" );
   }
   void read () const               // const 멤버함수(읽기 전용)
   {
      cout << "학번 : "  << num << endl;
      cout << "이름 : " <<  str << endl;
   }
};

void main()
{
   class Aclass A;
   A.write();
   A.read();
}
```

const가 클래스의 멤버함수에 사용되는 경우는 private의 데이터 멤버를 변경하지 못하게 하는 목적이라 전술하였다. 일반 멤버함수, const 멤버함수와 static 멤버함수의 동작을 정리하면 표 6.2와 같다.

| 표 6.2 | 일반 멤버함수, const 멤버함수, static 멤버함수의 호출과 동작

함수 호출 방법	설명
일반 멤버함수 ⇛ const 멤버함수 호출 가능	그림 6.23(a)
const 멤버함수 ⇛ 일반 멤버함수 호출 불가	그림 6.23(b)
const 멤버함수 ⇛ static 멤버함수 호출 가능 (이때 호출하는 데이터 멤버는 반드시 static 변수로 정의되어 있어야 한다.)	그림 6.24(a)
static 멤버함수 ⇛ const 멤버함수 호출 (const static, static const 멤버함수 ⇛ const 멤버함수 호출 불가)	그림 6.24(b)
2개의 멤버함수가 모두 const 멤버함수로 정의된 경우 다른 1개의 const 멤버함수를 호출할 수 있다.	그림 6.25(a), (b)
그러나 클래스에서 멤버함수가 모두 const 멤버함수로 정의된 경우 동시에 const 멤버함수를 호출할 수 없다.	그림 6.25(c)

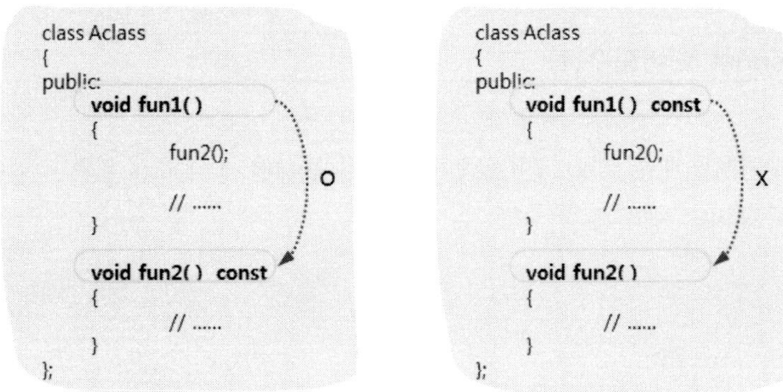

(a) 호출가능 (b) 호출불가

| 그림 6.23 | 일반 멤버함수에서 const 멤버함수 호출

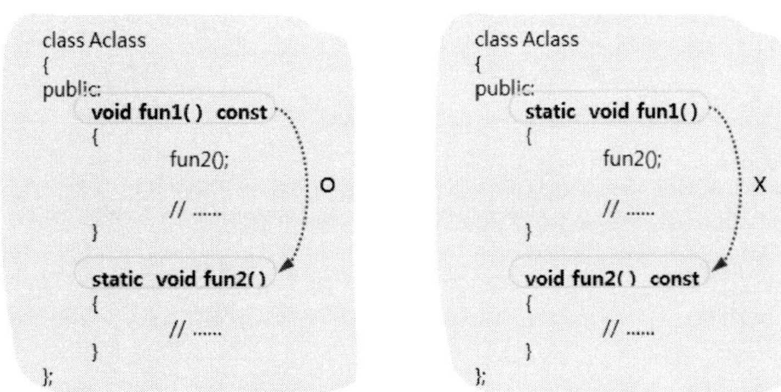

(a) (b)

| 그림 6.24 | cost 멤버함수에서 static 멤버함수 호출(a): 가능,
static 멤버함수에서 cost 멤버함수에서 호출(b): 불가능

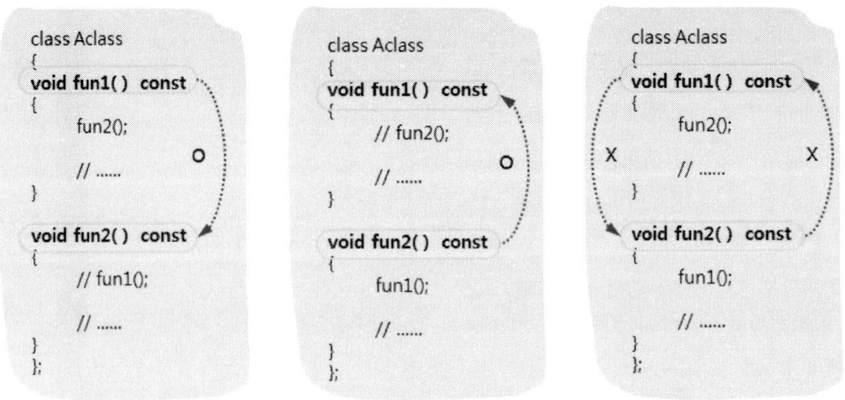

(a) 정상호출　　(b) 정상호출　　(c) 호출불가(동시호출)

| 그림 6.25 | const 멤버함수가 2개 사용과 호출

*** 예제 : const 멤버함수(1)

이 프로그램은 클래스에서 const 멤버함수의 기술과 동작을 이해하기 위한 것이다. const 메버 함수 내부에서는 데이터 멤버를 변경할 수 없다.

6_20.cpp

```
#include <iostream>
#include <iomanip>
using namespace std;

class Aclass
{
private:
    int a, b;
public :
    Aclass(int x, int y): a(x),b(y)     // a, b를 1,2로 초기화
    {
        a=100;                          // a를 100으로 초기화
        b=200;                          // b를 200으로 초기화
    }
    void fun() const                    // const 멤버함수
    {
        // a=300;                       // 오류(const 멤버함수에서 초기화 불가)
        // b=400;                       // 오류(const 멤버함수에서 초기화 불가)
```

```
18:             cout << a << "," << b << endl;
19:         }
20: };
21: void main()
22: {
23:     class Aclass ob(1,2);
24:     ob.fun();
25: }
```

그림 6.26은 6_20.cpp의 실행결과이다. 실행결과 const 멤버함수 내에서는 데이터 멤버 값을 변경할 수 없지만 생성자 혹은 일반 멤버함수에서는 데이터 멤버 값을 변경할 수 있다.

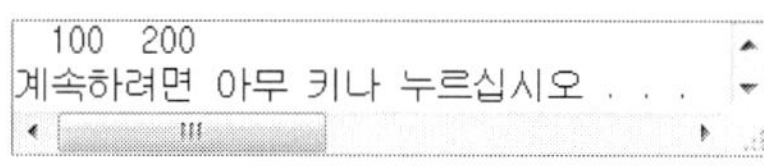

| 그림 6.26 | 실행결과

1) 09행은 생성자에서 a,b 값을 1,2로 초기화 11행, 12행에서 다시 100, 200으로 초기화하였다.

2) 14행은 const 멤버함수로 정의되었기 때문에 16행, 17행과 같이 데이터 멤버를 다른 값으로 변경할 수 없다.

*

*** 예제 const 멤버함수(2)

이 프로그램은 클래스에서 const 멤버함수의 사용과 동작을 이해하기 위한 것이다. 16행, 17행과 같이 const 멤버함수 내부에서는 데이터 멤버를 변경할 수 없지만 11행, 12행과 같이 생성자 혹은 일반 멤버함수에서는 데이터 멤버 값을 변경할 수 있다.

- 생성자와 일반 멤버함수에서는 private 데이터 멤버를 변경할 수 있다. : 11행, 12행
- 변수 const 멤버함수 내부에서는 데이터 멤버를 변경할 수 없다. : 23행, 24행
- 일반객체에서 일반 멤버함수를 호출할 수 있다. : 33행
- 일반객체에서 const 멤버함수를 호출할 수 있다. : 34행
- const 객체에서 일반 멤버함수를 호출할 수 없다. : 35행
- const 객체에서 const 멤버함수를 호출할 수 있다. : 36행

6_21.cpp

```
#include <iostream>
#include <iomanip>
using namespace std;

class Aclass
{
private:
    int a, b;
public :
    Aclass()                    // 생성자 정의
    {
        a=1;
        b=2;
        cout << setw(5) << a << setw(5) << b << endl;
    }
    void fun1()                 // 일반 멤버함수 정의
    {
        a=3;
        b=4;
        cout << setw(5) << a << setw(5) << b << endl;
    }
    void fun2() const           // const 멤버함수 정의
    {
        // a=3;                 // const 함수에서 멤버변경 불가
        // b=4;
        cout << setw(5) << a << setw(5) << b << endl;
    }
};

void main()
{
    class Aclass ob1;           // 1,2 출력
    const class Aclass ob2;     // 1,2 출력
    cout << endl;

    ob1.fun1();                 // 일반 객체에서 일반 멤버함수 호출
    ob1.fun2();                 // 일반 객체에서 const 함수 호출

    //ob2.fun1();               // 오류(const 객체가 일반 멤버함수 호출불가)
    ob2.fun2();                 // const 함수이므로 호출가능.
}
```

그림 6.27은 6_21.cpp의 실행결과이다. 그림 6.27은 const 멤버함수 내에서는 데이터 멤버 값을 변경할 수 없지만 생성자 혹은 일반 멤버함수에서는 데이터 멤버 값을 변경할 수 있다.

| 그림 6.27 | 실행결과

1) 11행과 12행은 생성자와 17행, 18행은 일반 멤버함수에서는 private 데이터 멤버를 변경할 수 있다.

2) 23행, 24행은 변수 const 멤버함수 내부에서는 데이터 멤버를 변경할 수 없다.

3) 33행은 일반객체에서 일반 멤버함수를 호출할 수 있다.

4) 34행은 일반객체에서 const 멤버함수를 호출할 수 있다.

5) 35행은 const 객체에서 일반 멤버함수를 호출할 수 없다.

6) 36행은 const 객체에서 const 멤버함수를 호출할 수 있다.

*

*** 예제 | const 멤버함수(3)

이 프로그램은 클래스에서 동일한 이름의 멤버함수가 일반 멤버함수와 const 멤버함수로 기술된 경우 어떻게 호출되는지를 확인하기 위한 것이다. 이 예제를 통해서 다음의 내용을 이해할 수 있다.

- 일반객체는 일반 멤버함수를 호출한다. : 28행
- const 객체는 일반 멤버함수를 호출한다. : 29행

6_22.cpp

```
01: #include <iostream>
02: #include <iomanip>
```

```
03: using namespace std;

04: class Aclass
05: {
06:     int a, b;
07: public :
08:     Aclass() : a(1), b(2)            // 생성자 정의
09:     {
10:     }
11:     void fun()                       // 일반 멤버함수 정의
12:     {
13:         a=3;
14:         b=4;
15:         cout <<"non-const function():"<<setw(5) << a << setw(5) << b << endl;
16:     }
17:     void fun() const                 // const 멤버함수 정의
18:     {
19:         // a=5; // const 함수에서 멤버변경 불가
20:         // b=6;
21:         cout << "const function():" << setw(5) << a << setw(5) << b << endl;
22:     }
23: };

24: void main()
25: {
26:     class Aclass ob1;
27:     const class Aclass ob2;
28:     ob1.fun();                       // 일반 멤버함수 호출
29:     ob2.fun();                       // const 멤버함수 호출
30: }
```

그림 6.28은 6_22.cpp의 실행결과이다. 실행결과 그림 6.28(a)는 08행 ~ 10행을 사용한 경우이며, 그림 6.28(b)는 08행 ~ 10행을 사용하지 않은 경우이다.

```
non-const function():    3    4
const function():    1    2
계속하려면 아무 키나 누르십시오 . . .
```

(a) 08행 ~ 10행을 사용한 경우

```
non-const function():    3    4
const function():-858993460-858993460
계속하려면 아무 키나 누르십시오 . . .
```

(b) 08행 ~ 10행을 사용하지 않은 경우

| 그림 6.28 | 실행결과

1) 28행은 ob1이 일반객체로 정의되었기 때문에 일반 멤버함수(11행 ~ 16행)를 호출한다.

2) 29행은 ob2가 const 객체로 정의되었기 때문에 일반 멤버함수(17행 ~ 22행)를 호출한다. 이때 08 ~ 11행이 정의되지 않으면 쓰레기 값이 출력된다.

*

6.3.3 const 객체

그림 6.29와 같이 const 객체가 사용되면 어떤 방법으로든 클래스의 멤버변수의 값은 변경할 수 없고, const 멤버함수만 호출할 수 있다. 또한 const 객체는 일반 멤버함수는 멤버변수 값을 변경하지 않아도 호출할 수 없다. 그러나 일반 객체는 일반 멤버함수와 const 멤버함수를 호출할 수 있다. 즉 const 객체, const 멤버함수, const 변수의 동작과 접근은 다음과 같이 기억하도록 한다.

const 객체 ⇛ const 멤버함수 ⇛ const 변수
일반 멤버함수 ⇛ const 멤버함수

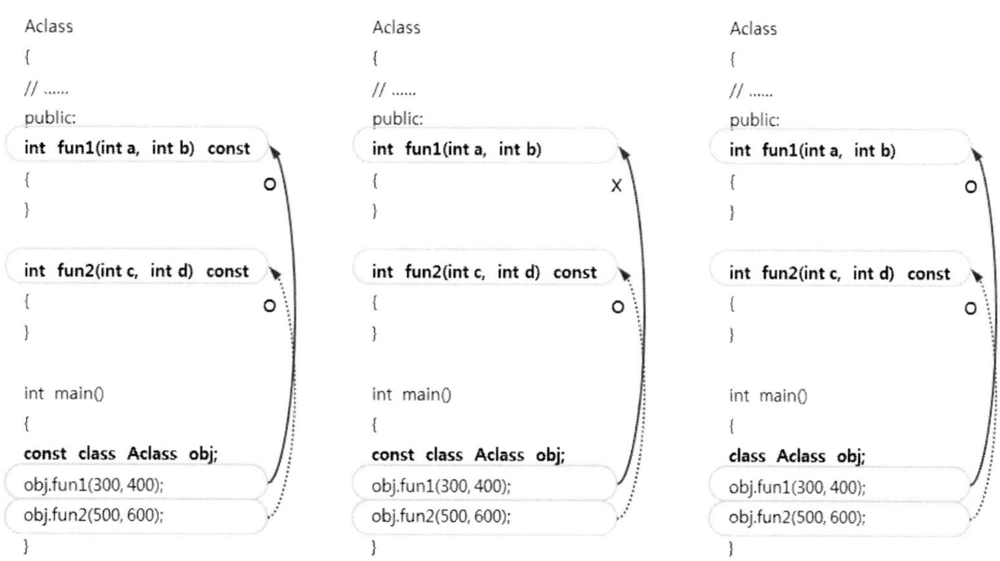

(a) 클래스를 const 객체로 선언 후 const 멤버함수를 호출하는 경우

(b) 클래스를 const 객체로 선언 후 일반멤버함수와 const 멤버함수를 호출하는 경우

(c) 클래스를 일반객체로 선언 후 일반 멤버함수와 const 멤버함수를 호출하는 경우

| 그림 6.29 | const 객체의 동작

*** 예제 const 객체 사용

이 프로그램은 클래스에서 const 객체의 동작을 이해하기 위한 것이며 const 개체를 생성하고 일반 멤버함수와 const 멤버함수를 호출하는 방법을 이해한다. 또한 이 예제를 다음과 같은 결론을 얻을 수 있다.

- const 멤버변수는 반드시 초기자로 초기화해야 한다. static 변수와 같이 외부에서 초기화할 수 없다. : 11행
- 일반 객체는 일반 멤버함수와 const 멤버함수를 호출할 수 있다. : 35행, 39행
- const 객체는 일반 멤버함수를 호출할 수 없지만 const 멤버함수는 호출할 수 있다. : 34행, 38행

6_23.cpp

```
01: #include <iostream>
02: #include <iomanip>
03: using namespace std;
04: class Aclass
05: {
06: private:
07:         int x;
08:         const int y;
09: protected:
10: public:
11:         Aclass():x(1),y(2)                // const 멤버변수는 반드시 초기자로 초기화
12:         {
13:             cout << "Aclass()" << endl;
14:             cout << setw(5) << x << setw(5) << y << endl;
15:         }
16:         void fun1(int a, int b)           // 일반 멤버함수
17:         {
18:             x = a;
19:             // y = b;                     // 오류(const 변수는 값 변경 불가)
20:             cout << "fun1()" << endl;
21:             cout << setw(5) << x << setw(5) << y << endl;
22:         }
23:         void fun2(int c, int d) const     // const 멤버함수
```

```
24:         {
25:                 // x = c;            // 오류(const 함수에서 일반 멤버 변수에 접근 불가)
26:                 // y = d;            // 오류((const 변수는 값 변경 불가)
27:                 cout << "fun2() const" << endl;
28:                 cout << setw(5) << x << setw(5) << y << endl;
29:         }
30: };

31: int main(void)
32: {
33:                 class Aclass ob1;
34:                 ob1.fun1(100, 200);
35:                 ob1.fun2(300, 400);
36:                 cout << endl;

37:                 const class Aclass ob2;
38:                 // ob1.fun1(500, 600);            // 오류(16행에 const 필요)
39:                 ob2.fun2(700, 800);

40:                 return 0;
41: }
```

그림 6.30은 6_23.cpp의 실행결과이다. 먼저 main( ) 함수의 33행이 수행되면 11행 ~ 15행이 실행되어 Aclass( )와 1 2가 출력된다. 34행과 35행이 실행되면 16행과 23행의 fun1( ), fun2( )가 수행되어 각각의 메시지와 값이 출력된다. 37행이 수행되면 11행의 생성자가 동작되어 Aclass( )와 1 2가 출력되며 39행이 수행되면 23행이 수행되어 fun2( ) const와 1 2가 출력된다.

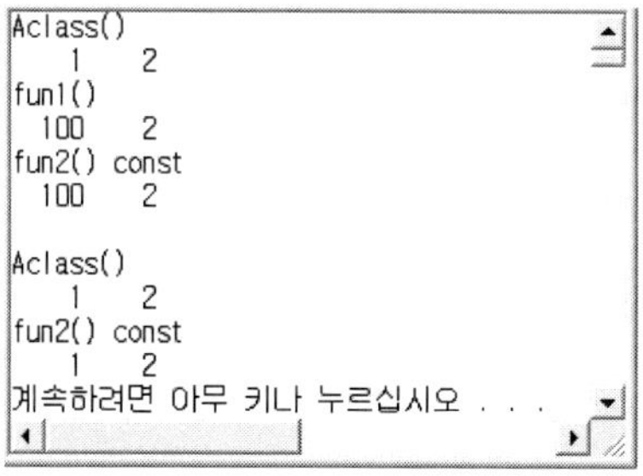

| 그림 6.30 | 실행결과

1) 11행에서 const 멤버변수는 반드시 초기자로 초기화해야하며 클래스 외부에서 Aclass::y=1;와 같이 할 수 없다. 그러나 static 멤버변수는 클래스 외부에서 반드시 초기화해야 한다.

2) 18행은 일반 멤버변수이므로 값을 변경할 수 있으나 19행은 const 멤버변수이므로 값을 변경할 수 없다.

3) 23행은 const 멤버함수를 정의한다. 24행과 같이 const 멤버함수는 일반 멤버함수에 접근할 수 없고 25행은 const 변수의 값을 변경할 수 없다.

4) 34행, 35행의 일반 객체는 일반 멤버함수와 const 멤버함수에 접근할 수 있다.

5) 38행의 const 객체는 일반 멤버함수에 접근할 수 없다. 이때 16행에 const를 사용하면 접근할 수 있다.

6) 39행의 const 객체는 const 멤버함수에 접근할 수 있다.

6.4 explicit와 mutable

예약어 explicit는 객체가 생성될 때 내부적으로 호출되는 생성자를 호출하지 않기 위해서 사용하고 mutable은 const 변수가 일반 변수에 접근할 수 있도록 한다.

정리하기 explicit와 mutable

❶ explicit

explicit는 생성자 앞에 기술하여 클래스형 객체가 생성될 때 내부적으로 호출되는 생성자를 명시적으로 호출(=사용)되지 않도록 하는 명령어이다. 그러나 explicit가 묵시적인 형변환에서는 호출된다. explicit는 객체가 생성되는 관계를 명백하게 하기 위한 목적으로 사용된다. explicit는 일반 멤버함수에서 사용할 수 없다.

❷ mutable

mutable은 const 변수가 일반 변수에 접근할 수 있도록 하는 명령어이다. const 변수는 일반 변수에 접근할 수 없다. 그래서 일반 변수를 mutable로 기술하여 접근할 수 있도록 허용하는 것이다.

** 예제 : explicit 사용

이 프로그램은 생성자에서 explicit의 동작을 이해하기 위한 것이다. 이 예제를 통해서 다음의 내용을 이해할 수 있다.

- 일반 멤버함수에는 explicit 사용불가
- 일반 생성자는 묵시적인 형변환(( ) 사용)이 가능 : 29행
- 일반 생성자는 명시적인 형변환(= 사용)이 가능 : 30행
- explicit 생성자는 묵시적인 형변환(( ) 사용)이 가능 : 34행
- explicit 생성자는 명시적인 형변환(= 사용)이 불가능 : 35행

6_24.cpp

```
01: #include <iostream>
02: using namespace std;
03: class Aclass
04: {
05: private:
06:         int a;
07:         float b;
08: public:
09: Aclass(int c)                          // 일반 생성자 정의
10: {
11:         a = c;
12:         cout << "constructor : " << a << endl;
13: }
14: explicit  Aclass(float d)              // 실수형 인수를 갖는 생성자 정의
15: {
16:         b = d;
17:         cout << "explicit constructor : " << b << endl;
18: }
19: };
20: void main(void)
21: {
22:         int x;
23:         cin >> x;
24:         class Aclass obj1(x);          // 일반 생성자 호출(묵시적 형변환)
```

```
25:     class Aclass obj2=x;         // 일반 생성자 호출(명시적 형변환)
26:     cout << endl;
27:     float y;
28:     cin >> y;
29:     class Aclass obj3(y);        // explicit 사용(묵시적 형변환 가능)
30:     class Aclass obj4= y;        // explicit 사용(명시적인 형변환 불가)
31:     cout << endl;
32: }
```

그림 6.31은 6_24.cpp의 실행결과이다. 첫 번째 표준입력장치로 100 값이 입력되면 일반 생성자가 묵시적 형변환과 명시적 형변환으로 호출되며, 두 번째 3.14를 입력하면 실수형 인수를 갖는 explicit 생성자가 동작되며 이때 묵시적인 형변환은 가능하지만 명시적인 형변환으로는 호출되지 않는다.

```
100
constructor : 100
constructor : 100

3.14
explicit constructor : 3.14
constructor : 3

계속하려면 아무 키나 누르십시오 . . .
```

| 그림 6.31 | 실행결과

1) 09행은 일반 생성자를 정의하고 14행은 실수형 인수를 갖는 explicit 생성자를 정의한다. 20행은 전역 함수를 정의한다.

2) 24행과 25행은 09행의 일반생성자를 묵시적인 형변환(24행)과 명시적인 형변환(25행) 모두 호출할 수 있다.

3) 29행과 30행은 입력된 값이 실수형이므로 14행의 생성자가 호출된다. 이때 explicit로 기술하였기 때문에 명시적인 형변환(30행)은 호출되지 않고 09행이 호출된다.

** 예제 mutable 사용

이 프로그램은 mutable의 동작을 이해하기 위한 것이다. mutable로 선언된 변수는 const 변수가 일반 변수를 접근할 수 있도록 허용하는 명령어이다. 이 예제를 통해서 다음의 내용을 이해할 수 있다.

- 일반 변수 ⇒ 일반 변수로 접근 가능 : 12행
- 일반 변수 ⇒ mutable 변수로 접근 가능 : 13행
- const 변수 ⇒ 일반 변수로 접근 불가능 : 17행
- const 변수 ⇒ mutable 변수로 접근 가능 : 18행

6_25.cpp

```
01: #include <iostream>
02: #include <iomanip>
03: using namespace std;
04: class Aclass
05: {
06: private:
07:         int a;                          // 일반변수
08:         mutable int b;                  // mutable로 선언
09: public:
10:         void fun1(int x, int y)
11:         {
12:                 a = x;                  // 정상(일반변수->일반변수)
13:                 b = y;                  // 정상(일반변수->mutable 변수)
14:                 cout << setw(5) << a << setw(5) << b << endl;
15:         }
16:         void fun2(int x, int y) const   // const x, const y와 동일
17:         {
18:                 // a = x;               // 오류(const 변수->일반변수)
19:                 b = y;                  // 정상(const 변수->mutable 변수)
20:                 cout << setw(5) << a << setw(5) << b << endl;
21:         }
22: };
23: int main(void)
```

```
24: {
25:         class Aclass ob;
26:         ob.fun1(100, 200);
27:         ob.fun2(500, 600);
28:         return 0;
29: }
```

그림 6.32는 6_25.cpp의 실행결과이다. main( ) 함수의 06행이 수행되면 10행 ~ 14행이 수행되어 100, 200이 출력되고 27행이 수행되면 16행 ~ 21행이 수행되어 100, 600이 출력된다.

| 그림 6.32 | 실행결과

1) 만약 07행을 const int a로 하면 error C2512 : 'Aclass' : no appropriate default constructor available 오류가 발생된다. **const 변수는 반드시 생성자의 초기자로만 접근할 수 있다.**

2) 16행은 변수 x, y를 const 형으로 처리하여 값을 변경할 수 없도록 하는 것이며 const x, const y와 같다.

3) 19행은 16행에서 y가 const형 변수이지만 08행에서 mutable로 선언되었기 때문에 다른 값으로 할당할 수 있다.(그림 6.33 참조)

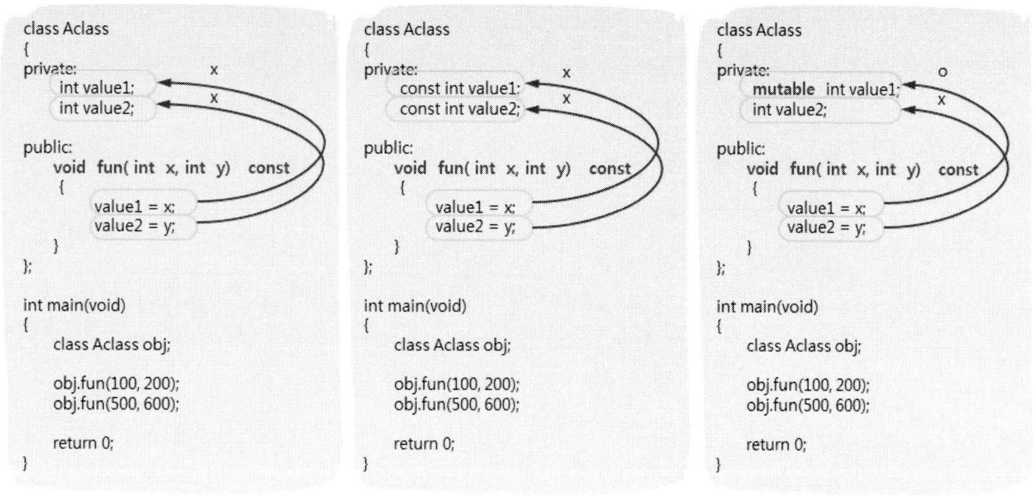

(a) const 변수에서 일반 변수로 접근: 불가

(b) const 변수에서 const 변수로 접근: 불가(이 경우는 초기자를 사용해야 함)

(c) const 변수에서 mutable 변수로 접근만 가능

| 그림 6.33 | 예제 6.25의 동작

요약

01. 그림 6.34는 본 장에서 학습한 내용이다. 본 장에서는 static 예약어의 사용과 클래스에서 static의 사용에 대해서 학습하였다. 또한 const, explicit, mutable에 대해서 학습하였다.

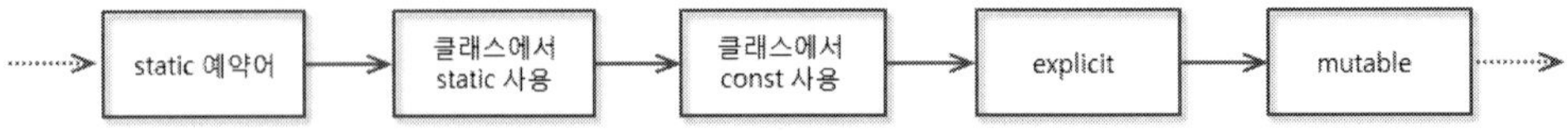

| 그림 6.34 | 본 장에서 학습한 내용

02. static을 클래스에서 사용하는 경우는 private에서 static 멤버변수로 사용, static 멤버함수로 사용, static 객체로 사용하는 경우이다.

03. const는 변수의 값을 고정하기 위해서 사용되며 일반 변수, 함수, 포인터 및 클래스에서 사용된다. const의 평가는 컴파일 중에 이루어지기 때문에 프로그램 실행 중에 발생되는 오류를 최대한 줄일 수가 있어 프로그램을 효율적으로 설계할 수 있다.

04. explicit는 생성자 앞에 기술하여 클래스형 객체가 생성될 때 내부적으로 호출되는 생성자를 호출되지 않도록 하는 예약어이다. explicit는 객체가 생성되는 관계를 명백하게 하기 위한 목적으로 사용된다. explicit는 일반 멤버함수에서는 적용되지 않는다.

05. mutable은 const 멤버함수로 정의된 변경할 수 없는 멤버변수를 mutable로 기술하여 멤버변수를 변경할 수 있도록 하는 예약어이다.

연습문제_A

01. static 예약어의 사용목적은 무엇인가?

02. static 데이터 멤버는 어떻게 동작하는가?

03. static 데이터 함수는 어떻게 동작하는가?

04. static 객체는 어떻게 동작하는가?

05. const 예약어의 사용목적은 무엇인가?

06. const 데이터 멤버는 어떻게 동작하는가?

07. const 데이터 함수는 어떻게 동작하는가?

08. const 객체는 어떻게 동작하는가?

09. mutable과 explicit의 사용 목적과 동작을 코드로 설명하여라.

연습문제_B

10. 그림 6.35의 실행결과를 출력할 수 있도록 코드를 완성하여라.

```
#include <iostream>
#include <iomanip>
using namespace std;

class Aclass
{
private:
```

```
        int x;
        const int y;
protected:
public:
        {
                cout << "생성자 실행" << endl;
                cout << setw(5) << x << setw(5) << y << endl;
        }
        int fun1(int a, int b) const
        {
                cout << "fun1() 함수 실행" << endl;
                cout << setw(5) << a << setw(5) << b << endl << endl;
                return a;
        }
        {
                cout << "fun2() 함수 실행" << endl;
                cout << setw(5) << c << setw(5) << d << endl<< endl;
                // x=a;  오류
                // y=b;  오류
                return &c;
        }
};
void main(void)
{
        class Aclass ob1;
        class Aclass *ob2 = &ob1;                // 클래스형 포인터 객체의 초기화
        ptr1=&Aclass::fun1;                      // 함수 fun1을 ptr1에 초기화
        (ob2->*ptr1)(100, 200);                  // 클래스형 함수 fun1을 호출
        class Aclass ob3;
                                                 // const 포인터 객체 초기화
        const int* (Aclass::*ptr2)(int a, int b) const;
        ptr2=&Aclass::fun2;                      // 함수 fun2()를 ptr2에 초기화
        (ob4->*ptr2)(300, 400);
}
```

```
생성자 실행
    1    2
fun1() 함수 실행
  100  200

생성자 실행
    1    2
fun2() 함수 실행
  300  400

계속하려면 아무 키나 누르십시오 . . .
```

| 그림 6.35 | 실행결과

11. 그림 6.36과 같이 0 ~ 9까지 10개의 데이터를 정렬하고 정렬하기 위한 비교횟수와 실행시간을 출력하는 프로그램을 설계하여라.(힌트: 버블 정렬(bubble sorting) 알고리즘을 적용한다.)

```
before
  9  6  1  0  8  2  4  3  7  5

after
  0  1  2  3  4  5  6  7  8  9

compare count=  45

run time= 0.002sec
계속하려면 아무 키나 누르십시오 . . .
```

| 그림 6.36 | 실행결과

12. 그림 6.37은 RLC 병렬회로이다. $f_r = 1kHz, R = 1k\Omega, L = 10mH, C = 220\mu F$ 일 때 어드미턴스의 크기 Y, 어드미턴스 각 Φ를 계산하고 이 회로가 용량성, 유도성 및 저항성인가를 판단하고 결과를 출력하는 프로그램을 설계하여라.

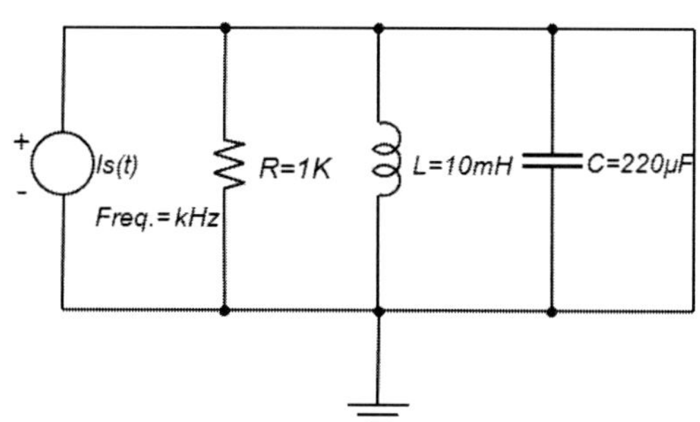

| 그림 6.37 | RLC 병렬회로

<힌트>

그림 6.37은 RLC 병렬회로이므로 전체 어드미턴스(Y)와 Φ는 다음과 같이 계산된다.

$$Y = \sqrt{G^2 + B^2} = Y\angle\Phi, where : G = \frac{1}{R}, B_C = \omega C, B_L = -\frac{1}{\omega L}, B = B_C + B_L, \omega = 2\pi f$$

$$\Phi = \tan^{-1}\frac{B}{C}, where : B = B_C + B_L, B_C = \omega C, B_L = -\frac{1}{\omega L}, \omega = 2\pi F$$

그림 6.38는 RLC 병렬회로에서 $B>0$인 경우, $|B_C|>|B_L|$ 이므로 용량성(capacitive) 회로이며, $B=0$인 경우, $|B_C|=|B_L|$ 이므로 저항성(resistive) 회로이며, $\Phi=0$이므로 전압과 전류가 동상(병렬공진회로)이다. $B<0$인 경우, $|B_C|<|B_L|$ 이므로 유도성(inductive) 회로이다.

```
Y = 1.37e+000 [ohm]
phi = 9.00e+001 [degree]

capacitive circuit

계속하려면 아무 키나 누르십시오 . . .
```

| 그림 6.38 | 실행결과

제7장 상속성

✱ 차례

✱ 학습목표

1. 클래스의 상속성(inheritance)을 정의하고 필요성을 이해한다.
2. 클래스의 private, protected, public 상속을 이해한다.
3. 클래스에서 메모리가 어떻게 정렬되는지를 이해한다.
4. 초기자의 사용방법을 이해한다.

7.1 개요

클래스의 상속성(相續性 : inheritance)은 새로 정의하는 클래스가 이미 정의된 다른 클래스의 데이터 멤버와 멤버함수를 받아 이전에 정의된 클래스의 일부분 혹은 전체를 사용하는 것이다. 클래스 상속성은 기존의 클래스를 다시 기술하거나 변경 혹은 삭제하지 않고 새로운 클래스를 보다 간결하고, 효율적으로 재사용(reusability)할 수 있게 한다. 클래스의 상속성은 객체지향 프로그래밍에서 가장 중요한 특징이다.

■ 상속성의 개념 ■

그림 7.1은 폴(paul)의 가족 가계도이다. 폴과 동생은 모두 부모의 특징(얼굴 모양, 피부색, 눈 모양 등)을 닮아 매우 미남이며, 동생은 미녀이다. 또한 폴의 자식은 폴의 피부색과 폴 어머니의 눈을 닮았다. 이와 같이 인간은 자신의 특징(유전자를 통해서)을 지속적으로 후손으로 물려주게 된다. C++의 상속성을 폴의 가계도와 연관시켜보자. 그림 7.1에 폴의 부모는 C++에서 기초클래스(Aclass)로 폴은 C++에서 파생클래스(Bclass, Cclass, Dclass, Eclass)가 생성된다. 이때 파생클래스(자식)는 기초클래스(부모)로부터 특징(데이터멤버, 멤버함수)을 상속받기 때문에 파생클래스에서 다시 만들지 않고 기초클래스의 기능을 그대로 사용할 수 있다. 이와 같이 클래스에서 상속성을 사용하면 프로그램의 효율성(안정되고, 간결하고, 빠르게 코딩)이 증가된다.

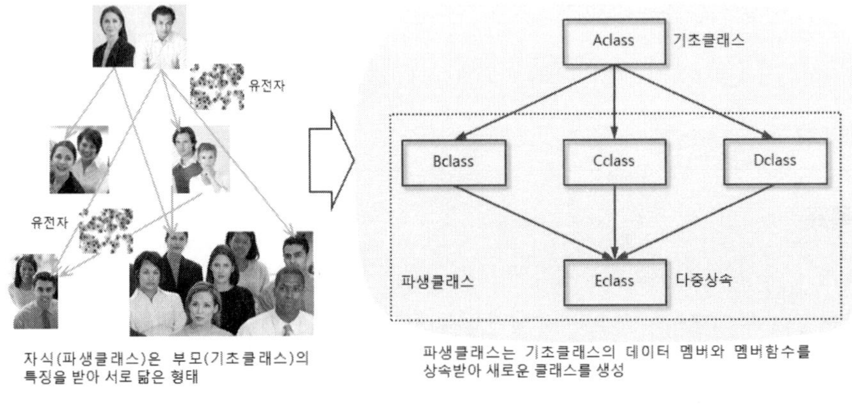

| 그림 7.1 | 클래스의 상속성

결론적으로 클래스의 상속성을 사용하면 다른 프로그램(기초클래스)의 일부분을 공유함으로서 재사용되는 코드(code)들을 재 작성할 필요가 없기 때문에 프로그램이 간결해진다. 또한 코드를 재사용함으로써 개발시간을 단축할 수 있고, 코드 크기도 줄일 수 있으며, 프로그램의 안정성을 가져올 수 있게 되어 오류를 줄일 수 있다.

7.2 기초클래스와 파생클래스

파생클래스는 기초클래스로부터 상속(데이터 멤버 혹은 멤버함수)을 통해 새로 생성되는 클래스를 파생클래스(derived class) 혹은 자식클래스(child class)라 한다. 파생시키는 클래스를 기초클래스(base class) 혹은 부모클래스(parent class)라 한다. 클래스에서 상속받은 파생클래스는 다시 다른 클래스를 파생시킬 수 있으며, 기초클래스들로부터 상속된 모든 파생클래스 집합을 상속 계층(inheritance hierarchy)이라 한다. 파생클래스는 기초클래스가 생성된 다음에 정의되어야 한다. 파생클래스에서 상속멤버를 지정하는 것은 파생클래스가 기초클래스의 데이터 멤버들의 접근 방법이나 상속성을 제한하기 위한 것이다.

■ 형식

```
class 파생_클래스_이름 : [접근명시자]  기초_클래스_이름
{
      // ...
};
```

■ 사용

```
class Aclass
{
      // ...
};

class Bclass : public Aclass    // Aclass를 public 형식으로 상속한 Bclass
{
      private:
      protected:
      public:
      Bclass()                  // Bclass 생성자
      {
            // ...
      }
};
```

클래스의 상속관계에 있는 경우 파생클래스에서 **private 영역의 모든 멤버, friend 관계, static 변수, static 함수는** 상속받을 수 없다.

7.3 클래스의 private 상속

파생클래스가 기초클래스로부터 상속되는 경우 파생클래스는 기초클래스의 접근명시자에 의해서 지정된 데이터 멤버들과 멤버함수들을 파생클래스로 상속된다. 이때 접근명시자는 private, protected, public이 있다.

그림 7.2는 private로 상속하는 경우이다. 파생클래스가 private로 상속받는 경우는 기초클래스 내의 protected와 public의 모든 데이터 멤버들과 멤버함수들은 파생클래스 쪽의 private로 상속받는다. 파생클래스를 다른 클래스가 다시 상속받아도 private 내의 3개 멤버들은 다른 클래스 쪽으로 상속되지 않는다. 기초클래스의 private의 멤버는 상속되지 않는다. 기초클래스의 private는 생략해도 오류는 아니지만 protected와 public을 생략할 경우에는 오류가 발생된다. private로 상속받는 경우 기초클래스의 protected와 public 영역의 모든 멤버는 파생클래스의 private 영역으로 상속된다. 파생클래스에서는 private, protected는 생략해도 오류는 아니지만 public을 생략할 경우에는 오류가 발생된다. 이때 파생 클래스의 크기는 A+B의 크기가 된다.

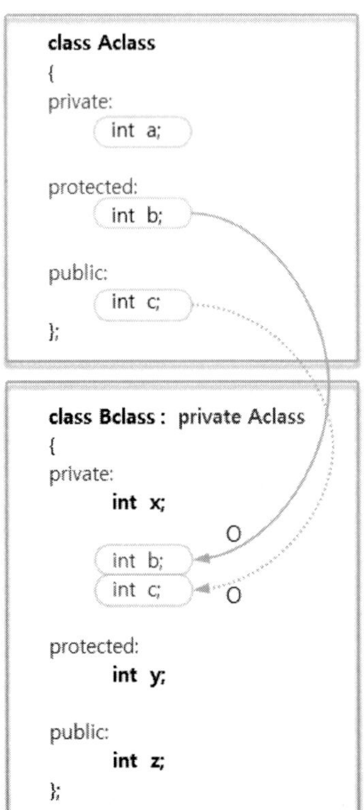

기초클래스

- 기초클래스의 private의 멤버는 상속되지 않는다.
- 기초클래스의 private는 생략해도 오류는 아니지만 protected와 public를 생략할 경우에는 오류가 발생된다.

파생클래스

- private로 상속받는 경우 기초클래스의 protected와 public 영역의 모든 멤버는 파생클래스의 private 영역으로 상속된다.
- 파생클래스의 private, protected는 생략해도 오류는 아니지만 public를 생략할 경우에는 오류가 발생된다.
- 이때 파생클래스의 크기는 A+B의 크기가 된다.

| 그림 7.2 | 파생클래스(Bclass)가 private으로 상속받는 경우

예제 : 파생클래스가 private으로 상속받는 경우

이 프로그램은 기초클래스로부터 파생클래스가 private으로 상속받는 경우 동작을 이해하기 위한 것이다.

- 기초클래스로부터 private으로 상속받는 경우 클래스 외부(main( ) 함수)에서 기초클래스의 데이터 멤버와 멤버함수에 접근하는 방법 : 42행
- 기초클래스로부터 private으로 상속받는 경우 클래스 외부(main( ) 함수)에서 파생클래스의 데이터 멤버와 멤버함수에 접근하는 방법 : 47행

7_1.cpp

```
01: #include <iostream>
02: #include <iomanip>
03: using namespace std;
04: class  A
05: {
06: private:
07:     int a;
08: protected:
09:     int b;
10: public:
11:     int c;
12:     void fun1(int i, int j, int k)
13:     {
14:         a=i;
15:         b=j;
16:         c=k;
17:         cout << "A class : fun1()" << endl;
18:         cout << setw(5) << a << setw(5) << b << setw(5) << c << endl << endl;
19:     }
20: };
21: class  B: private A
22: {
23: private:
24:     int x;
25: protected:        // 사용하지 않아도 무관
```

```
    int y;
public:            // 사용하지 않으면 오류
    int z;

    void fun2(int p, int q, int r)
    {
        x=p;       // a=p; 오류
        y=q;       // b=q; 정상
        z=r;       // c=r; 정상

        cout << "B class : fun2()" << endl;
        cout << setw(5) << x << setw(5) << y << setw(5) << z << endl << endl;
    }
};

void main()
{
        class A ob1;
        class B ob2;

        ob1.fun1(1,2,3);
        // ob1.a= 100;         // 오류(클래스 외부에서 private 영역 직접 접근불가)
        // ob1.b= 100;         // 오류(클래스 외부에서 protected에 직접 접근불가)
        // ob1.c= 100;         // 정상(public은 클래스 외부에서 자유롭게 접근)

        // ob2.fun1(4,5,6);    // 오류(private의 a는 상속되지 않음)
        ob2.fun2(7,8,9);       // 정상(public을 통해 클래스 접근 가능)
        // ob2.a= 100;         // 오류(private 멤버는 상속되지 않음)
        // ob2.b= 100;         // 오류(클래스 외부에서 private에 직접 접근불가)
        // ob2.c= 100;         // 오류(클래스 외부에서 private에 직접 접근불가)

        // ob2.x= 100;         // 오류(클래스 외부에서 private 영역 직접 접근불가)
        // ob2.y= 100;         // 오류(클래스 외부에서 protected에 직접 접근불가)
        // ob2.z= 100;         // 정상(public은 클래스 외부에서 자유롭게 접근)

        cout << "A size :" << sizeof(ob1) << "byte" << endl;
        cout << "B size :" << sizeof(ob2) << "byte" << endl;
}
```

그림 7.3은 7_1.cpp의 실행결과이다. 프로그램은 먼저 A 클래스의 fun1( ) 함수가 호출되고 두 번째로 A 클래스의 fun2( ) 함수가 호출되고 마지막으로 B 클래스의 fun2( ) 함수가 호출된다.

```
A class : fun1()
   1   2   3

B class : fun2()
   7   8   9

A size :12byte
B size :24byte
계속하려면 아무 키나 누르십시오 . . .
```

| 그림 7.3 | 실행결과

1) 04행은 클래스 A를 정의한다. 이때 06행과 08행은 생략할 수 있지만 10행을 생략할 경우 오류가 발생된다.

2) 21행은 클래스 A를 상속받아 클래스 B를 정의한다. 이때 23행과 25행은 생략할 수 있지만 27행을 생략할 경우 오류가 발생된다.

3) 31행을 a=p;로 하면 오류지만 32행과 33행을 각각 b=q, c=r;로 하면 오류가 발생되지 않는다. 이것은 파생클래스 데이터 멤버를 자신의 클래스 내의 멤버함수로 접근할 수 있기 때문이다.

4) 43행, 44행과 48행,49행은 각각 클래스 외부에서 private 영역의 멤버는 직접 접근을 할 수 없기 때문이다. 이것은 클래스 B는 클래스 A를 private로 상속받았기 때문이다.

*

7.4 클래스의 protected 상속

그림 7.4는 protected로 상속하는 경우이다. 파생클래스가 protected로 상속받는 경우 기초클래스의 protected 및 public의 모든 데이터 멤버들과 멤버함수들은 파생클래스의 protected로 상속된다. 그러나 파생클래스에 만약 protected 영역이 존재하지 않으면 상속되는 모든 멤버들은 파생클래스의 private 영역에 상속된다.

기초클래스의 private, protected는 생략해도 오류는 아니지만 public를 생략할 경우에는 오류가 발생된다. protected로 상속받는 경우 베이스 클래스의 protected와 public 영역의 모든 멤버는 파생클래스의 protected영역으로 상속된다. 파생클래스에서는 private, protected는 생략해도 오류는 아니지만 public를 생략할 경우에는 오류가 발생된다. 이때 파생 클래스의 크기는 A+B의 크기가 된다.

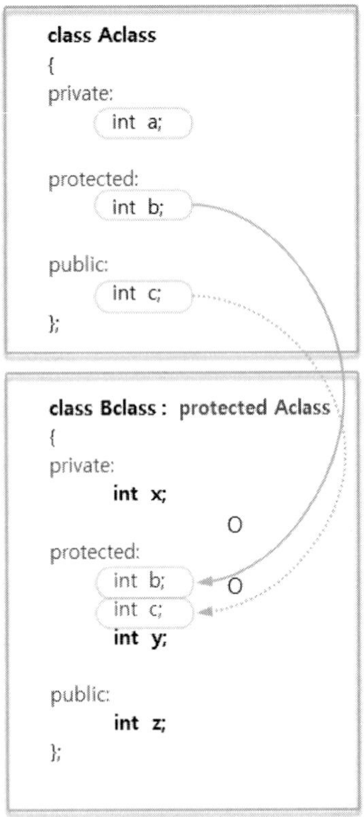

기초클래스

- 기초클래스의 private의 멤버는 상속되지 않는다.
- 기초클래스의 private, protected는 생략해도 오류는 아니지만 public를 생략할 경우에는 오류가 발생된다.

파생클래스

- protected로 상속받는 경우 기초클래스의 protected와 public 영역의 모든 멤버는 파생클래스의 protected영역으로 상속된다.
- 파생클래스에서는 private, protected는 생략해도 오류는 아니지만 public를 생략할 경우에는 오류가 발생된다.
- 이때 파생클래스의 크기는 A+B의 크기가 된다.

| 그림 7.4 | 파생클래스(Bclass)가 protected로 상속받는 경우

예제 : 파생클래스가 protected로 상속받는 경우

이 프로그램은 파생클래스가 protected로 상속받는 경우의 동작을 확인하는 예제이다.

- 기초클래스로부터 protected로 상속받는 경우 클래스 외부(main( ) 함수)에서 기초클래스의 데이터 멤버와 멤버함수에 접근하는 방법 : 42행
- 기초클래스로부터 protected로 상속받는 경우 클래스 외부(main( ) 함수)에서 파생클래스의 데이터 멤버와 멤버함수에 접근하는 방법 : 46행

7_2.cpp

```
01: #include <iostream>
02: #include <iomanip>
03: using namespace std;
```

```
class  A
{
private:
    int a;
protected:
    int b;
public:
    int c;

    void fun1(int i, int j, int k)
    {
        a=i;
        b=j;
        c=k;

        cout << "A class : fun1()" << endl;
        cout << setw(5) << a << setw(5) << b << setw(5) << c << endl << endl;
    }
};

class  B: protected A
{
private:
    int x;
protected:          // 사용하지 않아도 무관
    int y;
public:             // 사용하지 않으면 오류
    int z;

    void fun2(int p, int q, int r)
    {
        x=p;        // a=p; 오류
        y=q;        // b=q; 정상
        z=r;        // c=r; 정상

        cout << "B class : fun2()" << endl;
        cout << setw(5) << x << setw(5) << y << setw(5) << z << endl << endl;
    }
};

void main()
{
```

```
40:        class A ob1;
41:        class B ob2;

42:        ob1.fun1(1,2,3);
43:        // ob2.fun1(4,5,6);              // 오류
44:        // ob2.b;                        // 오류
45:        // ob2.y;                        // 오류
46:        ob2.fun2(7,8,9);

47:        cout << "A size :" << sizeof(ob1) << "byte" << endl;
48:        cout << "B size :" << sizeof(ob2) << "byte" << endl;
49: }
```

그림 7.5는 7_2.cpp의 실행결과이다. 프로그램은 먼저 A 클래스의 fun1( ) 함수가 호출되고 두 번째로 A 클래스의 fun2( ) 함수가 호출되고 마지막으로 B 클래스의 fun2( ) 함수가 호출된다.

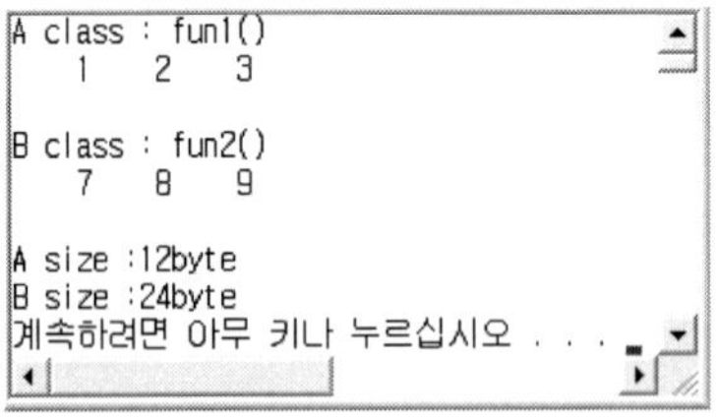

| 그림 7.5 | 실행결과

1) 04행은 클래스 A를 정의한다. 이때 06행과 08행은 생략할 수 있지만 10행을 생략할 경우 오류가 발생된다.

2) 21행은 클래스 A를 상속받아 클래스 B를 정의한다. 이때 23행과 25행은 생략할 수 있지만 27행을 생략할 경우 오류가 발생된다.

3) 31행을 a=p;로 하면 오류지만 32행과 33행을 각각 b=q, c=r;로 하면 오류가 발생되지 않는다. 이것은 파생클래스 데이터 멤버를 자신의 클래스 내의 멤버함수로 접근할 수 있기 때문이다.

4) 43행, 44행과 45행은 각각 클래스 외부에서 protected 영역의 멤버는 직접 접근할 수 없기 때문이다.

7.5 클래스의 public 상속

그림 7.6은 파생클래스가 public로 상속받는 경우이다. 클래스 상속에서 파생클래스가 public 형식으로 상속받는 경우 기초클래스의 private의 요소들은 상속되지 않고 protected의 요소들은 파생클래스의 protected 영역에 그리고, public의 요소들은 파생클래스의 public 영역에 각각 상속된다. 기초클래스의 private의 멤버는 상속되지 않는다. 기초클래스의 private의 멤버는 상속되지 않는다. 기초클래스의 private, protected는 생략해도 오류는 아니지만 public를 생략할 경우에는 오류가 발생된다. public으로 상속받는 경우 베이스 클래스의 protected 데이터 멤버는 파생클래스의 protected영역으로 public은 public 영역으로 상속된다. 파생클래스에서는 private, protected는 생략해도 오류는 아니지만 public를 생략할 경우에는 오류가 발생된다. 이때 파생클래스의 크기는 A+B의 크기가 된다.

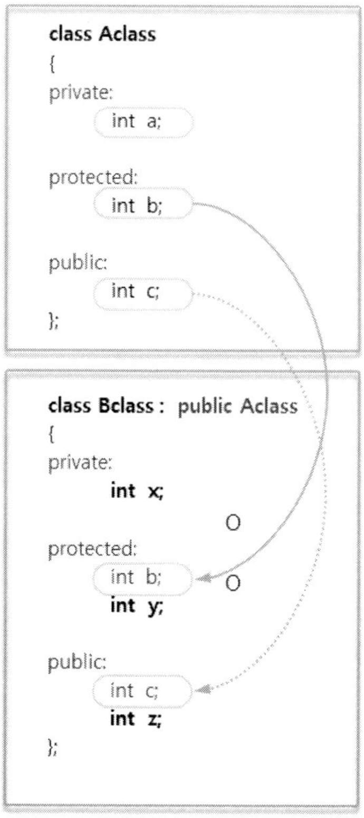

기초클래스

- 기초클래스의 private의 멤버는 상속되지 않는다.
- 기초클래스의 private, protected는 생략해도 오류는 아니지만 public를 생략할 경우에는 오류가 발생된다.

파생클래스

- public으로 상속받는 경우 기초클래스의 protected 데이터 멤버는 파생클래스의 protected영역으로 public은 public 영역으로 상속
- 파생클래스에서는 private, protected는 생략해도 오류는 아니지만 public를 생략할 경우에는 오류가 발생된다.
- 이때 파생클래스의 크기는 A+B의 크기가 된다.

| 그림 7.6 | 파생클래스(Bclass)가 public으로 상속받는 경우

예제 | 파생클래스가 public으로 상속받는 경우

이 프로그램은 파생클래스가 public으로 상속받는 경우의 동작을 확인하는 예제이다.

- 기초클래스로부터 public으로 상속받는 경우 클래스 외부(main( ) 함수)에서 기초클래스의 데이터 멤버와 멤버함수에 접근하는 방법 : 42행
- 기초클래스로부터 public으로 상속받는 경우 클래스 외부(main( ) 함수)에서 파생클래스의 데이터 멤버와 멤버함수에 접근하는 방법 : 43행, 46행

7_3.cpp

```
01: #include <iostream>
02: #include <iomanip>
03: using namespace std;
04: class  A                          // 기초클래스 정의
05: {
06: private:
07:     int a;
08: protected:
09:     int b;
10: public:
11:     int c;
12:     void fun1(int i, int j, int k)
13:     {
14:         a=i;
15:         b=j;
16:         c=k;
17:         cout << "A class : fun1()" << endl;
18:         cout << setw(5) << a << setw(5) << b << setw(5) << c << endl << endl;
19:     }
20: };
21: class  B: public A                // 파생클래스 정의
22: {
23: private:
24:     int x;
25: protected:                        // 사용하지 않아도 무관
26:     int y;
```

```
public:                        // 사용하지 않으면 오류
    int z;

    void fun2(int p, int q, int r)
    {
        x=p;                   // a=p; 오류
        y=q;                   // b=q; 정상
        z=r;                   // c=r; 오류

        cout << "B class : fun2( )" << endl;
        cout << setw(5) << x << setw(5) << y << setw(5) << z << endl << endl;
    }
};

void main( )
{
        class A ob1;
        class B ob2;

        ob1.fun1(1,2,3);
        ob2.fun1(4,5,6);
        // ob2.b;                // 오류(클래스 외부에서 protected 멤버의 접근 불가)
        // ob2.y;                // 오류(클래스 외부에서 protected 멤버의 접근 불가)
        ob2.fun2(7,8,9);

        cout << "A size :" << sizeof(ob1) << "byte" << endl;
        cout << "B size :" << sizeof(ob2) << "byte" << endl;
}
```

그림 7.7은 7_3.cpp의 실행결과이다. 프로그램은 먼저 A 클래스의 fun1( ) 함수가 호출되고 두 번째로 A 클래스의 fun2( ) 함수가 호출되고 마지막으로 B 클래스의 fun2( ) 함수가 호출된다.

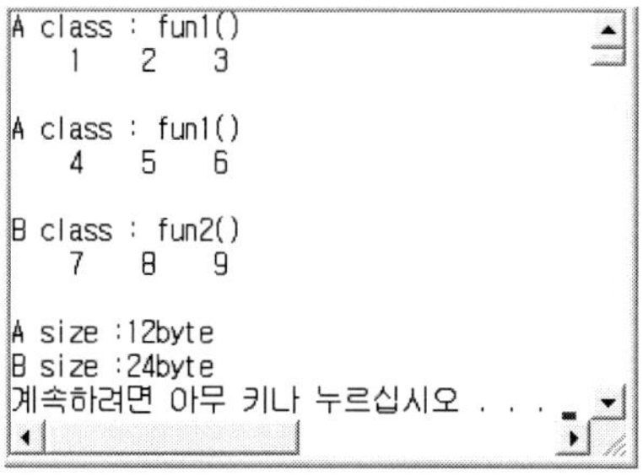

| 그림 7.7 | 실행결과

1) 04행은 클래스 A를 정의한다. 이때 06행과 08행은 생략할 수 있지만 10행을 생략할 경우 오류가 발생된다.

2) 21행은 클래스 A를 상속받아 클래스 B를 정의한다. 이때 23행과 25행은 생략할 수 있지만 27행을 생략할 경우 오류가 발생된다.

3) 31행과 33행은 각각 a=p;, c=r;로 하면 오류가 발생된다. 이것은 파생클래스에서 직접 기초클래스에 접근할 수 없기 때문이다. 그러나 32행의 protected는 파생클래스에서 직접 기초클래스에 접근할 수 있기 때문에 b=q;로 할 수 있다.

4) 44행과 45행은 각각 클래스 외부에서 protected 영역의 멤버는 직접 접근할 수 없기 때문이다.

7.6 상속의 조건

클래스의 상속은 3가지(private, protected, public)가 있다. 3가지 상속에서 주로 public을 사용한다. public 상속은 IS-A 관계가 성립되도록 만들어야 한다. 클래스의 상속을 위한 조건은 IS-A와 HAVE-A 관계가 있다. 상속의 조건에서 IS-A는 상속(inheritance)을 의미하며 HAVE-A는 상속과 포함관계이다. 이때 클래스의 상속성은 IS-A 혹은 HAVE-A 관계가 되어야 정확하게 상속될 수 있다.

7.6.1 IS-A 관계

그림 7.8은 클래스 상속에서 IS-A 관계를 설명한 것이다. IS-A 관계는 파생클래스에서 기초클래스로의 IS-A 관계로 구성되어야 한다. 그림 7.8은 'Tiger is a Animal'이 되어 '호랑이는 일종의 동물이다.'로 해석할 수 있으므로 이 관계는 논리적으로 성립되므로 상속관계를 형성할 수 있다. 그러나 기초클래스에서 파생클래스 관계가 되면 'Animal is a Tiger'가 되어 '동물은 일종의 호랑이다.'로 해석되어 모순되므로 상속관계를 가질 수 없다.

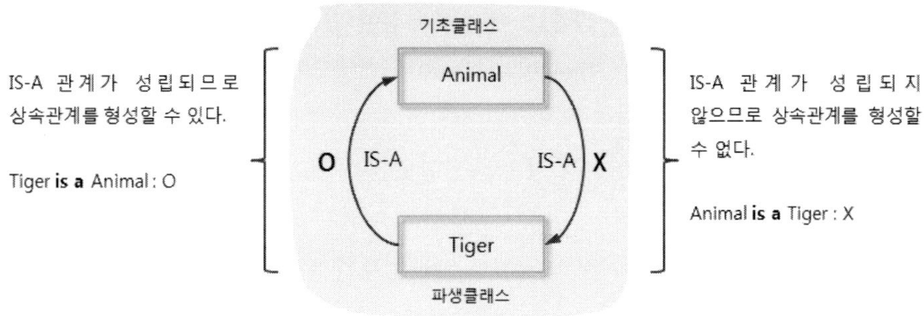

| 그림 7.8 | 클래스 상속 : IS-A 관계

그러면 왜 클래스의 상속성은 IS-A 관계가 되어야 하는가? 그림 7.9를 예로 보자. 그림 7.9에서 클래스는 모든 동물의 공통성을 가지고 추상화시켜 파생클래스를 만들어야 한다. 이때 클래스는 동물에서 모든 종류의 사자, 모든 용맹성으로 구성된다. 이러한 경우와 같이 동물이 20마리 있을 때 보다 3마리 있을 때(즉, 수가 적을수록) 더 많은 공통성을 추출하여 클래스를 만들 수 있다. **그림 7.9와 같이 파생되는 클래스 방향으로 범위는 좁아지고 기능(멤버함수)은 많아진다. 이것을 특수화(specialization)라 한다. 따라서 클래스의 상속관계는 파생클래스 방향으로 좁은 범위의 많은 기능이 되기 위해서는 IS-A 관계로 형성되어져야 한다. 반대로 기초클래스 방향으로 갈수록 범위가 넓고 기능(멤버함수)의 수가 적어지게 된다. 이것을 (generalization)라 한다. 그것이 C++의 상속성 특성과 완전히 일치한다. 그래서 IS-A 관계를 성립시키는 것이 상속을 하는 조건에 있어서 반드시 필요하다.** 그래서 IS-A 관계가 성립되면 파생클래스 방향으로 특성이 많아지고 이러한 특성은 멤버함수와 멤버변수로써 표현될 수 있기 때문에 상속 관계의 구조로 이루어지게 된다. 클래스가 상속관계에 있을 때 파생클래스는 기초클래스의 모든 특성을 포함하기 때문에 (특성들이 많아지기 때문에) IS-A 관계로 표현될 수 있다.

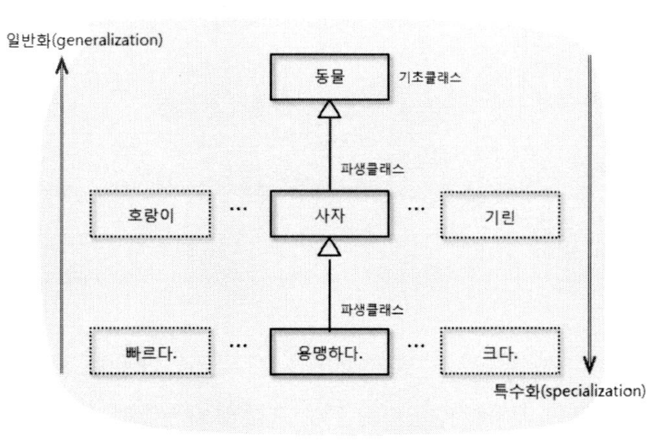

| 그림 7.9 | IS-A 관계의 필요성

그러면 클래스의 상속성에서 IS-A 관계는 어떤 문제점이 있는가. 그림 7.10의 예를 보자. 그림 7.10에서 IS-A 관계는 Animal is a Tiger이 된다. 이때 Tiger 클래스에서 용맹성의 intrepid( ) 함수가 있고 Animal 클래스가 Tiger 클래스를 상속했다고 가정하자. main( ) 함수에서 Animal 객체를 여러 개 생성하는 경우 Animal은 상속받은 함수를 가지고 있으므로 모두 intrepid( ) 함수를 가지고 있게 된다. 그러나 대부분의 사자가 용맹하고 빠르지만 그중에서 용맹성이 없는 사자가 있을 수 있다. 이때 용맹성 없는 사자를 파생클래스에서 표현해야 되는 경우가 있다고 하자. 그런데 main( ) 함수에서 만든 모든 객체에는 intrepid( ) 함수를 가지고 있어서 용맹스런 사자로 표현할 수 밖에 없게 된다. 이러한 결과는 우리가 프로그램에서 상속관계를 이렇게 결합했기 때문이다. 그래서 문제가 된다. 그러면 Tiger 클래스에 용맹성을 가지지 않은 함수를 추가하면 되지 않는가? 라고 질문할 수 있다. 그렇다. 그렇게 할 수 있지만 그렇게 하면 프로그램이 논리적이지 못하고 복잡하게 되는 문제점이 있게 된다. **따라서 프로그램 설계에서도 현실세계에 맞는 논리성을 적용해서 프로그래밍으로 표현해야 하기 때문에 현실세계와 맞지 않으면 그 프로그램은 논리적으로 맞지 않고 문제점을 가지고 있는 프로그램으로 되어 버린다. 따라서 클래스의 상속성은 IS-A 관계가 성립되도록 만들어야 한다.**

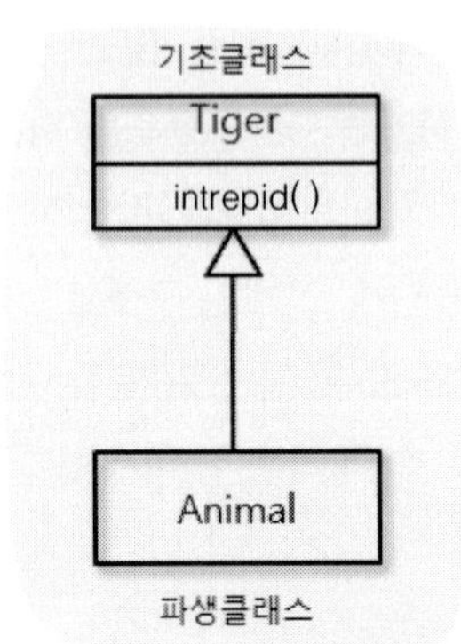


```
class Tiger
{
    intrepid( )
};
class Animal: public Tiger
{
};

void main( )
{
    class Animal ob; // 동물객체는 모두 용맹성을 가짐
}
```

| 그림 7.10 | IS-A 관계의 문제점

*** 예제 ⁝ IS-A 관계의 상속

이 예제는 클래스의 상속관계를 설명하기 위한 것으로 IS-A 관계를 설명한다. 이때 HAVE-A 관계는 성립되지 않지만 IS-A 관계는 성립되기 때문에 상속이 가능한 것이다. 즉 '호랑이는 일종의 동물이다.'가 되어 상속관계가 성립된다.

7_4.cpp

```
#include <iostream>
using namespace std;
class Animal                    // Animal 클래스 정의
{
private:
protected:
public:
    void hair()
    {
            cout << "Animal has a Hair" << endl;
    }
};
class Tiger : public Animal   // Tiger 클래스 정의
{
private:
protected:
public:
        void fast()
        {
            hair();
            cout << "Tiger is Fast" << endl;
        }
};
int main()
{
    class Tiger ob;
    ob.fast();
    return 0;
}
```

그림 7.11은 7_4.cpp의 실행결과이다. 프로그램의 출력은 파생클래스와 기초클래스의 상속관계를 가지게 된다.

| 그림 7.11 | 실행결과

1) 03행 ~ 12행은 기초클래스를 정의하고 13행 ~ 23행은 파생클래스를 정의하고 있다. 이때 IS-A 관계가 성립되어 상속관계가 성립된다.

7.6.2 HAVE-A 관계

그림 7.12는 클래스의 상속관계를 UML(Unified Modeling Language)로 표기한 것이다. HAVE-A 관계이다. 클래스의 상속성은 IS-A 혹은 HAVE-A 관계가 성립되어야 정확하게 상속될 수 있다. HAVE-A 관계는 상속과 포함관계를 가질 수 있다.

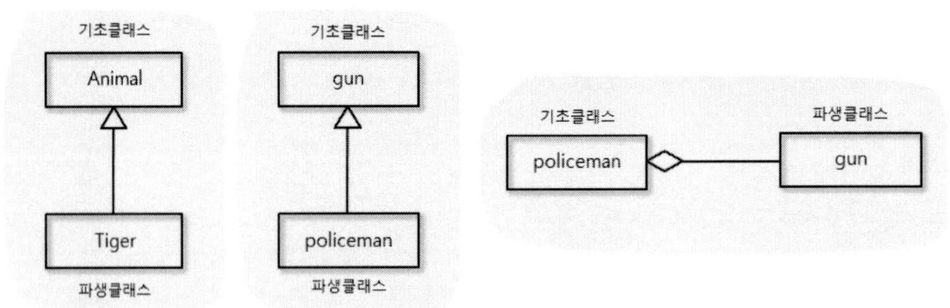

(a) IS-A 관계 (b) HAVE-A 관계 (c) HAVE-A 구조의 포함 관계

| 그림 7.12 | 상속관계의 UML 표기

(1) 상속성을 가지는 HAVE-A 관계

클래스가 상속 관계일 경우 IS-A 관계와 마찬가지로 HAVE-A 관계도 상소성을 가진다. 이때 HAVE-A는 ~를 소유하는 의미이다. 클래스에서 IS-A 관계는 성립이 되지 않지만 HAVE-A 관계가 성립되면 상속된다.

예제 | 상속성을 가지는 HAVE-A 관계

이 예제는 클래스의 상속관계를 설명하기 위한 것으로 상속성을 가지는 경우 HAVE-A 관계를 이해한다. 이때 IS-A 관계는 성립되지 않지만 HAVE-A 관계는 성립되기 때문에 상속성을 가질 수 있다. 즉 '경찰 HAVE-A 총'이 되어 경찰은 총을 가지고 있다.

7_5.cpp

```
#include <iostream>
using namespace std;

class gun                          // gun 클래스 정의
{
public:
    gun()
    {
    }
    void shooting()
    {
        cout << "policeman shooting a gun" << endl << endl;
    }
};

class policeman : public gun       // policeman 클래스 정의
{
public:
    void usegun()
    {
        shooting();
    }
};

int main()
{
    class policeman ob;
    ob.usegun();

    return 0;
}
```

그림 7.13은 7_5.cpp의 실행결과이다. 실행결과는 파생클래스와 기초클래스는 HAVE-A 관계가 성립되므로 상속관계가 형성된다.

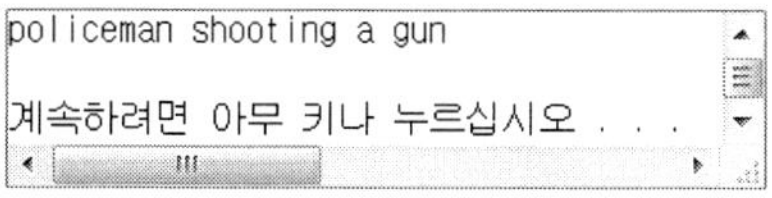

| 그림 7.13 | 실행결과

1) 14행 ~ 21행은 파생클래스 policeman을 정의한다. 이때 파생클래스는 기초클래스를 public로 상속하고 있다.

2) 이때 14행은 기초클래스를 상속받아야 한다.

*

(2) HAVE-A 구조에서 상속관계가 아닌 경우 일반객체에 의한 포함 관계

HAVE-A 구조는 상속성 관계와 포함 관계를 가질 수 있다. 또한 기초클래스와 파생클래스가 HAVE-A 관계를 가지면 상속성을 가진다고 설명하였다. **파생클래스가 기초클래스를 상속받지 않은 관계에서 HAVE-A 구조를 가지고 파생클래스에서 기초클래스를 일반 객체로 선언하면 기초클래스를 상속받지 않았지만 파생클래스는 기초클래스의 멤버를 참조할 수 있다.** 이것을 HAVE-A 구조에서 일반 객체에 의한 포함 관계라 하며 기초클래스의 멤버를 상속받은 것과 동일한 것이다.

* 예제 HAVE-A 구조에서 상속관계가 아닌 경우 일반객체에 의한 포함 관계

이 예제는 파생클래스가 기초클래스를 상속받지 않은 관계에서 HAVE-A 구조를 가지고 파생클래스에서 기초클래스를 일반 객체로 선언한 다음 기초클래스를 상속받지 않았지만 파생클래스는 기초클래스의 멤버를 참조할 수 있음을 이해하기 위한 것이다.

7_6.cpp

```
#include <iostream>
using namespace std;
class gun                    // gun 클래스 정의
{
public:
    gun()
    {
    }
    void shooting()
    {
        cout << "policeman shooting a gun" << endl << endl;
    }
};
```

```
14: class policeman              // policeman 클래스 정의
15: {
16: private:
17:     class gun temp;          // gun 클래스형의 객체 정의
18: public:
19:     void usegun()
20:     {
21:         temp.shooting();
22:     }
23: };
24: int main()
25: {
26:     class policeman ob;
27:     ob.usegun();
28:     return 0;
27: }
```

그림 7.14는 7_6.cpp의 실행결과이다. 프로그램의 클래스가 상속관계가 아니지만 파생클래스에서 기초클래스를 포함하는 관계가 된다.

```
policeman shooting a gun

계속하려면 아무 키나 누르십시오 . . .
```

| 그림 7.14 | 실행결과

1) 14행 ~ 21행은 파생클래스 policeman을 정의한다. 이때 파생클래스는 기초클래스를 public로 상속하고 있다.

2) 14행은 class policeman : public gun과 같이 해도 동일한 결과이다.

3) 17행에서는 gun 클래스형의 객체 temp를 정의한다. 이때 파생클래스는 기초클래스를 포함하는 관계가 된다.

4) 17행은 gun 클래스형의 객체 temp를 생성한다. 이때 내부적으로 기본생성자가 호출된다.

*

(3) HAVE-A 구조에서 상속관계가 아닌 경우 포인터 객체에 의한 포함 관계

기초클래스와 파생클래스가 HAVE-A 관계를 가지면 상속성을 가진다고 설명하였다. **파생클래스가 기초클래스를 상속받지 않은 관계에서 HAVE-A 구조를 가지고 파생클래스에서 기초클래스를 포인터 객체로 선언한 다음 기초클래스형으로 초기화한 경우에는 파생클래스는 기초클래스를 상속받지 않았지만 파생클래스는 기초클래스를 가리키는 포함 관계가 되어 기초클래스의 멤버를 참조할 수 있다.** 따라서 클래스의 상속은 IS-A 관계가 가장 적절하며 어떤 경우에는 HAVE-A 관계가 될 수 있다. 클래스의 상속은 IS-A와 HAVE-A 관계 이외에는 다른 방법이 없다.

*** 예제 | HAVE-A 구조에서 상속관계가 아닌 경우 포인터 객체에 의한 포함 관계**

이 예제는 파생클래스가 기초클래스를 상속하지 않은 경우 파생클래스가 기초클래스를 포함하는 HAVE-A 관계를 가지는 경우 상속성을 이해하기 위한 것이다.

7_7.cpp

```
#include <iostream>
using namespace std;
class gun
{
public:
    gun()
    {
    }
    void shooting()
    {
        cout << "policeman shooting a gun" << endl << endl;
    }
};
class policeman                // 클래스가 상속관계가 아닌 경우의 상속
{
private:
    class gun *ptr;
public:
    policeman()
    {
```

```
21:         ptr=new gun;
22:     }
23:     ~policeman()
24:     {
25:         delete ptr;
26:     }
27:     void usegun()
28:     {
29:         ptr->shooting();
30:     }
31: };
32: int main()
33: {
34:     class policeman ob;
35:     ob.usegun();
36:     return 0;
37: }
```

그림 7.15는 7_7.cpp의 실행결과이다. 프로그램의 출력은 파생클래스에서 기초클래스를 포함하는 관계가 된다.

```
policeman shooting a gun

계속하려면 아무 키나 누르십시오 . . .
```

| 그림 7.15 | 실행결과

1) 14행 ~ 21행은 파생클래스 policeman을 정의한다. 이때 파생클래스는 기초클래스를 public로 상속하고 있다. 이때 포함 관계는 물리적인 포함관계가 아니라 포인터에 의한 논리적인 포함 관계이다. 그러나 이러한 관계에서 포함관계를 가지지 않는 표현(총을 가지지 않는 경찰을 표현하는 경우)에는 클래스의 구조를 다르게 기술해야 한다.

2) 14행은 class policeman : public gun과 같이 해도 동일한 결과이다. 14행은 파생클래스가 상속 관계가 아닌 경우 파생클래스가 기초클래스를 포인터 객체로 표현하여 포함관계를 가지는 HAVE-A 관계이다.

3) 17번 행에서 gun 클래스를 포인터 객체 obj로 생성하고 21행은 gun 클래스를 obj에 초기화하

였다. 그래서 usegun( ) 함수에서 ptr 포인터가 shooting( ) 함수를 호출할 수가 있다. 이때 gun 객체는 힙(heap)에 있고 main( ) 함수의 ob는 스택(stack)에 있다. 메모리 위치는 다르지만 포함 관계의 구조를 가지게 되는 것이다.

*

7.7 클래스에서 메모리 정렬

클래스의 크기는 클래스가 상속되지 않은 경우와 상속된 경우로 구분된다. 클래스가 상속되지 않은 경우에는 자료형이 가장 큰 자료형을 단위로 메모리 정렬이 된다. **클래스가 상속(private, protected, public)된 경우에는 A클래스 메모리 정렬+B클래스 메모리 정렬의 크기가 아니라, A클래스 멤버와 B클래스 멤버를 순차적으로 나열한 다음 가장 긴 자료형의 단위로 순차적으로 메모리 정렬이 수행된다. 이때 메모리 정렬에서 메모리 정렬 단위를 최대한 채우고 부족하면 다음 메모리 단위로 채우게 된다. 만약 클래스가 상속되지 않은 경우와 상속된 경우에 데이터 멤버가 모두 같으면 하나의 자료형으로 메모리가 정렬된다. 즉 각각의 크기로 메모리가 할당된다.** 그러나 메모리 크기가 서로 다른 경우에는 가장 큰 자료형으로 메모리 정렬이 수행된다.

메모리 정렬 규칙은 가장 긴 자료형을 기준으로 할당된 메모리 정렬단위에서 최대한 채우고 부족하면 다음 단위로 할당되고 메모리 정렬은 순차적으로 수행된다. 만약 배열이 있는 경우에는 배열의 자료형이 하나의 자료형으로 간주된다.

** 예제 상속되지 않은 경우 메모리 정렬(1) : 데이터의 길이가 모두 같은 경우

이 예제는 클래스가 상속되지 않은 경우이다. 데이터의 크기가 모두 같은 경우 메모리 정렬은 클래스의 데이터 멤버 자료형으로 메모리가 정렬된다. 이 경우에는 모두 4바이트로 메모리 정렬이 수행된다. 만약 07행, 09행, 11행이 모두 char형일 경우에는 각각 계산하는 경우와 클래스의 크기도 3바이트가 된다.

7_8.cpp

```
01: #include <iostream>
02: using namespace std;
03: class  A
```

```
04: {
05: private:
06:     int a;
07: protected:
08:     int b;
09: public:
10:     int c;

11: int fun()
12: {
13:             int x= sizeof(a)+sizeof(b)+sizeof(c);
14:             return x;
15: }
16: };

17: void main()
18: {
19:         class A ob;
20:         cout << ob.fun() << endl;
21:         cout << "A size :" << sizeof(ob) << "byte" << endl;
22: }
```

그림 7.16은 7_8.cpp의 실행결과이다. 프로그램의 출력은 각각 계산된 크기와 클래스 단위로 계산된 크기가 출력된다.

| 그림 7.16 | 실행결과

1) 06행, 08행, 10행은 A클래스의 데이터 멤버의 크기가 모두 같은 경우이다. 그래서 메모리 정렬은 4바이트로 수행된다.

2) 13행은 A클래스의 데이터 멤버의 크기를 각각 구하는 방법이다. 이때 크기는 12바이트가 된다.

3) 20행은 클래스 A를 클래스 단위로 계산한다. 이때 출력되는 크기는 12바이트가 된다. 이것은 데이터 멤버의 크기가 모두 같기 때문에 4바이트로 메모리 정렬이 수행된다.

*** 예제 : 상속되지 않은 경우 메모리 정렬(2) : 데이터의 크기가 서로 다른 경우

이 예제는 클래스에서 데이터 멤버의 크기가 서로 다른 경우 메모리 정렬이 어떻게 수행되는지를 확인하는 프로그램이다. 메모리 할당은 먼저 클래스에서 가장 긴 자료형을 기준으로 메모리 할당 단위가 정해진다. 예제에서는 가장 긴 자료형이 double(8바이트)이므로 8바이트 단위로 메모리 할당이 수행된다. **이때 할당된 메모리 단위(8바이트)에서 A, B클래스의 데이터 멤버를 순차적으로 최대한 채우고 부족하면 다음의 메모리 할당 단위로 채우게 된다. 그래서 동일한 자료형이지만 기술되는 위치에 따라 전체 크기는 다르게 된다.**

7_9.cpp

```
#include <iostream>
using namespace std;
class  A
{
private:
    char a;
protected:
    int b;
public:
    double c;
char d;
int fun()
{
        int x= sizeof(a)+sizeof(b)+sizeof(c)+sizeof(d);
        return x;
}
};
void main()
{
        class A ob;
        cout << ob.fun() << endl;
        cout << "A size :" << sizeof(ob) << "byte" << endl;
}
```

그림 7.17은 7_9.cpp의 실행결과이다. 프로그램의 출력은 각각 계산된 크기와 클래스 단위로 계산된 크기가 출력된다.

```
14
A size :24byte
계속하려면 아무 키나 누르십시오 . . .
```

| 그림 7.17 | 실행결과

1) 06행, 08행, 10행, 11행은 클래스 A의 데이터 멤버의 크기가 서로 다른 자료형이 포함된 경우이다.

2) 14행은 클래스 A의 데이터 멤버의 크기를 각각 구하는 방법이다. 이때 크기는 1+4+8+1이 되어 총 14바이트가 된다.

3) 21행은 A클래스를 클래스 단위로 크기를 계산한다. 이때 가장 긴 자료형은 8바이트이므로 8바이트 단위로 메모리가 정렬된다. 그래서 8(a, b)+8(c)+8(d)=24바이트가 된다.

*

*** 예제 : 상속된 경우 메모리 정렬(3) : 클래스가 상속관계에 있는 경우

이 예제는 클래스가 상속관계에 있는 경우 클래스의 메모리 정렬을 이해하기 위한 것이다. 클래스가 상속관계에 있는 경우 메모리 정렬은 기초클래스와 파생클래스의 데이터 멤버를 모두 순차적으로 나열한 다음 가장 큰 자료형의 크기로 메모리 할당이 수행된다. 그러나 예제와 같이 자료형이 없는 경우에는 컴파일러가 기본적으로 1바이트를 할당한다.

7_10.cpp

```
#include <iostream>
using namespace std;

class  A
{
private:
protected:
public:
};

class  B : private A
{
private:
protected:
```

```
13: public:
14: };
15: void main()
16: {
17:         class A ob1;
18:         class B ob2;
19:         cout << "A size :" << sizeof(ob1) << "byte" << endl;
20:         cout << "B size :" << sizeof(ob2) << "byte" << endl;
21: }
```

그림 7.18은 7_6.cpp의 실행결과이다. 이때 데이터 멤버가 없는 경우에는 A, B클래스 모두 1바이트로 출력된다.

| 그림 7.18 | 실행결과

1) 09행은 다음과 같이 해도 모두 동일한 결과이다.

class B : protected A, class B : public A

2) 19행, 20행은 클래스 A와 클래스 B의 길이를 출력한다.

*

** 예제 : 상속된 경우 메모리 정렬(4) : 클래스 상속과 자료형이 다른 경우

이 예제는 클래스가 상속관계에 있는 경우 클래스의 메모리 정렬을 이해하기 위한 것이다. **클래스가 상속관계에 있는 경우 메모리 정렬은 기초클래스와 파생클래스의 데이터 멤버를 모두 순차적으로 나열한 다음 가장 큰 자료형의 크기로 메모리 할당이 순차적으로 수행된다.** 예제에서는 2개의 클래스에서 가장 긴 자료형이 int 이므로 첫 번째 4바이트: A클래스의 char+char+char, 두 번째 4바이트: B클래스의 int, 세 번째 4바이트: B클래스의 int , 네 번째 4바이트: B클래스의 int 이므로 총 16바이트가 된다. 이때 상속된 B클래스 길이는 클래스 A 데이터 멤버+클래스 B 데이터 멤버가 된다.

7_11.cpp

```
#include <iostream>
using namespace std;

class  A
{
private:
    char a;
protected:
    char b;
public:
    char c;

    int fun1()
    {
            int p= sizeof(a) +sizeof(b)+sizeof(c);
            return p;
    }
};

class  B : private A
{
private:
    int x;
protected:
    int y;
public:
    int z;
    int fun2()
    {
            int q= sizeof(x) +sizeof(y)+sizeof(z);
            return q;
    }
};

void main()
{
        class A ob1;
        class B ob2;
        cout << ob1.fun1() << endl;
        cout << ob2.fun2() << endl;
```

```
37:         cout << "A size :" << sizeof(ob1) << "byte" << endl;
38:         cout << "B size :" << sizeof(ob2) << "byte" << endl;
39: }
```

그림 7.19는 7_11.cpp의 실행결과이다. 실행결과는 멤버단위로 계산된 A클래스와 B클래스의 크기를 출력하고 클래스 단위로 계산된 크기를 출력한다.

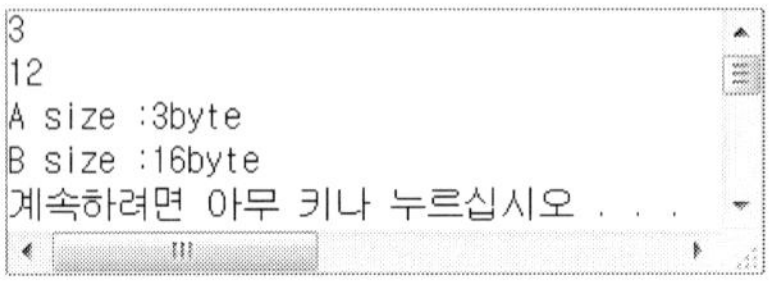

| 그림 7.19 | 실행결과

1) 06행, 08행, 10행은 A클래스의 데이터 멤버를 데이터 멤버 단위로 13행에서 계산한다.

2) 17행은 다음과 같이 기술해도 B클래스의 크기에는 무관하다. 즉 모두 동일한 결과이다.

   class B : protected A, class B : public A

3) 20행, 22행, 24행은 B클래스의 데이터 멤버를 데이터 멤버 단위로 27행에서 계산한다.

4) 37행과 38행에서는 A클래스와 B클래스의 크기를 클래스 단위로 계산한다.

   class B : protected A, class B : public A

*

7.8 초기자(initializer)

7.8.1 초기자

초기자(初期者 : initializer)는 클래스의 private 영역에 있는 데이터 멤버를 직접 초기화하는 방법이다. 초기자의 기술과 동작은 다음과 같다.

- 초기자는 private 영역의 데이터 멤버를 직접 초기화한다.(아래의 형식)
- 초기자는 반드시 생성자와 같이 사용되어야 한다.

- 초기자는 반드시 생성자 외부에 :를 사용하여 기술한다.
- 초기자는 생성자 보다 먼저 동작된다.

■ 형식

파생클래스_생성자_이름(인수, …) : 기초클래스_생성자_이름(기초클래스_데이터멤버, ...),
　　　　　　　　　　　　　　　　[파생클래스_데이터_멤버(인수, ...)]

■ 사용

```
private:
      int a, b, c;
public:
      Aclass(int i, int j, int k) : a(i), b(j), c(k)  // 초기자 사용
      {
            // ...
      }
```

예제 : 파생클래스에서 생성자와 소멸자 동작

이 프로그램은 클래스의 상속관계에서 파생클래스에서 생성자와 소멸자가 어떻게 동작되는가를 확인하는 예제이다. 기초클래스와 파생클래스에서 생성자와 소멸자가 사용된 경우 생성자와 소멸자의 실행순서는 파생클래스의 생성자가 먼저 실행되고 다음에 기초클래스의 생성자가 동작된다. 소멸자는 생성자의 동작 순서와 역순으로 동작된다.

7_12.cpp

```
#include <iostream>
using namespace std;
class Aclass              // 기초클래스 정의
{
   private:
   protected:
   public:
      Aclass()
      {
          cout << "Aclass() run..." << endl;
      }
```

```
12:         ~Aclass()
13:         {
14:             cout << "~Aclass() run..." << endl;
15:         }
16: };
17: class Bclass : public Aclass       // Aclass를 상속하는 기초클래스 정의
18: {
19:     private:
20:     protected:
21:     public:
22:     Bclass()
23:         {
24:             cout << "Bclass() run..." << endl;
25:         }
26:         ~Bclass()
27:         {
28:             cout << "~Bclass() run..." << endl;
29:         }
30: };
31: void main(void)
32: {
33:         cout << "main() run..." << endl;
34:         cout << endl;
35:         class Aclass ob1;
36:         cout << endl;
37:         class Bclass ob2;
38:         cout << endl;
39: }
```

그림 7.20은 7_12.cpp의 실행결과이다. 프로그램이 실행되는 과정은 main( )에서 35행이 실행되면 Aclass( )가 동작되고, 37행이 실행되면 Aclass( ), Bclass( )가 실행된다. 소멸자는 생성자가 호출된 횟수 만큼 호출되며 상속관계에서 소멸자는 생성자의 반대로 호출된다.

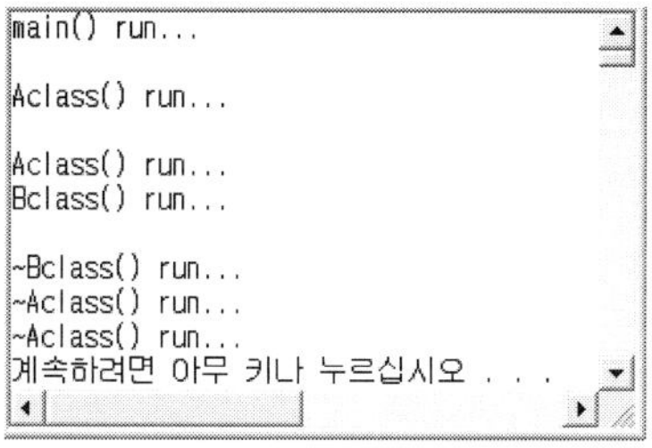

| 그림 7.20 | 실행결과

1) 03행은 Aclass를 정의하고 17행은 Aclass를 public로 상속 받은 Bclass를 정의한다.

2) 35행은 Aclass( )를 호출하고 37행은 Aclass( )과 Bclass( )를 호출한다.

✱

7.8.2 파생클래스에서 초기자를 사용한 기초클래스의 초기화

파생클래스에서 기초클래스의 멤버변수에 인수를 전달하기 위한 방법은 파생클래스에서 기초클래스의 생성자를 호출하여 초기화한다. 파생클래스에서 기초클래스의 private 영역의 데이터멤버 접근은 같은 클래스 내 정의된 멤버함수와 생성자를 통해서만 가능하고 파생클래스에서 직접 접근할 수 없다. 파생클래스가 기초클래스의 멤버들을 상속받은 경우 기초클래스 내의 private 영역의 데이터 멤버에는 접근할 수 없지만 protected, public 영역은 접근할 수 있다. 다음은 초기자를 사용하여 파생클래스에서 기초클래스로 데이터 멤버를 초기화하는 코드이다.

```
#include<iostream>
using namespace std;

class Aclass                                    // 기초클래스 정의
{
private:
protected:
        int a, b, c;
public:
        Aclass(int i, int j, int k) : a(i), b(j), c(k) // 초기자 사용
        {
                // ...
        }
};
```

```
class Bclass : public Aclass                    // 파생클래스 정의
{
private:
        int x, y, z;
public:
        Bclass(int p, int q, int r) : Aclass(p, q, r), x(p), y(q), z(r)
        {
                // ...
        }
};

void main(void)
{
        class Bclass ob1(1, 2, 3);
}
```

*** 예제 초기자를 사용한 파생클래스에서 기초클래스로 인수전달

이 프로그램은 클래스가 상속된 경우 파생클래스에서 초기자를 사용하여 기초클래스의 데이터를 초기화하는 방법을 이해하기 위한 것이다. 이때 파생클래스에서는 직접 기초클래스의 데이터 멤버를 초기화할 수 없으며 초기화하기 위해서는 기초클래스의 생성자를 호출하여 기초클래스에서 초기화해야 한다. 이 예제를 통해서 다음의 내용을 이해할 수 있다.

- 생성자를 기술하고 방법과 동작 : 11행, 23행
- 클래스의 3가지 상속 : 18행
- 초기자를 기술, 사용과 동작 방법 : 11행, 23행

7_13.cpp

```
01: #include <iostream>
02: using namespace std;
03: class A                         // 기초클래스 정의
04: {
05: private:
06: protected:
07:     int a;
08:     int b;
```

```
09:     int c;
10: public:
11:     A(int x, int y, int z) : a(x), b(y), c(z)    // 생성자에서 초기자 사용
12:     {
13:             cout << a << b << c << endl;

14:             a=4, b=5, c=6;
15:             cout << a << b << c << endl;
16:     }
17: };

18: class B : public A                          // 파생클래스 정의(public 생략 가능)
19: {
20: private:
21:     int x;
22: public:

23:     B(int p, int q, int r) : A(p, q, r), x(r)    // 생성자에서 초기자 사용
24:     {
25:             x=r;
26:             cout << x << endl;

27:             a=0, b=0, c=0;
28:             cout << a << b << c << endl;
29:     }
30: };

31: void main(void)
32: {
33:         class B ob(1, 2, 3);
34: }
```

그림 7.21은 7_13.cpp의 실행결과이다. 프로그램이 실행되면 가장 먼저 33행의 1, 2, 3이 23행으로 전달되고 23행에서 11행으로 전달되어 A클래스의 데이터 멤버가 초기화된다.

| 그림 7.21 | 실행결과

1) 03행은 기초클래스를 정의하고 18행은 A클래스를 public로 상속받아 B클래스를 생성한다.

2) 만약 07행, 08행, 09행의 데이터 멤버가 private 영역에 기술되면 다르게 동작된다. 이것은 파생클래스에서 직접 기초클래스의 private 영역에 접근할 수 없기 때문이다. 만약 private 영역에 기술된 데이터 멤버에 접근하기 위해서는 기초클래스 내의 멤버함수 혹은 friend클래스를 경유해야 한다.

3) **11행의 a(x)를 a=x로 하면 오류가 된다. 또한 14행의 a=4를 a(4)로 하면 오류가 된다.**

4) 23행은 B클래스의 생성자로 4개의 인수를 받고 A클래스의 생성자를 호출하고 B클래스의 x 멤버를 r 값으로 초기화한다.

5) **11행과 23행의 초기자는 반드시 생성자와 같이 기술되어야 하며 생성자 보다 먼저 동작된다.**

6) **23행에서 A(p, q, r)는 상위 기초클래스의 생성자를 호출(즉, 11행을 호출)하고 x(r)은 자신이 속한 클래스의 데이터멤버에 접근하는 방법이다. 그래서 23행은 먼저 상위 기초클래스로 먼저 동작하게 되다.**

   23: B(int p, int q, int r) : A(p, q, r), x(r)

7) 모든 프로그램은 컴파일하고 링크 과정을 수행하면 실행 파일(*.exe 파일)이 생성된다. 또한 프로그램의 실행은 반드시 mian( ) 함수부터 실행된다. 그래서 7_13.cpp의 실행순서는 void main(void) 함수(31행)부터 시작되며 전체 프로그램의 실행순서는 다음과 같다.

<실행순서>

31행 ⇒ 32행 ⇒ 33행 ⇒ 23행(33행 1→23행 int p, 33행 2→23행 int q, 33행 3→23행 int r로 전달)
⇒ 23행(23행 int p→23행 A의 p, 23행 int q→23행 A의 q, 23행 int r→23행 A의 r로 전달)
⇒ 11행(23행 A의 p→11행 A의 int x, 23행 A의 q→11행 A의 int y, 23행 A의 r→11행 A의 int r로 전달)
⇒ 11행(int x→a(x)의 x, int y→b(y)의 y, int z→c(x)의 z로 전달) ⇒ 11행(우측 초기자의 x, y, z)
⇒ 07행, 08행, 09행(11행 초기자 x→07행 int a, 11행 초기자 y→08행 int b, 11행 초기자 z→09행 int c로 전달) ⇒ 12행 ⇒ 13행 ⇒ 14행의 a,b,c 값 ⇒ 07행,08행,09행의 a, b, c를 초기화
⇒ 15행 ⇒ 16행 ⇒ 23행(x(r)의 r→21행 int x로 전달) ⇒ 25행 ⇒ 21행 ⇒ 26행
⇒ 27행(a, b, c 값→07행, 08행, 09행의 a, b, c를 초기화) ⇒ 07행, 08행, 09행 ⇒ 28행 ⇒ 29행
⇒ 34행(종료)

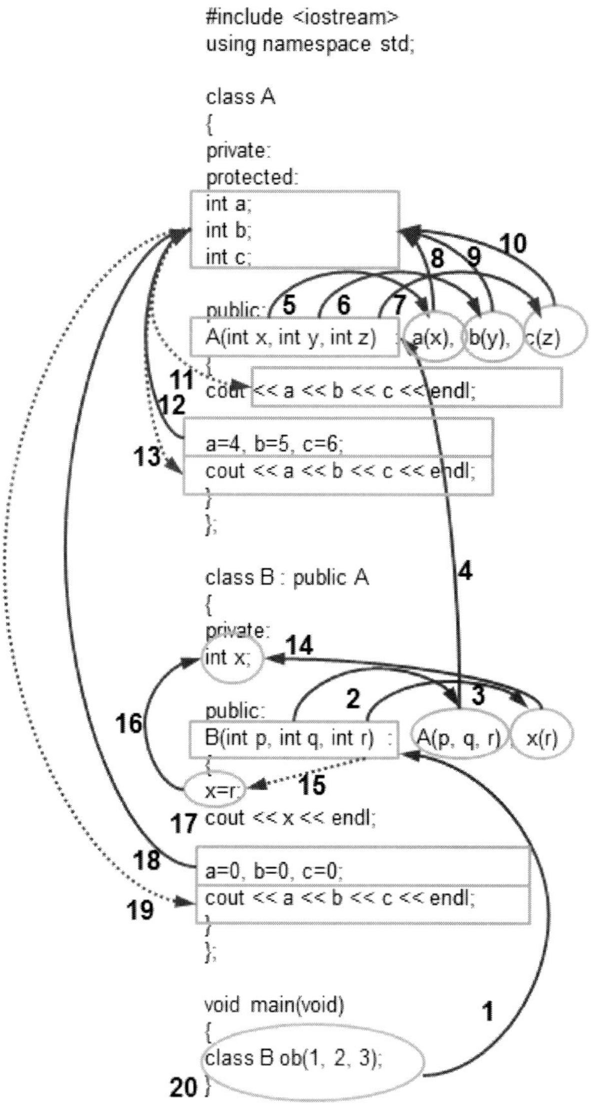

| 그림 7.22 | 파생클래스에서 초기자를 사용한 기초클래스의 초기화(7_13.cpp)

요약

01. 그림 7.23은 본 장에서 학습한 내용이다. 본 장에서는 클래스의 상속 방법과 초기자를 사용한 초기화 방법에 대해서 학습하였다.

| 그림 7.23 | 본 장에서 학습한 내용

02. 클래스의 상속성(inheritance)은 새로 정의하는 클래스가 이미 정의된 다른 클래스의 데이터 멤버와 멤버함수를 상속받아 이전에 정의된 클래스의 일부분이나 전체 구조를 사용할 수 있도록 하는 기능이다.

03. 상속성을 사용하면 기존의 클래스를 다시 기술하거나 변경 혹은 삭제하지 않고 새로운 클래스를 보다 간결하고, 사용하기 쉽게 하고, 재사용(reusability)할 수 있다.

04. 클래스의 상속을 위한 조건은 IS-A와 HAVE-A 관계가 있다. IS-A 관계는 상속(inheritance)을 의미하며 HAS-A 관계는 복합관계(composition)를 의미한다. 클래스의 상속성은 IS-A 혹은 HAVE-A 관계가 성립되어야 정확하게 상속될 수 있다.

05. 클래스는 private, protected, public으로 상속을 지정할 수 있다.

06. 초기자는 클래스의 private 영역에 있는 데이터 멤버를 직접 초기화하는 기능이며 초기자의 동작은 다음과 같다.

- 초기자는 private 영역의 데이터 멤버를 직접 초기화한다.
- 초기자는 반드시 생성자와 같이 사용되어야 한다.
- 초기자는 반드시 생성자 외부에 :를 사용하여 기술한다.
- 초기자는 생성자 보다 먼저 동작된다.

연습문제_A

01. 클래스의 상속성(inheritance)을 정의하여라.

02. 클래스의 상속성은 무엇이며 왜 사용하는가?

03. 클래스의 private, protected, public 상속성을 설명하여라.

04. 파생클래스에서 인수를 전달하는 방법을 설명하여라.

05. 클래스에서 메모리 정렬이 어떻게 동작되는가?

06. 초기자의 동작을 설명하여라.

연습문제_B

07. 다음은 초기자의 사용과 동작에 대한 문제이다.

07-1) 그림 7.24의 실행결과와 같이 출력될 수 있도록 프로그램을 완성하여라. 프로그램 실행시 입력은 그림 7.24와 같이 100 200 seoul이다.(반드시 조건에 맞게 1개의 문장으로 완성할 것)

ex1.cpp

```
#include <iostream>
#include <iomanip>
#include <string.h>
using namespace std;
class Aclass                                    // 기초클래스 정의
{
private:
protected:
      int x;
```

```
    int y;
    char *z;
public:
    ① ____________________________________ // 생성자와 초기자(인수 p,q,r)
      {
            strcpy(z, r);
      }
};

class Bclass : public Aclass
{
private:
    char *k;
public:
    ②__________________________________ // 생성자와 초기자(인수 d,e,f)
    {
            strcpy(k, f);                  // Bclass 멤버에 접근
    }

    void out( )
    {
          cout << setiosflags(ios::left) ;
          cout << setw(10) << x << setw(10) << y << setw(10) << z << endl;
          cout << k << endl;
    }
};

void main(void)
{
      int a;
      int b;
      ③____________________________________ // new를 사용한 메모리 할당

      cin >> a;
      cin >> b;
      cin >> c;
      cout << endl;

      ④____________________________________
      ob.out();
}
```

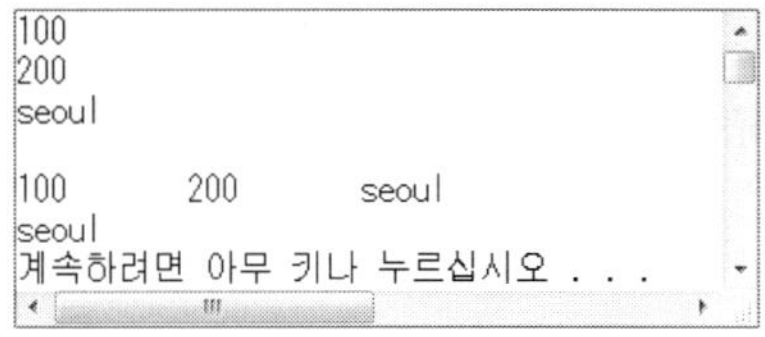

| 그림 7.24 | 실행결과

07-2) 프로그램의 실행순서를 34행부터 행과 변수 단위(초기자가 사용되는 같은 행은 경우 변수 단위)로 써라.

07-3) 11행을 배열로 하여 프로그램을 <문제 07-1>을 해결하여라.

07-4) 13행에서 초기자 z(r)을 사용하지 않으면 어떻게 되는지 설명하여라.

07-5) 11행, 13행, 23행의 인수 z, r, f를 배열로 하여 <문제 07-1>을 해결하여라.

08. 다음은 클래스가 상속되지 않은 경우 메모리 정렬을 이해하기 위한 것이다. 표 7.1은 클래스가 상속되지 않은 경우 크기와 그 이유를 설명하여라.

| 표 7.1 | 클래스가 상속되지 않은 경우 메모리 정렬

순서	길이	설명
char a; int b; double c; char d;	각각 계산: 클래스 길이:	
double a; int b; char c; char d;	각각 계산: 클래스 길이:	
double a; int b; char c; char d; char e; char f	각각 계산: 클래스 길이:	
double a; int b; char c; char d; char e; char f char g	각각 계산: 클래스 길이:	

09. 표 7.2는 클래스가 상속된 경우 자료형이 서로 다른 경우와 배열을 포함하는 경우 메모리 정렬을 정리한 것이다. 멤버단위와 클래스 단위로 크기를 구하고 설명하여라.

| 표 7.2 | 클래스가 상속된 경우 메모리 정렬

클래스	메모리 크기	설명

class A
{
    char a;
    int b;
    double c;
};
class B: public A
{
    char x;
    char y;
    int z;
};
	멤버단위 A 크기:
	멤버단위 B 크기:
	클래스 단위 A 크기:
	클래스 단위 B 크기:	

class A
{
    char a;
    int b;
    double c;
};
class B: public A
{
    char x;
    char y;
    int z;
    int p;
};
	멤버단위 A 크기:
	멤버단위 B 크기:
	클래스 단위 A 크기:
	클래스 단위 B 크기:	

class A
{
    char a;
    char b;
    char c;
};
class B: public A
{
    char x[3];
    int y;
    int z;
};
	멤버단위 A 크기:
	멤버단위 B 크기:
	클래스 단위 A 크기:
	클래스 단위 B 크기:	

class A
{
    char a;
    int b;
    int c;
};
class B: public A
{
    char x[3];
    int y;
    int z;
};
	멤버단위 A 크기:
	멤버단위 B 크기:
	클래스 단위 A 크기:
	클래스 단위 B 크기:	

class A
{
    char a;
    int b;
    int c[2];
};
class B: public A
{
    char x[4]
    char y;
    int z;
};
	멤버단위 A 크기:
	멤버단위 B 크기:
	클래스 단위 A 크기:
	클래스 단위 B 크기:	

10. 그림 7.25와 같이 배열을 사용하여 영상(.bmp 파일)의 에지를 검출하는 프로그램을 작성하여라.

(a) 원영상　　(b) 에지 검출된 영상

| **그림 7.25** |

제8장 다형성

✱ 차례

✱ 학습목표

1. 가상함수를 정의하고 동작을 이해한다.
2. 가상함수 테이블의 동작을 이해한다.
3. 가상소멸자의 동작을 이해한다.
4. 다중상속과 가상상속의 동작을 이해한다.
5. 다형성의 동작을 이해한다.

8.1 개요

본 장에서는 객체지향프로그래밍 주요한 특징 중 하나인 다형성을 이해한다. 다형성은 클래스의 일부를 재사용하여 새로운 기능을 만드는 것이다. 클래스에서 다형성을 사용하면 프로그램의 효율성을 가져올 수 있다. 다형성을 이해하기 위해서는 클래스에서 가상함수, 가상소멸자, 가상상속에 대한 이해가 선행되어야 한다.

8.2 가상함수(virtual function)

8.2.1 정적 바인딩과 동적 바인딩

표 8.1은 프로그램이 컴파일 시점(정적 바인딩)과 실행시점(동적 바인딩)에서 변수와 함수의 동작이며 표 8.2는 컴파일 시점과 실행시점에서 함수의 호출과 동작이다.

| 표 8.1 | 컴파일 시점과 실행 시점의 동작

컴파일 시점의 동작	실행 시점의 동작
1. 사용된 변수의 자료형이 결정된다. 2. 어떤 함수가 호출(call)될 것인지를 결정된다.	1. 변수의 값이 메모리에 할당(저장)된다. 2. 호출되는 함수가 실행된다.

| 표 8.2 | 컴파일 시점과 실행 시점의 함수호출

	정적 바인딩(컴파일 시점)	동적 바인딩(실행 시점)
함수 호출	일반함수가 호출되며 선언된 클래스형의 멤버함수가 호출된다.(왼쪽 기준)	가상함수가 호출되며 초기화된 클래스형의 멤버함수가 호출된다.(오른쪽 기준)
바인딩 시점	컴파일 시간에 바인딩 된다.	실행시간에 바인딩 된다.
장점	동적 바인딩에 비해서 처리속도가 빠르다.	프로그램의 융통성이 크다.
단점	프로그램의 융통성이 적다.	정적 바인딩에 비해서 처리속도가 늦다.

8.2.2 가상함수(virtual function)

가상함수(假像函數 : virtual function)는 기초클래스로부터 파생된 파생클래스에서 동일한 멤버함수를 컴파일 시점에서 동작하지 않고 실행시점에서 호출하기 위한 방법(표 8.2 참조)이다. 이것은 컴파일 시점에서는 그 변수가 가리키는 자료형의 클래스와 무관하게 선언된 클래스형의 자료형을 호출하기 때문에 정확한 멤버함수를 호출할 수 없기 때문이다. 가상함수는 클래스가 상속된 경우에만 가능하며 다음과 같이 동작된다.

정리하기 가상함수

❶ 가상함수는 클래스가 상속관계에 있을 경우에만 가능하며, 동일한 이름의 멤버함수가 있어야 하며, 실행시 초기화된 객체의 멤버함수를 호출하도록 하는 것이다.

❷ **기초클래스 내의 멤버함수와 같은 이름의 멤버함수가 파생클래스 내에 정의되었을 경우 프로그램의 실행시점에서 멤버함수를 호출하는 방법은 기초클래스 내의 멤버함수를 가상함수로 정의한다.**

❸ **가상함수는 클래스 내의 멤버함수 일 경우에만 지정할 수 있다. 기초클래스의 가상함수는 파생클래스에서 예약어 virtual을 붙이지 않아도 가상함수로 지정되고 가상함수의 특징은 상속된다.**

❹ 가상함수는 기초클래스에 오버라이딩(overriding)되는 함수 이름에 키워드 virtual을 기술하며, virutal 함수는 컴파일 시점에서는 존재하지 않는 함수로 표시하여 실행시점에서 호출되도록 하는 것이다. 또한 클래스형 포인터 변수에 호출된 함수가 초기화되어도 컴파일 시점이 아닌 실행 시점에서 호출하도록 하는 것이며 실행시점에서 객체포인터 변수가 가리키고 있는 함수를 바인딩하도록 한다.

정리하기 가상함수, 가상소멸자, 가상상속

❶ 가상함수(virtual function)

가상함수는 클래스가 상속관계에 있는 경우 실행시점에서 객체에 초기화된 멤버함수를 호출하기 위해서 기초클래스의 함수에 virtual을 붙이는 것이다. **이때 virtual은 기초클래스에서 기술해야 한다. 만약 파생클래스에만 virtual을 기술하는 경우에는 비정상적으로 동작된다.**

❷ 가상소멸자(virtual destructor)

가상소멸자는 클래스의 상속관계에서 소멸자의 정상적인 동작을 위해서 기초클래스의 소멸자에 virtual을 사용하는 것이다. **이때 virtual은 기초클래스의 소멸자에 기술한다.**

❸ 가상상속(virtual inheritance)

가상상속은 클래스가 다중으로 상속된 경우 파생된 클래스에서 동일한 이름의 함수가 중복되어 충돌을 없애기 위한 방법으로 중복되는 기초클래스에 virtual을 사용하는 것이다. **이때 데이터 멤버는 동일한 이름이지만 각각 다른 변수로 구별된다. 이때 virtual은 중복을 피하고자하는 클래스에 기술한다.**

가상함수의 사용은 기초클래스 내의 멤버함수와 같은 이름의 멤버함수가 파생클래스 쪽에 정의될 때 기초클래스 내의 멤버함수를 가상함수(virtual functions)로 정의하여 사용하며 정의 방법은 다음과 같이 기초클래스 내의 멤버함수 앞에 명령어 virtual을 기술한다. 가상함수는 형식과 같이 정의한다. 가상함수는 클래스 내부에 기술하거나 외부에 기술할 수 있다. 만약 가상함수를 클래스 외부에 기술하는 경우 클래스 내부에서 virtual과 함수 원형만 선언하고 클래스 외부에서는 virtual을 사용하지 않고 함수 몸체를 기술한다.

■ 형식

```
virtual 멤버함수_이름()
{
        // ...
}
```

■ 사용

```
class Aclass                              // Aclass 클래스 정의
{
   public:
      virtual void fun()                  // 가상함수 fun() 정의
      {
         cout << "Aclass::fun()" << endl;
      }
};
```

정리하기 함수의 중복과 오버라이딩

❶ 중복(overloading)

중복은 함수의 이름을 동일한 이름으로 정의한다. 중복은 함수의 이름이 동일하여 호출시 충돌되지 않도록 하기 위해서 함수의 인수 형태, 개수 및 반환 값을 다르게 기술한다. 아래의 2개 함수는 이름이 같지만 인수의 개수가 다르기 때문에 다른 함수로 인식되며 호출시에 fun(1)로 호출하면 첫 번째 함수가 호출되고 fun(2, 3)으로 하면 두 번째 함수가 호출된다.

```
int fun(int a)              // 정수형 인수 1개를 갖는 fun() 함수 정의
{
}

int fun(int a, int b)       // 정수형 인수 2개를 갖는 fun() 함수 정의
{
}
```

❷ 오버라이딩(overriding)

오버라이딩은 기초클래스에 있는 함수를 파생클래스에서 동일한 이름과 형태로 다시 정의된 함수이다. 이때 오버라이딩되는 함수는 기초클래스의 반환 값, 인수의 형태 및 개수가 동일하게 기술되어야 한다.

```
class Aclass
{
public:
    void fun(int a, int b)    // 기초클래스에서 함수 fun( ) 정의
    {
    }
};

class Aclass : public Aclass
{
public:
    void fun(int a, int b)    // 파생클래스에서 함수 fun( )를 오버라이딩
    {
    }
};
```

예제 정적 바인딩(가상함수를 사용하지 않은 경우)

이 예제는 클래스의 상속관계에서 클래스의 정적 바인딩이 어떻게 동작되는지를 이해하기 위한 것이다. **정적 바인딩은 컴파일러가 선언된 자료형에 맞는 멤버함수를 호출한다. 그래서 24행은 ob1이 Aclass* 형으로 선언된 Aclass 형의 멤버함수가 호출되고, 26행 역시 ob1은 Aclass* 형으로 선언된 Aclass 형의 멤버함수가 호출된다.**

8_1.cpp

```
01: #include <iostream>
02: using namespace std

03: class Aclass
04: {
05: public:
06:     void fun()
07:     {
```

```
08:         cout << "Aclass::fun()" << endl
09:     }
10: };
11: class Bclass : public Aclass
12: {
13: public:
14:     void fun()
15:     {
16:         cout << "Bclass::fun()" << endl
17:     }
18: };
19: void  main()
20: {
21:     class Aclass *ob1, ob2;
22:     class Bclass ob3;
23:     ob1=&ob2                // ob1의 선언 자료형은 Aclass이며, ob2로 초기화
24:     ob1->fun();             // ob1 자료형(Aclass)의 멤버함수가 호출
25:     ob1=&ob3;               // ob1의 선언 자료형은 Aclass이며, ob2로 초기화
26:     ob1->fun();             // ob1 자료형(Aclass)의 멤버함수가 호출
27: }
```

그림 8.1은 8_1.cpp의 실행결과이다. 이 예제는 24행에서 Aclass::fun( )을 호출하고 26행에서는 Bclass::fun( )을 호출하려 하지만 실행결과는 모두 Aclass의 fun( )이 호출되었다. 이것은 잘못된 결과를 출력하고 있다.

```
Aclass::fun()
Aclass::fun()
계속하려면 아무 키나 누르십시오 . . .
```

| 그림 8.1 | 실행결과

1) 06행 ~ 09행, 14행 ~ 17행은 Aclass 클래스와 Bclass 클래스의 멤버함수를 정의한다.

2) 21행에서 ob1 객체가 선언된 자료형은 Aclass형이며 24행은 ob2로 초기화 되었지만 선언된 자료형으로 호출되어 Aclass::fun( )을 호출한다.

3) 21행에서 ob1 객체가 선언된 자료형은 Aclass형이며 26행에서 ob3(Bclass)으로 초기화 되었지만 선언된 자료형(Aclass)으로 호출되어 Aclass::fun( )dl 호출된다. ✱

예제 : 동적 바인딩(가상함수를 사용하는 경우)

이 예제는 클래스의 상속관계에서 클래스의 동적 바인딩이 어떻게 동작되는지를 이해하기 위한 것이다. **동적 바인딩은 실행시 초기화된 자료형에 맞는 멤버함수를 호출한다.** 그래서 24행은 ob1이 Aclass* 형으로 초기화된 Aclass 형의 멤버함수가 호출되고, 26행은 ob1은 Bclass* 형으로 초기화된 Bclass 형의 멤버함수가 호출된다.

즉, **virtual 함수는 ob1이 선언된 포인터 타입(정적 타입)에 따라 멤버함수를 선택하는 것이 아니라 ob1이 가리키고 있는 객체의 타입(동적 타입)에 따라 멤버함수가 선택되도록 하는 것이다.** 이 예제를 통해서 다음의 내용을 이해할 수 있다.

- 동적 바인딩 : 실행시에 초기화된 클래스형의 멤버함수가 호출된다.(24행, 26행) 즉 코드의 오른 항이 된다.
- 가상함수는 반드시 클래스가 상속관계에 있어야 하며 반드시 기초클래스에 virtual을 기술해야 한다.(06행)

8_2.cpp

```
01: #include <iostream>
02: using namespace std
03: class Aclass
04: {
05: public:
06:     virtual void fun()          // 가상함수로 선언
07:     {
08:         cout << "Aclass::fun()" << endl
09:     }
10: };
11: class Bclass : public Aclass
12: {
13: public:
14:     virtual void fun()          // 가상함수로 선언
15:     {
16:         cout << "Bclass::fun()" << endl
17:     }
18: };
19: void main()
```

```
20: {
21:     class Aclass *ob1, ob2;
22:     class Bclass ob3;

23:     ob1=&ob2            // ob1은 Aclass로 초기화
24:     ob1->fun();         // ob1은 초기화된 자료형(Aclass)의 멤버함수가 호출

25:     ob1=&ob3;           // ob1은 Bclass로 초기화
26:     ob1->fun();         // ob1은 초기화된 자료형(Bclass)의 멤버함수가 호출
27: }
```

그림 8.2는 8_2.cpp의 실행결과이다. 이 예제는 24행에서 Aclass::fun( )을 호출하고 26행에서는 Bclass::fun( )을 호출하게 된다.

| 그림 8.2 | 실행결과

1) 06행 ~ 09행, 14행 ~ 17행은 Aclass 클래스와 Bclass 클래스의 멤버함수를 정의한다.

2) 14행은 06행에서 virtual을 선언하면 파생클래스에서 상속되어 14행에서 선언할 필요가 없지만 멤버함수가 많은 경우 혼돈될 수 있기 파생클래스에서도 기술하는 것이 바람직하다.

3) 06행에서 virtual을 선언하지 않고 14행에서 virtual을 선언하면 정상적인 가상함수로 동작되지 않는다.

4) 21행에서 ob1 객체가 선언된 자료형은 Aclass형이며 24행은 ob2로 초기화 되었다 그래서 ob1은 초기화된 자료형(Aclass)의 Aclass::fun( )을 호출한다.

5) 21행에서 ob1 객체가 초기화된 자료형은 Bclass형이며 26행에서 ob3(Bclass)으로 초기화되어 Bclass::fun( )이 호출된다.

예제 | 동적 바인딩(가상함수 사용)

이 예제는 클래스가 상속된 경우 가상함수를 사용하여 기초클래스와 파생클래스를 호출할 경우 여러 가지의 경우를 확인하기 위한 예제이다. **이때 주의할 것은 클래스형의 포인터 객체의 초기화**

는 반드시 동일한 클래스형이나 파생클래스로 초기화해야 한다. 만약 08행에서 가상함수를 사용하지 않은 경우에는 결과가 비정상적으로 출력(왼쪽을 기준으로 출력)된다. 이 예제를 통해서 다음과 같은 4가지 내용을 이해한다.

- 25행, 35행과 같이 자신의 클래스형으로 자신의 포인터형 변수로 가리킬 수 있다.
- 가상함수와 상속성을 사용하는 경우 31행과 같이 파생클래스에서 기초클래스를 가리킬 수 있다.(상향 형변환)
- 그러나 29행과 같이 기초클래스에서 파생클래스를 가리킬 때에는 반드시 형변환을 하여야 한다.(하향 형변환)
- 08행에서 virtual을 사용하는 경우에는 오른쪽의 새로 생성된 클래스의 번지로 왼쪽의 포인터 변수로 초기화되기 때문에 항상 오른쪽의 클래스가 기준이 되며, 왼쪽의 클래스형은 자료형이기 때문에 어떤 형이든 무관하다.
- 08행에서 virtual을 사용하지 않은 경우에는 비정상적으로 출력(왼쪽의 포인터 변수가 기준이 되어 출력)된다.

8_3.cpp

```
01: #include <iostream>
02: using namespace std;

03: class Aclass                              // Aclass 클래스 정의
04: {
05: private:
06: protected:
07: public:
08:     virtual void fun()                    // 가상함수 fun() 정의
09:     {
10:         cout << "Aclass::fun()" << endl;
11:     }
12: };

13: class Bclass : public Aclass              // Bclass 클래스 정의
14: {
15:     private:
16:     protected:
17:     public:
18:         void fun()                        // 멤버함수 fun() 정의
19:         {
21:         }
22: };
```

```
23: void main()
24: {
25:         class Aclass *pA = new Aclass;
26:         pA->fun();

27:         // class Bclass *pB = new Aclass;        // 오류
28:         // pB->fun();

29:         class Bclass *pB = (Bclass* )pA;         // 형변환
30:         pB->fun();

31:         class Aclass *pC = new Bclass;
32:         pC->fun();
33:         pA=pC;
34:         pA->fun();

35:         class Bclass *pD = new Bclass;
36:         pD->fun();
37:         cout << endl;
38: }
```

그림 8.3(a)는 8_3.cpp의 08행에서 virtual을 사용한 경우이며 그림 8.3(b)는 08행의 virtual이 사용되지 않은 경우(비정상적인 출력)이다. 그림 8.4는 예제의 동작을 설명하는 그림이다.

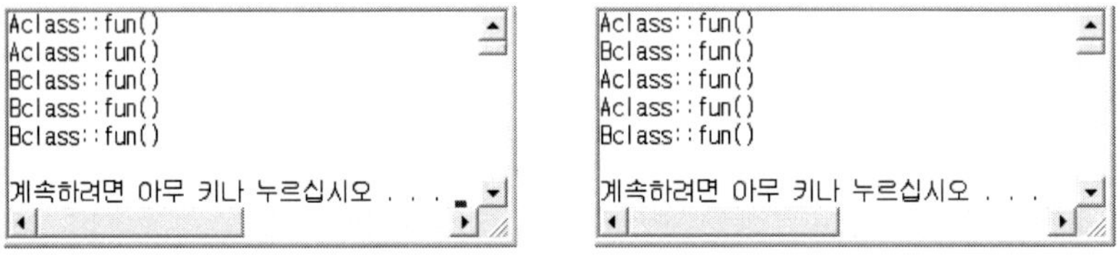

(a) 08행에서 virtual을 사용한 경우 (b) 08행에서 virtual을 사용하지 않은 경우

| 그림 8.3 | 실행결과

1) 03행 ~ 12행은 기초클래스로 Aclass를 정의하고 13행 ~ 22행은 파생클래스로 Bclass를 정의한다. 이때 Bclass는 기초클래스를 public으로 상속받는다.
2) 08행은 가상함수 fun( )을 정의하고 18행에서 일반 멤버함수 fun( )을 정의한다.
3) 27행과 28행은 오류가 발생된다. 그 이유는 하향 형변환을 할 경우에는 반드시 형변환을 해야 하기 때문이다. **그러나 27행과 28행을 29행과 30행과 같이 하향 형변환으로 하면 정상적으로 출력된다.**

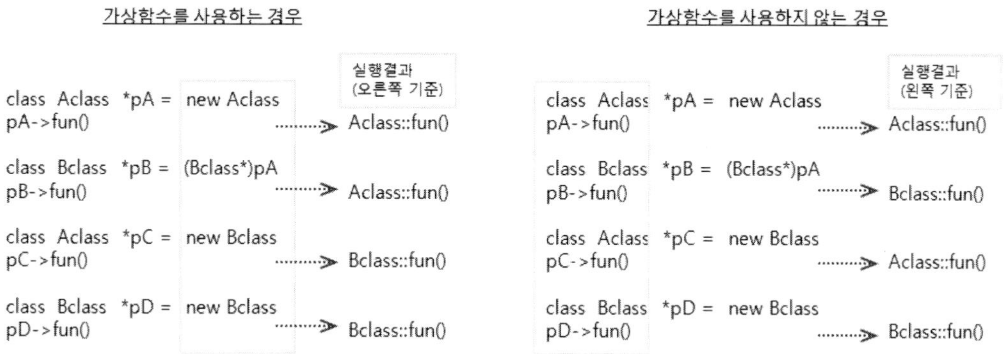

| 그림 8.4 | 예제의 동작

알아두기 가상함수

❶ 가상함수로 동작되는 경우(virtual 사용) = 함수가 실행시 호출 = 동적 바인딩 = 초기화된 객체형의 멤버함수를 호출 = 오른쪽 기준

❷ 일반 멤버함수로 동작되는 경우(virtual을 사용하지 않은 경우) = 함수가 컴파일시 호출 = 정적 바인딩 = 선언된 객체형의 멤버함수를 호출 = 왼쪽 기준

❸ 가상함수의 동작은 다음의 4가지를 기준으로 생각해야 한다.

첫 번째, 클래스가 virtual로 동작하는지 virtual로 동작하지 않는지 판단한다. 이때 virtual로 동작하기 위해서는 반드시 기초클래스의 함수에 virtual이 기술되어야 한다.

두 번째, 기초클래스의 함수에 virtual이 기술되었는가? 기초클래스에 virtual이 기술되었으면 virtual로 동작되고, 기초클래스에 virtual이 기술되지 않았으면 virtual로 동작되지 않는다.

세 번째, 클래스가 virtual로 동작되면 오른쪽 클래스형의 함수가 호출(즉, 실행시 초기화되는 클래스형)된다.

네 번째, 클래스가 virtual로 동작되지 않으면(일반 함수로 동작) 왼쪽의 클래스형 함수가 호출(컴파일시 선언된 클래스형)된다.

*** 예제 클래스의 상속관계에서 오버라이딩 함수 호출 방법

이 예제에서는 클래스의 상속관계에서 오버라이딩 함수를 3가지 방법으로 호출 하는 방법을 설명하기 위한 것이다. 이 예제를 통해서 다음의 내용을 이해할 수 있다.

- 클래스의 상속관계의 기초클래스에서 가상함수 정의 : 06행
- 파생클래스의 public 상속 : 11행
- 클래스의 상속관계에서 멤버함수를 포인터 객체로 호출하는 방법 : 11행 ~ 25행
- 클래스의 상속관계에서 멤버함수를 일반 객체로 호출하는 방법 : 28행 ~ 30행
- 클래스의 상속관계에서 멤버함수를 함수형 포인터로 호출하는 방법 : 33행 ~ 37행

8_4.cpp

```
01: #include <iostream>
02: using namespace std;
03: class Aclass                                 // 기초클래스 정의
04: {
05: public:
06:         virtual void fun()                   // 가상함수로 정의
07:         {
08:                 cout << "Aclass의 fun() 실행" << endl;
09:         }
10: };
11: class Bclass : public Aclass                 // 파생클래스 정의
12: {
13: public:
14:         void fun()                           // 멤버함수 오버라이딩
15:         {
16:                 cout << "Bclass의 fun() 실행" << endl;
17:         }
18: };
19: void main()
20: {
21:         // 1. 포인터 객체로 호출
22:         class Bclass *p1 = new Bclass;// class Aclass *pA = new Bclass;동일함
23:         p1->Aclass::fun();           // fun1()이 가상함수이므로 오른쪽 기준
24:         p1->Bclass::fun();           // Bclass::fun() : method-1
25:         p1->fun();                   // Bclass::fun() : method-2
26:         cout << endl;
27:         // 2. 일반객체로 호출
28:         class Bclass ob1, ob2;       // Aclass로 하면 Aclass가 출력
29:         ob1.fun();
```

```
30:         ob2.fun();
31:         cout << endl;

32:         // 3. 클래스 함수형포인터로 호출
33:         class Bclass *p2, ob3;          // 모두 Aclass로 하면 Aclass가 출력
34:         p2=&ob3;                        // 포인터형 객체의 초기화
35:         void(Bclass::*fptr)();          // 함수형포인터 선언
36:         fptr=&Bclass::fun;              // 함수형포인터 초기화
37:         p2->fun();                      // 함수형포인터를 호출
38: }
```

그림 8.5는 8_4.cpp의 실행결과이다. 실행결과는 클래스의 상속관계에서 3가지 방법으로 멤버함수를 호출한다.

```
Aclass의 fun() 실행
Bclass의 fun() 실행
Bclass의 fun() 실행

Bclass의 fun() 실행
Bclass의 fun() 실행

Bclass의 fun() 실행
계속하려면 아무 키나 누르십시오 . . .
```

| 그림 8.5 | 실행결과

1) 22행 ~ 25행은 포인터 객체로 함수를 호출한다. 이때 p1의 자료형을 Aclass로 해도 결과는 같다. 이것은 가상함수를 사용하는 경우 오른쪽의 자료형이 기준으로 되기 때문이다.

2) 28행 ~ 30행은 일반 객체로 함수를 호출한다. 이때 ob1, ob2의 자료형을 Aclass로 하면 결과는 Aclass의 함수가 출력된다.

3) 33행 ~ 37행은 함수형포인터로 멤버함수를 호출한다. 이때 33행의 p2, ob3의 자료형을 Aclass로 하면 결과는 Aclass의 함수가 출력된다.

*

8.3 가상함수 테이블(virtual function table)

C++ 표준에서는 가상함수의 정의와 동작을 명확하게 규정하고 있다. 그러나 함수를 호출하는 구현 방법은 구체적으로 명시하지 않았으며 또한 구현에 대한 강제성도 없다. 그래서 가상함수에 의한 동적 결합을 구현하는 방법은 컴파일러에 따라 서로 다를 수 있다. 그래서 대부분의 C++ 컴파일러에서는 vtable이라는 가상함수 테이블(virtual function table)을 사용하여 가상함수를 관리한다.

Visual Studio 2010에서 vtable은 객체에 각 클래스의 vtable를 가리키는 함수형 포인터 배열 __vfptr을 추가하여 __vfptr이 각 클래스의 가상함수 테이블을 가리키게 하고 있다. 다시 설명하면 vtable은 가상함수의 번지를 함수 포인터 배열로 저장한 목록이다. 그래서 컴파일러는 가상함수를 1개라도 가지는 클래스에 대해서 vtable을 작성하고 vtable에 각 클래스의 가상함수들에 대한 실제 번지들이 선언된 순서대로 저장된다. vtable이 호출되는 과정은 다음과 같다.

p1 → __vfptr → vtable[n] → 멤버함수의 번지

여기서 p1은 클래스형의 포인터이며, p1은 각 클래스의 __vfptr을 가리키고, __vfptr은 vtable[n](n번째 함수의 주소)를 가리키게 된다.

*** 예제 가상함수 테이블

이 예제에서는 클래스에서 여러 개의 가상함수를 사용하는 경우 각 클래스의 vtable(가상함수 테이블)이 어떻게 동작되는지를 이해한다.

8_5.cpp

```
#include <iostream>
using namespace std;
class Aclass                    // 기초클래스 정의
{
private:
    int x;
public:
```

```
    Aclass(): x(100)
    {
    }
    virtual void fun1()
    {
        cout << "Aclass::fun1()" << endl;
    }
    virtual void fun2()
    {
        cout << "Aclass::fun2()" << endl;
    }
    virtual void fun3()
    {
        cout << "Aclass::fun3()" << endl;
    }
    void fun4()
    {
        cout << "Aclass::fun4()" << endl;
    }
};

class Bclass : public Aclass
{
private:
    int y;
public:
    Bclass(): y(200)
    {
    }
    virtual void fun1()
    {
        cout << "Bclass::fun1()" << endl;
    }
    virtual void fun2()
    {
        cout << "Bclass::fun2()" << endl;
    }
};

class Cclass : public Bclass
{
```

```
private:
    int z;
public:
    Cclass(): z(300)
    {
    }
    virtual void fun1()
    {
            cout << "Cclass::fun1()" << endl;
    }
};

void main()
{
    class Aclass *p1=new Aclass;          // Aclass로 초기화(오른쪽 기준)
    p1->fun1();
    p1->fun2();
    p1->fun3();
    cout << endl;

    class Bclass *p2=new Bclass;          // Bclass로 초기화(오른쪽 기준)
    p2->fun1();
    p2->fun2();
    p2->fun3();
    cout << endl;

    class Cclass *p3=new Cclass;          // Cclass로 초기화(오른쪽 기준)
    p3->fun1();
    p3->fun2();
    p3->fun3();
    cout << endl;
}
```

그림 8.7은 8_5.cpp의 실행결과이다. 실행결과는 각 클래스에서 호출되는 가상함수가 출력된다. 그림 8.6은 예제의 가상함수 테이블이다.

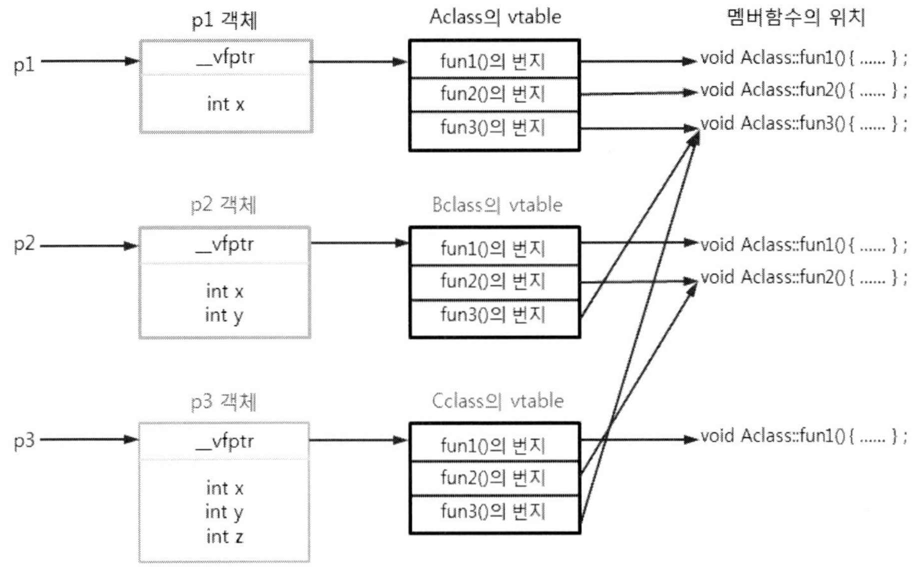

| 그림 8.6 | 예제의 가상함수 테이블

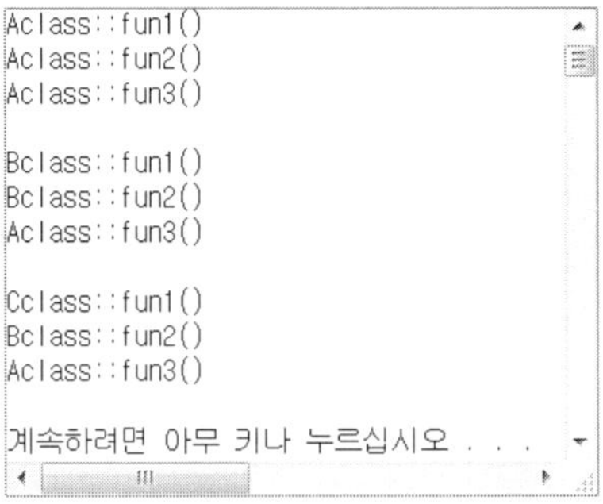

| 그림 8.7 | 실행결과

1) Aclass에서는 11행, 15행, 19행에서 가상함수 fun1( ), fun2( ), fun3( )을 정의하고 Bclass에서는 36행, 40행에서 가상함수 fun1( ), fun2( ), Cclass에서는 53행에서 가상함수 fun1( )을 정의한다.

2) 60행은 표 8.3과 같이 포인터 객체로 기술(60행, 65행, 70행)하거나 일반객체로 기술하는 경우에는 다음과 같이 포인터형 객체일 경우에는 오른쪽이 기준이 되고 일반 객체일 경우에는 왼쪽이 기준이 된다.

| 표 8.3 | 60행의 기술과 동작

60행	실행결과	설명
class Aclass *p1=new Aclass;	Aclass::fun1() Aclass::fun2() Aclass::fun3()	오른쪽을 기준으로 출력된다. 이때 오른쪽의 형을 변경하면 변경된 형을 기준으로 출력된다.
class Aclass *p1=new Bclass;	Bclass::fun1() Bclass::fun2() Aclass::fun3()	
class Aclass *p1, ob1; p1=&ob1;	Aclass::fun1() Aclass::fun2() Aclass::fun3()	왼쪽(p1)을 기준으로 출력된다. 이때 왼쪽의 형을 변경하면 변경된 형을 기준으로 출력된다.
class Bclass *p1, ob1; p1=&ob1;	Bclass::fun1() Bclass::fun2() Aclass::fun3()	

3) 그림 8.8, 그림 8.9, 그림 8.10은 64행, 69행, 74행에 브레이크 포인터(break point)를 설정하고 실행한 결과 객체(p1, p2, p3), vfptr, 변수(x, y, z)를 보인 것이다. **브레이크 포인터를 설정하는 방법은 먼저 F5를 실행하여 디버거 모드로 실행하고 64행, 69행, 74행에 커서를 두고 'Debug' 메뉴의 'New Breakpoint'로 설정한다. 브레이크 포인터를 설정한 다음 F10을 눌러 'Step Over'를 실행한다.**

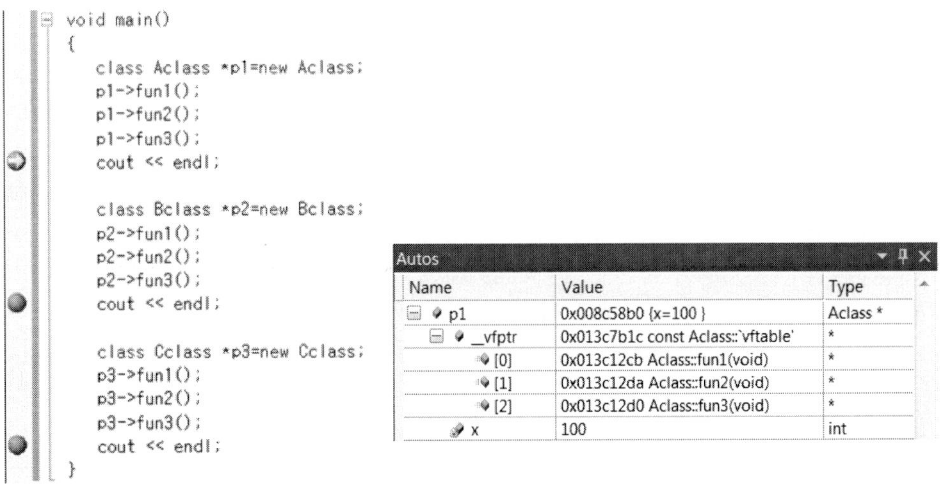

| 그림 8.8 | 실행결과

```
void main()
{
    class Aclass *p1=new Aclass;
    p1->fun1();
    p1->fun2();
    p1->fun3();
    cout << endl;

    class Bclass *p2=new Bclass;
    p2->fun1();
    p2->fun2();
    p2->fun3();
    cout << endl;

    class Cclass *p3=new Cclass;
    p3->fun1();
    p3->fun2();
    p3->fun3();
    cout << endl;
}
```

Autos

Name	Value	Type
p2	0x008c58f8 {y=200 }	Bclass *
Aclass	{x=100 }	Aclass
__vfptr	0x013c7844 const Bclass::`vftable'	*
[0]	0x013c12d5 Bclass::fun1(void)	*
[1]	0x013c12c6 Bclass::fun2(void)	*
[2]	0x013c12d0 Aclass::fun3(void)	*
x	100	int
y	200	int

| 그림 8.9 | 실행결과

```
void main()
{
    class Aclass *p1=new Aclass;
    p1->fun1();
    p1->fun2();
    p1->fun3();
    cout << endl;

    class Bclass *p2=new Bclass;
    p2->fun1();
    p2->fun2();
    p2->fun3();
    cout << endl;

    class Cclass *p3=new Cclass;
    p3->fun1();
    p3->fun2();
    p3->fun3();
    cout << endl;
}
```

Autos

Name	Value	Type
p3	0x008c5940 {z=300 }	Cclass *
Bclass	{y=200 }	Bclass
Aclass	{x=100 }	Aclass
__vfpt	0x013c7c44 const Cclass::`vftable'	*
[0]	0x013c12df Cclass::fun1(void)	*
[1]	0x013c12c6 Bclass::fun2(void)	*
[2]	0x013c12d0 Aclass::fun3(void)	*
x	100	int
y	200	int
z	300	int

| 그림 8.10 | 실행결과

정리하면 가상함수 테이블의 동작은 초기화되는 객체에 따라 각 객체가 선택되고 선택된 객체의 __vfptr이 가리키는 vtable에서 해당되는 멤버함수가 호출된다.

*

8.4 순수가상함수와 추상기초클래스

순수가상함수(純粹假像函數 : pure virtual function)는 함수의 정의 없이 함수의 원형만 기초클래스에 기술하는 것이다. 순수가상함수를 정의하는 방법은 다음과 같다.

```
virtual member_function_name() = 0;
```

기초클래스에서 순수가상함수가 1개 이상 있는 클래스를 추상클래스라 한다. 추상클래스는 일반 객체를 생성할 수 없지만 포인터형 객체는 생성할 수 있다. 추상클래스가 일반 객체를 생성할 수 없는 것은 객체가 정의되면 함수의 정의가 없어서 어떻게 동작되어야 할지 모르는 순수가상함수를 호출할 수 없기 때문이다. 실제의 함수는 있어도 함수의 몸체가 필요 없는 가상함수로서 컴파일러에게 가상함수의 몸체를 정의하지 않도록 표시한다.

```
virtual void sum()
{
        virtual void add()=0;
}
```

몸체가 없는 가상함수를 갖는 기초클래스를 추상 기초클래스(abstract base class)라 한다. 추상클래스는 순수가상함수를 1개 이상 포함하는 클래스이며 일반 객체를 생성할 수 없지만 포인터형 객체는 생성할 수 있다. 그러면 왜 객체를 생성할 수 없는 추상클래스를 언제 왜 사용하는가? 추상클래스를 사용하는 목적은 다음과 같다.

- **추상클래스는 파생클래스를 생성해야 하지만 파생클래스의 멤버함수가 어떤 형태인지 결정되지 않은 경우 순수가상함수를 정의하고 파생클래스에서 다시 몸체를 정의하는 경우에 사용된다.**
- 추상클래스는 상속을 위한 기초클래스로 사용된다. **순수가상함수가 있는 기초클래스의 상속을 받는 파생클래스를 객체로 생성하기 위해서는 반드시 가상함수를 재정의 해야 한다.**
- 여러 종류의 클래스에 1개의 동일한 인터페이스(함수)로 접근하기 위한 방법으로 순수가상함수로 선언한 추상클래스를 사용하며 관련 클래스들이 그 추상클래스를 부모 클래스로 갖도록 설계한다. 그러면 기초클래스로부터 파생된 파생클래스에서는 순수가상함수를 반드시 구현해야 사용할 수 있다.

*** 예제 : 추상기초클래스

이 프로그램은 순수가상함수를 포함하는 추상기초클래스의 동작을 이해하기 위한 예제이다.

8_6.cpp

```
01: #include <iostream>
02: using namespace std;
03: class Aclass
04: {
05: private:
06: protected:
07:     int a;
08: public:
09:     virtual int fun()=0;           // 순수 가상함수 정의
10: };
11: class Bclass:  public Aclass
12: {
13: private:
14:     int b;
15:     int c;
16: protected:
17: public:
18: Bclass(int x, int y)
19: {
20:     b = x;
21:     c = y;
22: }
23: int fun()                           // 09행의 순수가상함수를 재정의
24: {
25:     a= b+c;
26:     cout << a << endl;
27:     return a;
28: }
29: };
30: void main()
31: {
32:     int x, y;
```

```
33:     cin >> x >> y;
34:     class Bclass ob(x, y);
35:     cout << endl;

36:     ob.fun();
37: }
```

그림 8.11은 8_6.cpp의 실행결과이다. 먼저 main( ) 함수에서 100, 200을 입력받아 이를 덧셈하여 결과를 출력한다.

| 그림 8.11 | 실행결과

1) 09행은 순수가상함수를 정의하였다. **순수가상함수를 사용하는 목적은 클래스를 파생시키지만 파생되는 멤버함수가 어떤 형태인지 결정되지 않은 경우이다. 그래서 파생클래스에서는 멤버함수를 재정의해서 사용해야 한다.**

2) 23행 ~ 28행은 09행의 순수가상함수를 다시 정의하여 사용하는 것이다. 이것은 **순수가상함수가 있는 기초클래스의 상속을 받는 파생클래스를 객체로 생성하기 위해서는 반드시 가상함수를 재정의해야 한다.**

8.5 가상소멸자(virtual destructor)

가상소멸자(假像消滅者 : virtual destructor)는 클래스가 상속관계에 있는 경우 **파생클래스가 기초클래스를 상속받아 메모리를 할당한 다음 할당된 메모리를 제거하는 경우 기초클래스형의 포인터 객체가 파생클래스형의 객체의 크기를 정확하게 알 수 없기 때문에 기초클래스형의 객체에 의해 파생클래스형의 객체에 대한 메모리 할당과 제거를 정확하게 제거하기 위한 것이다.** 가상소멸자는 다음과 같이 파생클래스가 기초클래스로 초기화된 경우이다.

```
class Aclass *ptr= new Bclass;   // 예제 8_7.cpp의 29행
```

만약 클래스가 상속된 경우 가상소멸자를 사용하지 않으면 클래스형 객체는 정적 바인딩에 의해서 실제 가리키는 객체(초기화된 객체)가 어떤 클래스형인지 관계없이 기초클래스형(Aclass)에 해당되는 메모리를 삭제하는 것이 된다. 그러나 삭제되어야하는 메모리는 파생클래스 객체인 Bclass이므로 Bclass 소멸자가 호출되어야 한다. 이러한 문제를 근본적으로 해결하기 위해서 클래스의 소멸자를 virtual로 선언해야 한다.

소멸자를 가상소멸자로 만들어 놓으면 파생클래스의 인스턴스를 기초클래스로 선언된 객체포인터로 접근하더라도 동적 바인딩에 의해서 호출될 함수가 결정되므로 파생클래스의 소멸자가 호출된다. 다음 코드에서 virtual의 동작을 예로 설명한다. 가상소멸자는 다음과 같이 소멸자 앞에 ~ 기호를 붙인다.

```
virtual  ~Aclass()      // 가상소멸자
{
        // ...
}
```

클래스가 상속된 경우 가상함수와 가상소멸자는 기초클래스에서 virtual을 기술해야 한다. 그러나 기초클래스와 파생클래스에 모두 기술하는 것이 좋은 프로그래밍 습관이다.

*** 예제 가상소멸자의 사용과 동작

이 프로그램은 클래스가 상속관계에 있을 경우 가상 소멸자의 필요성과 동작을 이해하기 위한 목적이다. 이 예제를 통해서 다음과 같은 내용을 이해할 수 있다.

- 생성자와 소멸자를 정의하는 방법 : 06행 ~ 09행, 10행 ~ 13행, 18행 ~ 21행, 22행 ~ 25행
- 생성자에는 virtual 사용불가 : 06행, 18행
- 소멸자에서만 virtual 사용가능 : 10행, 22행
- 클래스를 public로 상속성하는 방법 : 15행
- 클래스에서 virtual 사용(가상함수의 동작) : 10행, 29행, 31행
- 일반함수와 소멸자에 virtual이 사용되면 가상함수로 동작된다.(생성자는 virtual을 사용할 수 없다)

- **클래스가 상속된 경우 기초클래스의 소멸자에만 virtual을 기술해야 정상적인 가상소멸자로 동작된다.** 만약 파생클래스에만 virtual을 기술하면 실행오류가 발생된다.(기초클래스와 파생 클래스의 소멸자에 모두 virtual을 사용해도 결과는 동일하다.) : 표 8.4
- **클래스가 상속된 경우 가상함수와 가상소멸자는 virtual을 기초클래스에만 기술해도 되지만 기초클래스와 파생클래스 모두 기술하는 것이 좋은 프로그래밍 습관이다.**

8_7.cpp

```
#include <iostream>
using namespace std;
class Aclass
{
public:
        Aclass()                              // 생성자는 virtual 사용 불가
        {
                cout << "Aclass 생성자 실행" << endl;
        }
        virtual ~Aclass()                     // 가상소멸자 정의
        {
                cout << "Aclass 소멸자 실행" << endl;
        }
};
class Bclass : public  Aclass                 // Bclass 정의
{
public:
        Bclass()
        {
                cout << "Bclass 생성자 실행" << endl;
        }
        virtua ~Bclass()
        {
                cout << "Bclass 소멸자 실행" << endl;
        }
 };
void main(void)
{
        class Aclass *ptr =new Bclass;        // 동적 바인딩(실행시)
```

```
30:         cout << endl;
31:         delete ptr;
32:         cout << endl;
33: }
```

그림 8.12, 그림 8.13은 8_7.cpp의 실행결과이다. 그림 8.12는 10행과 22행에 virtual을 사용한 경우 정상적으로 실행되는 경우이다.

```
Aclass 생성자 실행
Bclass 생성자 실행

Bclass 소멸자 실행
Aclass 소멸자 실행

계속하려면 아무 키나 누르십시오 . . .
```

| 그림 8.12 | 실행결과

1) 06행에서 생성자는 virtual을 사용할 수 없다(가상생성자는 객체가 생성되기 전에 이루어지기 때문에 정의할 수 없다).

2) 10행을 일반 소멸자로 기술할 경우 비정상적으로 실행되어 Bclass의 소멸자가 동작되지 않는다. **10행에서 virtual을 사용하지 않으면 실행결과에서 소멸자의 동작에만 영향을 주며 생성자의 동작결과는 무관하다.**

3) **29행과 31행은 Aclass와 Bclass의 소멸자에서 virtual이 사용되었기 때문에 가상함수로 동작되어 실행시 초기화되는 클래스형 함수를 호출(오른쪽의 클래스형을 기준으로 결과가 출력)된다.** 생성자는 상속되지만 생성자에는 virtual을 사용할 수 없다.

4) 만약 10행에서 virtual을 사용하지 않으면 29행과 30행, 32행과 33행이 기술되어도 가상함수로 동작되지 않고 정적으로 실행되어 생성자는 정상적으로 출력되지만 소멸자는 Aclass의 소멸자만 2번 호출된다. **이것은 virtual이 사용되지 않았기 때문에 가상함수로 동작되지 않으므로 왼쪽의 클래스가 기준이 되어 출력된다.**

5) **31행을 삭제하면 소멸자는 호출되지 않는다. 이것은 29행이 포인터형 객체이기 때문이다. 만약 29행이 일반 객체로 정의되고 초기화되면 31행을 기술하지 않아도 소멸자가 호출된다.**

표 8.4는 8_7.cpp에서 기초클래스(Aclass)와 파생클래스(Bclass)의 소멸자를 가상 소멸자 혹은 일반 소멸자를 사용하는 경우에 대한 결과이다.

| 표 8.4 | 기초클래스와 파생클래스에서 가상함수의 사용에 따른 결과

10행	22행	실행결과
virtual ~Aclass()	virtual ~Bclass()	그림 8.12(정상적인 실행결과)
virtual ~Aclass()	~Bclass()	그림 8.13(정상적인 실행결과)
~Aclass()	~Bclass()	그림 8.14(비정상적인 결과를 출력)
~Aclass()	virtual ~Bclass()	그림 8.15(실행오류)

그림 8.13은 10행이 virtual 소멸자, 22행이 virtual 소멸자인 경우이다. 10행이 일반 소멸자, 22행이 virtual 소멸자의 경우도 동일하다. 이때 29행의 포인터 변수 ptr은 실행시의 Bclass형의 크기로 초기화되기 때문에 31행에서 Aclass+Bclass 크기로 삭제되기 때문에 정상적으로 동작된다.

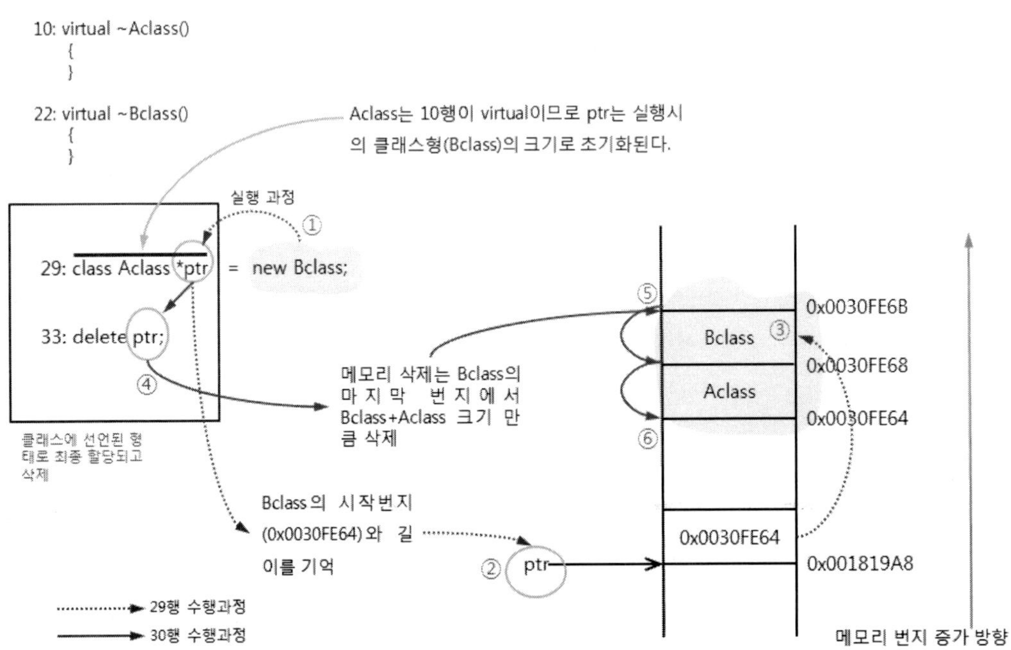

| 그림 8.13 | 29행, 33행 동작(10행: virtual 소멸자. 22행: virtual 소멸자인 경우)

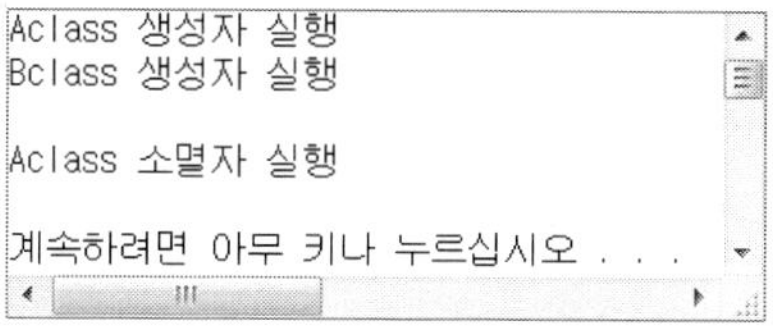

| 그림 8.14 | Aclass와 Bclass 모두 virtual을 사용하지 않는 경우

그림 8.15는 표 8.4의 네 번째 동작이다. 10행이 일반 소멸자, 22행이 virtual 소멸자인 실행결과이며 그림 8.16은 동작과정이다. 이 경우는 10행이 일반 소멸자이기 때문에 29행은 컴파일시 포인터 변수 ptr은 Aclass형의 크기로 초기화된다. 그리고 실행시에 ptr은 Bclass 크기로 초기화되어 31행은 시작번지에서 Aclass+Bclass 크기 만큼 삭제되기 때문에 Bclass 클래스는 존재하지 않기 때문에 실행오류 메시지가 출력되고 Aclass의 소멸자가 동작된다. **이때 15행과 같이 클래스가 상속관계에 있으면 Aclass와 Bclass는 같은 번지이지만 상속관계가 아닌 경우에는 서로 다른 번지에 위치한다.** Aclass, Bclass의 번지는 this로 확인할 수 있다.

실행오류가 발생되는 원인은 10행이 virtual이 아니므로 29행은 좌측이 기준이 되어 Aclass만 할당된다. 31행의 ptr는 Bclass, Aclass를 삭제하려 한다. 그래서 31행은 29행에서 Aclass의 생성자만 할당되었는데 22행에서 virtual이 기술되었기 때문에 실행시 Bclass+Aclass 소멸자가 호출되기 때문에 실행오류가 발생되고 Aclass만 호출된다.

| 그림 8.15 | 실행 오류(22행에서만 virtual을 사용한 경우)

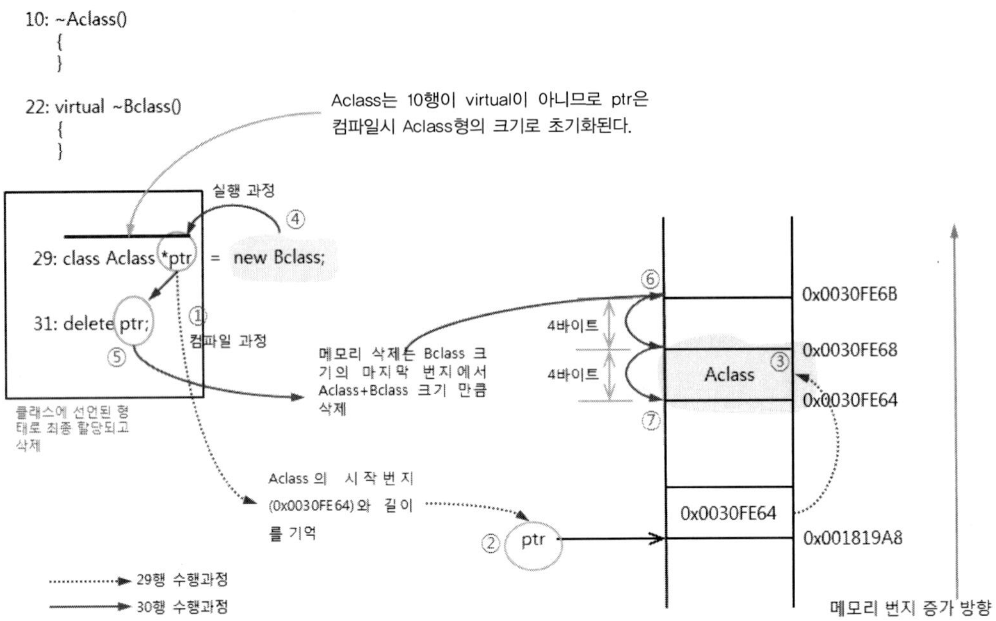

| 그림 8.16 | 22행에서만 virtual을 사용한 경우 동작

8.6 클래스의 중첩, 다중상속, 가상상속

8.6.1 클래스의 중첩

클래스의 중첩(重疊 : composition)은 하나의 클래스가 다른 클래스의 구조를 갖는 형태이다. 이것은 클래스의 상속은 부분적인 데이터 멤버나 멤버함수 등을 파생하는 것이지만 중첩은 클래스 전부를 포함한 멤버로 사용하는 것이다.

**** 예제 | 클래스의 중첩**

이 프로그램은 클래스가 중첩된 경우 클래스가 동작하는 과정과 초기화하는 과정을 이해하기 위한 예제이다. 이 예제를 통해서 다음의 내용을 이해할 수 있다.

- 2개의 클래스를 중첩하여 정의하는 방법은 먼저 외부 클래스(outclass : 03행 ~ 40행)을 정의

하고 외부 클래스의 내부에 다른 클래스(inclass : 08행 ~ 25행)를 정의한다.

• 중첩된 클래스를 초기화 하는 방법은 15행, 27행과 같이 초기자를 사용하여 초기화한다.

8_8.cpp

```
01: #include <iostream>
02: using namespace std;
03: class outclass          // outclass 정의
04: {
05: private:
06:       int a;
07: protected:
08:    class inclass        // inclass 정의
09:    {
10:    private:
11:       int b;
12:    protected:
13:    public:
14:       int c;
15:       inclass(int p) : b(p), c(p)          // inclass 정의
16:       {
17:             // a=p;                         // 오류
18:             cout << "b=" << b << "," << "c=" << c << endl;
19:       }
20:       int infun()
21:       {
22:             return (b+c);
23:       }
24: };
25: class inclass ob1;
26: public:
27:       outclass(int q) : a(q), ob1(q)       // outclass 생성자 정의
28:       {
29:             cout << "a=" << a << endl;
30:             cout << "ob1.infun()=" << ob1.infun() << endl;
31:             a=200;
32:             cout << "a=" << a << endl;
33:       }
34:    void outfun()
```

```
35:     {
36:             ob1.c=300;
37:             cout << "ob1.c=" << ob1.c << endl;
38:             cout << "ob1.infun()=" << ob1.infun() << endl;
39:     }
40: };

41: int main()
42: {
43:         int x;
44:         cin >> x;
45:         cout << endl;
46:         class outclass ob2(x);
47:         ob2.outfun();
48:         return 0;
49: }
```

그림 8.17은 8_8.cpp의 실행결과이다. 실행과정은 먼저 외부 클래스에서 내부 클래스로 실행되어야 한다. 그래서 46행에서 27행의 생성자를 호출하여 시작된다. 이때 main( )에서 직접 클래스(inclass)에 접근할 수 없다.

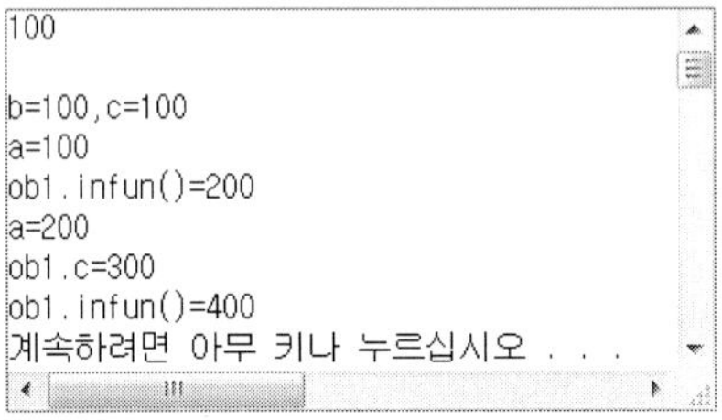

| 그림 8.17 | 클래스의 가상상속

1) 03행 ~ 40행은 클래스(outclass)가 정의된 내부에 새로운 클래스(inclass)를 정의하여 클래스가 중첩된다. 이때 내부에 중첩된 클래스는 내부의 데이터 멤버에만 접근할 수 있고 외부의 클래스는 외부의 데이터 멤버에만 접근할 수 있다.

2) 15행에서 초기자에 a(p)는 사용할 수 없다. 이것은 클래스가 서로 다르기 때문이다.

3) 17행, 22행은 오류가 발생된다. 이것은 클래스가 서로 다르기 때문이다.

4) 25행은 바로 초기값을 사용할 수 없다. 이것은 클래스의 중첩에서는 먼저 객체를 정의하고 객체를 사용해야 한다. ✱

8.6.2 클래스의 다중상속

클래스의 다중상속(多重相續 : multiple inheritance)은 그림 8.18과 같이 어떤 클래스가 여러 개의 클래스로부터 데이터 멤버와 멤버함수를 상속받는 것이다. **클래스가 다중상속 되는 경우 그림 8.18과 같이 생성자가 중복되지 않고 동일한 멤버함수가 사용되지 않은 경우에는 문제가 발생되지 않는다. 그러나 클래스가 다중상속된 경우 생성자가 중복 상속되거나 동일한 멤버함수를 사용하여 충돌이 발생되면 오류가 발생된다.** 이때 파생된 클래스의 크기는 상속된 클래스의 크기+자신의 클래스 크기가 된다.

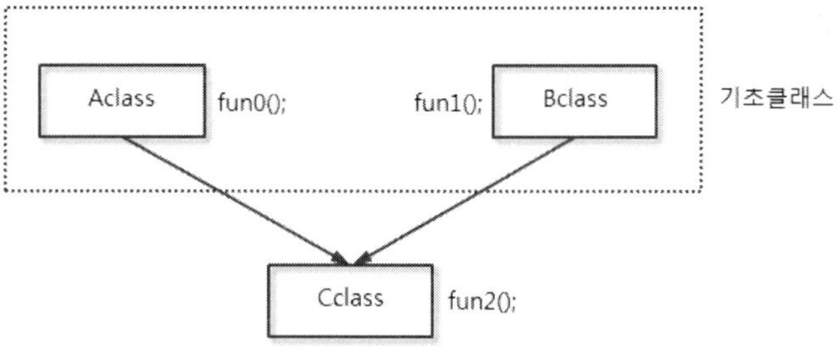

| 그림 8.18 | 클래스의 다중상속

그림 8.19는 가상함수와 가상상속의 필요성을 설명한 것이다. **클래스가 다중상속된 경우 생성자가 중복 상속되거나 동일한 멤버함수를 사용하여 충돌이 발생되면 오류가 발생된다. 그래서 파생클래스에서 생성자가 중복상속되는 것을 없애기 위해서 가상상속을 사용하고 동일한 멤버함수의 충돌을 없애기 위해서 가상함수를 사용해야 한다.** 그림 8.19에서 Dclass는 Aclass( ) 생성자와 fun( ) 멤버함수가 중복되기 때문에 가상상속과 가상함수를 사용해야 한다.

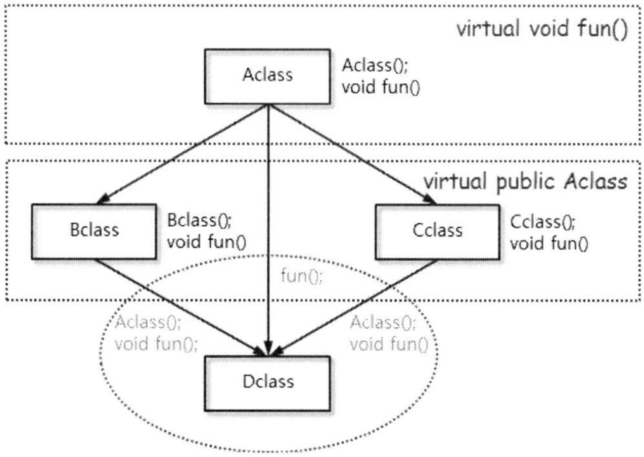

| 그림 8.19 | 클래스 다중상속의 문제점

예제 : 클래스의 다중상속(가상상속의 필요성)

이 프로그램은 클래스가 다중으로 상속되는 경우 데이터 멤버와 멤버함수가 어떻게 상속되는지를 이해하고, 데이터 멤버와 멤버함수의 충돌을 해결하기 위한 방법을 이해한다.

8_9.cpp

```
#include <iostream>
using namespace std;

class Aclass
{
public:
    void fun0()
    {
        cout << "Aclass::fun0()" << endl;
    }
};

class Bclass
{
public:
    void fun1()
    {
        cout << "Bclass::fun1()" << endl;
    }
};

class Cclass : public  Aclass, public Bclass
{
public:
    void fun2()
    {
        fun0();
        fun1();
        cout << "Cclass::fun2()" << endl;
    }
};

int main()
{
```

```
31:        class Cclass *ob=new Cclass;
32:        ob->fun2();
33:        return 0;
34: }
```

그림 8.20은 8_9.cpp의 실행결과이다. 실행결과는 각 클래스의 멤버함수가 차례로 호출되어 출력된다.

| 그림 8.20 | 실행결과

1) 19행은 Aclass, Bclass로부터 상속되었지만 생성자가 사용되지 않았고 멤버함수가 중복되지 않기 때문에 충돌이 발생되지 않는다.

2) 31행은 Cclass형의 포인터객체를 생성하고 32행에서는 멤버함수를 호출한다. 이때 31행은 하향 형변환을 할 수 없다. *

8.6.3 가상상속(virtual inheritance)

가상상속(假像相續 : virtual inheritance)은 그림 8.21과 같이 **클래스가 다중상속된 경우 기초클래스의 생성자가 중복되기 때문에 파생되는 클래스(Bclass, Cclass)의 상속성에 virtual을 선언하여 기초클래스의 생성자가 한번만 상속되게 한다.**

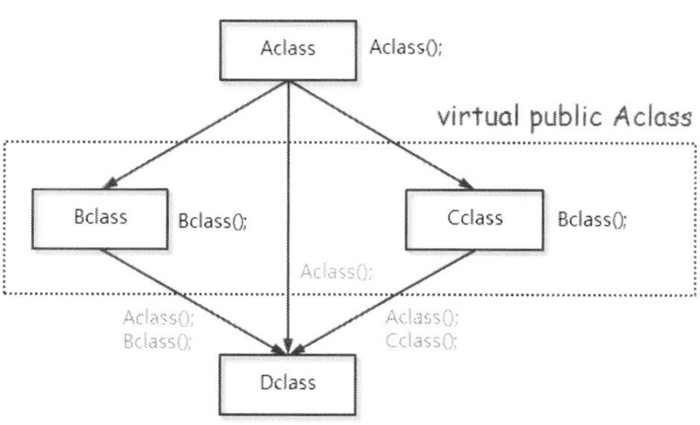

| 그림 8.21 | 가상상속의 개념

*** 예제 가상상속(클래스 다중상속의 문제점 해결)

이 프로그램은 클래스가 다중상속관계에 있는 경우 가상상속의 동작을 확인하기 위한 것이다. 가상상속은 클래스가 다중상속관계에 있는 경우 기초클래스의 생성자가 한번만 호출되게 한다.

8_10.cpp

```
#include <iostream>
using namespace std;
class Aclass          // 기초클래스 정의
{
public:
    Aclass()
    {
        cout << "Aclass Constructor" << endl;
    }
    void fun0()
    {
        cout << "Aclass::fun0()" << endl;
    }
};
class Bclass : virtual public  Aclass          // 가상상속
{
public:
    Bclass()
    {
        cout << "Bclass Constructor" << endl;
    }
    void fun1()
    {
        fun0();
        cout << "Bclass::fun1()" << endl;
    }
};
class Cclass : virtual public  Aclass          // 가상상속
{
public:
    Cclass()
    {
```

```
        cout << "Cclass Constructor" << endl;
    }
    void fun2()
    {
        fun0();
        cout << "Cclass::fun2()" << endl;
    }
};

class Dclass : public Bclass, public Cclass     // 다중상속
{
public:
    Dclass()
    {
        cout << "Dclass Constructor" << endl;
    }
    void fun3()
    {
        fun0();
        fun1();
        fun2();
        fun0();
        cout << "Dclass::fun3()" << endl;
    }
};

int main()
{
    cout << "before..." << endl;
    class Dclass *ob=new Dclass;                // 객체 생성
    cout << endl;

    cout << "after..." << endl;
    ob->fun3();                                 // 멤버함수 호출

    return 0;
}
```

그림 8.22는 8_10.cpp의 실행결과이다. 실행결과 생성자는 Aclass → Bclass → Cclass → Dclass 순서로 호출되고 멤버함수는 Aclass::fun0( ) → Aclass::fun0( ), Bclass::fun1( ) → Aclass::fun0( ), Cclass::fun2( ) → Aclass::fun0( ), Dclass::fun3( ) 순서로 호출된다.

```
before...
Aclass Constructor
Bclass Constructor
Cclass Constructor
Dclass Constructor

after...
Aclass::fun0()
Aclass::fun0()
Bclass::fun1()
Aclass::fun0()
Cclass::fun2()
Aclass::fun0()
Dclass::fun3()
계속하려면 아무 키나 누르십시오 . . .
```

| 그림 8.22 | 실행결과

1) 15행은 Bclass에서 virtual을 사용하여 가상상속하여 기초클래스의 생성자를 한번만 호출하도록 한다.

2) 28행은 Cclass에서 virtual을 사용하여 가상상속하여 기초클래스의 생성자를 한번만 호출하도록 한다.

3) 31행을 Cclass( ) : Aclass( )와 같이 초기자를 사용해도 결과는 같다. 이것은 생성자를 호출해도 인수가 없기 때문에 아무런 초기화 동작이 발생되지 않는다. 또한 다음과 같이 해도 동일한 결과이다.

```
18: Bclass() : Aclass
31: Cclass() : Aclass
44: Dclass() : Bclass, Cclass
```

4) 41행의 Dclass는 다중상속하도록 정의하였다. 이때 Bclass Cclass는 가상상속을 했기 때문에 문제되지 않는다.

5) 60행을 다음과 같이 하향 형변환하면 오류가 발생된다.

```
60: class Dclass *ob=new Aclass;    // 하향 형변환 불가
```

6) 61행을 다음과 같이 하향 형변환하면 오류가 발생된다. 이것은 가상함수가 아니기 때문에 오른쪽 기준이 아니다.

```
61: class Aclass *ob=new Dclass;    // 오류(좌측이 Dclass 외에는 모두 오류)
```

8.7 다형성(polymorphism)

다형성(多形成 : polymorphism)은 poly(다양한)와 morphism(모양)이 결합된 용어로써 C++에서 다형성은 기초클래스의 포인터 객체가 가상함수를 사용하여 파생클래스의 객체를 가리킬 수 있으며 이를 통해서 원하는 파생클래스의 함수를 호출하는 것이다. 예로써 클래스를 사용하여 원의 면적, 삼각형의 면적, 사각형의 면적을 구하는 프로그램을 설계하고자 한다. 만약 클래스의 상속성과 다형성을 사용하지 않고 설계한다면 각각의 도형(원, 삼각형, 사각형)을 정의하고 면적을 구해야한다. 그러나 클래스의 상속성과 다형성을 이용하면 쉽게 함수로 면적을 구할 수 있다.

■ 다형성의 개념 ■

우리는 자주 일요일 약속이 없거나 특별히 해야 할 일이 없을 경우 낮잠을 청하거나 TV 채널을 돌리는 경우가 많다. 이때 음악을 감상하거나 영화를 보거나 게임을 하면 기분 전환이 될 것이다. 그런데 오디오 장치, 게임기, 영화장치를 모두 설비해야한다. 그러면 어떻게 하면 될까? 해결방법은 그림 8.23과 같이 PC에 USB라는 인터페이스를 사용하여 DVD를 연결하여 영화를 즐기거나 게임기를 연결하여 게임을 하거나 스크린 골프를 즐길 수 있다. 이렇게 하면 비용을 획기적으로 절감하면서 다양한 장치를 사용할 수 있는 효과를 낼 수 있다.

C++에서 원, 삼각형, 사각형의 면적을 구하는 프로그램을 설계한다고 가정하자. 이때 각각의 면적을 구하는 방법보다 면적을 구하는 하나의 클래스를 정의하고 원, 삼각형, 사각형의 면적을 구하는 공식만 적용하면 효율적으로 프로그래밍 할 수 있다. 그래서 C++에서는 이러한 경우 클래스의 다형성을 적용하면 효율적인 프로그램을 설계할 수 있다.

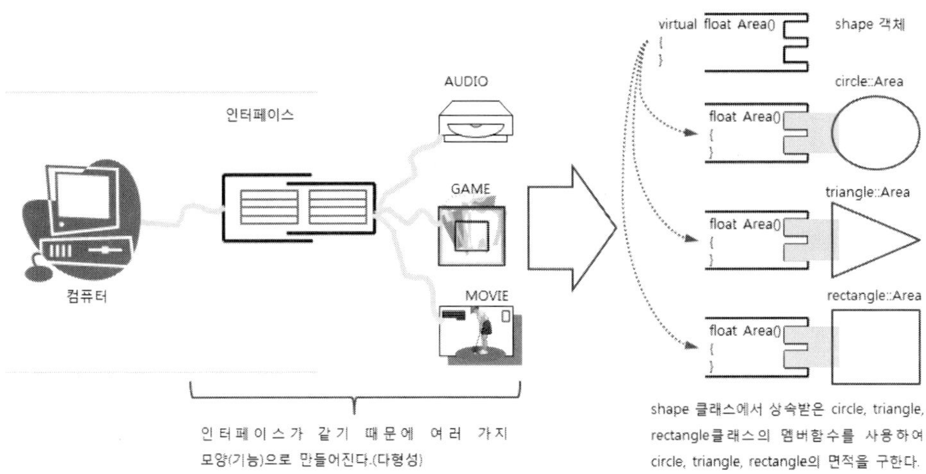

| 그림 8.23 | 다형성의 개념과 C++에서 구현

결론적으로 클래스의 다형성을 사용하면 예로써, 그림 8.23과 같이 원, 삼각형, 사각형의 면적을 구하는 경우 shape 객체의 가상함수(Area( ))를 통해서 각각 다른 도형의 면적을 구할 수 있게 되어 프로그램을 효율적으로 설계할 수 있다.

정리하기 **클래스의 다형성**

❶ 다형성은 객체지향 프로그래밍에서 클래스의 형에 관계없이 동일한 방법으로 처리할 수 있는 기능이다.

❷ C++에서 다형성은 기초클래스의 포인터 객체가 가상함수를 사용하여 파생클래스의 객체를 가리킬 수 있으며 이를 통해서 원하는 파생클래스의 함수를 호출하는 것이다.

❸ 다형성은 virtual 예약어를 사용하여 멤버함수를 동적 바인딩한다.

❹ 함수의 중복(overloading)과 오버라이딩(overriding)도 모두 다형성의 종류이다. 중복은 함수의 형태(인수의 형태, 개수)에 따라 어떤 함수가 호출되는지 알 수 있기 때문에 크게 중요하지 않다. 그러나 오버라이딩 함수는 프로그램이 실행되는 과정에서 호출된다.

❺ 함수의 중복이 인수에 의해서 호출되는 함수가 결정되는 것을 컴파일 시간 다형성(compile-time polymorphism) 혹은 인수 다형성(parametric polymorphism)이라 한다. 가상함수에 의해서 객체의 형에 따라 호출되는 함수가 결정되는 다형성을 실행 시간 다형성(run-time polymorphism)이라 한다.

*** 예제 | 다형성의 사용과 동작

이 프로그램은 가상함수를 사용한 다형성의 필요성을 설명하기 위한 목적으로 원, 삼각형과 사각형의 면적을 구하는 프로그램을 설계한다. 그림 8.24는 8_11.cpp의 동작이다.

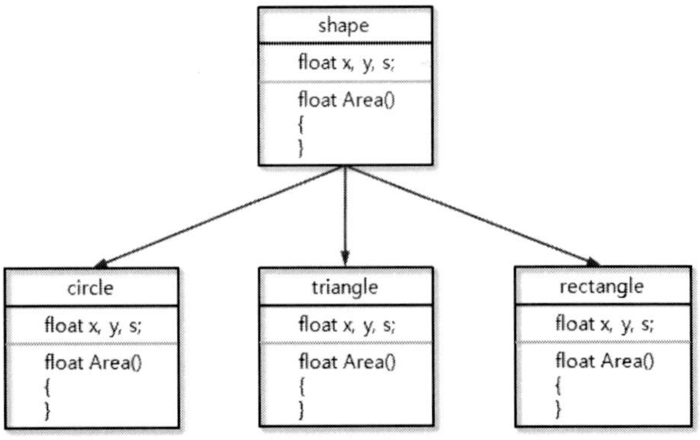

| 그림 8.24 | 다형성의 동작

8_11.cpp

```
#include <iostream>
using namespace std;
#define NULL 0
class shape                        // 도형의 면적을 구하는 클래스를 정의
{
private:
protected:
        float x;
        float y;
        float s;
public:
        void Area()                // 가상함수로 정의하지 않은 경우
        {
                x=0;
                y=0;
                s = x*y;
                cout << "shape area : " << s << endl;
        }
};
class circle : public shape        // 원의 면적을 구하는 클래스를 정의
{
private:
protected:
        float pi;
        float r;
        float s;
public:
        void Area()
        {
                pi=3.14;
                r=2;
                s = pi*r*r;
                cout << "circle area : " << s << endl;
        }
};
class triangle : public shape      // 삼각형의 면적을 구하는 클래스를 정의
```

```
{
private:
protected:
        float x;
        float y;
        float s;
public:
        void Area()
        {
                x=2;
                y=3;
                s=(x*y)/2;
                cout << "triangle area : " << s << endl;
        }
};
class rectangle : public shape        // 사각형의 면적을 구하는 클래스를 정의
{
private:
protected:
        float x;
        float y;
        float s;
public:
        void Area()
        {
                x=2;
                y=3;
                s = x*y;
                cout << "rectangle area : " << s << endl;
        }
};
void main(void)
{
        class shape ob1;
        ob1.Area();
        class circle ob2;
        ob2.Area();
        class triangle ob3;
```

```
75:         ob3.Area();
76:         class rectangle ob4;
77:         ob4.Area();
78:         cout << endl;
79: }
```

그림 8.25는 8_11.cpp의 실행결과이다. 실행결과는 도형, 원, 삼각형 및 사각형의 면적을 구한 결과를 출력한다.

| 그림 8.25 | 실행결과

1) 04행은 도형(shape)의 면적을 계산하고, 21행은 원(circle)의 면적을 계산하고, 38행은 삼각형(triangle)의 면적을 계산하고, 55행은 사각형(rectangle)의 면적을 계산하는 클래스를 정의한다.

2) 12행, 28행, 44행과 60행은 shape, circle, triangle과 rectangle의 면적을 계산하는 멤버함수를 정의한다. 만약 12행을 가상함수로 설정하지 않을 경우에는 모두 shape의 면적만 출력된다.

3) 그러나 12행에 virtual을 기술하고 70행 ~ 77행을 다음과 같이 기술하면 정상적으로 출력(그림 8.26(a))된다. 만약 12행에 virtual을 기술하지 않으면 0로 출력(그림 8.26(b))된다. 이것은 가상함수로 동작되지 않기 때문이다.

```
class shape *p1=new shape;
p1->Area();
class shape *p2=new circle;
p2->Area();
class shape *p3=new triangle;
p3->Area();
class rectangle *p4=new rectangle;
p4->Area()
```

이 경우에는 circle 클래스가 rectangle 객체와 무관하기 때문에 오류가 발생된다.

```
class rectangle *pB = new circle;// 오류
pB->Area();
```

4) 다음의 경우에는 12행에 virtual을 기술하지 않고 70행 ~ 77행을 아래와 같이 하면 정상적으로 출력(그림 8.26(a))된다. 이때 만약 12행에 virtual을 기술해도 무관하다. 이것은 먼저 일반함수로 동작되기 때문이다.

```
class shape *p1=new shape;
p1->Area();
class circle *p2=new circle;
p2->Area();
class triangle *p3=new triangle;
p3->Area();
class rectangle *p4=new rectangle;
p4->Area();
```

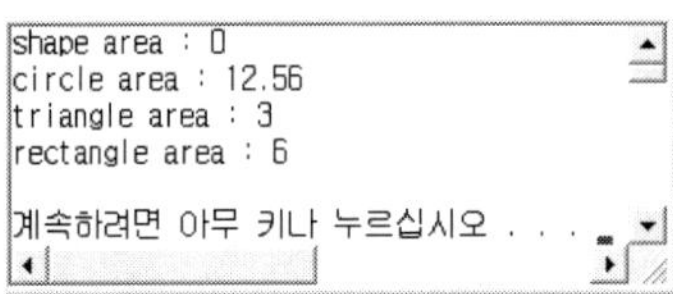

(a) 12행을 virtual로 한 경우

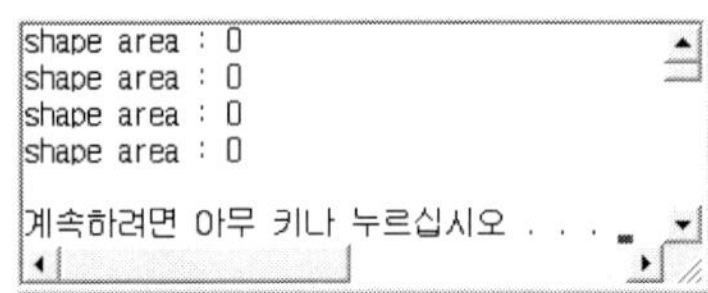

(b) 12행을 일반멤버함수로 정의한 경우

| 그림 8.26 | 실행결과

*

*** 예제 가상함수를 사용한 클래스의 다형성

이 프로그램은 가상함수를 사용하여 클래스의 다형성을 설명하기 위한 목적으로 원, 삼각형과 사각형의 면적을 구하는 프로그램이다.

8_12.cpp

```
01: #include <iostream>
02: using namespace std;
03: #define NULL 0
04: class shape                              // 도형의 면적을 구하는 클래스를 정의
05: {
06: private:
07: protected:
08:         float x;
```

```
        float y;
        float s;
public:
        virtual float Area()            // 가상함수로 정의한 다형성
        {
                x=0;
                y=0;
                s = x*y;
                cout << "shape area : " << s << endl;
                return s;
        }
};
class circle : public shape             // 원의 면적을 구하는 클래스를 정의
{
private:
protected:
        float pi;
        float r;
        float s;
public:
        float Area()
        {
                pi=3.14;
                r=2;
                s = pi*r*r;
                cout << "circle area : " << s << endl;
                return s;
        }
};
class triangle : public shape           // 삼각형의 면적을 구하는 클래스를 정의
{
private:
protected:
        float x;
        float y;
        float s;
public:
        float Area()
        {
```

```
            x=2;
            y=3;
            s=(x*y)/2;
            cout << "triangle area : " << s << endl;
            return s;
        }
};
class rectangle : public shape                // 사각형의 면적을 구하는 클래스를 정의
{
private:
protected:
        float x;
        float y;
        float s;
public:
        float Area()
        {
            x=2;
            y=3;
            s = x*y;
            cout << "rectangle area : " << s << endl;
            return s;
        }
};
void main(void)
{
        class shape *ShapeOb[4] = {0, 0, 0, 0};
        ShapeOb[0] = new shape;
        ShapeOb[1] = new circle;
        ShapeOb[2] = new triangle;
        ShapeOb[3] = new rectangle;
        for(int i=0; i<4; i++)                // 각 도형의 면적을 구한다.
            ShapeOb[i]->Area();
        for(int i=0; i<4; i++)                // 할당된 메모리를 삭제한다.
        {
            delete ShapeOb[i];
```

```
84:                 ShapeOb[i] =NULL;
85:         }
86: }
```

그림 8.27(a)는 8_12.cpp의 실행결과이다. 만약 12행의 virtual을 삭제하여 일반 멤버함수로 실행하면 그림 8.27(b)와 같이 비정상적으로 출력된다. 이것은 12행이 일반 멤버함수일 경우 75행 ~ 78행이 좌측의 선언된 객체의 멤버(ShapeOb)의 함수가 호출되기 때문이다. 그림 8.27(a)의 실행결과는 도형, 원, 삼각형 및 사각형의 면적을 구한 값이 출력된다.

```
shape area : 0
circle area : 12.56
triangle area : 3
rectangle area : 6
계속하려면 아무 키나 누르십시오 . . .
```

(a) 12행을 가상함수로 한 경우

```
shape area : 0
shape area : 0
shape area : 0
shape area : 0
계속하려면 아무 키나 누르십시오 . . .
```

(b) 12행을 일반멤버함수로 한 경우

| 그림 8.27 | 실행결과

1) 04행은 도형(shape)의 면적을 계산하고, 21행은 원(circle)의 면적을 계산하고, 38행은 삼각형(triangle)의 면적을 계산하고, 55행은 사각형(rectangle)의 면적을 계산하는 클래스를 정의한다.

2) 12행, 29행, 46행과 63행은 shape, circle, triangle과 rectangle의 면적을 계산하는 멤버함수를 정의한다. 만약 12행을 가상함수로 설정하지 않을 경우에는 모두 shape의 면적만 출력된다.

3) 74행에서 초기 값을 0이외의 다른 정수 혹은 문자 값으로 초기화하는 경우에는 오류가 발생된다. 이것은 ShapeOb[4]가 포인터형이기 때문에 0는 널 포인터로 인식되지만 다른 값은 인식할 수 없기 때문이다.

4) 80행은 기초클래스에서 4개의 도형 면적을 계산하는 함수를 호출하고 83행과 84행은 동적으로 할당된 메모리를 제거한다.

*

요약

01. 그림 8.28은 본 장에서 학습한 내용이다. 본 장에서는 클래스의 다형성을 이해하기 위해 가상함수, 가상소멸자, 가상상속을 먼저 학습하였다.

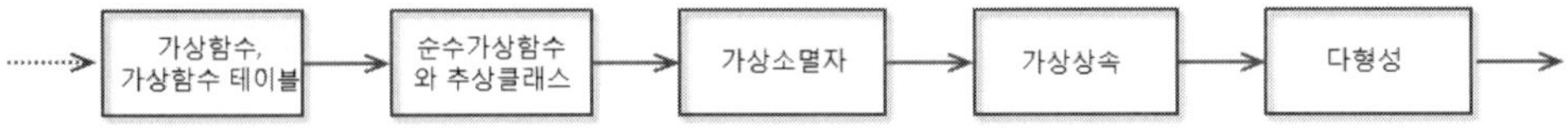

| 그림 8.28 | 본 장에서 학습한 내용

02. C++에서 클래스의 형변환은 상향 형변환과 하향 형변환이 있으며 일반객체, 포인터형객체 그리고 참조자형으로 변환할 수 있다. 클래스의 형변환은 반드시 상향 형변환을 먼저하고 하향 형변환을 해야 한다. 만약 순서를 바꾸면 오류가 발생된다.

03. 가상함수는 기초클래스에 오버라이딩(overriding)되는 함수 이름에 virtual을 기술하고 컴파일 시점에서는 존재하지 않는 함수로 표시하여 실행시점에서 호출되도록 하는 것이다.

04. 가상함수는 클래스 내의 멤버함수 일 경우에만 지정할 수 있으며 기초클래스의 가상함수는 파생클래스에서 예약어 virtual을 붙이지 않아도 가상함수로 지정되고 가상함수의 특징은 상속된다.

05. vtable(가상함수 테이블)은 클래스에 사용된 가상함수의 번지를 함수 포인터 배열로 저장한 목록이다. vtable이 호출되는 과정은 p1 -> __vfptr -> vtable[n] -> '멤버함수의 번지' 이다.

06. 추상클래스는 파생클래스를 생성해야 하지만 파생클래스의 멤버함수가 어떤 형태인지 결정되지 않은 경우 순수가상함수를 정의하고 파생클래스에서 다시 몸체를 정의하여 사용하는 방법이다. 이때 **순수가상함수가 있는 기초클래스의 상속을 받는 파생클래스를 객체로 생성하기 위해서는 반드시 가상함수를 재정의해야 한다.**

07. 클래스의 상속은 부분적인 데이터 멤버나 멤버함수 등을 파생하는 것이지만 중첩(composition)은 클래스 전부를 포함한 멤버로 사용하는 것이다.

08. 클래스의 다중상속은 어떤 클래스가 여러 개의 클래스로부터 상속받는 것이다. 클래스가

다중상속 되는 경우 생성자가 중복되지 않고 동일한 멤버함수가 사용되지 않은 경우에는 문제가 발생되지 않는다. 그러나 클래스가 다중상속된 경우 생성자가 중복 상속되거나 동일한 멤버함수를 사용하여 충돌이 발생되면 오류가 발생된다.

09. 가상상속(virtual inheritance)은 클래스가 다중상속된 경우 기초클래스의 생성자가 중복되기 때문에 파생되는 클래스의 상속성에 virtual을 선언하여 기초클래스의 생성자가 한번만 상속되게 한다.

10. 다형성은 객체지향 프로그래밍에서 클래스의 형에 관계없이 동일한 방법으로 처리할 수 있는 기능이다. C++에서 다형성은 기초클래스의 포인터 객체가 가상함수를 사용하여 파생클래스의 객체를 가리킬 수 있으며 이를 통해서 원하는 파생클래스의 함수를 호출하는 것이다.

연습문제_A

01. 가상함수(virtual function)는 왜 필요하며 어떻게 사용하는지 설명하여라.

02. 가상소멸자(virtual destructor)에 대해서 설명하여라.

03. 클래스의 가상상속(virtual inheritance)에 대해서 설명하여라.

04. 클래스의 상속성에서 다중상속(multiple inheritance)과 중첩(composition)의 차이점을 설명하여라.

05. 클래스의 다형성을 설명하여라.

연습문제_B

06. 다음은 가상함수의 동작을 이해하기 위한 것이다. 다음의 코드에서 표 8.5와 같이 했을 경우 각각의 실행결과를 쓰고 이유를 설명하여라.(힌트: 이 경우는 먼저 클래스의 형변환이 상향 형변환 인지 하향 형변환 인지를 확인하고 다음으로 함수가 가상함수로 동작되는지를 생각한다.)

```
#include <iostream>
using namespace std;
class Aclass                          // Aclass 클래스 정의
{
private:
protected:
public:
        virtual void fun()            // 가상함수 fun() 정의
        {
           cout << "Aclass::fun()" << endl;
        }
};
```

```
13: class Bclass : public Aclass            // Bclass 클래스 정의
14: {
15: private:
16: protected:
17: public:
18:         void fun()                      // 멤버함수 fun() 정의
19:         {
20:             cout << "Bclass::fun()" << endl;
21:         }
22: };
23: void main()
24: {
25:         class Aclass *ptr = new Aclass;
26:         ptr->fun();
27: }
```

| 표 8.5 |

번호	Aclass(08행)	Bclass(18행)	출력(실행결과)
1	virtual void fun()	void fun()	25행: class Aclass *ptr = new Aclass; 26행: ptr->fun(); 출력:
			25행: class Aclass *ptr = new Bclass; 26행: ptr->fun(); 출력:
			25행: class Bclass *ptr = new Aclass; 26행: ptr->fun(); 출력:
			25행: class Bclass *ptr = new Bclass; 26행: ptr->fun(); 출력:
2	virtual void fun()	virtual void fun()	25행: class Aclass *ptr= new Aclass; 26행: ptr->fun(); 출력:
			25행: class Aclass *ptr = new Bclass; 26행: ptr->fun(); 출력:
			25행: class Bclass *ptr = new Aclass; 26행: ptr->fun(); 출력:
			25행: class Bclass *ptr = new Bclass;

			26행: ptr->fun(); 출력:
3	void fun()	virtual void fun()	25행: class Aclass *ptr = new Aclass; 26행: ptr->fun(); 출력:
			25행: class Aclass *ptr = new Bclass; 26행: ptr->fun(); 출력:
			25행: class Bclass *ptr = new Aclass; 26행: ptr->fun(); 출력:
			25행: class Bclass *ptr = new Bclass; 26행: ptr->fun(); 출력:
4	void fun()	void fun()	25행: class Aclass *ptr = new Aclass; 26행: ptr->fun(); 출력:
			25행: class Aclass *ptr = new Bclass; 26행: ptr->fun(); 출력:
			25행: class Bclass *ptr = new Aclass; 26행: ptr->fun(); 출력: 오류(하향 형변환)
			25행: class Bclass *ptr = new Bclass; 26행: ptr->fun(); 출력:
5	virtual void fun()	Bclass에 fun() 함수를 사용하지 않음	25행: class Aclass *ptr = new Aclass; 26행: ptr->fun(); 출력:
			25행: class Aclass *ptr = new Bclass; 26행: ptr->fun(); 출력:
			25행: class Bclass *ptr = new Aclass; 26행: ptr->fun(); 출력:
			25행: class Bclass *ptr = new Bclass; 26행: ptr->fun(); 출력:
6	Aclass에 fun()	virtual void fun()	25행: class Aclass *ptr = new Aclass;

	함수를 사용하지 않음		26행: ptr->fun(); 출력:
			25행: class Aclass *ptr = new Bclass; 26행: ptr->fun(); 출력:
			25행: class Bclass *ptr = new Aclass; 26행: ptr->fun(); 출력:
			25행: class Bclass *ptr = new Bclass; 26행: ptr->fun(); 출력:
7	void fun()	Bclass에 fun() 함수를 사용하지 않음	25행: class Aclass *ptr = new Aclass; 26행: ptr->fun(); 출력:
			25행: class Aclass *ptr = new Bclass; 26행: ptr->fun(); 출력:
			25행: class Bclass *ptr = new Aclass; 26행: ptr->fun(); 출력:
			25행: class Bclass *ptr = new Bclass; 26행: ptr->fun(); 출력:
8	Aclass에 fun() 함수를 사용하지 않음	void fun()	25행: class Aclass *ptr = new Aclass; 26행: ptr->fun(); 출력:
			25행: class Aclass *ptr = new Bclass; 26행: ptr->fun(); 출력:
			25행: class Bclass *ptr = new Aclass; 26행: ptr->fun(); 출력:
			25행: class Bclass *ptr = new Bclass; 26행: ptr->fun(); 출력:

07. 다음은 가상소멸자의 동작을 이해하기 위한 것이다. 코드에서 29행이 표 8.6과 같이 했을 경우 각각의 실행결과와 이유를 설명하여라.

```
01: #include <iostream>
02: using namespace std;
03: class Aclass                        // 기초클래스 정의
04: {
05: public:
06:     Aclass()                        // Aclass 생성자
07:     {
08:             cout << "Aclass()" << endl;
09:     }
10:     virtual ~Aclass()               // 가상소멸자
11:     {
12:             cout << "~Aclass()" << endl;
13:     }
14: };
15: class Bclass : public Aclass        // 기초클래스를 상속 받은 파생클래스 정의
16: {
17: public:
18:         Bclass()                    // Bclass 생성자
19:         {
20:             cout << "Bclass()" << endl;
21:         }
22:         ~Bclass()                   // Bclass 소멸자
23:         {
24:             cout << "~Bclass()" << endl;
25:         }
26: };
27:  void main(void)
28: {
29:         new Aclass;
30:
```

| 표 8.6 |

번호	29행 대체 코드	출력(실행결과)	설명
1	new Aclass;		
2	new Bclass;		
3	class Aclass ob1;		
4	class Aclass ob1; class Bclass ob2;		
5	class Aclass *pA;		
6	class Aclass *pA; delete pA;		
7	class Aclass *pA =new Aclass;		
8	class Aclass *pB = new Bclass; delete pB;		

9	class Aclass *ptr1 = new Bclass;
	class Aclass *ptr2 =new Bclass;
	delete ptr2;
	delete ptr1;		

08. 그림 8.29와 같이 바둑게임을 할 수 있는 프로그램을 설계하여라. 바둑 게임은 돌을 선택하고 화살표 키를 사용하여 위치를 이동하고 돌을 두는 기능을 할 수 있도록 설계한다.

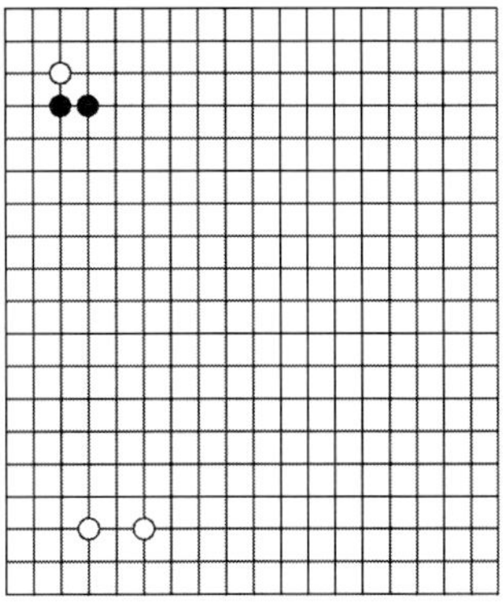

| 그림 8.29 | 실행결과

memo for **C++ Programming**

제9장 C++의 형변환

✱ 차례

✱ 학습목표

1. C 기반의 형변환과 문제점을 이해한다.
2. RTTI의 필요성과 동작을 이해한다.
3. C++에서 형변환을 이해한다.
4. C++에서 클래스의 형변환을 이해한다.

9.1 개요

본 장에서는 클래스의 형변환 방법에 대해서 이해한다. 먼저 C 기반의 형변환을 이해하고, RTTI, C++의 형변환, 클래스의 형변환에서 상향 형변환(up-casting)과 하향 형변환(down-casting)에 대해서 이해한다.

9.2 C 기반의 형변환

형변환 연산자(形變換 演算子 : cast operator)는 자료형변환 방법에서 명시적인 형변환이라고도 하며, 수식에서 평가된 값이나 변수의 자료형을 원하는 자료형으로 변환하는 연산자이다.

■ 형식

```
(자료형)변수 ;  혹은 (자료형)연산식 ;      // C 방식
자료형(변수) ;  혹은 자료형(연산식) ;      // C++ 방식
```

■ 사용

❶ 형변환은 다음과 같이 ( )을 사용한다.

```
double x=1.234;              // 8바이트형 실수형
int y= (int)x;               // C 방식의 형변환
int y= int(x);               // C++ 방식의 형변환
cout << y << endl;           // 1이 출력
```

❷ 형변환은 printf( )에서 다음과 같이 사용할 수 있다.

```
printf("%d", (int) (1.1*2.2) );  // 정상(2가 출력)
```

❸ 연산결과를 형변환 하는 방법은 다음과 같이한다.

```
float a=1.1;
float b=2.2;
int c=(int)(a+b);            // 연산식을 사용하는 경우
printf("%d", c);             // 정상(3이 출력)
```

❹ 연산결과와 형변환을 사용할 경우 다음과 같이 하면 변수 x는 함수로 인식되기 때문에 오류를 발생한다.

```
float x;
(int) x(1.1*2.2);              // 오류(X를 함수로 인식)
printf("%d", x);
```

❺ 예로서 다음과 같이 코딩할 경우 경고 메시지(warning C4244: 'initializing' : conversion from 'double' to 'int', possible loss of data)가 출력되며, 정수 값(103)으로 출력된다. C++에서는 결국 double+double = double형이 되지만, 최종적으로 세 번째 행은 좌변의 int형으로 자동 형변환되어 저장된다.

```
double a=100;
double b=3.14;
int c = a+b;                   // 출력: 103(int c=(double)(a+b)도 동일 함);
```

❻ 다음과 같은 경우에는 경고 메시지 없이 정상적으로 실수 값(103.14)으로 출력된다.

```
double a = 100;
double b = 3.14;
double c = a+b;
```

❼ 다음의 경우 형변환은 04행의 a, b, c값이 서로 다른 형으로 연산되어 처리되기 때문에 비정상적인 값이 출력된다. 그러나 05행과 06행은 형변환 되어 연산되기 때문에 정상적으로 출력된다.

```
01: int a=10;
02: float b=11.11;
03: double c= 22.22;

04: printf("%d \n", a+b+c);                          // 비정상적인 출력(1841467228)
05: printf("%d \n", a+(int)b+(int)c);               // 43
06: printf("%lf \n", (double)a+(double)b+(double)c); // 출력: 43.330000
```

❽ 다음의 경우 형변환은 04행 좌변이 int형이므로 a, b, c 값은 최종적으로 int형으로 변환되어 연산되어 결과는 43으로 출력된다. 06행은 좌변이 double형이므로 a, b, c 값은 double형으로 변환되어 연산된다.

```
01: int a=10;
02: float b=11.11;
03: double c= 22.22;

04: int d=a+b+c;
05: printf("%d \n",d);          // 출력: 43

06: float e=a+b+c;
07: printf("%lf \n",e);         // 출력: 43.329998
```

* 예제 C 기반의 형변환 문제점(1)

이 프로그램은 C 기반의 형변환에서 문제점을 확인하기 위한 것이다. 여기서 char* 형을 int *형으로 변환한 결과는 상당한 차이가 있음을 확인할 수 있다. 그래서 C 기반의 형변환은 실수에 의한 형변환을 전혀 다른 결과로 출력해도 어떤 경고 혹은 오류도 표시하지 않는 문제점이 있다는 것을 알 수 있다.

9_1.cpp

```
01: #include <iostream>
02: using namespace std;
03: void main()
04: {
05:         char *str="seoul";
06:         int *ptr;
07:         ptr=(int *)str;
08:         printf("%s \n", ptr);
09:         printf("%d \n", ptr);
10:         printf("%#p \n", ptr);
11: }
```

그림 9.1은 9_1.cpp의 실행결과이다. 실행결과 문자열 "seoul"이 다른 정수 값과 번지를 출력하게 된다.

| 그림 9.1 | 실행결과

1) 07행은 char *형을 int *형으로 변환한다.

2) 09행과 10행은 char *형을 정수형으로 변환하여 정수형과 16진수형으로 출력한다. 이때 어떤 경보 혹은 오류메시지도 출력되지 않는다.

*

❋❋❋ 예제 ⋮ C 기반의 형변환 문제점(2)

이 프로그램은 C 기반의 형변환에서 다른 문제점을 확인하기 위한 것이다. 여기서 char* 형을 int *형으로 변환 후 다시 원래의 char *형으로 변환해도 원래의 값이 출력되지 않고 다른 값을 출력하게 된다는 것이다.

9_2.cpp

```
01: #include <iostream>
02: using namespace std;

03: void main()
04: {
05:         char *str="seoul";
06:         int *ptr1;
07:         char *ptr2;

08:         ptr1=(int *)str;
09:         printf("%d \n", *ptr1);
10:         printf("%#p \n", *ptr1);

11:         ptr2=(char *)*ptr1;
12:         printf("%s \n",*ptr2);
13: }
```

그림 9.2는 9_2.cpp의 실행결과이다. 실행결과 문자열 형변환 후 다시 원래의 형으로 변환했지만 결과는 비정상적으로 출력되는 것을 확인할 수 있다.

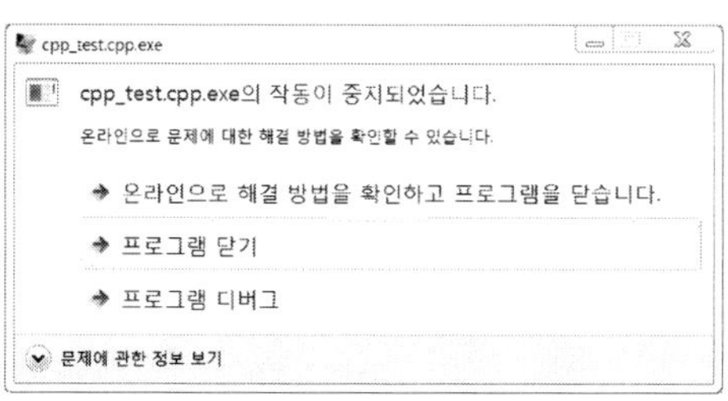

| 그림 9.2 | 실행결과

1) 08행은 char *형을 int *형으로 변환하고 11행은 다시 int *형을 char *형으로 변환한다.

2) 12행은 원래의 형으로 변환했지만 출력은 다르게 된다. 그래서 C 기반의 형변환은 상당한 위험성을 가지고 있음을 알 수 있다. ✱

9.3 RTTI(Run-Time Type Information)

RTTI는 단어가 의미하는 바와 같이 실행시 자료형에 대한 정보를 나타내는 것이다. 일반적으로 컴파일과 실행과정에서 변수, 구조체, 클래스는 컴파일 과정에서 자료형을 참조하게 되고 컴파일 후에는 자료형에 대한 정보들은 필요 없으며 단지 이들은 번지를 참조하여 크기 만큼 읽거나 쓰게 된다. 그러나 클래스는 컴파일러에 의해서 기계어로 번역되면 구조체(構造體 : structor)와 같이 처리되지만 멤버함수는 내부적으로 *this를 첫 번째 인수로 가지고 있기 때문에 함수를 호출할 때는 반드시 호출되는 객체 포인터와 같이 전달되도록 컴파일 된다. 만약 클래스가 상속관계에 있고 가상함수를 사용하는 경우에는 가상함수 테이블(vtable)을 가리키는 포인터가 추가된다.

RTTI는 왜 필요한가? C++에서 클래스가 상속관계에 있고 가상함수가 사용된 경우 멤버함수 호출은 실행과정에서 호출(초기화)된다. 그래서 이때 호출하는 클래스형 멤버함수를 정확하게 알아야 되기 때문에 실행시 클래스형을 판별하는 것이 필요하다. **RTTI는 클래스가 상속관계에 있고 가상함수가 사용된 경우 실행시 어떤 클래스형의 멤버함수를 호출해야 하는지 호출되는 클래스형의 정보를 제공하는 것이다. 다시 설명하면 RTTI는 프로그램이 실행되는 과정에서 초기화되는 클래스형 멤버함수를 호출하기 위해서 클래스형을 확인하는 방법이다.** RTTI는 클래스가 상속관계에 있고 가상함수를 사용하는 클래스에서만 사용할 수 있다. RTTI는 다음과 같이 typeid와 type_info가 있다.

- typeid
- type_info

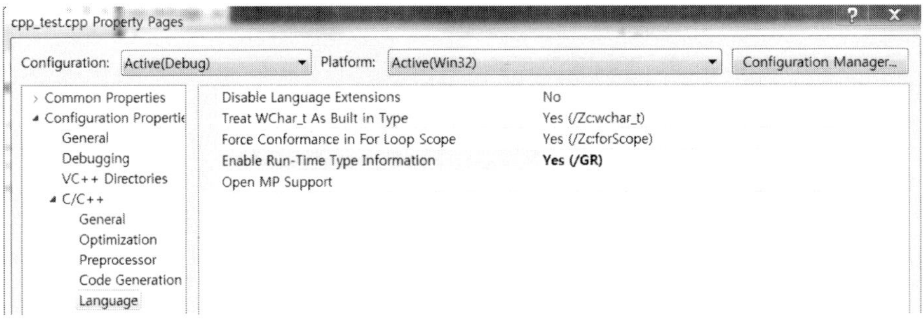

| 그림 9.3 | RTTI 옵션 설정

그림 9.3은 RTTI 옵션을 설정하는 대화상자이다. 이 옵션은 프로젝트에서 오른쪽 마우스 버튼을 누르면 출력되는 'Properties' ⇒ 'Configuration Properties' ⇒ 'C/C++' ⇒ 'Language'

⇒ 'Enable Run-Time Type Information' 항목을 Yes(/GR)로 설정한다. dynamic_cast 연산자를 사용하기 위해서는 RTTI 옵션이 Yes(/GR)로 되어 있어야 하며, 변환 대상 형들은 클래스의 상속관계에 있어야 하고 1개 이상의 virtual 함수를 가져야 한다.

(1) typeid

typeid는 클래스 이름, 객체 또는 객체를 가리키는 포인터의 형(type)을 검사한다. typeid는 name( ), raw_name( ) 등과 결합하여 클래스 혹은 객체 이름을 출력할 수 있다. typeid의 반환형은 const type_info &이다. RTTI는 typeid를 사용하며 typeid는 type_info 객체를 반환한다.

예제 | typeid

이 프로그램은 typeid의 동작을 확인하기 위한 것이다. typeid를 사용하면 실행시 클래스형을 확인할 수 있다.

9_3.cpp

```
#include <iostream>
#include <typeinfo>
using namespace std;

class Aclass
{
public:
    virtual void fun()
    {
            cout << "Aclass" << endl;
    }
};

class Bclass : public Aclass
{
public:
    virtual void fun()
    {
            cout << "Bclass" << endl;
    }
};
```

```
20: void main()
21: {
22:         class Aclass ob1,*pA;
23:         class Bclass ob2,*pB;
24:         pA=&ob1;
25:         pB=&ob2;
26:         cout << "ob1=" << typeid(ob1).name() << endl;
27:         cout << "pA=" << typeid(pA).name() << endl;
28:         cout << "*pA=" << typeid(*pA).name() << endl;
29:         cout << endl;
30:         cout << "ob2=" << typeid(ob2).name() << endl;
31:         cout << "pB=" << typeid(pB).name() << endl;
32:         cout << "*pB=" << typeid(*pB).name() << endl;
33:         cout << endl;
34:         pA=&ob2;
35:         cout << "pA=" << typeid(pA).name() << endl;
36:         cout << "*pA=" << typeid(*pA).name() << endl;
37: }
```

그림 9.4는 9_3.cpp의 실행결과이다. 실행결과는 typeid에 대한 클래스형을 출력한다. 그림 9.5는 프로그램의 동작 후 객체의 메모리 할당이다.

```
ob1=class Aclass
pA=class Aclass *
*pA=class Aclass

ob2=class Bclass
pB=class Bclass *
*pB=class Bclass

pA=class Aclass *
*pA=class Bclass
계속하려면 아무 키나 누르십시오 . . .
```

| 그림 9.4 | 실행결과

1) 07행과 15행은 fun( ) 함수를 가상함수로 사용하였다.

2) 26행 ~ 28행은 Aclass를 출력하고, 30행 ~ 32행은 Bclass를 출력하며 35행 ~ 36행은 Aclass, Bclass를 출력한다.

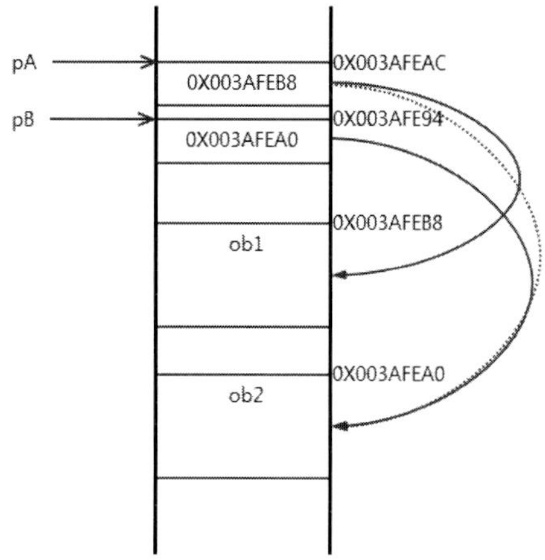

| 그림 9.5 | 실행결과 메모리 할당

(2) type_info

type_info는 클래스의 형에 대한 정보를 가지고 있으며 형 정보를 저장하는 클래스이다. type_info는 typeid 연산자를 통하여 생성하고 그 참조 값이 반환 된다. type_info는 컴파일러 제작사 따라 다를 수 있다. 비주얼 C++의 typeinfo.h 헤더 파일의 type_info 클래스는 다음과 같이 선언되어 있다.

```
class type_info
{
public:
        virtual  ~type_info();
        int operator==(const type_info& rhs) const;       // == 연산자 중복
        int operator!=(const type_info& rhs) const;       // != 연산자 중복
        int before(const type_info& rhs) const;           // before() 선언
        const char* name() const;                         // name() 선언
        const char* raw_name() const;                     // raw_name() 선언
private:
        void *_m_data;
        char _m_d_name[1];
        type_info(const type_info& rhs);
        type_info& operator=(const type_info& rhs);
};
```

name() 멤버함수는 문자열 형의 이름을 검사하는 클래스 이름이다. ==, != 연산자는 두 개의 type_info 객체가 같은지, 다른지 결과를 반환한다.

** 예제 type_info의 == 연산자

이 프로그램은 type_inro 클래스의 == 연산자의 동작을 확인하기 위한 것이다. == 연산자는 두 객체의 비교 값을 반환한다.

9_4.cpp

```
#include <iostream>
#include <typeinfo>
using namespace std;
typedef float my_float;

class Aclass
{
};

class Bclass : public  Aclass
{
};

class Cclass
{
        virtual void myfun()          // 가상함수 정의
        {
        }
};

class Dclass: public Cclass
{
};

int main()
{
    cout << boolalpha;
    cout << "float vs my_float: ";
    cout << (typeid(float) == typeid(my_float)) <<  endl;

    cout << "Aclass vs Bclass: ";
    cout << (typeid(Aclass)==typeid(Bclass)) <<  endl;

    Aclass* pAclass = new Bclass;
    cout << "Aclass vs *pAclass: ";
    cout << (typeid(Aclass)==typeid(*pAclass)) <<  endl;
```

```
30:    Cclass* pCclass = new Dclass;
31:    cout << "Cclass vs *pCclass: ";
32:    cout << (typeid(Cclass)==typeid(*pCclass)) << endl;

33:    return 0;
34: }
```

그림 9.6은 9_4.cpp의 실행결과이다. 실행결과는 각 객체의 비교결과를 불(boolean) 값으로 출력한다.

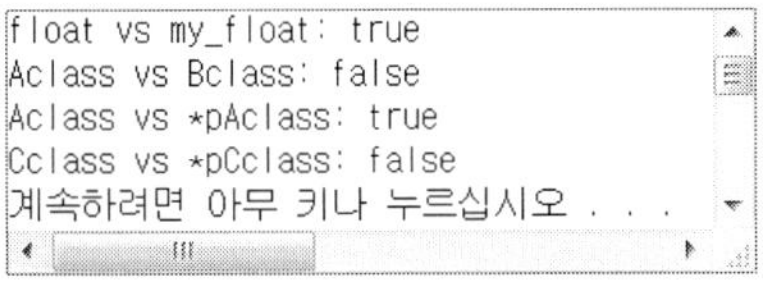

| 그림 9.6 | 실행결과

1) 24행은 float형과 float형을 다시 정의한 my_float형을 비교한다. 결과는 같기 때문에 true를 출력한다.

2) 26행은 Aclass와 Bclass형을 비교한다. 결과는 다르기 때문에 false를 출력한다.

3) 29행은 Aclass형과 pAclass형을 비교한다. 결과는 같기 때문에 true를 출력한다.

4) 32행은 Cclass형과 pCclasst형을 비교한다. 결과는 다르기 때문에 false를 출력한다. 만약 14행에서 가상함수를 사용하지 않으면 결과는 다르게 출력된다.

*

9.4 C++의 형변환

C++에서 형변환(形變換 ; casting)은 형변환이 가능한 경우에만 형변환을 수행하고 논리적으로 오류가 발생되는 경우에는 형변환을 수행하지 않는다. C++의 형변환은 다음과 같은 종류가 있다.

- dynamic_cast
- static_cast

- const_cast
- reinterpret_cast

(1) dynamic_cast

dynamic_cast는 클래스형 포인터를 형변환하는 연산자이다. 이 연산자는 반드시 상속관계에 있는 포인터들과 형변환을 허용하며 상속관계가 아닌 포인터는 형변환을 허용하지 않는다. dynamic_case는 반드시 포인터와 포인터 혹은 참조자와 참조자로 변환해야 한다. 만약 포인터를 참조자로 변환하거나 참조자를 포인터로 형변환하는 것은 되지 않는다. 또한 이 변환은 포인터와 포인터가 형변환하는 경우에도 반드시 상속관계에 있는 클래스만 형변환할 수 있다. 예로써 int*를 char*로 혹은 Aclass* 형을 int* 등의 변환은 되지 않는다.

클래스의 형변환에서 기초클래스와 파생클래스의 상향 형변환은 허용되기 때문에 dynamic_case를 사용할 필요가 없다. 그러나 하향 형변환(기초클래스에서 파생클래스로 형변환)의 경우에는 항상 형변환을 허용하지 않고 안전한 경우에만 허용한다. **이때 안전한 형변환의 경우는 형변환의 대상 포인터가 기초클래스형 포인터형이고 파생클래스형 객체를 가리키고 있는 경우이며 파생클래스형 포인터의 상향 형변환하는 경우이다.**

그러나 기초클래스형 포인터가 기초객체를 가리키고 있는 경우 파생클래스형으로의 하향 형변환은 안전하지 않는 형변환이다. 왜냐하면 기초객체를 하향 형변환해서 파생 객체를 가리키는 포인터에 대입한 후 이 포인터로 파생객체의 멤버를 참조할 수도 있기 때문이다. 그래서 이와 같은 경우에는 dynamic_cast가 0(NULL)을 반환하여 형변환을 하지 않는다. 하향 형변환에서 static_cast는 무조건 형변환을 허가하지만 dynamic_cast는 실행 중에 형을 확인하여 안전한 경우에만 형을 변환하는 것이 차이점이다.

** 예제 : dynamic_cast

이 프로그램은 dynamic_cast 연산자의 동작을 확인하기 위한 것이다. dynamic_cast에서 클래스형 포인터 형변환은 반드시 상속관계에 있는 포인터들과만 형변환이 허용되며 상속관계가 아닌 포인터는 형변환이 허용하지 않는다. dynamic_cast 연산자는 정상적인 형변환을 할 수 없을 경우에는 0값을 출력한다.

9_5.cpp

```
#include <iostream>
using namespace std;
```

```
class Aclass
{
private:
public:
    virtual void fun1()
    {
            cout << "Aclass::fun1()" << endl;
    }
};

class Bclass : public Aclass
{
private:
public:
    virtual void fun1()
    {
            cout << "Bclass::fun1()" << endl;
    }
    void fun2()
    {
            cout << "Bclass::fun2()" << endl;
    }
};

void main()
{
        class Aclass ob1,*pa1,*pa2;
        class Bclass ob2,*pb1,*pb2;
        pa1=&ob1;
        pb1=&ob2;

        pa2=dynamic_cast<Aclass *>(pb1);      // 상향 형변환(항상 안전)
        pb2=dynamic_cast<Bclass *>(pa2);      // 하향 형변환(경우에 따라 다름)
        cout << pa2 << endl;
        cout << pb2 << endl;

        pb2=dynamic_cast<Bclass *>(pa1);      // 잘못된 캐스팅을 표시
        cout << pb2 << endl;

        pa2->fun1();
        pb2->fun2();
}
```

그림 9.7은 9_5.cpp의 실행결과이다. 실행결과는 31행의 pa2, 32행의 pb2의 번지가 출력되고 35행은 잘못된 형변환이기 때문에 0을 출력한다.

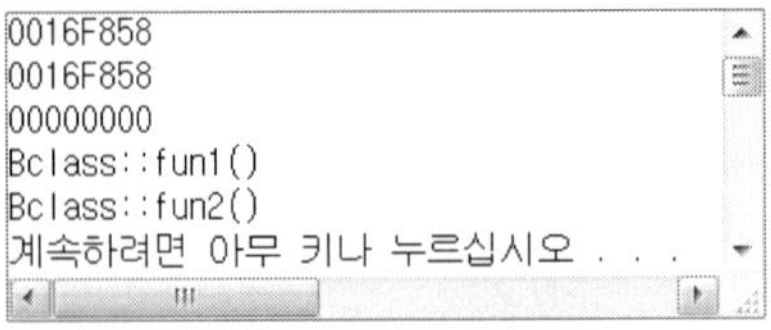

| 그림 9.7 | 실행결과

1) 31행의 pa2는 Aclass* 형이기 때문에 pb1을 Aclass* 형으로 변환한 다음 초기화해야 한다.

2) 32행은 pa2가 Aclass*형이기 때문에 Bclass* 형으로 변환하여 pb2에 대입한다.

3) 35행은 pa1이 가리키는 객체를 pb2에 대입하고 있다. 이때 pa1이 Aclass형인데 이를 Bclass형으로 변환하고자 한다. 그래서 형이 일치하지 않기 때문에 하향 형변환을 해야 한다. pa1은 Bclass 객체가 아니라 Aclass 객체이므로 이때는 하향 형변환을 할 수 없다. 만약 형변환하여 pb2 포인터로 fun2( ) 함수를 호출하면 비정상적으로 동작된다. 이와 같이 비정상적인 경우 dynamic_cast 연산자는 NULL 값을 반환하여 잘못된 형변환임을 표시한다.

*

(2) static_cast

static_cast은 자료형을 지정한 형(type)으로 변환하는데 무조건 변환하지 않고 논리적으로 변환 가능한 형만 변환한다. static_cast은 다음과 같은 형식으로 사용한다. 여기서 <destination>에는 변환하고자하는 자료형을 쓰고 (source)에는 변환할 대상의 자료형을 쓴다.

```
static_cast〈destination〉(source) ;
```

**** 예제 | static_cast(1)**

이 프로그램은 static_cast 연산자의 동작을 확인하기 위한 것이다. static_cast 연산자는 형변환이 논리적으로 변환할 수 없는 경우에는 12행과 같이 변환하지 않는다.

9_6.cpp

```
01: #include <iostream>
02: using namespace std;
03: void main()
04: {
05:         double d=123.12345;
06:         int i;
07:         char *str="C++ programming";
08:         int *ptr;
09:         i=static_cast<int>(d);                  // 가능
10:         cout << i << endl;
11:         ptr=(int *)str;                          // 가능(C 방식의 형변환)
12:         // ptr=static_cast<int *>(str);          // 오류(C++ 방식의 형변환)
13:         cout << ptr << endl;
14: }
```

그림 9.8은 9_6.cpp의 실행결과이다. 실행결과는 static_cast 연산자에 의해서 형변환이 가능한 경우에만 변환한다.

| 그림 9.8 | 실행결과

1) 09행은 static_cast 연산자가 형변환 결과 데이터의 정확성은 떨어지지만 논리적으로 문제가 되지 않기 때문에 형변환을 수행한다.

2) 11행은 C 기반의 형변환이기 때문에 가능하지만 12행과 같이 static_cast 연산자를 사용하는 경우에는 논리적으로 문제가 되기 때문에 형변환을 허용하지 않는다.

*

** 예제 static_cast(2)

이 프로그램은 static_cast 연산자의 동작을 확인하기 위한 것이다. static_cast에서 클래스형 포인터 형변환은 반드시 상속관계에 있는 포인터들과만 형변환이 허용되며 상속관계가 아닌 포인터는 형변환이 허용되지 않는다. 또한 형변환이 논리적으로 변환할 수 없는 경우에는 12행과 같이 변환하지 않는다.

9_7.cpp

```
01: #include <iostream>
02: using namespace std;
03: class Aclass
04: {
05: public:
06:         Aclass()
07:         {
08:                 cout << "Aclass" << endl;
09:         }
10: };
11: class Bclass : public Aclass
12: {
13: public:
14:         Bclass()
15:         {
16:                 cout << "Bclass" << endl;
17:         }
18: };
19: void main()
20: {
21:         class Aclass *ob1, ob2;
22:         class Bclass *ob3, ob4;
23:         int i=1;
24:         ob1=static_cast<Aclass *>(&ob4);          // 가능(상향 형변환)
25:         ob3=static_cast<Bclass *>(&ob2);          // 위험성 내포(하향 형변환)
26:         // ob1=static_cast<Aclass *>(&i);         // 논리적 오류
27:         // ob3=static_cast<Bclass *>(&i);         // 논리적 오류
28: }
```

그림 9.9는 9_7.cpp의 실행결과이다. 실행결과는 21행에 의해서 Aclass, 22행에 의해서 Aclass, Bclass가 출력된다.

| 그림 9.9 | 실행결과

1) 24행은 하향 형변환으로 정상적인 형변환이 수행된다. 그러나 22행은 하향 형변환으로 위험성이 있으나 형변환은 가능하다.

2) 26행, 27행은 심각한 논리적인 오류가 발생되기 때문에 형변환이 이루어지지 않는다.

*

(3) const_cast

const_cast 연산자는 상수 속성의 포인터(const pointer)를 비상수 속성(const를 해제)의 포인터(non-const pointer)형으로 변경하는 것이다. 비상수형 포인터는 상수형 포인터로 항상 변환할 수 있기 때문에 형변환 연산자를 사용할 필요없이 직접 대입할 수 있다. 그러나 **const_cast 연산자는 단지 변수의 상수 속성(const 성질)만 변경할 수 있을 뿐이며 그 외의 형변환은 일체 허용하지 않는다. 또한 포인터의 대상형을 변경하거나 기본형을 다른 형으로 변경하는 것도 허용하지 않는다.** 예로써 형변환에서 int형을 float형으로 변환하는 것은 상향 형변환이기 때문에 직접 대입할 수 있지만 const_cast 연산자는 이것도 허용하지 않는다. 이 연산자는 오직 포인터의 const 속성만 변경한다. 또한 이 연산자는 volatile과 __unaligned 속성을 변경할 수 있다.

**** 예제 | const_cast**

이 프로그램은 const_cast 연산자의 동작을 확인하기 위한 것이다. const_cast 연산자는 상수형 속성을 변경하는 연산자이다. 이 예제를 통해서 다음의 내용을 이해할 수 있다.

- const 속성으로 지정된 값은 변경할 수 없다. : 08행
- const_cast를 사용하면 const 속성을 해제할 수 있다. : 09행

- const_cast를 사용하여 const 속성이 해제되면 값을 변경할 수 있다. : 10행
- const_cast를 사용하여 const 속성을 해제해도 변수 x는 변경할 수 없다. : 11행
- const_cast 연산자 사용 후 다시 사용해도 const 속성이 원래대로 복귀하지 않으며 계속해서 값을 변경할 수 있다. : 15행
- const_cast은 const 속성만 변경하고 다른 형으로는 변경할 수 없다. : 18행

9_8.cpp

```
01: #include <iostream>
02: using namespace std;
03: void main()
04: {
05:         char str[]="seoul";
06:         const char *x=str;
07:         char *y;
08:         // x[0]='x';                        // 오류(x의 속성은 const char *)
09:         y=const_cast<char *>(x);            // x의 const char * 속성을 해제
10:         y[0]='a';                           // const가 아니므로 변경 가능
11:         // x[0]='y';                        // 오류(x의 속성은 const char *)
12:         cout << y << endl;
13:         y[1]='b';
14:         cout << y << endl;
15:         y=const_cast<char *>(x);
16:         y[2]='c';
17:         cout << y << endl;
18:         // int *pi=const_cast<int *>(x);  // 오류(x의 형자체는 변경불가)
19: }
```

그림 9.10은 9_8.cpp의 실행결과이다. 실행결과는 x의 상수형 포인터(const char *x)를 비상수형으로 변경되고 새로 대입된 문자가 대체되어 출력한다.

| 그림 9.10 | 실행결과

1) 06행은 다음과 같이 기술해도 동일하게 동작된다. 아래의 코드는 기본적으로 다르게 동작되지만 09행이 기술되었기 때문에 const 속성이 무시되어 동일하게 동작된다. 그러나 근본적으로 3가지는 다른 것임을 명심해야 한다.

```
06: const char* x=str;
= const char* x=str;
= char* const x=str;
= const char* const x=str;
```

2) 08행은 변수 x를 const 속성으로 지정되었기 때문에 08행과 같이 x 값을 변경할 수 없다.

3) 10행은 const_cast를 사용하여 const 속성이 해제되면 값을 변경할 수 있다. 그러나 11행과 같이 const_cast를 사용하여 const 속성을 해제해도 변수 x는 변경할 수 없다.

4) 15행은 const_cast 연산자 사용 후 다시 사용해도 const 속성이 원래대로 복귀하지 않기 때문에 값을 변경할 수 있다.

5) 18행에서 const_cast는 const 속성만 변경하고 다른 형으로는 변경할 수 없다.

*

(4) reinterpret_cast

reinterpret_cast 형변환은 임의의 포인터형과의 형변환을 허용하는 상당히 위험한 형변환이다. 정수형과 포인터간의 변환도 허용한다. **이 형변환 연산자는 정수형 값을 포인터형의 절대 번지로 변환하여 사용하기 위한 것이다. 또한 이 형변환은 상속관계에 있지 않은 포인터끼리도 형변환할 수 있다.**

이 연산자는 포인터 타입간의 변환이나 포인터와 수치형 데이터의 변환에만 사용하며 기본 자료형들의 변환에는 사용할 수 없다. 즉, int ⇔ char, float ⇔ int 등의 형변환은 할 수 없다. 이런 경우에는 static_cast 연산자를 사용해야 한다.

이 형변환에서 포인터를 사용해서 발생하는 문제는 전적으로 개발자가 책임을 져야 하기 때문에 매우 신중하게 사용해야 한다. 이 변환은 강제 변환이므로 데이터가 안전하지 않을 수 있으며 이식성도 없다. C++의 형변환은 C 보다 개선되었지만 역시 위험성은 존재한다.

** 예제 | reinterpret_cast

이 프로그램은 reinterpret_cast 형변환의 동작을 확인하기 위한 것이다. reinterpret_cast 형변환은 서로 다른 포인터형 간의 변환이나 포인터와 수치형 데이터의 변환에만 사용할 수 있으며 기본 자료형에서는 사용할 수 없다.

9_9.cpp

```
01: #include <iostream>
02: using namespace std;
03: void main()
04: {
05:         int *a;
06:         char *b;
07:         double *c;
08:         a=reinterpret_cast<int *>(50005000);
09:         cout << a << endl;
10:         b=reinterpret_cast<char *>(a);
11:         cout << &b << endl;
12:         c=reinterpret_cast<double *>(b);
13:         cout << c << endl;
14: }
```

그림 9.11은 9_9.cpp의 실행결과이다. 실행결과는 정수형 데이터 50005000을 char*형으로 변환하고 이를 double*형으로 변환하여 출력한다.

| 그림 9.11 | 실행결과

1) 08행은 정수형 데이터 50005000을 int*형으로 변환한다. 이 형변환의 목적은 정수형 값을 포인터형의 절대 번지로 사용하기 위한 것이다. 이때 09행의 출력은 50005000을 char*형의 번지로 변환된 값이다.

2) 10행은 정수형 포인터를 char*형으로 변환한다. 이때 11행의 출력은 시스템에서 사용되는 특정한 영역을 접근할 수 없기 때문에 실행오류가 발생된다.

3) 12행은 char*형을 다시 double*형으로 변환한다. 이때 13행의 출력은 정수 값과 동일하게 출력된다.

9.5 클래스의 형변환

C에서 형변환은 자료형이 서로 다른 자료형을 연산하는 경우 자료형의 크기가 다르기 때문에 데이터의 손실이 있을 수 있으므로 연산하는 자료형의 크기를 같게 하는 것이다.(즉, 자료형의 크기를 같게하여 연산한다.) C++에서 클래스의 형변환(形變換 : casting)은 상향 형변환(上向 形變換 : up-casting)과 하향 형변환(下向 形變換 : down-casting)이 있다. 클래스 형변환은 일반객체, 포인터형 객체 그리고 참조자형으로 변환할 수 있다. 클래스의 형변환은 반드시 상향 형변환을 먼저하고 하향 형변환을 해야 한다. 만약 순서를 바꾸면 오류가 발생된다.

- 상향 형변환은 파생클래스형이 기초클래스형으로 변환하는 것이다. 이때 객체는 기초클래스의 멤버만 사용할 수 있다.
- 하향 형변환은 기초클래스형이 파생클래스형으로 변환하는 것이다. 이때 객체는 기초클래스와 파생클래스의 멤버를 사용할 수 있다.

클래스의 형변환은 컴파일시에 결정되어 함수가 호출되지만 실행시에 호출되도록 하는 것이 가상함수이다. 그림 9.12는 클래스 형변환(가상함수를 사용하지 않은 경우)이다.

정리하기 클래스의 형변환(가상 함수를 사용하지 않는 경우)

```
class Aclass                        // 기초클래스 정의
{
};
class Bclass : public Aclass        // 파생클리스 정의
{
};
```

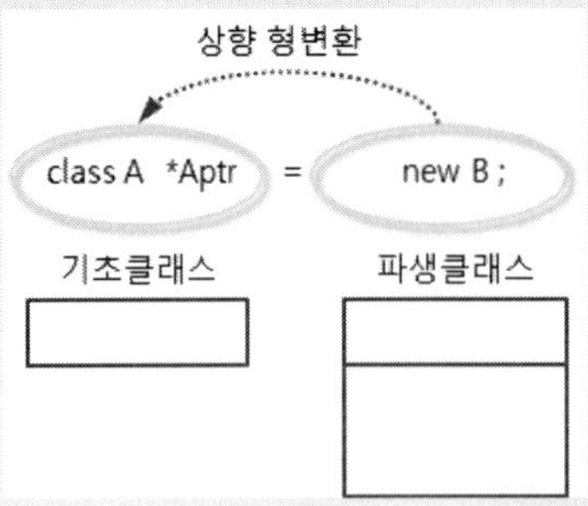

| 그림 9.12 | 클래스의 상향 형변환

- 그림 9.12와 같이 상향 형변환은 파생클래스의 내용을 기초클래스 형으로 변환하는 것이다.
- 상향 형변환은 기초클래스의 내용만 사용할 수 있으며 파생클래스의 내용은 사용할 수 없다.
- 이때 왼쪽의 클래스가 기준(가상함수를 사용하지 않기 때문에)이 되어 상향 형변환 된다.

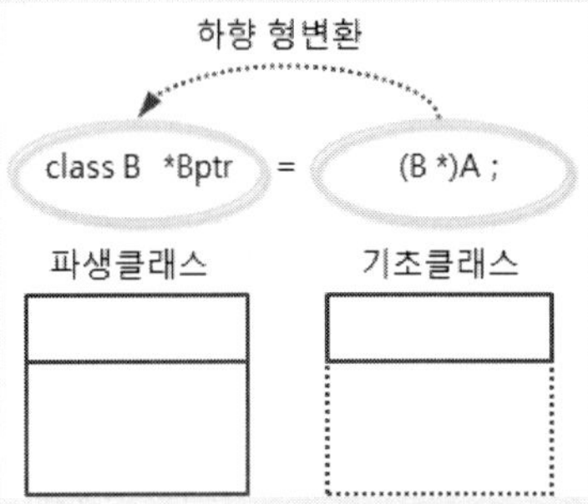

| 그림 9.13 | 클래스의 하향 형변환

- 그림 9.13과 같이 하향 형변환은 기초클래스의 내용을 파생클래스형으로 변환하는 것이다.
- 하향 형변환은 반드시 파생클래스의 형으로 변환하여야 한다.
- **하향 형변환은 기초클래스와 파생클래스의 내용을 모두 사용할 수 있다.**(B=A+B)
- 하향 형변환의 경우에는 먼저 상향 형변환을 한 후 하향 형변환을 해야 안전하게 사용할 수 있다.

상향 형변환은 파생클래스로 선언된 객체의 번지가 기초클래스의 포인터 변수에 대입되면서 기초클래스의 형으로 변환되는 것이다. 하향 형변환은 파생클래스로 선언된 포인터 변수에 기초클래스의 객체 번지를 대입하는 것이다. 이때 상향 형변환은 컴파일러에 의해서 자동으로 형변환이 일어나지만 하향 형변환은 컴파일러가 형변환하지 않기 때문에 강제적으로 형을 변환해야 한다.

하향 형변환은 컴파일러가 기초클래스의 객체가 파생클래스의 객체 번지로 가리키는 것을 허용하지 않는 것이다. 또한 프로그램을 기술할 경우 반드시 상향 형변환 후 하향 형변환을 기술해야 한다. 만약 하향 형변환을 먼저 기술할 경우 오류가 발생된다.

*** 예제 클래스의 형변환

이 프로그램은 **클래스의 형변환에서 상향 형변환과 하향 형변환의 동작을 확인하는 예제이다. 클래스의 형변환은 반드시 상향 형변환을 먼저하고 하향 형변환을 해야 한다. 만약 순서를 바꾸면 오류가 발생된다.** 클래스형변환에서 상향 형변환을 하면 크기는 기초클래스의 크기가 되며 하향 형변환을 하면 크기는 파생클래스의 크기가 된다.

9_10.cpp

```
#include <iostream>
#include <iomanip>
#include <string.h>
using namespace std;
class Aclass                              // 기초클래스 정의
{
private:
      int a;
protected:
      char b[20];
public:
      void fun1(int c, char *d)
      {
          a=c;
          strcpy(b, d);
          cout << setw(7) << a << setw(7) << b << endl;
      }
};
class Bclass: public Aclass               // 파생클래스 정의
{
private:
      int p;
protected:
      char q[20];
public:
      void fun2(int x, char *y)
      {
          p=x;
          strcpy(q, y);
          cout << setw(7) << p << setw(7) << q << endl;
      }
};
void main(void)
{
      class Aclass *Aptr = new Bclass;    // 상향 형변환(기초클래스만 사용)
      Aptr->fun1(1, "seoul");             // 기초클래스의 멤버함수
      // Aptr->fun2(2, "pusan");          // 파생클래스의 멤버는 사용불가
```

```
38:         cout << "Aclass Size= " << sizeof(*Aptr) << endl << endl;

39:         class Bclass *Bptr = (Bclass *)Aptr;        // 하향 형변환
40:         Bptr->fun1(3, "daegu");                     // 기초클래스에서 상속된 멤버함수
41:         Bptr->fun2(4, "jinju");                     // 파생클래스의 멤버함수
42:         cout << "Bclass Size= " << sizeof(*Bptr) << endl << endl;
43: }
```

그림 9.14는 9_10.cpp의 실행결과이다. 클래스의 형변환에서 상향 형변환은 기초클래스의 멤버만 사용할 수 있으며 하향 형변환은 기초클래스와 파생클래스의 멤버 모두를 사용할 수 있다.

```
      1  seoul
Aclass Size= 24

      3  daegu
      4  jinju
Bclass Size= 48

계속하려면 아무 키나 누르십시오 . . .
```

| **그림 9.14** | **실행결과**

1) 35행 ~ 37행은 상향 형변환이다. 클래스의 형변환에서 상향 형변환은 기초클래스의 멤버만 사용할 수 있다.

2) 39행은 하향 형변환이다. **하향 형변환은 기초클래스와 파생클래스의 멤버 모두를 사용할 수 있다.**

3) 클래스 형변환에서 만약 35행 ~ 37행과 39행 ~ 41행의 순서를 바꾸면 즉, 상향 형변환을 먼저하고 하향 형변환을 할 경우에는 문제없지만 하향 형변환을 먼저 하는 경우에는 오류가 발생된다.

요약

01. 본 절에서는 클래스 형변환 방법에 대해서 이해한다. 그림 9.15와 같이 먼저 C 기반의 형변환, RTTI, C++의 형변환, 상향 형변환(up-casting)과 하향 형변환(down-casting) 방법에 대해서 공부하였다.

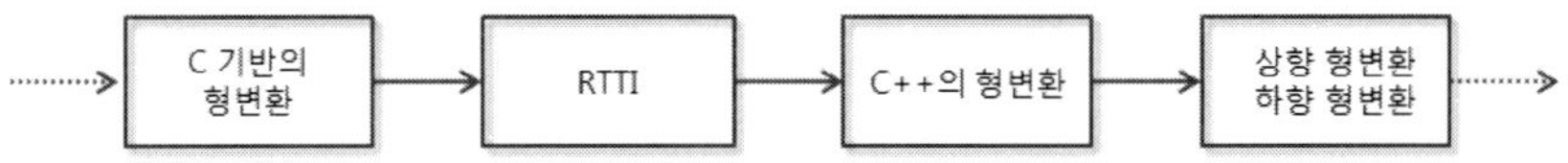

| 그림 9.15 | 본 장에서 학습한 내용

02. 형변환 연산자(cast operator)는 수식에서 평가된 값이나 변수의 자료형을 원하는 자료형으로 변환하는 것이다. 이것은 자료형변환 방법에서 명시적인 형변환이라 한다.

03. RTTI는 실시간 타입 정보라는 의미이며, 프로그램의 실행 시 데이터의 형을 확인하고 클래스의 포인터가 사용하고자 하는 포인터형과 일치하는지 검사하는데 사용한다. RTTI는 가상 함수를 가지고 있는 클래스들에 대해서만 사용할 수 있으며 RTTI 요소는 dynamic_cast, typeid, type_info가 있다.

04. dynamic_cast 연산자는 반드시 포인터와 포인터 혹은 참조자와 참조자로 변환해야 한다. 만약 포인터를 참조자로 변환하거나 참조자를 포인터로 형변환하는 것은 허용되지 않는다. 또한 이 변환은 포인터와 포인터가 형변환하는 경우에도 반드시 상속관계에 있는 클래스만 형변환할 수 있다.

05. typeid 연산자는 클래스의 이름이나 객체 또는 객체를 가리키는 포인터를 피연산자로 취하며 피연산자의 형을 조사한다. typeid 연산자의 반환형은 const type_info &이다.

06. type_info는 클래스의 형에 대한 정보를 가지는 또 다른 클래스이다. type_info는 타입의 정보를 저장하는 클래스이다. type_info 란 클래스는 typeid라는 연산자를 통하여 생성되고 그 참조 값이 반환된다.

07. C++에서는 형변환이 가능한 경우에만 형변환을 수행하고 논리적으로 오류가 발생되는 경우에는 형변환을 수행하지 않는다. C++ 형변환은 static_cast, const_cast, reinterpret_cast

08. static_cast 연산자는 자료형을 지정한 형(type)으로 변환하는데 무조건 변환하지 않고 논리적으로 변환가능한 형만 변환한다.

09. const_cast 연산자는 상수포인터(const pointer)를 비상수포인터(non-const pointer)형으로 변경하는 경우에 사용하고 반대의 경우도 이 연산자를 사용한다. 비상수포인터는 상수포인터로 항상 변환 가능하므로 형변환 연산자를 쓸 필요 없이 직접 대입할 수 있다. 이 연산자는 변수의 상수성만 변경할 수 있을 뿐이며 그 외의 타입변환은 허용하지 않는다.

10. reinterpret_cast 연산자는 임의의 포인터형과의 형변환을 허용하는 형변환이다. **이 연산자는 정수형 값을 포인터형의 절대 번지로 변환하여 사용하기 위해서 사용된다. 또한 이 형변환은 상속관계에 있지 않은 포인터끼리도 형변환할 수 있다. 이 연산자는 포인터 타입간의 변환이나 포인터와 수치형 데이터의 변환에만 사용하며 기본 자료형들의 변환에는 사용할 수 없다.**

11. C++에서 클래스 형변환은 상향 형변환과 하향 형변환이 있다. 클래스 형변환은 일반객체, 포인터형 객체 그리고 참조자형으로 변환할 수 있다. 클래스의 형변환은 반드시 상향 형변환을 먼저하고 하향 형변환을 해야 한다. 만약 순서를 바꾸면 오류가 발생된다.

12. 상향 형변환은 파생클래스 형에서 기초클래스 형으로 변환하는 것이다. 상향 형변환은 기초클래스의 멤버만 사용할 수 있다. 하향 형변환은 기초클래스형을 파생클래스 형으로 변환하는 것이다. 하향 형변환은 기초클래스와 파생클래스의 멤버를 모두 사용할 수 있다.

연습문제_A

01. C의 형변환에서 어떤 문제점이 있는지를 설명하여라.

02. RTTI의 필요성을 설명하여라.

03. RTTI의 구성요소는 어떤 것이 있는가?

04. typeid를 설명하여라.

05. type_info를 설명하여라.

06. C++의 형변환 연산자는 어떤 것이 있는가?

07. dynamic_cast를 설명하여라.

08. static_cast를 설명하여라.

09. const_cast를 설명하여라.

10. reinterpret_cast를 설명하여라.

11. 클래스의 형변환은 무엇인가?

12. 클래스의 상향 형변환을 설명하여라.

13. 클래스의 하향 형변환을 설명하여라.

14. 다음은 RTTI의 동작을 이해하기 위한 프로그램이다. 그림 9.16과 같이 실행결과를 출력할 수 있도록 코드를 완성하여라.

```
#include <iostream>
using namespace std;

class Aclass
{
public:
        ①______________________________
        {
            cout << "Aclass::fun1()" << endl;
        }
};

class Bclass : public Aclass
{
private:
        int x;
public:
        Bclass()
        {
        ②______________________________
        }
        virtual void fun1()
        {
            cout << "Bclass::fun1(), " << endl;
        }
        void fun2()
        {
            cout << "Bclass::fun2(), " << "x=" << x << endl << endl;
        }
};

③______________________________
{
        ptr->fun1();
        ④______________________________
}
```

```
void main()
{
        class Aclass ob1;
        class Bclass ob2;
        fun3(&ob1);
        ⑤_____________________________
}
```

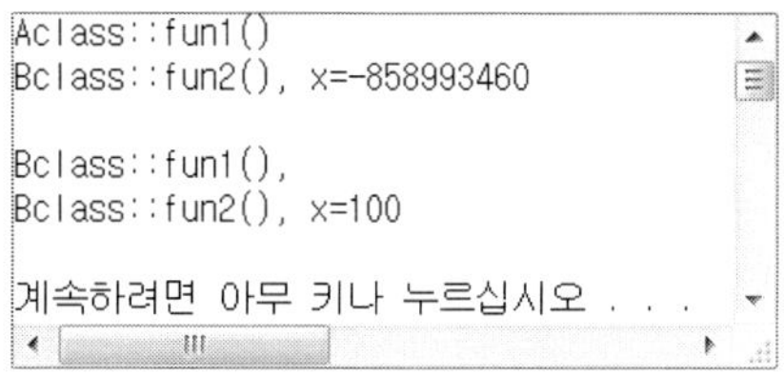

| 그림 9.16 | 실행결과

15. 그림 9.17은 전가산기(full adder)의 회로이다. 이때 입력은 x, y, z이고 출력은 s, c이며 $s = (x \oplus y) \oplus z$, $c = xy + yz + xz$이다. 표 9.1의 진리표(truth table)를 출력하는 프로그램을 작성하여라.

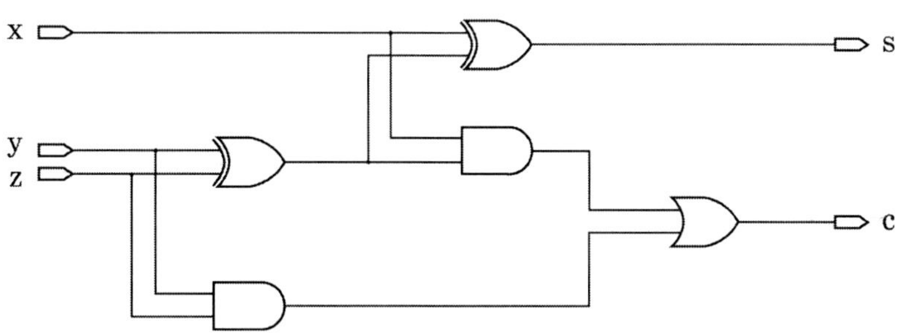

| 그림 9.17 | 전가산기 회로

| 표 9.1 | 전가산기의 진리표

입력			출력	
x	y	z	s(sum)	c(carry)
0	0	0	0	0
0	0	1	1	0
0	1	0	1	0
0	1	1	0	1
1	0	0	1	0
1	0	1	0	1
1	1	0	0	1
1	1	1	1	1

제10장 연산자 중복

✱ 차례

✱ 학습목표

1. 연산자 중복의 필요성을 이해한다.
2. *this의 필요성과 동작을 이해한다.
3. 클래스에서 각종 연산자 중복을 정의하고 동작을 이해한다.

10.1 개요

C와 C++의 연산자는 기본 자료형(基本 資料形 : basic data type)에서만 연산이 가능하며 객체와의 연산은 할 수 없다. 그래서 객체간의 연산을 할 수 있도록 하는 것이 연산자 중복(演算子重複 : operator overloading)이다. 연산자 중복은 클래스형의 객체에서 연산할 수 있도록 다시 정의하여 사용하는 연산자이다. 다음의 연산자에 대해서 연산자 중복할 수 있다.

+	-	*	/	%	·	&	|
~	!	=	<	>	+=	-=	*=
/=	%=	·=	&=	|=	<<	>>	>>=
<<=	==	!=	<=	>=	&&	||	++
--	[]	()	new	delete	->	->*	

그러나 다음의 연산자들은 연산자 중복을 정의할 수 없다. 즉 클래스에서는 다음의 연산자를 재정의하여 사용할 수 없다.

?:(삼항 연산자)	.(멤버 연산자)	*(포인터 연산자)	::(영역지정 연산자)
#(전처리연산자)	##(토큰)	sizeof	typeid
static_cast	dynamic_cast	const_cast	reinterpret_cast

10.2 *this

10.2.1 개념

*this는 멤버함수의 첫 번째 인수로 내부에 존재하는 객체를 가리키는 보이지 않는 포인터이다. *this는 객체와 함수를 내부적으로 연결하기 위한 목적이다. 그러나 **static 멤버함수와 friend 함수에는 *this가 존재하지 않는다.** *this는 다음과 같이 4가지 목적으로 사용된다.

- *this는 지역(local) 변수와 멤버변수의 이름이 같을 경우 두 변수를 구분(충돌을 피하기 위해서)해서 사용된다.(10_1.cpp)

- *this는 멤버함수 내부에서 일반 함수의 인수(객체 자신을 참조)로 사용된다.(10_1.cpp)
- *this는 멤버함수의 반환 값(객체 자신을 반환)으로 사용된다.(10_2.cpp)
- *this는 멤버함수의 반환 값을 참조자로 반환하는 경우에 사용된다.(10_3.cpp)

그림 10.1(a)는 *this의 동작과정이며 그림 10.1(b)는 *this가 멤버함수를 호출하는 과정이다. *this는 그림 10.1(b)와 같이 멤버함수에 내부적으로 보이지 않는 *this를 가지고 객체와 멤버함수를 호출하게 된다. 이때 멤버함수가 private와 protected 영역에 있을 경우 클래스 외부에서 직접 액세스할 수 없기 때문에 private와 protected 영역에 기술하는 것은 의미가 없다. 이때 public에 기술된 생성자도 동일하게 동작된다.

그림 10.1(a)에서 *this는 ob 객체를 가리킨다. &this는 존재하지 않으며 ob 번지만 존재한다. 즉 this는 객체 ob의 시작 번지를 가리킨다. 또한 this == &ob(동일한 번지이다.)이며 코드에서 인수 a와 멤버 a(this->a)는 다른 변수이다.

```
class Aclass                        // 클래스 정의
{
private:
    int a;
public:
    void fun(int a);
};

void Aclass::fun(int a)             // 멤버함수 정의
{
    this->a = a;
}

void main()
{
   class Aclass ob

   ob.fun();                        // 멤버함수 호출
}
```

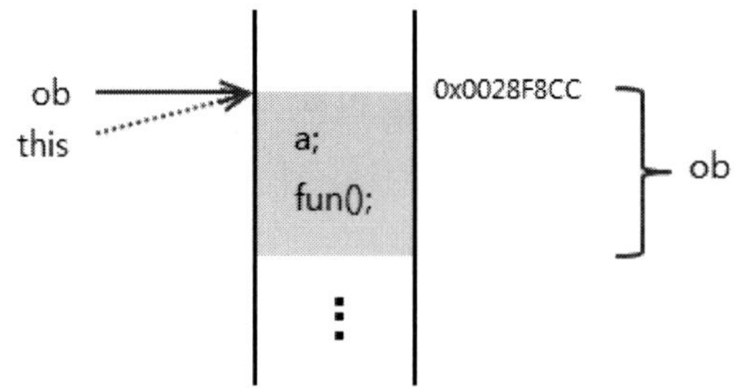

(a) *this의 동작

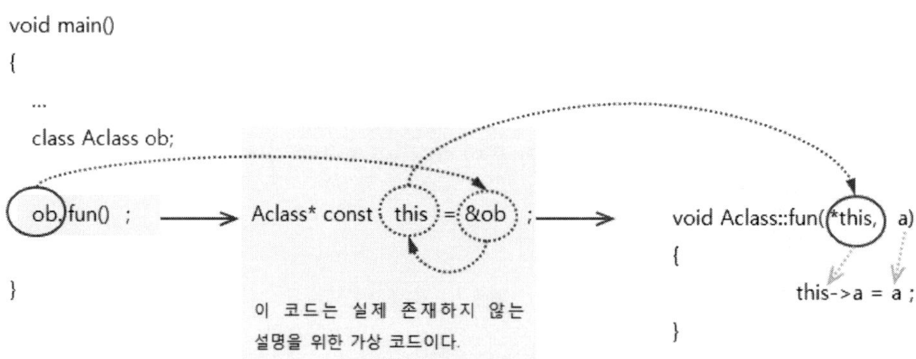

(b) 멤버함수 호출 과정

| 그림 10.1 | *this의 동작

예제 *this 동작

이 프로그램은 기본적인 *this의 동작을 이해하기 위한 것이다. *this는 객체와 멤버함수를 내부적으로 연결하기 위한 번지를 가지고 있다.

10_1.cpp

```
#include <iostream>
using namespace std;

class Aclass                          // Aclass 클래스를 정의
{
public:
   void fun1()
   {
         cout << this << endl;
   }
```

```
10: };
11: class Bclass : public Aclass              // Bclass 클래스를 정의
12: {
13: public:
14:     void fun2()
15:         {
16:               cout << this << endl;
17:         }
18: };
19: void main()
20: {
21:         class Aclass ob1;
22:         class Bclass ob2;
23:         cout << "&ob1 = " << &ob1 <<endl;
24:         cout << "&ob2 = " << &ob2 <<endl;
25:         cout << "ob1.fun1()=" ;
26:         ob1.fun1();
27:         cout << "ob2.fun1()=" ;
28:         ob2.fun1();
29:         cout << "ob2.fun2()=" ;
30:         ob2.fun2();
31: }
```

그림 10.2는 10_1.cpp의 실행결과이다. 실행결과는 객체 ob1, ob2의 번지와 객체의 멤버함수 번지를 출력한다.

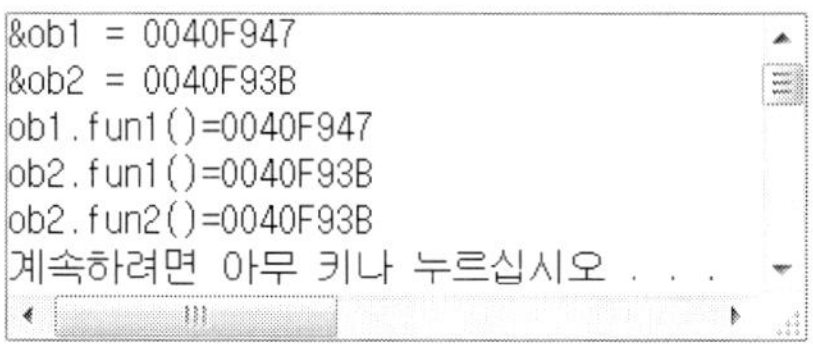

| 그림 10.2 | 실행결과

1) 11행은 Aclass를 상속한 Bclass를 정의한다.

2) 26행은 ob1 객체의 fun1( ) 번지를 출력한다.

3) 28행은 ob2 객체의 fun1( ) 번지를 출력한다. 이 값은 ob2 객체의 번지와 같다. 이것은 fun1( )이 Aclass의 함수이지만 Bclass로 상속받았기 때문이다.

4) 30행은 ob2 객체의 fun2( ) 번지를 출력한다.

*** 예제 | *this 사용(1) : 변수의 구분

이 프로그램은 *this의 첫 번째 기능으로 클래스에 사용된 동일한 변수를 구분하기 위한 목적으로 사용된다. 예제에서 클래스 데이터 멤버(07행 a)와 함수의 인수(10행의 a)를 구분하기 위한 것이다. 이 예제를 통해서 다음의 3가지 내용을 이해한다.

- *this는 멤버함수와 객체를 내부적으로 연결하는 번지를 소유한다. : 25행
- *this는 지역변수와 멤버변수의 이름이 같을 경우 이를 구분하기 위해서 사용된다. : 14행 ~ 18행
- *this는 public 영역에 기술되는 생성자와 멤버함수에만 존재한다.

10_2.cpp

```
01: #include <iostream>
02: #include <string>
03: using namespace std;
04: class Aclass                              // Aclass 클래스를 정의
05: {
06: private:
07:         int a;
08:         char *b;
09: public:
10:         void fun(int a, char *b);
11: };
12: void Aclass::fun(int a, char *b)          // Afun() 함수 정의
13: {
14:         this->a = a;                      // a 값을 this->a에 저장
15:         this->b = new char [strlen(b) + 1];  // b의 메모리 할당
16:         strcpy(this->b, b);               // b 값을 this->b에 저장
17:         // a = a;                         // 오류(어떤 a인지 애매)
```

```
18:         // b = new char [strlen(b) + 1];      // 오류(어떤 b인지 애매)
19:         cout << a << endl;
20:         cout << this->a << endl;
21:         cout << (*this).a << endl<< endl;
22:         cout << b << endl;
23:         cout << this->b << endl;
24:         cout << (*this).b << endl<< endl;
25:         cout << "this = " << this <<endl;      // Afun()을 소유한 객체의 번지
26: }
27: void main()
28: {
29:         class Aclass ob;
30:         ob.fun(100, "seoul");
31:         cout << "&ob1 = " << &ob <<endl << endl;
32: }
```

그림 10.3은 10_2.cpp의 실행결과이다. 실행결과는 객체 ob의 인수(100, seoul)가 출력된다. 이때 함수가 포함된 객체의 번지(this)와 객체 ob의 번지가 같음을 알 수 있다.

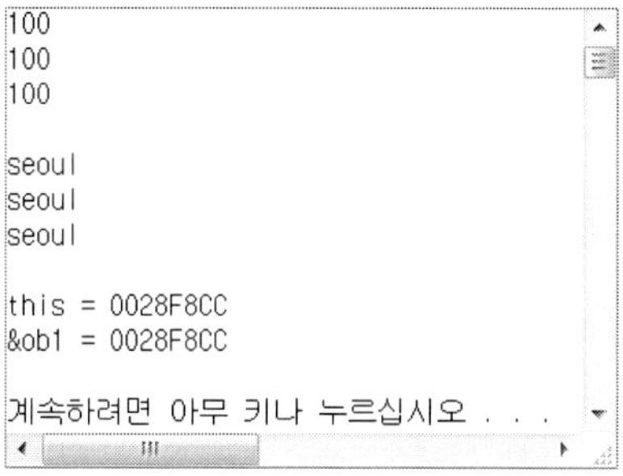

| 그림 10.3 | 실행결과

1) 11행은 this는 public 영역에 기술된 생성자와 멤버함수에 첫 번째 인수로 존재하여 객체와 함수를 연결하는 번지를 가지고 있다. 만약 멤버함수가 static으로 기술되거나 friend 함수에는 *this가 존재하지 않는다.

2) 30행은 Aclass의 데이터 멤버 a, b에 100, seoul을 전달한다.

3) 17행, 18행은 각각 인수 a, b 값을 클래스의 데이터 멤버 a, b에 전달한다. 이때 this를 사용하지

않으면 fun( )의 a, b인지 Aclass 내의 데이터 멤버 a, b인지 구분되지 않기 때문에 this를 기술해야한다. 만약 19행과 20행과 같이 기술하면 오류가 발생된다.

4) 19행 ~ 21행은 동일한 값 a를 출력한다.

5) 25행과 31행은 동일한 번지이다. 즉 this는 객체의 번지를 가지고 있으며 객체와 함수를 연결하는 것이다.

알아두기 포인터 변수와 클래스에서 const 사용

❶ 포인터 변수에서 const 사용

```
int x=100;
int* const p1 = &x;          // x의 번지를 고정(값은 변경할 수 있음)
const int* p2 = &x;          // x의 값을 고정(번지는 변경할 수 있음)
const int* const p3 = &x;    // x의 번지와 값을 고정
```

❷ 클래스에서 const 사용

```
class A;
A* const ob1 = &A;           // 다른 객체를 가리킬 수 없음(멤버변수 값은 변경 가능)
const A* ob2 = &A;           // 멤버변수 값 고정(다른 객체는 가리킬 수 있음)
const A* const ob3 = &A;     // 멤버변수와 객체를 고정
```

*** 예제 : *this 사용(2) : 멤버함수 내에서 객체자신을 참조하는 경우

이 프로그램은 *this의 두 번째 사용 목적으로 멤버함수 내에서 객체 자신을 참조하는 경우이다. 이때 호출함수에서는 this로 전달하고 피호출 함수에서는 클래스형 포인터 객체로 받아야 한다.

10_3.cpp

```
#include <iostream>
using namespace std;

class Aclass                     // Aclass 정의
{
public:
    virtual void fun()
```

```
    {
            cout << "Aclass::fun()" << endl;
    }
};

class Bclass : public Aclass    // Bclass 정의
{
public:
    virtual void fun()
    {
            cout << "Bclass::fun()" << endl;
    }
    void bfun();
};

class Cclass : public Aclass    // Cclass 정의
{
public:
    virtual void fun()
    {
            cout << "Cclass::fun()" << endl;
    }
    void cfun();
};

void out(Aclass* ptr)               // 일반 함수
{
        ptr->fun();
}

void Bclass::bfun()
{
        out(this);                  // this를 인수로 사용
}

void Cclass::cfun()
{
        out(this);                  // this를 인수로 사용
}

void main()
{
        class Bclass ob1;
```

```
44:        ob1.bfun();
45:        class Cclass ob2;
46:        ob2.cfun();
47: }
```

그림 10.4는 10_3.cpp의 실행결과이다. 실행결과 Bclass의 함수 fun( )과 Cclass의 함수 fun( )이 호출된다.

```
Bclass::fun()
Cclass::fun()
계속하려면 아무 키나 누르십시오 . . .
```

| 그림 10.4 | 실행결과

1) 44행이 실행되면 33행을 호출하게 되고 33행의 bfun( )는 35행에 의해서 29행을 호출한다. 이때 29행, 31행은 다음과 같이 표현할 수 있으며 06행, 14행, 23행이 의 fun( )이 가상함수로 정의되었기 때문에 초기화되는 클래스형의 함수(오른쪽 기준)로 출력된다. 그래서 Bclass의 함수 fun( )이 출력된다.

```
Aclass* ptr = this;  // this는 Bclass(즉, Aclass* ptr = new Bclass;와 동일)
ptr->fun();          // Bclass의 fun()이 출력
```

2) 46행이 실행되면 37행을 호출하게 되고 37행의 bfun( )는 39행에 의해서 29행을 호출한다. 이때 29행, 31행은 다음과 같이 표현할 수 있으며 06행, 14행, 23행의 fun( )이 가상함수로 정의되었기 때문에 초기화되는 클래스형의 함수(오른쪽 기준)로 출력된다. 그래서 Bclass의 함수 fun( )이 출력된다.

```
Aclass* ptr = this;  // this는 Cclass(즉, Aclass* ptr = new Cclass;와 동일)
ptr->fun();          // Cclass의 fun()이 출력
```

3) 만약 33행과 37행을 18행과 27행의 클래스 내부에서 기술하면 오류가 발생된다. 이것은 29행의 일반 함수는 35행과 39행에서 호출하기 이전에 먼저 기술되어야 하기 때문이다.

4) 여기서 33행, 37행의 this는 각각 Bclass와 Cclass의 번지를 가지고 있다.

*** 예제 *this 사용(3) : 멤버함수가 객체 자신을 반환하는 경우

이 프로그램은 *this의 세 번째 사용목적으로 멤버함수가 객체 자신을 반환하는 경우에 사용된다. *this가 객체의 반환 값으로 사용되는 것은 연산자 중복과 참조자 반환에 사용된다.

10_4.cpp

```
#include <iostream>
using namespace std;
class Aclass
{
public:
   int i;
   Aclass()                          // 생성자 정의
   {
      i=100;
      cout << (*this).i << endl;
   }
   Aclass fun1();
   void fun2();
};
Aclass Aclass::fun1()                // 반환 값이 Aclass형
{
      i=200;
      return *this;                  // *this를 반환 값으로 사용
}
void Aclass::fun2()
{
      cout << this->i << endl;
}
void main()
{
      class Aclass ob;
      ob.fun1();
      ob.fun1().fun2();              // ob.fun1().fun2()=300; 불가
      ob.fun2();
}
```

그림 10.5는 10_4.cpp의 실행결과이다. 실행결과 27행에 의해서 100이 출력되고 28행, 29행에 의해서 200, 200이 출력된다.

| 그림 10.5 | 실행결과

1) 15행은 함수의 반환 값이 Aclass형이다.

2) 15행 ~ 19행에서 다음과 같이 하면 오류가 발생된다. 이것은 포인터 변수에서와 같이 this의 번지 즉 &this는 존재하지 않기 때문이다.

```
cout << &this << endl;
```

3) 18행은 *this를 반환한다. 이때 return Aclass로 하면 오류가 발생된다. 또한 반환 값을 this, &this로 할 수 없다.

4) 27행은 다음과 같이 하면 오류가 발생된다.

```
cout << ob.fun1( ) << endl;
```

5) 28행은 ob.fun1( )의 결과가 *this이므로 *this는 Aclass이므로 fun2( )는 Aclass의 멤버이기 때문에 사용할 수 있다. 만약 28행을 다음과 같이 하면 오류가 발생된다. 그 이유는 Lvalue 값은 항상 주소로 표현할 수 있는 값이 와야 하기 때문이다. 그러나 반환 값이 참조자일 경우에는 가능한 표현이 된다.

```
ob.fun1( ).i=300;
```

*

*** 예제 : *this 사용(4) : 함수 호출에서 반환 값을 참조자로 전달하는 경우

이 프로그램은 *this의 네 번째 사용목적으로 함수 호출에서 반환 값을 참조자로 전달하는 경우이다. 이때 29행은 사용 가능한 표현이다.

10_5.cpp

```
01: #include <iostream>
02: using namespace std;
```

```
class Aclass
{
public:
    int i;
    Aclass()                          // 생성자 정의
    {
        i=100;
        cout << (*this).i << endl;
    }
    Aclass& fun1();
    void fun2();
};
Aclass& Aclass::fun1()                // 반환 값이 Aclass 참조자
{
        i=200;
        return *this;                 // *this를 반환 값으로 사용
}
void Aclass::fun2()
{
        cout << this->i << endl;
}
void main()
{
        class Aclass ob;
        ob.fun1();
        ob.fun1().fun2();
        ob.fun1().i=300;              // 참조자에서는 가능
        ob.fun2();
}
```

그림 10.6은 10_5.cpp의 실행결과이다. 실행결과 100, 200, 300이 출력된다.

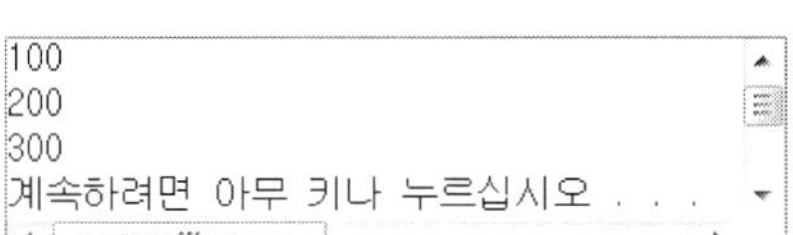

| 그림 10.6 | 실행결과

1) 15행은 함수의 반환 값이 Aclass형의 참조자이다.

2) 29행은 참조자 반환형에서 가능한 표현이 된다.

*

*** 예제 : *this 사용(5) : 일반 멤버함수, static 멤버함수, friend 함수에서 사용

이 프로그램은 멤버함수, static 멤버함수, friend 함수에서 this의 사용을 시험하기 위한 것이다. 일반 멤버함수에는 *this가 존재하지만 static, friend 함수에는 *this가 존재하지 않는다. 그래서 static, friend 함수에는 *this를 사용할 수 없다.

10_6.cpp

```
#include <iostream>
using namespace std;

class Aclass
{
private:
        int x;
public:
        void fun1();                    // 일반 멤버함수
        static void fun2();             // static 멤버함수
        friend void fun3(Aclass &ob);   // friend 함수
};

void Aclass::fun1()
{
        x=100;
        cout << "member function:" << this->x << endl;
}

void Aclass::fun2()
{
        cout << "static member function:" << endl;
        // cout << x << endl;           // 오류
        // cout << this->x << endl;     // 오류(static 함수에 *this 없음)
}
```

```
23: void fun3(Aclass &ob)
24: {
25:         cout << "friend function:" << ob.x << endl;
26:         // cout << this->x << endl;     // 오류(friend 함수에 *this 없음)
27: }
28: void main()
29: {
30:         class Aclass ob;
31:         ob.fun1();                      // 일반 멤버함수
32:         ob.fun2();                      // static 멤버함수
33:         fun3(ob);                       // friend 멤버함수
34: }
```

그림 10.7은 10_6.cpp의 실행결과이다. 실행결과 일반 멤버함수, static 함수, friend 함수를 차례로 호출한다.

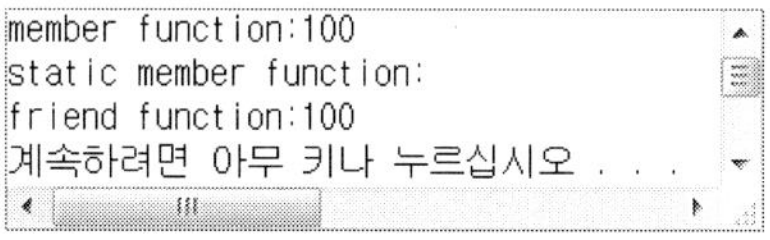

| 그림 10.7 | 실행결과

1) 15행은 일반 멤버함수이기 때문에 *this가 존재하여 멤버 값을 출력할 수 있다.

2) 21행의 static 멤버함수에는 *this가 존재하지 않기 때문에 this를 사용할 수 없다.

3) 26행의 friend 함수에는 *this가 존재하지 않기 때문에 this를 사용할 수 없다.

10.3 연산자 중복(operator overloading)

연산자 중복은 기본 자료형에서 사용하는 연산자를 객체에서 사용할 수 있도록 정의한 연산자다. C에서 사용되는 연산자는 기본 자료형에서만 동작된다. 그래서 클래스에서 연산하기 위해서는 연산자 기능을 다시 정의해야 한다. 다시 설명하면 연산자 중복은 클래스형 객체들 간의 연산을 수행하기 위해서 연산자를 재정의하는 것이다.

■ 연산자 중복의 개념 ■

우리는 어린 시절 젓가락을 사용하여 국수를 많이 먹었던 기억이 있다. 그런데 젓가락으로 콩 요리를 먹는다고 생각해 보자. 젓가락으로 콩 요리를 먹는 것은 매우 어렵다. 그러면 젓가락으로 콩 요리를 먹기 위해서 어떻게 하면 될까? 젓가락에 넓은 기능을 추가하면 젓가락으로 쉽게 콩 요리를 먹을 수 있을 것이다. 그림 10.8은 연산자 중복의 필요성을 젓가락에 비유하여 설명하는 것이다.

젓가락으로 국수를 먹는 경우를 생각해보자.	젓가락으로 콩 요리를 먹는 경우를 생각해 보자.	젓가락으로 콩 요리를 먹기 위해서는 어떻게 하면 될까?
그대로 국수를 먹을 수 있다.	그대로 사용할 수 없다.	콩 요리를 먹을 수 있도록 젓가락에 넓은 모양의 기능(연산자 중복기능)을 추가한다.
기본 자료형에 대해서는 모든 연산자를 사용할 수 있다.	클래스형 객체에서는 모든 연산자를 바로 사용할 수 없다.	클래스형 객체 간에 모든 연산자를 사용하기 위해서는 연산자 기능을 재정의해야 한다.

| 그림 10.8 | 연산자 중복의 개념과 필요성

연산자 중복을 정의할 때 주의할 점은 정의하는 연산자 기호를 다른 기능으로 정의하지 않는다. 예로써 + 연산자 정의를 연산자는 +로 하고 내부의 동작은 뺄셈이나 곱셈 등으로 재 정의하거나, 단항 연산자를 이항 연산자로 정의하여 사용하면 혼란을 야기할 수 있기 때문에 본래의 연산자 정의에 맞게 사용해야 한다. 또한 연산자 중복 함수에 사용된 매개변수들의 수는 바꿀 수 없으며, 매개변수에 기본 인수를 사용할 수 없다.

클래스에서 객체들의 연산은 연산자 중복을 다시 정의하여 사용해야 한다. 이때 연산자 중복은 멤버함수를 사용하거나 friend 함수를 사용하여 정의한다. 연산자 중복에서 멤버함수를 사용하는 경우는 *this가 존재하기 때문에 인수를 한 개 사용하지만 friend 함수를 사용하는 경우는 반드시 인수가 2개 있어야 한다. 왜냐하면 friend 함수는 클래스와 무관한 함수(*this가 존재하지 않음)이기 때문이다.

(1) 연산자 중복을 멤버함수로 정의하는 경우

연산자 중복을 멤버함수로 정의하는 경우는 이항연산자(binary operator)에서 좌변이 객체인 경우에 사용한다. 그림 10.9는 연산자 중복을 멤버함수로 하는 경우이다. 예로써, **이항연산자에서 + 연산자 중복은 그림 10.9와 같이 피연산자(obj1, obj2)의 왼쪽(obj1)이 객체이면 왼쪽 객체(obj1)는 클래스형 객체가 되고, 연산자(+)는 연산자 함수(operator+)를 호출하고, 오른쪽의 객체는 함수의 인수로 동작된다. 이때 연산자 중복의 반환 값은 연산의 결과에 따라 결정된다.** 정리하면 그림 10.9에서 obj1은 객체로 동작되며 operator+는 멤버함수로 obj2는 인수로 동작된다.

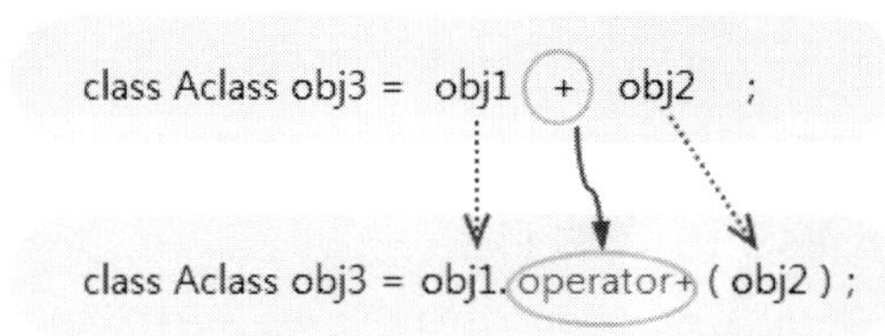

| 그림 10.9 | 멤버함수로 정의하는 연산자 중복

(2) 연산자 중복을 friend 함수로 정의하는 경우

연산자 중복을 friend 함수로 정의하는 경우는 연산자 중복을 멤버 함수로 정의할 수 없는 경우(예로써, << 연산자의 경우)에는 friend 함수로 정의해야 한다. **그림 10.10과 같이 피연산자("seoul", obj) 중에서 왼쪽이 객체가 아닌 경우에는 연산자 함수를 멤버함수로 정의할 수 없기 때문에 friend 함수로 정의해야 한다. 이때 연산자의 피연산자 수와 연산자 함수의 인수의 개수는 같아야 한다.** 또한 <<, >> 연산자와 같이 왼쪽이 객체로 기술되지만 friend 함수로 정의해야 하는 경우도 있다. 정리하면 그림 10.10에서 operator+는 friend 함수로 동작되고 문자열 "seoul" 과 obj는 함수의 인수로 동작된다.

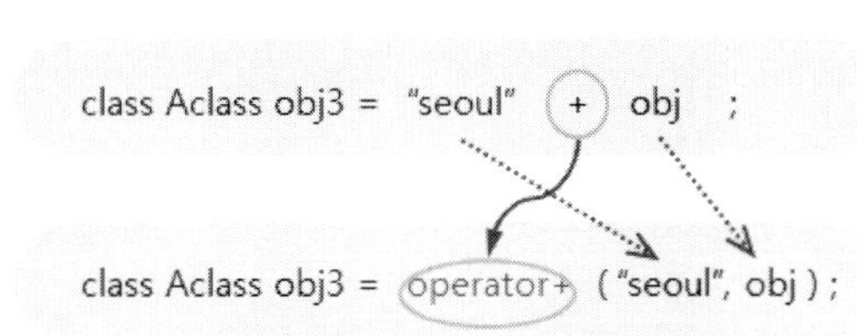

| 그림 10.10 | friend 함수로 정의하는 연산자 중복

10.4 + 연산자 중복

+ 연산자는 객체간의 + 연산을 수행하기 위한 연산자이다. 이때 연산자 중복은 그림 10.11(a)와 같이 클래스의 멤버함수로 기술하거나 그림 10.11(b)와 같이 friend 함수로 정의할 수 있다. 그림 10.11과 같이 **멤버함수에는 *this가 존재하기 때문에 인수를 한 개 사용하지만 friend 함수는 반드시 인수가 2개 있어야 한다. 왜냐하면 friend 함수는 클래스와 무관한 함수(*this가 존재하지 않음)이기 때문이다.**

■ 형식

```
클래스형 operator + ( [클래스형]  &객체_이름, ... )
{
        // ......
        return 클래스형;
}
```

■ 사용

```
Aclass Aclass::operator+(Aclass& ob1)          // 연산자 중복 정의
{
      class Aclass ob2(x+ob1.x, y+ob1.y);
      return ob2;                              // 반환 값은 Aclass 형
}
```

연산자를 중복하는 방법은 클래스의 멤버함수로 정의하거나 friend 함수로 정의할 수 있다. 그림 10.11은 멤버함수를 사용하는 경우와 friend 함수로 중복하는 방법이다.

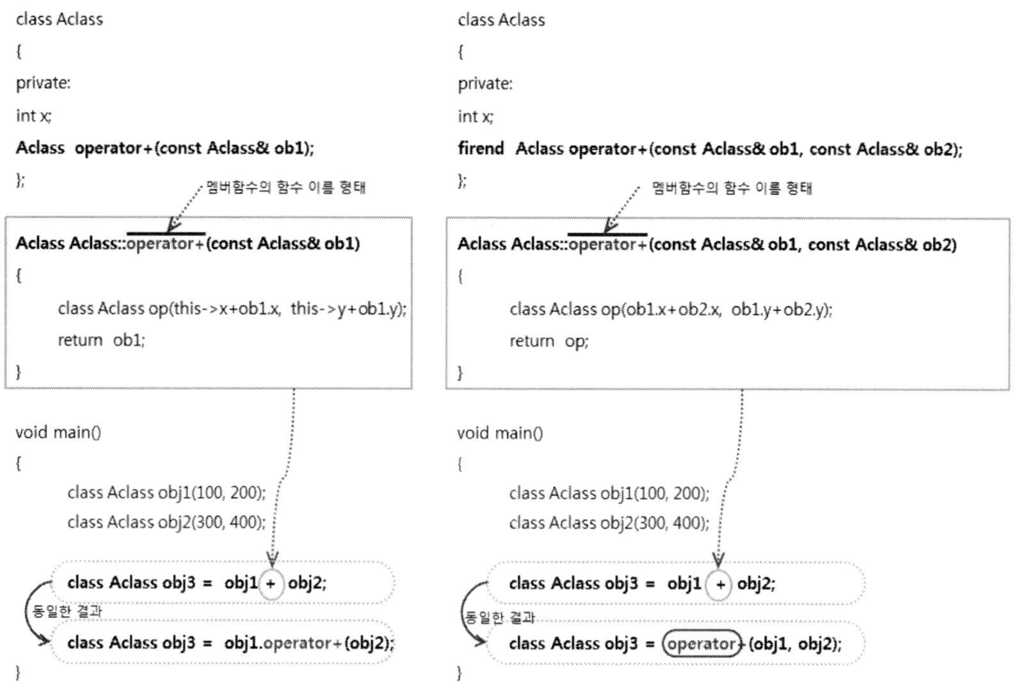

(a) 멤버함수로 정의　　　　(b) friend 함수로 정의

| 그림 10.11 | + 연산자 중복

*** 예제 + 연산자 중복(멤버함수 사용)

이 프로그램은 멤버함수에서 '+' 연산자를 중복하는 방법이다. 일반 멤버함수를 정의하는 경우 인수는 1개의 연산자를 사용한다. 이것은 **멤버함수에는 *this가 존재하기 때문에 *this 멤버와 객체 멤버를 사용할 수 있기 때문이다. 그러나 friend 함수를 사용하여 연산자를 정의하는 경우에는 클래스 외부에서 정의하고 반드시 인수가 2개 있어야한다. 왜냐하면 friend 함수는 클래스와 무관한 함수(*this가 존재하지 않음)이기 때문이다.**

10_7.cpp

```
#include <iostream>
using namespace std;
class Aclass
{
private:
```

```
06:         int x, y;
07: protected:
08: public:
09:         Aclass(int a, int b)
10:         {
11:             x=a;
12:             y=b;
13:         }
14:         Aclass operator+(const Aclass& ob);              // 일반 객체형을 사용해도 무관
15:         void sum();
16: };
17: void Aclass::sum()
18: {
19:         cout << "x= " << x << endl;
20:         cout << "y= " << y << endl;
21: }
22: Aclass Aclass::operator+(const Aclass& ob)              // + 연산자 중복 정의
23: {
24:         class Aclass obj0(this->x+ob.x, this->y+ob.y);
25:         return obj0;                                    // 반환 값은 Aclass형
26: }
27: void main()
28: {
29:         class Aclass obj1(100, 200);
30:         class Aclass obj2(300, 400);
31:         class Aclass obj3 = obj1 + obj2;
32:         // class Aclass  obj3 = obj1.operator+(obj2); // 31행과 동일
33:         // class Aclass obj3 = operator+(obj1, obj2); // 오류(시험용)
34:         obj3.sum();
35: }
```

그림 10.12는 10_7.cpp의 실행결과이다. main( ) 함수의 29행과 30행이 수행되면 객체 ob1, ob2가 생성되면서 09행의 생성자가 동작되고 11행과 12행에 의해서 06행의 x, y값은 각각 ob1은 100, 200으로 ob2는 300, 400으로 초기화된다. 31행에 의해서 각 객체 간의 값이 덧셈되고 34행에 의해서 덧셈한 x, y의 결과 값이 출력된다.

| 그림 10.12 | 실행결과

1) **14행에서 + 연산자 중복은 반드시 정의하는 클래스형을 반환 값으로 가져야 한다. 또한 ob는 일반 객체형(&ob->ob)을 사용해도 무관하지만 참조자형으로 하는 것이 좋은 방법이다. 14행에서 const와 &은 사용하지 않아도 되지만 좋은 방법은 아니다.**

2) 22행은 연산자 '+' 기능을 중복 기능을 멤버함수로 정의한다.

3) 24행은 다음과 같이 this를 생략해도 무관하다. 이것은 *this가 내부에 존재하기 때문에 사용하지 않아도 Aclass를 가리키기 때문이다.

   24: class Aclass obj(x+ob.x, y+ob.y);

4) 31행은 '+' 연산자의 중복 기능으로 객체 간의 덧셈을 수행한다. 이때 33행과 같이 기술하면 오류가 발생된다.

5) 33행은 오류가 발생된다. 이것은 friend 함수에서는 *this가 존재하지 않기 때문에 2개의 인수가 필요하기 때문이다. 33행은 멤버함수에서 사용할 수 있는 방법이다.

6) 그림 10.13은 예제의 동작을 쉽게 이해할 수 있도록 설명한 것이다. **그림 10.13과 같이 멤버함수를 사용한 + 연산자 중복은 내부적으로 클래스와 객체 간의 연산이 수행된다.**

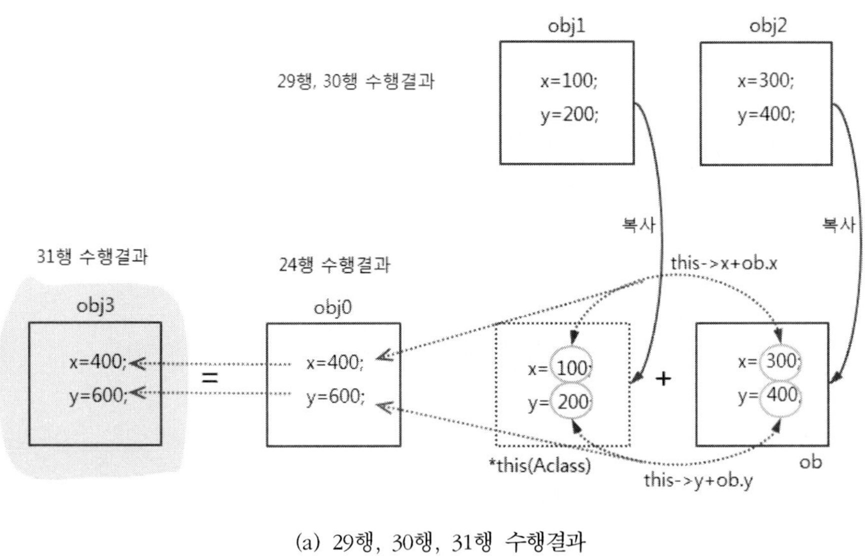

(a) 29행, 30행, 31행 수행결과

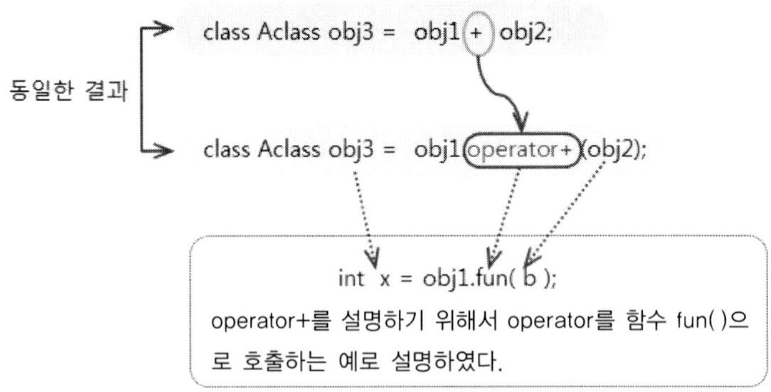

(b) 31행, 32행 설명

| 그림 10.13 | 10_7.cpp 예제의 동작 설명

*** 예제 + 연산자 중복(friend 함수 사용)

이 프로그램은 friend 함수를 사용한 '+' 연산자를 중복하는 방법이다. friend 함수는 클래스와 무관하게 데이터 멤버를 초기화할 수 있다.

10_8.cpp

```
#include <iostream>
using namespace std;

class Aclass
{
private:
   int x, y;
protected:
public:
   Aclass(int a, int b)
   {
         x=a;
         y=b;
   }

   friend Aclass operator+(const Aclass& ob1, const Aclass& ob2);
   void sum();
};
```

```
17: Aclass operator+(const Aclass& ob1, const Aclass& ob2)    // 연산자 중복
18: {
19:         class Aclass obj0(ob1.x+ob2.x, ob1.y+ob2.y);
20:         return obj0;
21: }

22: void Aclass::sum()
23: {
24:         cout << "x= " << x << endl;
25:         cout << "y= " << y << endl;
26: }

27: void main()
28: {
29:         class Aclass obj1(100, 200);
30:         class Aclass obj2(300, 400);
31:         class Aclass obj3 = obj1+obj2;                      // 객체 간의 + 수행
32:         // class Aclass obj3 = operator+(obj1, obj2);       // 31행과 동일함
33:         // class Aclass  obj3 = obj1.operator+(obj2);       // 오류(2개 인수가 필요)

34:         obj3.sum();
35: }
```

그림 10.14는 10_8.cpp의 실행결과이다. main( ) 함수의 29행과 30행이 수행되면 객체 ob1, ob2이 생성되면서 09행의 생성자가 동작되고 11행과 12행에 의해서 06행의 x, y값이 각각 ob1은 100, 200으로 ob2는 300, 400으로 초기화된다. 31행에 의해서 각 객체 간의 값이 덧셈되고 33행에 의해서 결과 값이 출력된다.

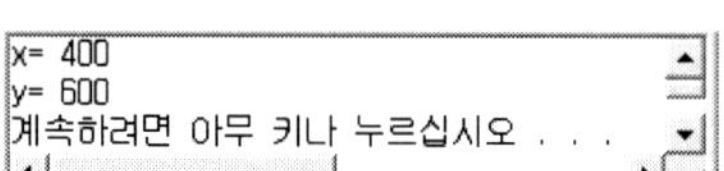

| 그림 10.14 | 실행결과

1) 17행은 friend 함수를 사용하여 연산자 '+' 기능을 정의한다. friend 함수를 사용하여 연산자를 정의하는 경우에는 클래스 외부에서 정의하고 반드시 인수가 2개 있어야한다. 왜냐하면 friend 함수는 클래스와 무관한 함수이기 때문이다. **그러나 일반 멤버함수를 사용하여 연산자 중복을 정의하는 경우 인수는 1개의 연산자를 사용한다. 17행에서 const와 &은 사용하지 않아도 되지만 좋은 방법은 아니다.**

2) **31행은 두 객체 간의 덧셈을 수행한다. 32행은 31행과 같은 결과이다. 32행에서 operator+를 함수이름으로 생각하면 이해가 빨리 될 수 있다.**

3) 33행은 오류가 발생된다. 이것은 friend 함수에서는 *this가 존재하지 않기 때문에 2개의 인수가 필요하기 때문이다. 33행은 멤버함수에서 사용할 수 있는 방법이다.

4) 그림 10.13은 예제의 동작을 쉽게 이해할 수 있도록 설명한 것이다. **그림 10.15와 같이 friend 함수를 사용한 + 연산자 중복은 내부적으로 객체와 객체간의 연산이 수행된다.**

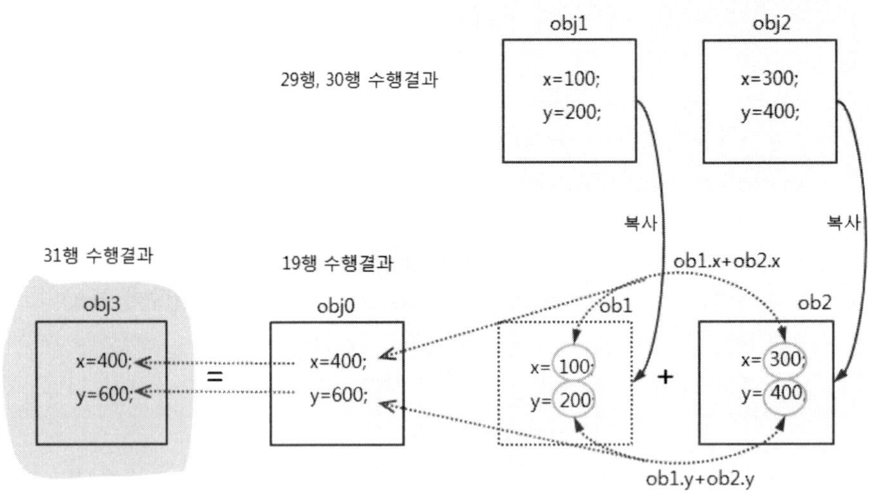

(a) 29행, 30행, 31행 수행결과

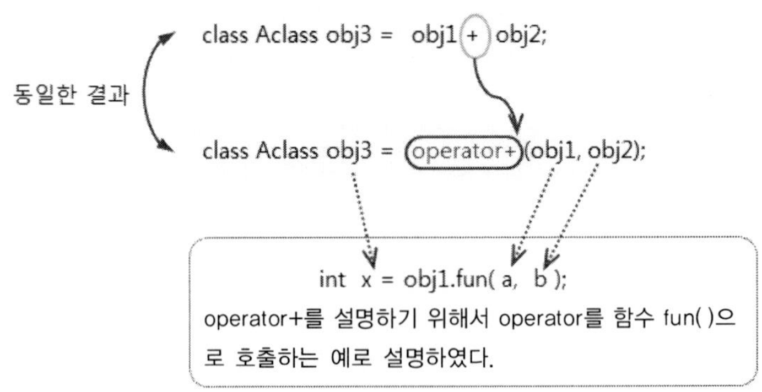

(b) 31행, 32행 설명

| 그림 10.15 | 10_8.cpp 예제의 동작 설명

*** 예제 ⋮ + 연산자 중복을 사용하지 않는 경우

이 프로그램은 연산자 중복을 하지 않고 객체 간의 '+' 연산을 할 수 있도록 구현하였다. 이 경우 객체들 간의 + 연산 기능은 구현할 수 있으나 코드의 가독성과 효율성이 떨어질 수 있다.

10_9.cpp

```
01: #include <iostream>
02: using namespace std;

03: class Aclass
04: {
05: private:
06:     int x, y;
07: public:
08:     Aclass(const int a,const int b)
09:     {
10:             x=a;
11:             y=b;
12:     }

13: void sum(const Aclass &ob1, const Aclass &ob2)
14: {
15:     x = ob1.x + ob2.x;
16:     y = ob1.y + ob2.y;

17:     cout << "x=" << x << endl;
18:     cout << "y=" << y << endl;
19: }
20: };

21: void main()
22: {
23:     class Aclass ob1(100, 200);
24:     class Aclass ob2(300, 400);

25:     ob1.sum(ob1, ob2);
26: }
```

그림 10.16은 10_9.cpp의 실행결과이다. main( ) 함수의 23행과 24행이 수행되면 객체 ob1, ob2이 생성되면서 x, y 각각 ob1은 100, 200으로 ob2는 300, 400으로 초기화된다. 25행에 의해서 각 객체 간의 값이 덧셈된다.

| 그림 10.16 | 실행결과

1) 13행 ~ 19행은 + 연산을 수행하도록 객체의 멤버끼리 덧셈을 수행한다.

2) 23행과 24행은 데이터 멤버를 초기화하고 25행은 객체의 멤버를 + 연산하여 결과를 출력한다.

10.5 ++, -- 연산자 중복

증가연산자(increment operator)와 감소연산자(decrement operator)의 중복 정의는 형식과 같다. **증가연산자와 감소연산자에서 전위형(prefix)과 후위형(postfix)의 구별은 연산자 중복함수 내의 인수가 void 이거나 인수가 없는 경우는 전위형 증가연산자 및 전위형 감소연산자이며 인수가 int이면 후위형 증가연산자 및 후위형 감소연산자이다**. friend함수를 사용하여 ++, -- 연산자를 정의하는 경우에는 참조(reference) 매개변수를 사용해야 한다.

■ 형식

```
클래스_이름 operator++ (void)      // 전위형 증가연산자
{
   return (*this);
}

클래스_이름 operator-- (void);     // 전위형 감소연산자
{
   return (*this);
}

클래스_이름 operator++ (int);      // 후위형 증가연산자
{
   return (*this);
}

클래스_이름 operator-- (int);      // 후위형 감소연산자
{
```

```
    return (*this);
}
```

■ 사용

예제 10_10.cpp 참조

** 예제 ++, -- 연산자 중복

이 프로그램은 증가연산자(++)와 감소연산자(--)를 중복하는 방법이다. 전위형 증가연산자와 전위형 감소연산자는 인수가 void 혹은 없는 경우이며 후위형 증가연산자와 후위형 감소연산자는 인수가 int형이다.

10_10.cpp

```
#include <iostream>
using namespace std;
class Aclass
{
private:
    int value;
protected:
public:
    Aclass(int x) : value(x)
    {
        value = x;
    }
    Aclass operator ++(void)        // 전위 증가연산자 정의
    {
            ++value;
            cout << value << endl;
            return (*this);
    }
    Aclass operator --(int)         // 후위 감소연산자 정의
    {
            value--;
            cout << value << endl;
```

```
23:         return (*this);
24:     }
25: };
26: void main()
27: {
28:         class Aclass obj1(300);
29:         cout << "prefix ++" << endl;
30:         for(int i=0; i<3; i++)
31:         {
32:               ++obj1;                // obj1의 전위형 증가
33:         }
34:         cout << endl;
35:         class Aclass obj2(300);
36:         cout << "postfix --" << endl;
37:         for(int i=0; i<3; i++)
38:         {
39:               obj2--;                // obj2의 후위형 감소
40:         }
41: }
```

그림 10.17은 10_10.cpp의 실행결과이다. 28행은 수행되면 09행의 생성자에 값이 전달되어 11행에 의해서 06행의 멤버변수 value에 300이 초기화된다. 29행은 문자열 prefix++를 출력하고 30행 ~ 33행에 의해서 301, 302, 303이 출력된다. 같은 방법으로 35행에 의해서 멤버변수 value에 300이 다시 초기화된다. 36행은 문자열 postfix++를 출력하고 37행 ~ 40행에 의해서 299, 298, 297이 출력된다.

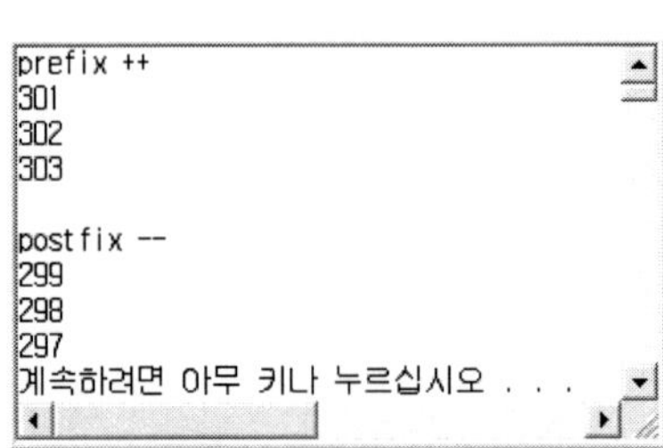

| 그림 10.17 | 실행결과

1) 13행은 전위형 증가연산자를 정의한다. 전위형 증가연산자는 값을 먼저 1 증가하고 *this를 반환한다.

2) 19행은 후위형 감소연산자를 정의한다. 후위형 감소연산자는 값을 먼저 1 감소하고 *this를 반환한다.

*

10.6 = 연산자 중복

대입 연산자(=) 중복은 디폴트 대입연산자가 제공되어 멤버변수 대 멤버변수로 대입된다. 그러나 생성자에 메모리를 동적으로 할당하는 경우에는 반드시 깊은복사대입연산자를 기술해야한다. 그렇지 않고 얕은 복사를 하는 경우에는 메모리 유출이 발생되어 오류가 발생된다. **연산자 중복에서 대부분의 연산자는 멤버함수 혹은 friend함수로 연산자를 중복할 수 있지만 다음의 4개 연산자는 멤버함수로만 중복할 수 있다. 이 연산자들의 제한 사항은 비정적멤버함수(non-static member function)이어야 되며 friend 함수도 사용할 수 없다.** 여기서 비정적멤버함수는 클래스형 멤버함수이며 일반 함수도 정적함수이다. 즉, = 연산자는 일반 전역함수와 friend함수로 중복할 수 없다.

=　　　　()　　　　[]　　　　->

*** 예제 = 연산자 중복(메모리를 동적으로 할당하는 경우)

이 프로그램은 = 연산자를 중복하는 방법을 이해하는 것이다. = 연산자를 중복하는 경우 메모리를 동적으로 할당하는 경우(19행)에는 반드시 깊은복사대입연산자를 사용해야 한다. 이 예제를 통해서 다음의 내용을 이해할 수 있다.

(1) 23행 ~ 28행의 = 연산자 중복을 정의한 후 40행과 같이 obj1=obj2=obj3가 수행되면 obj1, obj2, obj3은 각각 번지와 메모리가 각각 복사되어 실행 후 메모리는 각각 삭제되어 실행오류가 발생되지 않는다. : 23행 ~ 28행, 40행

(2) 만약 23행 ~ 28행 대신 깊은복사생성자를 사용하면 실행오류가 발생된다. 이것은 40행 (obj1=obj2=obj3)이 수행되면 obj1, obj2, obj3은 모두 obj3의 번지가 복사되어 동일한 번지의 메모리를 삭제하기 때문이다. : 23행 ~ 28행, 40행

(3) **23행 ~ 28행을 정의한 경우 40행을 수행하면 각각의 객체 번지와 메모리가 복사되지만 23행 ~ 28행을 정의하지 않고 40행을 수행하면 40행은 obj1, obj2에는 번지만 복사되어 실행오류가 발생된다.** : 23행 ~ 28행, 40행

10_11.cpp

```
01: #include <iostream>
02: #include <iostream>
03: using namespace std;
04: class Aclass
05: {
06: private:
07:         char *str;
08: public:
09:         Aclass(char* s);
10:         Aclass& Aclass::operator=(const Aclass& ob2);   // = 연산자 중복
11:          ~ Aclass( );
12:         void read()
13:         {
14:                 cout << str << endl;
15:         }
16: };
17: Aclass::Aclass(char* s)
18: {
19:         str = new char [strlen(s)+1];                // 동적 메모리 할당
20:         strcpy(this->str, s);
21:         cout << str << endl;
22: }
23: Aclass& Aclass::operator=(const Aclass& tmp)   // = 연산자 중복 정의
24: {
25:         str = new char [strlen(tmp.str)+1];
26:         strcpy((*this).str, tmp.str);
27:         return *this;
28: }
```

```
29: Aclass::~Aclass()
30: {
31:         delete [] str;
32:         cout << "~Aclass() ..." << endl;
33: }
34: void main()
35: {
36:         class Aclass obj1("seoul");
37:         class Aclass obj2("pusan");
38:         class Aclass obj3("daegu");
39:         cout << endl;
40:         obj1=obj2=obj3;
41:         obj1.read();
42:         obj2.read();
43:         obj3.read();
44:         cout << endl;
45: }
```

그림 10.18은 10_11.cpp의 실행결과이다. 36 ~ 38행은 3개의 생성자가 동작되고 40행에서는 obj3의 객체가 obj1, obj2에 복사되고 복사된 객체의 데이터 멤버를 출력한다. 프로그램이 종료되는 시점에 3개의 소멸자가 동작되어 정상적으로 실행됨을 보인다.

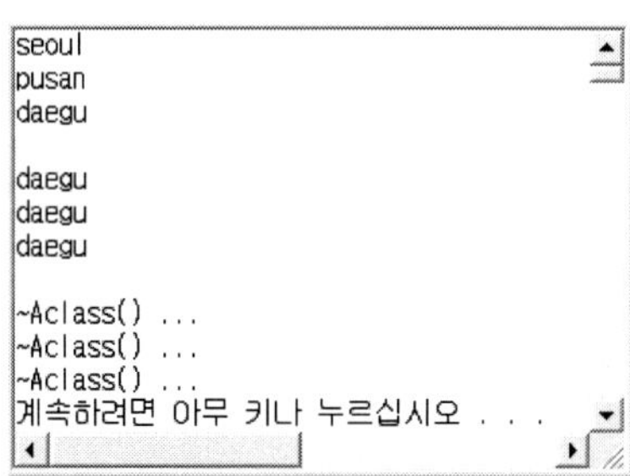

| 그림 10.18 | 실행결과

1) 17행 ~ 22행은 Aclass의 생성자를 정의하고 여기서 str에 동적메모리를 할당하고 인수로 받은 문자열 s를 str에 복사한다.

2) **23행 ~ 28행은 = 연산자 중복을 정의하였다. 만약 10행, 23행 ~ 28행을 생략하면 실행오류가 발생된다. 이때 31행 혹은 40행 중 1개를 삭제하면 정상적으로 동작된다. 실행오류가 발생되는**

이유는 36행 ~ 38행의 obj1, obj2, obj3이 각각 다른 번지에 초기화된 객체번지를 가지고 있는데 40행이 수행되면 obj1, obj2는 모두 obj3의 번지로 복사되어 1개의 번지를 3번 지우는 것이 되기 때문에 실행오류가 발생된다. 그래서 메모리를 지우지 않거나 동일하게 복사하지 않으면 된다.

3) **만약 23행 ~ 28행의 = 연산자 중복 대신 다음과 같이 깊은복사생성자를 사용하는 경우 실행오류가 발생된다. 이것은 40행에서 obj3의 번지가 obj2, obj1에 복사되어 obj1의 메모리가 삭제된 후 다시 obj2, obj3에 의해서 메모리 삭제를 시도하기 때문이다.**

```
Aclass::Aclass(const Aclass& tmp)
{
    str = new char [strlen(tmp.str)+1];      // 동적 메모리 할당
    strcpy(str, tmp.str);
}
```

4) 23행 ~ 28행의 = 연산자 중복은 깊은복사생성자와 동일한 형태이다. 만약 깊은복사생성자를 23행 ~ 28행과 같이 반환 값을 사용하면 오류가 발생된다. 이것은 생성자에는 반환 값을 사용할 수 없기 때문이다.

```
Aclass& Aclass::Aclass(const Aclass& tmp)
{
    str = new char [strlen(tmp.str)+1];      // 동적 메모리 할당
    strcpy(str, tmp.str);
    return *this;
}
```

5) 20행은 다음의 문장과 동일한 것이다.

```
strcpy(str, s); = strcpy(this->str, s); = strcpy((*this).str, s);
```

6) 26행은 다음의 문장과 동일한 것이다.

```
strcpy(str, tmp.str); = strcpy(this->str, tmp.str);
=strcpy((*this).str, tmp.str);
```

7) 그림 10.19는 예제의 36행 ~ 40행까지의 동작과정이다. 이때 생성자의 동작순서는 obj1 -> obj2 -> obj3이 되고 소멸자는 obj3 -> obj2 -> obj1의 순서로 동작된다.

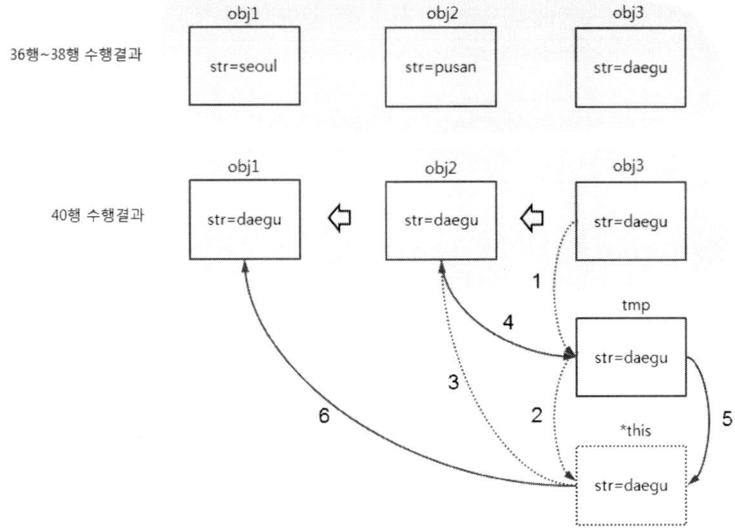

| 그림 10.19 | 예제의 동작 과정

8) 그림 10.20(a)는 36행 ~ 38행 수행결과이며 그림 10.20(b)는 40행 수행결과이다. 그래서 29행 ~ 33행의 소멸자가 동작되면 그림 10.20(b)와 같이 obj3의 메모리를 반복해서 지우기 때문에 실행오류가 발생된다. **그림 10.20(a)는 얕은복사생성자의 동작이며 그림 10.20(b)는 깊은복사생성자의 동작이다.**

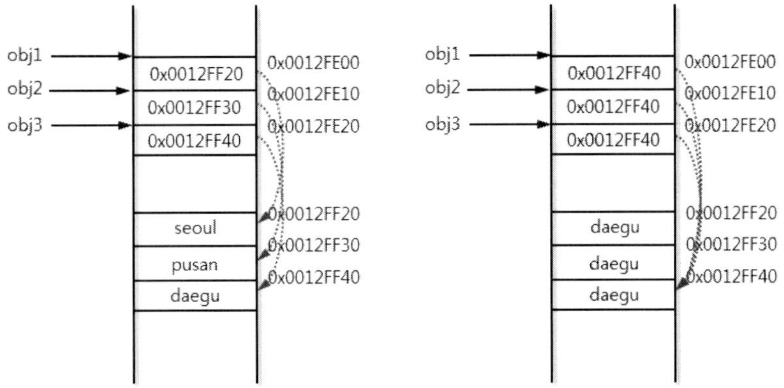

(a) 36행 ~ 40행 수행결과 (b) 40행 수행결과

| 그림 10.20 | 예제의 동작 과정

** 예제 = 연산자 사용(메모리를 동적으로 할당하지 않은 경우)

이 프로그램은 메모리를 동적으로 할당하지 않고 초기화 기능을 사용할 경우에는 대입연산자를 사용해도 문제가 발생되지 않는다.

10_12.cpp

```
#include <iostream>
using namespace std;
class Aclass
{
private:
        char *str;
 protected:
 public:
        Aclass(char* s);
         ~Aclass();
        void read()
        {
                cout << str << endl;
        }
 };
Aclass::Aclass(char* s) : str(s)            // 초기자로 초기화
{
        cout << str << endl;
}
Aclass::~Aclass()
{
        cout << "~Aclass() ..." << endl;
}
void main()
{
        class Aclass obj1("seoul");
        class Aclass obj2("pusan");
        class Aclass obj3("daegu");
        cout << endl;
        obj1 = obj2 = obj3;                 // obj1, obj2에는 obj3의 번지만 복사
```

```
31:         obj1.read();
32:         obj2.read();
33:         obj3.read();
34:         cout << endl;
35: }
```

그림 10.21은 10_12.cpp의 실행결과이다. 프로그램은 3개의 생성자가 동작되고 obj3의 객체가 obj1, obj2에 복사되고 복사된 객체의 데이터 멤버를 출력한다. 프로그램이 종료되는 시점에 3개의 소멸자가 동작되어 정상적으로 실행됨을 보인다.

```
seoul
pusan
daegu

daegu
daegu
daegu

~Aclass() ...
~Aclass() ...
~Aclass() ...
계속하려면 아무 키나 누르십시오 . . .
```

| 그림 10.21 | 실행결과

1) 16행은 초기자를 사용하여 멤버변수를 초기화한다. 문자열 형태로 넘어오는 s를 Aclass의 멤버변수 str에 직접 초기화한다.

2) 26행 ~ 28행은 각각의 문자열로 초기화한다.

3) 30행은 객체 obj3을 객체 ob2에 대입하고 객체 ob2는 객체 obj1에 차례로 대입한다. 이때 **obj1, obj2에는 obj3의 번지만 복사된다. 그리서 20행 ~ 23행의 소멸자에 delete를 사용하면 실행오류가 발생된다.**

4) 31행 ~ 33행은 obj3은 ob1, ob2의 데이터 함수 read( )를 호출한다.

*

*** 예제 : 상속관계에서 = 연산자의 동작

이 프로그램은 상속관계에서 = 연산자의 동작을 확인하기 위한 것이다. **이때 기초클래스에서 = 연산자를 정의하고 파생클래스에서 = 연산자를 정의한 경우 기초클래스와 파생클래스에서 =**

연산자를 중복해야 하며 반드시 파생클래스에서 기초클래스의 = 연산자를 명시적으로 호출해야 정상적으로 동작된다.

10_13.cpp

```
#include<iostream>
using namespace std;
class Aclass                                    // 기초클래스 정의
{
private:
protected:
    int a, b;
public:
    Aclass(int i, int j)
    {
        a=i;
        b=j;
    }
    Aclass& operator=(const Aclass& temp1)   // = 연산자 중복 정의
    {
        cout << "Aclass::operator=" << endl;
        a=temp1.a;
        b=temp1.b;
        return *this;
    }
    void afun()                                 // 멤버함수 정의
    {
        cout << a << b ;
    }
    ~Aclass()
    {
    }
};
class Bclass : public Aclass                    // 파생클래스 정의
{
private:
    int x, y;
public:
    Bclass(int p, int q, int r, int s) : Aclass(p, q)
```

```
    {
        x=r;
        y=s;
    }
    Bclass& operator=(const Bclass& temp2)          // = 연산자 중복 정의
    {
        cout << "Bclass::operator=" << endl;
        Aclass::operator=(temp2);                   // 기초클래스의 = 연산자 호출
        x=temp2.x;
        y=temp2.y;
        return *this;
    }
    void bfun()                                     // 멤버함수 정의
    {
        Aclass::afun();
        cout << x << y << endl;
    }
    ~Bclass()
    {
    }
};

void main(void)
{
    class Bclass ob1(0, 0, 0, 0);                   // a,b,x,y를 초기화
    class Bclass ob2(1, 2, 3, 4);
    ob1=ob2;
    ob1.bfun();
}
```

그림 10.22는 10_13.cpp의 실행결과이다. 실행결과는 파생클래스의 = 연산자가 동작되고 기초클래스의 = 연산자가 동작된다.

```
Bclass::operator=
Aclass::operator=
1234
계속하려면 아무 키나 누르십시오 . . .
```

| 그림 10.22 | 실행결과

1) 14행 ~ 20행은 기초클래스에서 =연산자의 중복을 정의하였다.

2) 39행 ~ 46행은 파생클래스에서 =연산자의 중복을 정의하였다. **만약 42행을 삭제하면 그림 10.23(a)와 같이 파생클래스의 = 연산자만 호출되어 비정상적으로 동작된다. 이것은 클래스가 상속관계에 있는 경우 파생클래스에서 기초클래스의 = 연산자를 호출해야 정상적으로 동작된다. 또한 39행 ~ 46행을 삭제하면 그림 10.23(b)와 같이 파생클래스의 = 연산자가 호출되지 않고 기초클래스의 = 연산자만 호출된다.**

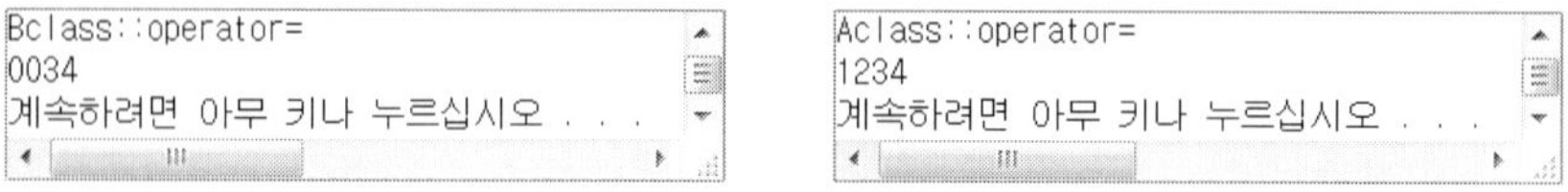

(a) 42행만 삭제한 경우 (b) 39행 ~ 46행을 삭제한 경우

| 그림 10.23 | 실행결과

10.7 [ ] 연산자 중복

[ ] 연산자 중복은 객체의 배열 값을 처리할 수 있다. **[ ]연산자 중복은 friend함수로 중복할 수 없다.** C++에서 [ ] 연산자는 이항연산자로 간주된다. 따라서 operator[ ]( )는 형식과 같이 정의한다. 여기서 ( ) 내의 자료형은 반드시 정수형이 되어야 하는 것은 아니지만 opertor[ ]( )이 배열의 첨자를 제공하기 위해서 사용되기 때문에 일반적으로 정수형을 사용한다. 이때 반환되는 자료형은 사용하는 자료형에 따라 달라지게 된다.

■ 형식

```
자료형& operator[ ] (자료형 변수_이름)
{
   // ...
   return  자료형;
}
```

■ 사용

```
int& operator[ ](int i)              // [ ] 연산자 중복
{
```

```
        // ...
        return buffer[i];
    }

        class Aclass ob;

        ob[i] = 100;             // 객체의 i번째 원소에 100을 대입
        cout << ob[1];           // 객체 1번째의 값을 출력
    }
```

C, C++에서 사용되는 배열은 배열 원소의 영역(boundary)을 벗어나도 오류를 발생하지 않는 문제점이 있다. C++에서 [ ] 연산을 사용하면 이러한 문제점을 해결할 수 있다. 즉, C++에서 [ ] 연산자를 중복하는 중요한 장점은 배열의 안전한 색인을 구할 수 있는 수단을 제공하는 것이다. 예로써 다음과 같이 코딩하면 어떤 오류도 발생하지 않고 접근할 수 있다. 이때 실행시 오류를 발생하지 않고 그대로 배열의 경계(boundary)를 넘을 수 있다는 것이다. 만약 다음과 같이 코딩하여 컴파일, 실행해도 어떤 오류도 발생되지 않는다. 그림 10.24와 같이 출력은 배열 영역의 값과 영역을 벗어난 값을 오류없이 출력한다.

```
int x[3]={1,2,3};

cout << x[-1] << endl;          // 배열 x의 -1번지 위치에 접근
cout << x[0] << endl;           // 배열 x의 0번지 위치에 접근
cout << x[1] << endl;           // 배열 x의 1번지 위치에 접근
cout << x[2] << endl;           // 배열 x의 2번지 위치에 접근
cout << x[3] << endl;           // 배열 x의 3번지 위치에 접근
```

| 그림 10.24 | 실행결과

그러나 C++에서 [ ] 연산자 중복을 사용하여 특정한 배열을 포함하는 클래스에서 [ ] 연산자를 통해서만 접근을 허용하게 하면 배열 영역의 범위를 벗어나지 않고 영역 내의 원소에만 접근하도록 할 수 있다.

예제 [ ] 연산자 중복

이 프로그램은 객체 배열에 접근하는 [] 연산자를 중복하는 방법과 동작을 이해하기 위한 것이다.

10_14.cpp

```
#include <iostream>
using namespace std;

class Arr
{
private:
    int x[3];
public:
    Arr(int a, int b, int c)
    {
            x[0]=a;
            x[1]=b;
            x[2]=c;
    }
    int operator [] (int i)
    {
            return x[i];
    }
};

void main()
{
        class Arr ob(100, 200, 300);
        cout << ob[0] << endl;    // operator [](0) 호출
        cout << ob[1] << endl;    // operator [](1) 호출
        cout << ob[2] << endl;    // operator [](2) 호출
}
```

그림 10.25는 10_14.cpp의 실행결과이다. 실행결과는 배열 x의 원소를 각각 출력한다.

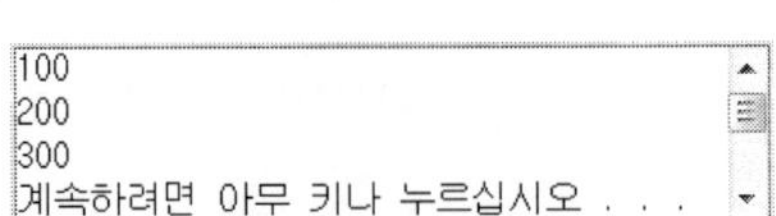

| 그림 10.25 | 실행결과

1) 14행 ~ 17행은 [ ] 연산자 중복을 정의하였다.

2) 22행은 operator[ ][0] 연산자 중복을 호출하게 되어 100을 출력하게 된다.

*

*** 예제 [ ] 연산자 중복을 사용한 배열 영역을 검사하는 프로그램

이 프로그램은 C, C++에서 배열 영역의 경계를 검사하고 경계영역을 벗어나는 경우 오류 메시지를 출력하는 프로그램을 연산자 중복 함수 operator[ ]( )을 사용하여 설계하고 이해한다.

10_15.cpp

```
01: #include <iostream>
02: using namespace std;
03: class ArrCheck
04: {
05: private:
06:     int x[3];
07: public:
08:     ArrCheck(int a, int b, int c)
09:     {
10:         x[0]=a;
11:         x[1]=b;
12:         x[2]=c;
13:     }
14:     int& operator [ ] (int I)        // [ ] 연산자 정의, 배열 영역을 검사
15:     {
16:         if(i<0 || i>2)
17:         {
18:             cout << "Out of Array Boundary." << endl;
19:             exit(1);
20:         }
21:         return x[i];
22:     }
23: };
24: void main()
25: {
```

```
26:    class ArrCheck ob(100, 200, 300);
27:    ob[2]=400;
28:    ob[1]=ob[2];
29:    cout << ob[0] << endl;
30:    cout << ob[1] << endl;
31:    cout << ob[2] << endl;

32:    cout << ob[3] << endl;
33: }
```

그림 10.26은 10_15.cpp의 실행결과이다. 실행결과는 배열 x의 원소를 출력하고 배열의 영역을 벗어나면 메시지를 출력하게 된다.

```
100
400
400
Out of Array Boundary.
계속하려면 아무 키나 누르십시오 . . .
```

| 그림 10.26 | 실행결과

1) 14행 ~ 22행은 [ ] 연산자 중복을 정의하였으며 배열의 영역을 벗어나면 메시지를 출력하도록 한다.

2) 만약 32행과 같이 배열의 영역을 벗어나면 배열의 영역을 벗어났다는 메시지를 출력하게 된다.

10.8 ( ) 연산자 중복

( ) 연산자 중복은 객체에 인수를 전달하거나 함수 내에서 처리된 결과 값을 받는 데 사용된다. 그러나 ( ) 연산자 중복은 함수를 호출하는 것은 아니다. 클래스가 함수와 같이 동작되는 클래스를 펑터(functor) 혹은 함수 객체(function object)라 한다. 펑터는 함수 혹은 객체 동작에 대한 유연성을 제공한다. 펑터는 STL(Standard Template Library)에서 사용되는 중요한 연산자 중복이다. ( ) 연산자 중복은 아래의 형식과 같다. ( ) 연산자 중복을 정의할 때 사용되는 매개변수의 자료형은 프로그램의 요구사항에 따라 모든 자료형이 사용될 수 있으며, 또한 모든 자료형 값이 반환될 수 있다.

■ 형식

```
[ 자료형 ] operator () ( [인수리스트, ...] )
{
    // ...
    [ return 자료형; ]
}
```

■ 사용

```
class Aclass
{
public:
int operator () (int b) const      // () 연산자 중복
{
    return b;
}
}

Void main()
{
    int x;
    class Aclass ob;
    ob(x);                         // () 호출
}
```

*** 예제 ⁝ () 연산자 중복(1)

이 프로그램은 () 연산자를 중복하는 예제이다. 예제에서는 함수호출, 함수 포인터, 함수 객체를 사용하는 방법이다.

10_16.cpp

```
#include <iostream>
using namespace std;

class Aclass
{
public:
    void operator () (int a) const   // ()연산자 중복 정의
```

```
07:     {
08:         cout << a << endl;
09:     }
10: };

11: void fun(int x)                     // fun() 함수 정의
12: {
13:     cout << x << endl;
14: }

15: int main()
16: {
17:     class Aclass ob;                // 객체정의
18:     void (*fptr)(int)=fun;          // 함수 포인터의 초기화

19:     fun(100);                       // 함수 호출
20:     fptr(200);                      // 함수 포인터 호출
21:     ob(300);                        // () 연산자 호출
22:     ob.operator()(300);
23:     Aclass()(300);
24:     Aclass().operator()(300);
25: }
```

그림 10.27은 10_16.cpp의 실행결과이다. 프로그램이 실행되면 함수호출, 함수 포인터, 함수 객체를 사용한 값을 출력한다.

| 그림 10.27 | 실행결과

1) 06행 ~ 09행은 ( ) 연산자 중복을 정의하고 21행 ~ 24행에서 ( ) 연산자를 호출한다.

2) 21행 ~ 24행은 ( ) 연산자를 호출하는 방법으로 모두 동일한 의미의 코드이며 같은 값을 출력한다.

** 예제 () 연산자 중복(2)

이 프로그램은 ( ) 연산자를 중복하는 예제이다. 객체에서 ( ) 연산자는 함수를 호출하는 용도가 아니라 함수의 값을 전달하거나 받는 기능이다.

10_17.cpp

```
#include <iostream>
#include <iomanip>
using namespace std;

class Aclass
{
public:
   void operator () (int a)
   {
      cout << setw(5) << a ;
   }

   void operator () (int a, int b)
   {
      cout << setw(5) << (a+b) ;
   }

   void operator () (int a, int b, int c)
   {
      cout << setw(5) << (a+b+c) << endl;
   }
};

int main()
{
   class Aclass ob;
   ob(1);
   ob(1, 2);
   ob(1, 2, 3);

   ob.operator()(1);
   ob.operator()(1, 2);
   ob.operator()(1, 2, 3);

   Aclass()(1);
```

```
30:     Aclass()(1, 2);
31:     Aclass()(1, 2, 3);

32:     Aclass().operator()(1);
33:     Aclass().operator()(1, 2);
34:     Aclass().operator()(1, 2, 3);
35: }
```

그림 10.28은 10_17.cpp의 실행결과이다. 프로그램이 실행되면 각각 1, 2, 3을 더한 값을 출력한다.

```
    1    3    6
    1    3    6
    1    3    6
    1    3    6
계속하려면 아무 키나 누르십시오 . . .
```

| 그림 10.28 | 실행결과

1) 07행 ~ 10행, 11행 ~ 14행, 15행 ~ 18행은 각각 정수 값을 1개, 2개, 3개를 인수로 받는 ( ) 연산자 중복을 정의한다.

2) 23행 ~ 25행, 26행 ~ 28행, 29행 ~ 31행, 32행 ~ 34행은 모두 ( ) 연산자를 호출한다.

10.9 자료형 중복

자료형 중복은 형식과 같이 예약어 operator를 기술하고 중복하기 위한 자료형을 기술한다.

■ 형식

```
operator 자료형 ()
{
        // ...
        return 멤버변수;
}
```

■ 사용

```
class Aclass
{
public:
   char x;
};

operator int ()  const                    // 자료형 연산자 중복 정의
{
       return x;
}

void main()
{
       // ......

       class Aclass ob;

       cout << int(ob) << endl;        // 객체를 int형으로 변환
}
```

** 예제 생성자를 이용한 형변환

이 프로그램은 생성자를 이용해서 형을 변환하는 방법을 이해한다. 이때 생성자는 암시적으로 호출된다.

10_18.cpp

```
#include <iostream>
using namespace std;

class Aclass
{
public:
   Aclass()
   {
      cout << "Aclass()" << endl;
   }
};
```

```
class Bclass    // 상속이 안된 경우의 형변환
{
public:
    Bclass()
    {
        cout << "Bclass()" << endl;
    }
    Bclass(int a)
    {
        cout << "Bclass(int a)" << endl;
    }
    Bclass(float b)
    {
        cout << "Bclass(float b)" << endl;
    }
    Bclass(Aclass& ob)
    {
        cout << "Bclass(Aclass& ob)" << endl;
    }
};
void main()
{
    class Aclass ob1;
    class Bclass ob2;
    int x=1;
    float y=10.10;
    ob2=x;                // ob2=(Bclass)x;과 동일
    ob2=y;                // ob2=(Bclass)x;과 동일(ob2=10.10;도 가능)
    ob2=ob1;              // ob2=(Bclass)ob1;과 동일
}
```

그림 10.29는 10_18.cpp의 실행결과이다. 실행결과는 객체가 생성되면 기본생성자가 호출되고 정수 값, 실수형 및 객체형이 전달되면 해당되는 생성자가 호출된다.

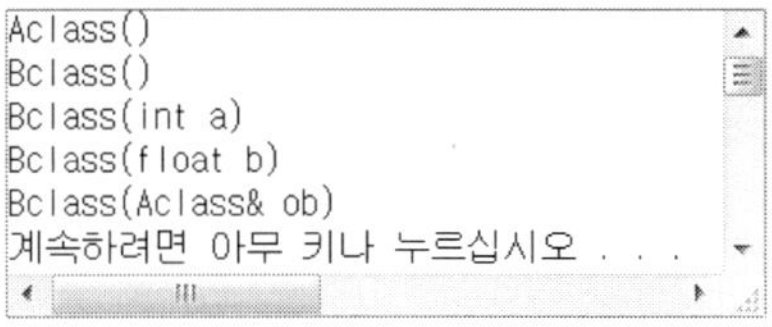

| 그림 10.29 | 실행결과

1) 14행, 18행, 22행, 26행은 각각 다른 기본형, 정수형, 실수형 및 클래스형을 인수로 갖는 생성자를 정의한다.

2) 만약 34행 다음에 다음과 같이 하면 오류가 발생된다.

```
class Bclass *ptr=new Aclass;     // 오류(하향 형변환)
```

3) 또한 38행을 다음과 같이 하면 오류가 발생된다.

```
float(ob2)=10.10;
```

4) 37행 ~ 39행은 모두 묵시적으로 형변환이 이루어진 다음 처리된다. 즉, 37행은 x를 Bclass형으로 변환한 다음 ob2에 대입된다.

＊

** 예제 ⁝ 연산자 중복을 이용한 형변환

이 프로그램은 형변환 연산자 중복을 사용한 형변환 방법을 이해하기 위한 것이다. 이때 연산자 중복은 암시적 혹은 명시적으로 호출할 수 있다.

10_19.cpp

```
#include <iostream>
using namespace std;

class Aclass
{
public:
    Aclass()
    {
        cout << "Aclass()" << endl;
    }
};
```

```
class Bclass
{
public:
    operator int ()
    {
        cout << "operator int ()" << endl;
        return 100;
    }
    operator float ()
    {
        cout << "operator float ()" << endl;
        return 12.12;
    }
    operator Aclass()      // Aclass형의 자료형변환
    {
        cout << "operator Aclass()" << endl;
        return Aclass();
    }
};
void main()
{
    class Aclass ob1;
    class Bclass ob2;
    int x;
    float y;
    x=ob2;        // x=ob2.operator int();
    y=ob2;        // y=ob2.operator float();
    ob1=ob2;      // ob1=ob2.operator Aclass ();
    cout << x << endl;
    cout << y << endl;
    // cout << ob1 << endl;    // 오류
    // cout << ob2 << endl;    // 오류
}
```

그림 10.30은 10_19.cpp의 실행결과이다. 실행결과는 객체가 생성되면 기본생성자가 호출되고 정수 값, 실수형 및 객체형으로 변환 후 좌변의 변수에 대입된다.

```
Aclass()
operator int ()
operator float ()
operator Aclass()
Aclass()
100
12.12
계속하려면 아무 키나 누르십시오 . . .
```

| 그림 10.30 | 실행결과

1) 36행은 다음과 같이 암시적 혹은 명시적으로 호출할 수 있다. 36행, 27행, 39행은 각각 암시적으로 형변환 후 좌변의 값으로 대입된다.

```
x=ob2;                    // 암시적 호출
x=ob2.operator int();     // 명시적 호출
```

2) 36행을 다음과 같이 하면 오류가 발생된다. 이유는 상향 형변환이기 때문이다.

```
ob2=ob1; 오류(상향 형변환)
```

3) **24행 ~ 28행을 Bclass로 하면 비정상적인 값이 출력된다.**

4) **실행결과에서 마지막에 생성자가 호출되는 것은 = 연산자가 동작되면 생성자(혹은 깊은복사생성자)가 호출되기 때문이다.**

✱

** 예제 : 자료형의 중복

이 프로그램은 자료형 중복을 이해하기 위한 것이다. 예제에서는 객체 ob를 char형에서 int형으로 중복한다.

10_20.cpp

```
#include <iostream>
using namespace std;
class Aclass
{
private:
    char x;
public:
    Aclass()
```

```
09:     {
10:             x='p';
11:     }
12:     operator int ()  const            // int형 중복 정의
13:     {
14:             return x;                 // 반드시 반환 값을 가져야 한다.
15:     }
16: };
17: void main()
18: {
19:     class Aclass ob;
20:     cout << "sizeof(ob) : " << sizeof(ob) << endl;
21:     cout << "int(ob) : " << int(ob) << endl;     // 객체를 int형으로 변환
22:     cout << "ob : " << ob << endl;
23:     cout << "sizeof(ob) : " << sizeof(ob) << endl;
24:     cout << "sizeof(int(ob)) : " << sizeof(int(ob)) << endl;
25: }
```

그림 10.31은 10_20.cpp의 실행결과이다. 프로그램이 실행되면 문자 p를 정수형으로 변환한 값과 크기를 출력한다.

```
sizeof(ob) : 1
int(ob) : 112
ob : 112
sizeof(ob) : 1
sizeof(int(ob)) : 4
계속하려면 아무 키나 누르십시오 . . .
```

| 그림 10.31 | 실행결과

1) 12행 ~ 14행은 자료형 연산자를 중복한다. 자료형 중복에서는 반드시 반환 값(x)을 반환해야 한다.

2) 12행 ~ 14행을 int형으로 연산자 중복한 후 21행과 24행에서 다른 자료형(예로써 double)을 중복할 수 있다.

10.10 <<, >> 연산자 중복

<< 연산자 중복은 객체를 출력하는 연산자이며 >> 연산자 중복은 객체를 입력받는다. << 연산자와 >> 연산자 중복은 반드시 friend 함수로 정의해야하며 반환 값은 ostream, istream형 객체를 반환해야한다.

■ 형식

```
friend ostream& operator << (ostream& 객체_이름, 클래스_이름& 객체_이름)
{
        // ...
        return ostream형 객체_이름;
}
```

■ 사용

```
friend istream& operator >> (istream& 객체_이름, 클래스_이름& 객체_이름)
{
        // ...
        return istream형 객체_이름;
}

ostream& operator << (ostream& ob1, const Aclass& ob2)
{
        ob1 << ob2.str << endl;
        return ob1;
}

void main()
{
        class Aclass ob("seoul");

        cout << ob;
        cout << "korea" << endl;
}
```

<< 연산자 중복은 반드시 friend로 정의되어야 한다. 왜 그렇게 해야 하는지 설명한다. << 연산자 중복(operator << ( ))을 멤버함수로 정의하고 객체를 출력하는 코드는 다음과 같이 작성할 수 있다.

```
ostream& operator << (ostream& tmp, Aclass& ob)
{
        // ...
        return tmp;
}

class Aclass obj;
cout << obj;
```

이때 멤버함수로 정의되었기 때문에 cout << obj;의 << 연산자는 연산자 중복 함수 operator << ( )를 호출하게 되고 <<의 왼쪽 cout은 << 연산자 중복 함수의 첫 번째 인수로 *this가 되어 다음과 같이 3개의 인수로 된다.

```
ostream& operator << (class *this, ostream& tmp, Aclass& ob)
```

연산자 <<은 이항연산자(binary operator)이므로 << 연산자 중복 함수의 인수는 2개가 되어야 한다. 그러나 << 연산자 중복을 멤버함수로 정의하면 인수가 3개가 된다. 이 코드를 컴파일하면 컴파일러는 인수가 너무 많다는 메시지를 출력하고 오류가 발생한다. 그래서 operator << ( )을 friend 함수로 정의하는 것은 왼쪽의 객체 cout을 *this로 전달되지 않도록 하기 위한 것이다. 또한 operator << ( )가 friend 함수로 정의되면 왼쪽의 객체 cout을 전달 받으려면 첫 번째 인수는 cout의 클래스형인 ostream형 객체가 되어야 하며, 인수의 &(참조자) 사용은 값이 전달되지 않도록 하기 위한 것이다. **friend 함수로 정의되는 operator << ( )는 반드시 ostream형을 반환값으로 하는 함수로 정의되어야 한다.**

friend 함수로 정의된 operator << ( )은 다음과 같이 void형으로 정의하고 객체 ob를 출력하면 정상적으로 동작된다.

```
void operator << (ostream& tmp , Aclass& ob) const
{
        // ...
}

cout << ob;
```

그러나 다음과 같이 객체를 연속적으로 출력(cout << ob1 << ob2;)하거나 연속해서 기본자료형을 출력하는 경우(cout << ob << 100;)에는 오류가 발생된다. **이것은 operator << ( )으로 정의된**

객체는 연산자 중복함수 operator << ( )를 호출할 때 인수로 전달하고 기본자료형 데이터는 cout으로 처리되기 위해서는 ostream을 반환하는 함수가 필요하기 때문이다. 그래서 operator << ( )을 정의하는 경우에는 반드시 ostream형을 반환 값으로 가지는 중복 함수로 정의해야 한다.

```
cout << ob1 << ob2;                // 오류
cout << ob << 100;                 // 오류
```

<< 연산자 중복에는 반드시 ostream에는 &를 사용해야 하며 클래스형 객체 ob에는 사용하지 않아도 무관하다. 그러나 >> 연산자 중복에는 반드시 두 인수 모두에 &를 사용해야 한다.

*** 예제 << 연산자 중복

이 프로그램은 << 연산자를 중복하는 방법이다. << 연산자를 중복할 경우에는 반드시 반환 값을 ostream형 객체를 반환해야한다.

10_21.cpp

```
#include <iostream>
#include <string>
using namespace std;

class Aclass
{
private:
        char *str;
protected:
public:
        Aclass(const char *s);
        friend ostream& operator << (ostream& ob1, const Aclass& ob2);
         ~Aclass( );
};

Aclass::Aclass(const char *s)
{
        str = new char[strlen(s)+1];
        strcpy(str, s);
}
```

```
19: ostream& operator<<(ostream& ob1, const Aclass& ob2)
20: {
21:         ob1 << ob2.str << endl;
22:         return ob1;
23: }

24: Aclass:: ~ Aclass()
25: {
26:         delete [] str;
27: }

28: void main()
29: {
30:         class Aclass ob("seoul");

31:         cout << ob;
32:         cout << "korea" << endl;
33: }
```

그림 10.32는 10_21.cpp의 실행결과이다. 30행이 실행되면 14행의 생성자로 문자열이 전달되고 전달된 문자열은 17행에 의해서 07행의 str에 초기화된다. 멤버변수 str에 초기화된 문자열은 31행에 의해서 문자열 seoul이 출력되고 32행에 의해서 문자열 korea가 출력된다.

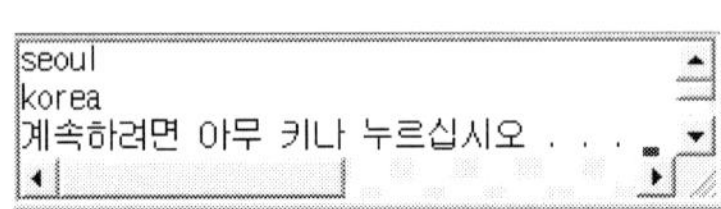

| 그림 10.32 | 실행결과

1) 16행은 << 연산자를 중복하는 기능을 정의한다. << 연산자를 중복할 경우에는 22행과 같이 반드시 반환 값을 ostream형 객체를 반환해야한다.

*** 예제 >> 연산자 중복

이 프로그램은 >> 연산자를 중복하는 방법이다. >> 연산자를 중복할 경우에는 반드시 반환 값을 istream형 객체를 반환해야한다.

10_22.cpp

```
#include <iostream>
using namespace std;

class Aclass
{
private:
    char *str;
public:
    friend istream& operator >> (istream& in, Aclass& ob);
    friend ostream& operator << (ostream& out, const Aclass& ob);
};

istream& operator >> (istream& in, Aclass& ob)
{
    ob.str =new char[20];
    cout << "in: " ;
    cin >> ob.str;                    // cin.getline(ob.str, 20);
    return in;
}

ostream& operator << (ostream& out, const Aclass& ob)
{
    cout << "out: " ;
    out << ob.str << endl;
    return out;
}

void main()
{
    class Aclass obj;
    cin >> obj;                       // operator >> () 호출
    cout << obj;                      // operator << () 호출
}
```

그림 10.33은 10_22.cpp의 실행결과이다. 실행결과는 >>, << 연산자 중복을 사용하여 문자열을 입력받고 출력한다.

```
in: seoul
out: seoul
계속하려면 아무 키나 누르십시오 . . .
```

| 그림 10.33 | 실행결과

1) 11행은 >> 연산자 중복을 정의한다. 이때 istream 인수에는 const를 사용할 수 없으며, 클래스형 객체 ob에는 값을 입력해야 되기 때문에 const를 사용할 수 없다. **11행의 >> 연산자 중복에는 반드시 두 인수에 &를 사용해야 한다.**

2) 18행은 << 연산자 중복을 정의한다. 이때 ostream 인수에는 const를 사용할 수 없지만 클래스형 객체에는 const를 사용할 수 있다. **11행의 << 연산자 중복에는 반드시 ostream &를 사용해야 하며 클래스형 객체 ob에는 사용하지 않아도 무관하다.**

3) 15행은 cin >> ob.str; 대신 in.getline(ob.str, 20);을 사용할 수 있다. 만약 2개 이상 입력일 경우 cin.ignaore( )를 사용해야 한다.

*

10.11 new, delete 연산자 중복

C++에서 추가된 new와 delete는 메모리를 할당하고 해제하는 연산자(operator)이다. new와 delete는 클래스의 메모리를 할당하고 해제하기 위해서 사용되는 연산자이기 때문에 중복할 수 있다. **new 연산자가 멤버함수로 중복되면 객체가 생성된 후 호출된다.** new는 unsigned int형의 인수를 가지고 void* 형의 반환 값을 가지는 함수로 정의한다. delete는 void* 형의 인수와 void 반환 값을 가지는 함수로 정의한다. new와 delete 연산자의 중복은 다음의 형식과 같다.

■ 형식

```
void *operator new (unsigned int size_t)
{
    // ...
}
void operator delete (void*)
{
    // ...
}
```

■ 사용

```
01: class Aclass
02: {
```

```
03: public:
04:     Aclass(char *str)
05:     {
06:             // ......
07:     }
08:     void* operator new(size_t x)               // 반드시 size_t를 사용해야 한다.
09:     {
10:         void *ptr = new char[x];
11:         return ptr;
12:     }
13:     void operator delete(void *y)              // 반드시 void를 사용해야 한다.
14:     {
15:         delete [] y;
16:     }
17: };
18: void main()
19: {
20:         Aclass *ob= new Aclass( “seoul “);    // Aclass 클래형의 메모리 할당
21:         delete [] ob;
22: }
```

new에서 사용되는 size_t 자료형은 <stddef.h> 헤드 파일에서 정의되는 unsigned int형으로 이때 size_t는 넘겨지는 어떤 크기의 자료형에도 관계없이 데이터를 메모리에 할당시킬 수 있는 자료형으로 사용한다. 만약 new 연산자가 메모리 할당에 실패하면 0(zero)을 반환한다. delete 연산자는 메모리를 해제(삭제되는 메모리의 시작주소를 받아 메모리 할당 이전의 메모리 상태로 되돌린다.)한다. new 연산자는 1개 이상의 객체들로 구성된 객체의 배열을 메모리에 할당하고 제거하기 위한 연산자 중복함수로 정의할 수 있다. 또한 new 연산자는 다른 연산자 중복함수와 달리 클래스와 일반함수와 같이 기술할 수 있다.

위 사용 예의 20행에서 new는 문자열 "seoul"이 저장될 수 있는 메모리 공간을 할당하고, 생성자(Aclass)를 호출하여 초기화하고 Aclass형의 메모리 주소를 ob에 할당한다. 그런데 new 연산자의 중복은 메모리를 할당하는 기능만 수행하고 생성자를 호출하고 주소할당은 컴파일러가 한다. 10행의 new는 메모리가 할당된 주소와 크기가 반환한다. **연산자가 멤버함수로 중복되면 객체가 생성된 후 호출되어야 한다. 그러나 20행과 같이 new는 객체의 생성과정에서 호출될 수 있는 것은 operator new와 operator delete는 static(정적)함수로 처리되기 때문이다.** 그래서 operator new와 operator delete는 객체 생성과정에서 호출할 수 있게 되는 것이다.

** 예제 | new, delete 연산자 중복

이 프로그램은 new와 delete 연산자를 중복하는 방법이다. **연산자가 멤버함수로 중복되면 객체가 생성된 후 호출된다.** new 연산자는 객체의 메모리를 할당하거나 delete는 할당된 메모리를 해제한다.

10_23.cpp

```
#include <iostream>
#include <iomanip>
using namespace std;

class Aclass
{
private:
    int a;
public:
    Aclass(int x=100)
    {
        a=x;
        cout << setw(4) << a ;
    }

    void* operator new(size_t x)          // 반드시 size_t를 사용해야 한다.
    {
        cout << "operator new :" ;        // x는 4바이트
        void *ptr = new char[x];
        return ptr;
    }

    void* operator new[](size_t x)        // 반드시 size_t를 사용해야 한다.
    {
        cout << "operator new [] :" ;
        void *ptr = new char[x];
        return ptr;
    }

    void operator delete(void *y)         // 반드시 void를 사용해야 한다.
    {
        cout << "operator delete ()" << endl;
        delete [] y;
```

```
30:     }
31:     void operator delete [](void *y)          // 반드시 void를 사용해야 한다.
32:     {
33:         cout << "operator delete [] ()" << endl;
34:         delete [] y;
35:     }
36: };
37: void main()
38: {
39:     class Aclass *ob1= new Aclass(200);
40:     cout << endl;
41:     class Aclass *ob2= new Aclass[3];
42:     cout << endl;
43:     delete ob1;
44:     delete [] ob2;
45: }
```

그림 10.34는 10_23.cpp의 실행결과이다. 실행결과는 new, new [], delete, delete [] 실행결과를 출력한다.

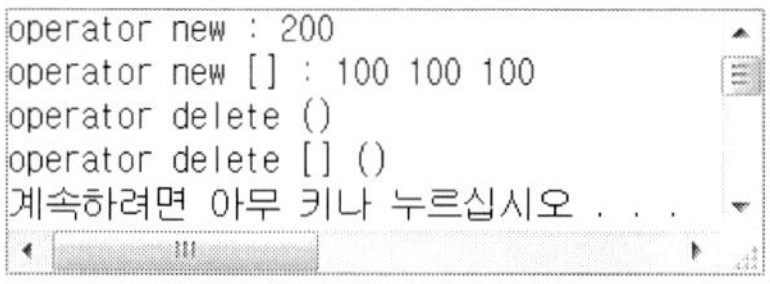

| 그림 10.34 | 실행결과

1) 14행 ~ 19행은 new 연산자를 정의하고 20행 ~ 25행은 new [] 연산자를 정의하였다.

2) 26행 ~ 30행은 delete 연산자를 정의하고 31행 ~ 35행은 delete [] 연산자를 정의하였다.

*

10.12 *, -> 연산자 중복

C++에서 포인터 연산자는 *, ->이 있다. 포인터 연산자는 포인터를 기반으로 하는 연산자이다. -> 연산자는 포인터가 가리키는 객체의 멤버에 접근하는 연산자이다.

*** 예제 *, -> 연산자 중복

이 프로그램은 -> 연산자 중복을 이해하기 위한 것이다. -> 연산자는 포인터가 가리키는 객체의 멤버에 접근한다.

10_24.cpp

```
#include <iostream>
using namespace std;
class Aclass
{
private:
    int a;
    int b;
public:
    Aclass(int x=0, int y=0) : a(x), b(y)
    {
            cout << "Aclass()" << endl;
    }
    ~Aclass()
    {
            cout << "~Aclass()" << endl;
    }
    void afun() const
    {
            cout << a << "," << b << endl;
    }
    Aclass& operator * ()              // * 연산자 중복(const 사용 불가)
    {
        return *this;
```

```
24:     }
25:     Aclass* operator -> ()            // * 연산자 중복(const 사용 불가)
26:     {
27:         return this;
28:     }
29: };
30: int main()
31: {
32:     class Aclass ob1(1, 2);
33:     ob1.afun();
34:     (*ob1).afun();
35:     ob1.operator*().afun();
36:     cout << endl;
37:     class Aclass ob2(3, 4);
38:     ob2->afun();
39:     (*ob2).afun();
40:     ob2.operator->()->afun();
41:     return 0;
42: }
```

그림 10.35는 10_24.cpp의 실행결과이다. 프로그램이 실행되면 정수 값 12를 3번 반복해서 출력한다.

```
Aclass()
1,2
1,2
1,2

Aclass()
3,4
3,4
3,4
~Aclass()
~Aclass()
계속하려면 아무 키나 누르십시오 . . .
```

| 그림 10.35 | 실행결과

1) 21행 ~ 24행은 * 연산자를 중복한다. 이때 const는 사용할 수 없다.

2) 25행 ~ 28행은 -> 연산자를 중복한다. 이때 const는 사용할 수 없다.

10.13 스마트 포인터(smart pointer)

스마트 포인터(smart pointer)는 포인터 역할을 하는 객체(object)이다. C++98은 단 한 가지의 스마트 포인터 클래스 auto_ptr을 정의했다. auto_ptr은 몇 가지 문제점을 기지고 있다. 그래서 C++11에서는 새로운 스마트 포인터 클래스로 shared_ptr과 unique_ptr을 추가했다. 두 가지 모두 표준 라이브러리 컴포넌트와 호환되므로 안전하게 표준 컨테이너에 저장할 수 있고 표준 알고리즘으로 사용할 수 있다.

*** 예제 기본적인 스마트 포인터의 동작

이 프로그램은 스마트 포인터를 이해하기 위한 것이다. 예제에서는 스마트 포인터의 동작으로 할당된 메모리를 정확하게 삭제한다.

10_25.cpp

```
#include <iostream>
#include <iomanip>
using namespace std;
class Aclass
{
private:
    int a;
    int b;
public:
    Aclass(int x=0, int y=0) : a(x), b(y)    // 생성자 정의
    {
        cout << "Aclass()" << endl;
    }
    ~Aclass()                                // 소멸자 정의
    {
        cout << "~Aclass()" << endl;
    }
    void afun() const
    {
        cout << a << setw(3) << b << setw(3) ;
```

```
    }
};
class Bclass                              // 스마트 포인터 정의
{
private:
    Aclass *ptr1;
public:
    Bclass(Aclass *ptr2) : ptr1(ptr2)     // 생성자 정의
    {
        cout << "Bclass()" << endl;
    }
    ~Bclass()                             // 소멸자 정의
    {
        cout << "~Bclass()" << endl;
        delete ptr1;
    }
    Aclass* operator -> () const          // -> 연산자 중복 정의
    {
        return ptr1;
    }
    Aclass& operator * () const           // * 연산자 중복 정의
    {
        return *ptr1;
    }
};
int main ()
{
    class Bclass ob1 = new Aclass(1, 2);
    class Bclass ob2 = new Aclass(3, 4);
    cout << endl;
    ob1->afun();
    ob2->afun();
    (*ob1).afun();
    (*ob2).afun();
    cout << endl << endl;
}
```

그림 10.36은 10_25.cpp의 실행결과이다. 프로그램이 실행되면 정수 값 1234를 2번 반복해서 출력한다. 프로그램은 Bclass가 동작되면 35행의 ptr1이 Aclass를 가리키기 때문에 Aclass가 호출되어 소멸자를 동작하게 되어 자동적으로 메모리를 삭제하게 된다.

```
Aclass()
Bclass()
Aclass()
Bclass()

1  2  3  4  1  2  3  4

~Bclass()
~Aclass()
~Bclass()
~Aclass()
계속하려면 아무 키나 누르십시오 . . .
```

| 그림 10.36 | 실행결과

1) 28행 ~ 31행을 다음과 같이 하면 오류가 발생된다. 그래서 28행 ~ 31행과 같이 초기자를 사용해서 초기화한다.

```
Bclass( )
{
   Aclass *ptr2;
   ptr1=ptr2;
}
```

2) 37행 ~ 40행은 -> 연산자를 중복한다.

3) 41행 ~ 44행은 * 연산자를 중복한다.

4) 48행은 다음과 같이 할 수 있다.

```
class Aclass *ob1(new Aclass(1, 2));
```

5) 48행은 다음과 같이 하면 오류가 발생된다.

```
class Aclass ob1 = new Aclass(1, 2);
class Aclass ob1 = new Bclass(1, 2);
class Bclass ob1 = new Aclass(1, 2);
class Bclass ob1 = new Bclass(1, 2);
```

6) 48행이 동작되면 좌측에서 Aclass의 생성자가 호출되고 우측이 수행되면 Bclass의 생성자가 호출된다.

*

요약

01. 그림 10.37은 본 장에서 학습한 내용이다. 본 장에서는 *this를 이해하고 연산자 중복에 대해서 이해하였다.

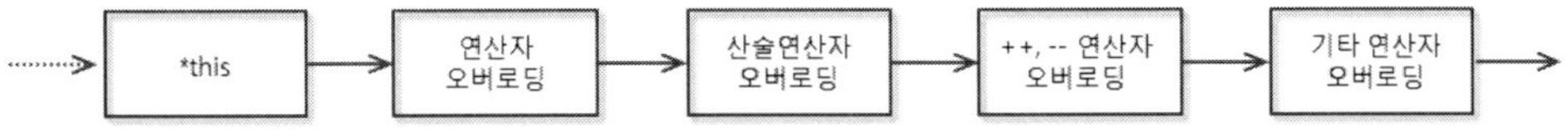

| 그림 10.37 | 본 장에서 학습한 내용

02. C와 C++의 연산자는 기본 자료형에서만 연산이 가능하며 객체와의 연산은 할 수 없다. 그래서 객체간의 연산을 할 수 있도록 하는 것이 연산자 중복(operator overloading)이다. 연산자 중복은 클래스형의 객체에서 연산할 수 있도록 다시 정의하여 사용하는 것이다.

03. *this는 객체와 멤버함수를 내부적으로 연결하는 번지를 가지고 있는 포인터이다. ***this는 첫 번째, 지역 변수와 멤버변수의 이름이 같을 경우 구분(충돌을 피하기 위해서) 사용되고, 두 번째, 멤버함수의 인수로 사용되고 세 번째, 멤버함수의 반환 값으로 객체를 반환하는 경우에 사용되며 네 번째, 멤버함수의 반환 값으로 참조자를 반환하는 경우에 사용된다. friend 함수(friend function)와 정적멤버함수에는 *this가 존재하지 않는다.**

04. 연산자 중복 방법은 클래스의 멤버함수로 기술하거나 friend 함수(전역함수)를 사용하여 정의할 수 있다.

05. 연산자 중복 포인터 연산자(*), 멤버 연산자(.), 삼항 연산자(?:), 영역지정 연산자(::))들은 연산자 중복을 정의할 수 없으며 그 외의 모든 연산자는 재정의하여 사용할 수 있다.

연습문제_A

01. 연산자 중복이 무엇이며 왜 필요한가?

02. *this가 사용되는 3가지 용도는 무엇인가? 그리고 구체적으로 설명하여라.

03. >> 연산자를 3가지 방법(멤버함수, friend 함수, 전역함수(연산자 중복을 사용하지 않고))으로 설계하여라.

04. new와 delete 연산자를 3가지 방법(멤버함수, friend 함수, 전역함수(연산자 중복을 사용하지 않고))으로 설계하여라.

05. friend 함수로 중복할 수 없는 연산자는 어떤 것이 있는가?

연습문제_B

06. ++, -- 연산자를 3가지 방법(멤버함수, friend 함수, 전역함수(연산자 중복을 사용하지 않고))으로 설계하여라.

07. 예제 10_2.cpp를 참조하여 표준입력장치에서 그림 10.38과 같이 4개의 정수 값을 입력받아 이를 덧셈하는 코드를 다음과 같이 3가지 방법으로 작성하여라.

(1) 연산자중복을 사용하지 않고 작성하여라.

(2) 연산자중복을 일반 멤버함수를 사용(*this 사용)하여 작성하여라.

(3) 연산자중복을 friend 함수를 사용하여 작성하여라.

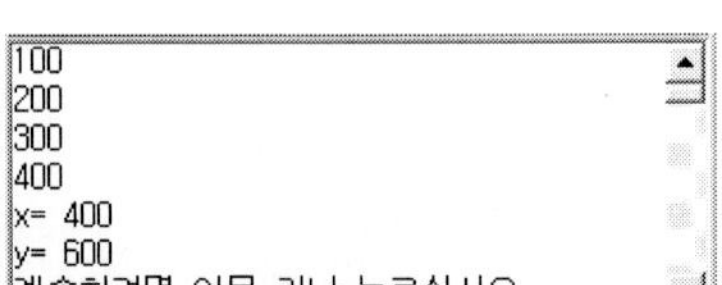

| 그림 10.38 | 실행결과

08. 다음의 코드를 표 10.1과 같이 실행하고 결과와 이유를 쓰고 오류가 발생되는 경우에는 오류를 없애는 방법을 써라.

```
#include <iostream>
using namespace std;

class Aclass
{
private:
        char *str;
protected:
public:
        Aclass(char* s);
        Aclass::Aclass(const Aclass& ob1);                    // 깊은복사생성자
        Aclass& Aclass::operator=(const Aclass& ob2);         // = 연산자 중복
        ~Aclass();

void read()
{
        cout << str << endl;
}
};

Aclass::Aclass(char* s)
{
        str = new char [strlen(s)+1];                         // 동적 메모리 할당
        strcpy(str, s);
        cout << str << endl;
}

Aclass::Aclass(const Aclass& ob1)                             // 얕은복사생성자
{
        str = new char [strlen(ob1.str)+1];
        strcpy(str, ob1.str);
}

Aclass& Aclass::operator=(const Aclass& ob2)                  // 깊은복사대입연산자 정의
{
        delete [] str;
        str = new char [strlen(ob2.str)+1];
        strcpy(str, ob2.str);
        return *this
```

```
35: }

36: Aclass:: ~ Aclass()
37: {
38:         delete [] str;
39:         cout << " ~ Aclass() ..." << endl;
40: }

41: void main()
42: {
43:         class Aclass obj1("seoul");
44:         class Aclass obj2("pusan");
45:         class Aclass obj3("daegu");
46:         cout << endl;

47:         obj1=obj2=obj3;

48:         obj1.read();
49:         obj2.read();
50:         obj3.read();
51:         cout << endl;
52: }
```

| 표 10.1 |

사용형태	실행결과
10행, 24행 ~ 28행을 사용, 11행, 30행 ~ 36행을 사용	
10행, 25행 ~ 29행을 사용, 12행, 30행 ~ 36행을 삭제	
10행, 25행 ~ 29행을 삭제, 12행, 30행 ~ 36행을 사용	
10행, 25행 ~ 29행을 삭제, 12행, 30행 ~ 36행을 삭제	

09. 그림 10.39와 같이 표준입력장치로 입력된 정수 값에 대한 순차곱셈(factorial)을 계산하는 프로그램을 재귀함수와 반복함수(재귀함수를 사용하지 않는)로 설계하여라(N의 순차곱셈(N!)은 N, N-1, N-2, N-3, ... N-n의 곱셈으로 식 10.1과 같이 표현된다).

$$N \neq N \times (N-1)!\ (N>0) \qquad \text{(식 10.1)}$$

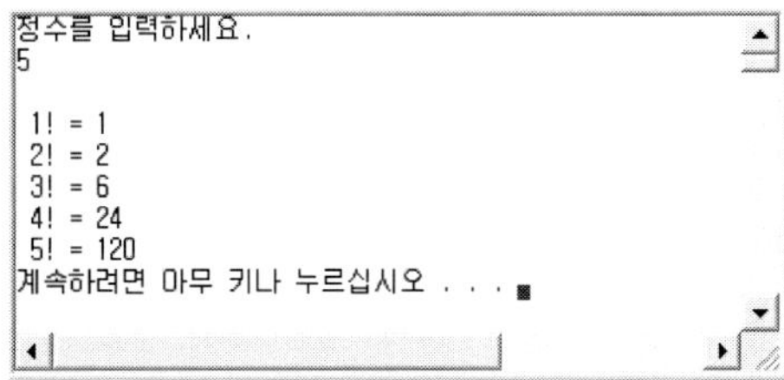

| 그림 10.39 | 실행결과

10. 그림 10.40과 같이 표준입력장치로 입력된 정수 값에 피보나치 수열(fibonacci serial)을 계산하는 방법을 설계하여라(피보나치 수열은 식 10.2와 같이 이전의 2개의 값을 더한 값이 다음 값이 되며 피보나치 수열은 식 10.3과 같이 정의한다).

$$1, 1, 2, 3, 5, 8, \dots, ((n-4)+(n-3)), ((n-2)+(n-1)), (n>2) \qquad \text{(식 10.2)}$$

$$\begin{aligned} &fibonacci(0) = 0, \qquad \text{(식 10.3)} \\ &fibonacci(1) = 1, \\ &fibonacci(n) = fibonacci(n-2) + fibonacci(n-1), (n>2) \end{aligned}$$

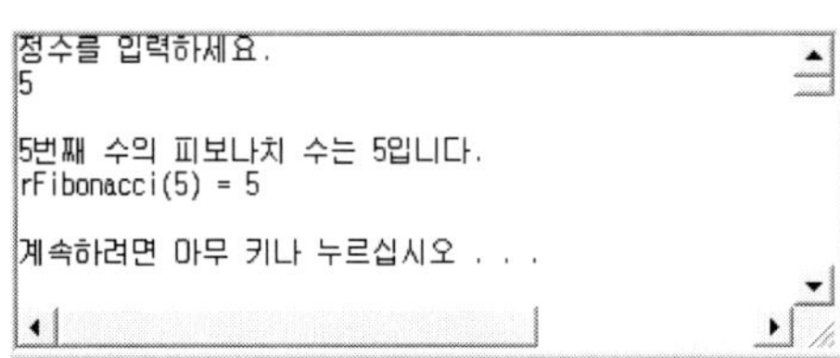

| 그림 10.40 | 실행결과

제11장 string 클래스

✱ 차례

✱ 학습목표

1. string 클래스의 필요성과 사용방법을 이해한다.
2. 문자열을 처리하기 위한 string 클래스의 사용과 동작을 이해한다.
3. string 클래스를 설계하는 방법을 이해한다.

11.1 개요

11.1.1 표준 string 클래스

C++의 표준 string 클래스는 C++ 표준 라이브러리에서 문자열을 다양하게 처리할 수 있도록 지원하는 클래스이다. string 클래스는 문자열을 다양하게 처리하기 위한 목적으로 정의된 클래스이며 string 클래스를 사용하기 위해서 헤더파일 <string>을 포함해야한다.

11.1.2 string 클래스 사용

표준 string 클래스를 사용하여 문자열 입력은 다음과 같이 할 수 있다. 이때 입력받는 문자열은 단어 혹은 행 단위의 문자열이 된다. string 클래스는 다음과 같이 사용한다.

```
char str1[30];              // 배열을 사용한 메모리 할당
① cin >> str1;              // 1개 단어를 읽어 들인다.
② cin.getline(str1, 50);    // 1개 행을 읽으며 버퍼의  '\n'을 제거한다.
③ cin.get(str1, 50);        // 1개 행을 읽으며 버퍼의  '\n'이 그대로 존재한다.

char str2[30];              // 배열을 사용한 메모리 할당
① cin >> str2;              // str2[30]이므로 크기가 29개 이상이면 실행오류 발생
② string str3;
③ cin >> str3;              // 이 방법은 문자열 길이와 무관(30개 이상도 가능)

string s1;                  // 문자열을 입력받고 출력
getline(cin, s1);
cout << s1;
```

C++에서 문자열을 처리하는 string 클래스를 사용하는 방법은 다음과 같다. string 클래스로 처리되는 모든 문자열 처리는 C 기반의 라이브러리 함수와 C 코드로 동일하게 기능을 구현할 수 있다.

정리하기 string 클래스를 사용한 문자열 처리

❶ string 클래스를 객체로 선언하고 초기화하거나 선언과 초기화를 동시에 할 수 있다. 아래의 2가지 방법은 완전히 동일하다.

```
string s1="I love only you";
```

```
string s1;
s1= "I love only you";
```

❷ 그러나 다음과 같은 표현 방법은 오류가 발생된다.

```
string s1;
s1("I love only you";)
```

❸ 일반 클래스형의 객체를 정의하는 경우 class를 사용할 수 있으나 string 클래스에는 class예약어를 사용할 수 없다.

```
class Aclass s1;          // 사용가능
class string s1;          // 오류
```

❹ string 클래스는 다음과 같이 사용한다.

```
string s1("seoul");       // 문자열을 저장
cout << s1 << endl;

string s2(7,  '<s>' );      // s를 7개 출력
string s3(7, "s");        // 오류

string s4 =  's';         // 오류
string s5('s');           // 오류
string s6 = 7;            // 오류
string s7(7);             // 오류
```

11.2 string 클래스를 사용한 문자열 처리

다음은 C++의 표준 string 클래스를 사용하여 문자열을 처리하는 방법과 사용자가 문자열을 처리할 수 있는 C++ 클래스를 정의하여 사용하는 방법을 설명한다.

***예제 string 클래스를 사용한 문자열 처리

이 프로그램은 string 클래스를 사용하여 2개의 문자열을 대입하고 출력하는 방법을 이해하기 위한 것이며 11_2.cpp에서는 11_1.cpp와 동일한 기능을 string 클래스를 사용하지 않고 사용자 정의로 구현한다.

11_1.cpp

```
01: #include <iostream>
02: #include <string>
03: using namespace std;

04: int main(void)
05: {
06:         string s1= "welcome to ";
07:         string s2("C++ programmong");
08:         string s3 = s1+s2;

09:         cout << s3 << endl;

10:         return 0;
11: }
```

그림 11.1은 11_1.cpp의 실행결과이다. 실행결과 입력된 문자열이 출력되고 문자열이 결합되거나 비교할 수 있다.

| 그림 11.1 | 실행결과

1) 06행은 string 클래스의 객체 s1에 문자열을 저장한다. 이때 문자열의 크기를 메모리로 할당할 필요가 없다.
2) 07행은 다른 방법으로 객체 s2에 문자열을 저장한다.
3) 08행은 객체 s1과 s2의 문자열을 연결하여 s3에 저장한다.
4) 09행은 s3의 문자열을 출력한다. 문자열 s3은 s1과 s2가 연결된 문자열(welcome to C++ programming)이 된다.

예제 : 사용자 정의 string 클래스를 사용한 문자열 처리

이 프로그램은 11_1.cpp에서 사용된 string 클래스 기능을 사용자가 직접 정의하기 위한 것이다. 여기서 만든 string 클래스는 string 클래스의 일부기능만 된다.

11_2.cpp

```
#include <iostream>
#include <string>
using namespace std;
class strclass                                          // 클래스 정의
{
private:
        int size;
        char *str;
public:
        strclass();
        strclass(char *x);
        strclass( strclass& ob1);
        ~strclass();
        strclass& operator = (strclass& ob2);
        strclass operator + (strclass& ob3);
        friend ostream& operator << (ostream &ob4, strclass &ob5);
};
strclass::strclass()                                    // 기본 생성자 정의
{
        size = 0;

        str= NULL;
}
strclass::strclass(char *x)                             // 인수를 갖는 생성자 정의
{
        size = strlen(x)+1;
        str= new char[size];
        strcpy(str, x);
        // printf("message1 \n");                       // 시험용
}
```

```
strclass::strclass(strclass& ob1)             // 인수를 갖는 생성자 정의
{
        size=ob1.size;
        str=new char[size];
        strcpy(str, ob1.str);
        printf("message2 \n");                 // 시험용
}

strclass:: ~strclass()
{
        if(str!=NULL)
        delete [] str;
}

strclass& strclass::operator=(strclass& ob2)  // = 연산자 정의
{
        size+=(ob2.size);                      // 2개의 문자열을 저장할 수 있는 크기 할당
        char *tempstr=new char[size];

        strcpy(tempstr, str);
        strcat(tempstr, ob2.str);
        printf("= operator \n");               // 시험용

        if(str!=NULL)
                delete [] str;
        str=tempstr;

        return *this;                          // 반드시 *this를 해야 함.
}

strclass strclass::operator+(strclass& ob3)   // << 연산자 정의
{
        char *tempstr=new char[size+ob3.size-1];

        strcpy(tempstr, str);
        strcat(tempstr, ob3.str);
        strclass tempob(tempstr);
        delete [] tempstr;
        printf("+ operator \n");               // 시험용
        return tempob;
}

ostream& operator << (ostream &ob4, strclass &ob5)  // << 연산자 정의
```

```
65: {
66:         printf("<< operator \n");                    // 시험용
67:         ob4 << ob5.str;
68:         return ob4;
69: }

71: int main(void)
72: {
73:         strclass s1= "welcome to ";                  // message-1 call
74:         strclass s2("C++ programming");              // message-1 call
75:         strclass s3=s1+s2;                           // message-2 call

76:         cout << s3 << endl << endl;                  // << 연산자 호출
77:         return 0;
78: }
```

그림 11.2는 11_2.cpp의 실행결과이며 2개의 문자열(welcome to, C++ programming)이 연결되어 출력된다. 그림 11.3은 28행, 35행, 48행, 61행, 66행의 설명문을 해제하고 실행한 결과이다. 실행결과에서 75행이 수행되었지만 48행의 = operator 메시지가 출력되지 않았기 때문에 42행~53행이 동작되지 않았다. 이것은 첫 번째, strclass s3이 수행되고, 두 번째 s1+s2가 동작되고, 세 번째로 strclass s3(s1+s2)로 수행되기 때문이다.

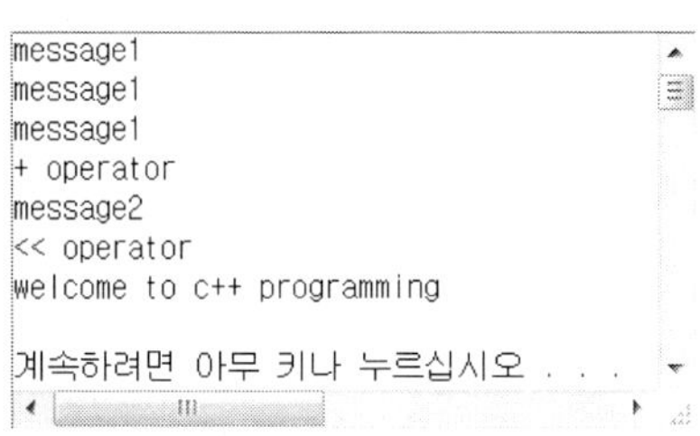

| 그림 11.2 | 실행결과

1) 04행~17행은 strclass 클래스를 정의한다.

2) 14행은 = 연산자를 선언하고 42행-53행에서 정의하였고, 15행은 + 연산자를 선언하고 54행~63행에서 정의하였고, 16행은 << 연산자를 선언하고 64행~69행에서 정의하였다.

3) 18행~22행은 기본 생성자를 정의하였다. 만약 기본 생성자를 기술하지 않으면 컴파일러가 내부적으로 생성한다.

4) 28행, 35행, 48행, 61행, 66행은 시험용으로 사용한 것이며 실행한 결과는 그림 11.2이다.

5) 54행은 + 연산자 중복을 정의한다. 일반 멤버함수를 사용하여 +연산자를 정의하는 경우에는 반드시 인수는 1개를 사용해야 하며, 클래스형 참조자 객체(& obj) 혹은 일반 객체(obj)로 해야 한다. 또한 반환 값은 클래스형 객체이름으로 한다.

```
class_name operator+ (class_name& obj)
{
        // ...
        class class_ob(str);
        return class_ob;
}
```

6) 64행의 << 연산자 중복을 정의한다. << 연산자를 정의하는 경우 다음과 같이 인수는 반드시 ostream형의 참조자 객체(& object1)와 클래스의 참조자 혹은 일반 객체(& object2)로 해야 한다. 또한 반환 값은 반드시 ostream형 객체이름(object1)으로 해야 한다.

7) 73행과 74행은 다음과 같이 2가지 방법으로 할 수 있다.

```
strclass s1= "welcomr to ";
strclass s1("welcomr to ");

strclass s2="C++ programming";
strclass s2("C++ programming");
```

8) 다음의 2가지 경우에는 operator=이 호출되지 않는다. 왼쪽이 새로운 객체를 생성하여 오른쪽 객체를 대입하는 방법으로 기술하면 = 연산자가 호출되지 않는다.

```
strclass ob8 = ob6;
strclass ob8 = ob6+ob7;
```

9) 그러나 42행 ~ 53행의 = 연산자는 75행과 같은 경우에는 동작되지 않고 다음의 2가지 경우에만 operator=이 호출된다(즉, 오른쪽 항이 객체이며 직접 대입되는 경우에만 적용되며 오른쪽 항이 객체끼리의 연산이 있는 경우에는 = 연산자가 동작되지 않음). 이것은 객체 끼리 대입되는 경우에는 = 연산자가 호출된다.

```
ob6=ob7;
strclass ob8=ob6=ob7;
ostream& operator<< (ostream& object1, class_name& object2)
{
        // ...
        return object1;
}
```

10) 만약 71행~78행의 코드를 다음과 같이 수정하여 실행하면 결과는 그림 11.3과 같다.

```
int main(void)
{
      strclass s1= "welcome to ";             // 메시지1 호출
      strclass s2("C++ programming");         // 메시지2 호출
      strclass s3(s1);
      s3=s2;                                  // = 연산자 호출
      cout << s3 << endl << endl;             // << 연산자 호출

      s3=s1+s2;
      cout << s3 << endl << endl;             // << 연산자 호출
      return 0;
}
```

```
message1
message1
message2
= operator
<< operator
welcome to c++ programming

message1
+ operator
message2
= operator
<< operator
welcome to c++ programmingwelcome to c++ programming

계속하려면 아무 키나 누르십시오 . . .
```

| 그림 11.3 | 실행결과

*

** 예제 : string의 대입과 연결

이 프로그램은 헤드파일 string을 포함하여 C++에서 문자열을 다양하게 대입하고 연결하기 위한 예제이다.

11_3.cpp

```
#include <iostream>
#include <string>
using namespace std;

void main(void)
{
```

```
    string s1("seoul");
    string s2;
    string s3;

    s2 = s1;
    s3.assign(s1);

    cout << "original string" << endl;
    cout << "s1: " << s1 << "\ns2: " << s2 << "\ns3: " << s3 << "\n\n";

    s2[0] = s3[2] = 'q';

    cout << "after modification of s1 and s3" << endl;
    cout << "s1: " << s1 << "\ns2: " << s2 << "\ns3: ";

    for(int i=0; i<s3.length(); i++)
    cout << s3.at(i);

    string s4(s1+"love");
    string s5;

    s3 += "only";
    s1.append("pusan");

    s5.append(s1, 4, s1.length());

    cout  << "\n\nafter string concatenation" ;
    cout  << "\ns1: " << s1
          << "\ns2: " << s2 << "\ns3: " << s3
          << "\ns4: " << s4 << "\ns5: " << s5 << endl;
}
```

그림 11.4는 11_3.cpp의 실행결과이다. 실행결과 입력된 문자열이 출력되고 문자열이 결합된다.

| 그림 11.4 | 실행결과

1) 02행은 C++에서 문자열을 다양하게 처리하게 위해서 string 파일을 포함한다.

*

** 예제 ⁝ 문자열 비교

이 프로그램은 문자열을 비교하기 위해서 string 클래스에서 제공하는 멤버함수를 사용하여 여러 가지 방법으로 문자열을 비교한다.

11_4.cpp

```
#include <iostream>
#include <string>
using namespace std;

int main()
{
    string s1("seoul");
    string s2("pusan");
    string s3(s2);
    string s4("SEOUL");

    cout << "s1: " << s1 << "\ns2: " << s2
            << "\ns3: " << s3 << "\ns4: " << s4 << endl << endl;

    if(s1 == s2)
            cout << "s1 = s2" << endl;
    else
    {
        if(s1>s4)
                cout << "s1 > s2" << endl;
        else
                cout << "s1 < s2" << endl;
    }

    int result1 = s3.compare(s4);

    if(result1 == 0)
            cout << "result1 = 0" << endl;
    else if(result1 >0)
            cout << "result1 > 0" << endl;
```

```
26:     else
27:             cout << "result1 < 0 " << endl;
28:     int result2 = s1.compare(0, 2, s2, 1, 3);           // se와 usa를 비교
29:     if(result2 == 0)
30:             cout << "result2 = 0" << endl;
31:     else if(result2 >0)
32:             cout << "result2 > 0" << endl;
33:     else
34:             cout << "result2 < 0 " << endl;
35:     int result3 = s2.compare(0, s3.length(), s4);
36:     if(result3 == 0)
37:             cout << "result3 = 0" << endl;
38:     else if(result3 >0)
39:             cout << "result3 > 0" << endl;
40:     else
41:             cout << "result3 < 0 " << endl;
42:    return 0;
43: }
```

그림 11.5는 11_4.cpp의 실행결과이다. 실행결과 s1, s2, s3 및 s4의 문자열이 출력되고 각각의 문자열을 비교한 결과를 출력한다.

```
s1: seoul
s2: pusan
s3: pusan
s4: SEOUL

s1 > s2
result1 > 0
result2 < 0
result3 > 0
계속하려면 아무 키나 누르십시오 . . .
```

| 그림 11.5 | 실행결과

1) 21행은 s3의 문자열과 s4의 문자열을 비교하고 결과를 result1에 저장한다. 만약 비교한 문자열이 같으면 0을 s3이 크면 양수를 작으면 음수를 반환한다.

2) 28행은 s3의 문자열과 s1의 문자열에서 0번째에서 2개와 s2의 1번째에서 3개의 문자열을 비교한 결과를 result2에 저장한다.

3) 35행은 s2의 문자열에서 0번째에서 s3의 문자열 길이만큼과 s4의 문자열과 비교한 결과를 result3에 저장한다.

*

** 예제 | 문자열에서 특정 문자의 추출과 특성 출력

이 프로그램은 문자열의 특정한 위치에서 문자열을 추출하고 string 클래스에서 제공하는 멤버함수의 기능을 이해한다.

11_5.cpp

```
#include <iostream>
#include <string>
using namespace std;

int main()
{
    string s1="seoul";
    string s2("pusan");
    string s3 = s1+s2;

    cout << "s1= " << s1 << "\ns2= " << s2 << "\ns3= " << s3 << endl << endl;
    cout << s3.substr(3, 5) << endl << endl;

    string &s4=s1;
    cout << "s4.empty()= " << s4.empty() << endl;
    cout << "s4.size()= " << s4.size() << endl;
    cout << "s4.length()= " << s4.length() << endl;
    cout << "s4.max_size()= " << s4.max_size() << endl;
    cout << "s4.capacity()= " << s4.capacity() << endl;

    return 0;
}
```

그림 11.6은 11_5.cpp의 실행결과이다. 실행결과 문자열의 특정한 위치에서 문자열을 추출하고 string 클래스에서 제공하는 멤버함수를 사용하여 문자열의 특성을 출력한다.

```
s1= seoul
s2= pusan
s3= seoulpusan

ulpus

s4.empty()= 0
s4.size()= 5
s4.length()= 5
s4.max_size()= 4294967294
s4.capacity()= 15
계속하려면 아무 키나 누르십시오 . . .
```

| 그림 11.6 | 실행결과

1) 10행은 s3의 문자열에서 3번째부터 5개를 추출한다.

2) 12행은 s4가 빈 것인지를 확인한다. 만약 빈 경우에는 true 그렇지 않은 경우에는 false를 반환한다.

3) 13행은 s4 문자열의 크기를 반환한다.

4) 14행은 s4에 저장된 문자열의 길이를 반환한다.

5) 15행은 s4에 최대로 할당할 수 있는 크기의 값을 반환한다.

6) 16행은 s4에 메모리를 할당하지 않고 최대로 저장할 수 있는 문자열 크기를 반환하며 만약 할당된 메모리 크기보다 큰 문자열을 할당하는 경우에는 오류가 발생된다.

*

** 예제 : 주어진 문자열에서 특정 문자 찾기

이 프로그램은 string 클래스에서 제공되는 멤버함수를 사용하여 주어진 문자열에서 특정한 문자를 찾는 예제이다.

11_6.cpp

```
#include <iostream>
#include <iomanip>
#include <string>

using namespace std;
```

```
05: int main(void)
06: {
07:     string str1("knowledge is power" );
08:     int pos;
09:     cout << str1 << endl;
10:     cout << str1.find( "power") << endl;          // power 단어는 13번째 위치
11:     pos = str1.find_first_of( "abcde");
12:     cout << setw(10) << str1[ pos ]
13:          << setw(10) << pos << endl;
14:     pos = str1.find_last_of("defs");
15:     cout << setw(10) << str1[ pos ]
16:          << setw(10) << pos << endl;
17:     pos = str1.find_first_not_of("qwz");
18:     cout << setw(10) << str1[ pos ]
19:           << setw(10) << pos << endl;
20:     pos = str1.find_last_not_of("word");
21:     cout << setw(10) << str1[ pos ]
22:           << setw(10) << pos << endl;
23:     return 0;
24: }
```

그림 11.7은 11_6.cpp의 실행결과이다. 실행결과 문자열의 특정한 위치에서 문자열을 추출하고 string 클래스에서 제공하는 멤버함수를 사용하여 문자열의 특성을 출력한다.

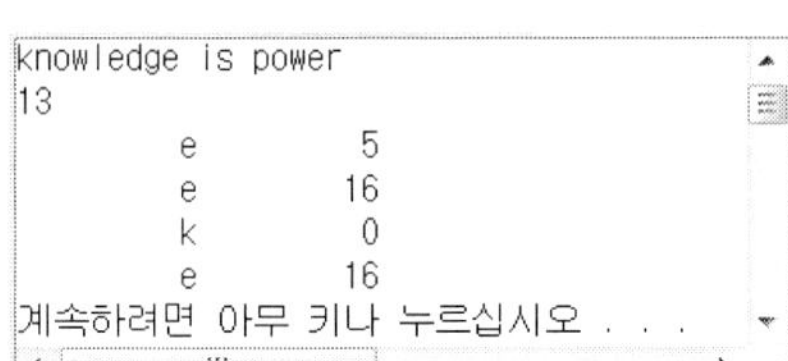

| 그림 11.7 | 실행결과

1) 10행은 power 단어가 13번째에서 시작되기 때문에 13이 출력된다.

2) 11행은 주어진 문자열 중에서 문자 abcde가 포함된 곳은 5번째 위치이다.

3) 14행은 주어진 문자열 중에서 문자 defs의 문자가 마지막으로 포함된 문자는 e이며 16번째이다.

4) 17행은 주어진 문자열 중에서 문자 qwz가 최초로 포함되지 않은 단어는 knowledge의 첫 번째 k이며 0번째이다.

5) 20행은 주어진 문자열 중에서 문자 word가 포함되지 않은 마지막 단어는 power의 e이며 16번째이다.

*

** 예제 : 주어진 문자열에서 문자 치환

이 프로그램은 string 클래스에서 제공되는 멤버함수를 사용하여 주어진 문자열에서 특정한 문자로 교체하는 예제이다.

11_7.cpp

```
#include <iostream>
#include <string>
using namespace std;
int main()
{
    string str1("Knowledge is power");
    cout << str1 << endl;
    str1.erase(16);                  // 16번째 이후 삭제
    cout << str1 << endl;
    int p = str1.find(" ");          // 문자열에서 공백을 찾는다.
    while (p != string::npos)
    {
        str1.replace(p, 1, "-" );
        p = str1.find(" ", p + 1 );
    }
    cout << str1 << endl;
    return 0;
}
```

그림 11.8은 11_7.cpp의 실행결과이다. 실행결과 문자열의 특정한 위치에서 문자열을 추출하고 string 클래스에서 제공하는 멤버함수를 사용하여 문자열의 특성을 출력한다.

| 그림 11.8 | 실행결과

1) 08행은 문자열에서 16번째 이후의 문자는 삭제한다.

2) 10행은 문자열에서 공백을 찾고 11행에서 15행은 공백을 -로 대체한다.

요약

01. 그림 11.9는 본 장에서 학습한 내용이다. 본 장에서는 문자열 처리를 위해서 C기반의 배열과 포인터를 사용하고 C++ 기반에서 string 클래스에 대해서 이해하였다.

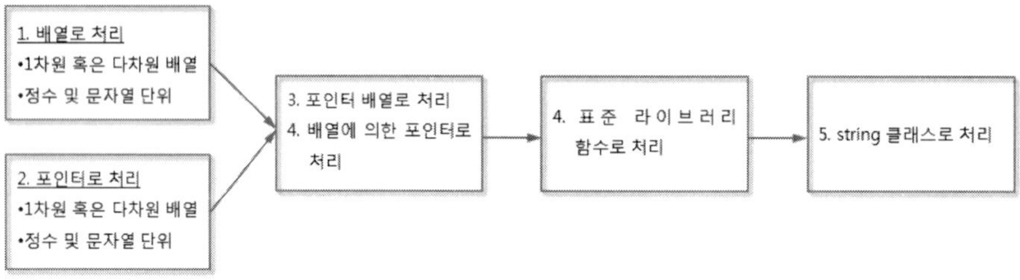

| 그림 11.9 | 실행결과

02. C++의 표준 string 클래스는 C++ 표준 라이브러리에서 문자열을 다양하게 처리할 수 있도록 지원하는 클래스이다. string 클래스를 사용하기 위해서 헤더파일 <string>을 포함해야한다.

03. C++의 표준 string 클래스를 사용하여 문자열을 연결, 복사, 추출 그리고 검색할 수 있는 다양을 기능을 제공한다.

연습문제_A

01. C에서 문자열을 처리할 수 있는 라이브러리 함수는 어떤 것이 있는가?

02. 다음의 함수를 설명하여라.

(1) strcat

(2) strcpy

03. string 클래스의 사용목적은 무엇인가?

연습문제_B

04. 포인터 배열이 다음과 같이 정의된 경우 표 11.1의 결과 값과 의미를 설명하여라.

```
char *str[ ] = {"abc", "123", "def"};
```

| **표 11.1** |

번호	항 목	결과 값	설명
1	str		
2	str[0]		
3	str[1]		
4	str[2]		
5	*str[0]		
6	*str[1]		
7	*str[2]		
8	*(str[0]+2)		
9	*(str[1]+2)		
10	*(str[2]+2)		
11	&str+2		
12	(&str)+1		
13	*str		
14	*(&str[0]+2)		

번호	항 목	결과 값	설명
15	*(&str[1]+0)		
16	*(&str[1]+2)		
17	*(&str[2]+0)		
18	*(str+1)		
19	(*str)+1		
20	(*str)+2		

05. 배열 A가 다음과 같이 정의된 경우 표 11.2의 항목에 대한 결과 값을 구하고 설명하여라.

```
int A[2][3] = {{100, 200, 300}, {400, 500, 600} };
int *ptr[2] = {A[0], A[1]};
```

| 표 11.2 |

번호	항목	결과 값	설명
1	A		
2	*A		
3	A[0]		
4	A[1]		
5	ptr		
6	&ptr		
7	ptr[0]		
8	ptr[1]		
9	&ptr[0]		
10	&ptr[1]		
11	&ptr[0][0]		
12	&ptr[0][1]		
13	&ptr[1][0]		
14	&ptr[1][1]		
15	*ptr[0][0]		
16	ptr[0][0]		
17	ptr[1][0]		
18	*ptr [0]		
19	*ptr [1]		
20	*ptr		
21	*(A[1]+1)		
22	A[1]+1		

번호	항목	결과 값	설명
23	((*(A+1))[1])		
24	*(A+0)		
25	(A+1)		
26	*(A+1)		
27	*(*(A+1)+1)		
28	*(A+1)+1		
29	*(A[1]+1)		
30	*(&A[0][0]+3*1+1)		
31	*(A[0][0]+3*1+1)		
32	*(A+3*1+1)		
33	*(&A+3*1+1)		
34	*(&(A+3*1)+1)		
35	*(&A[0][0]+3*1+1)		
36	A[0][0]+3*1+1		

06. 포인터 배열이 다음과 같이 정의된 경우 표 11.3의 결과 값과 의미를 설명하여라.

```
char *str[3][3] =
{{"123", "456", "789"},
{"abc", "def", "ghi"},
{"KOREA", "SEOUL", "PUSAN"} };
```

| 표 11.3 |

번호	항목	결과 값	설명
1	str		
2	&str		
3	*str		
4	str[4]		
5	&str[4]		
6	str+2		
7	*str[2]		
8	str[2][1]		
9	&(*str[3])		
10	**str[1]		
11	**(str[2]+1)		
12	**(str[2]+1)+1		
13	*(*(str+1)+3)		

번호	항목	결과 값	설명
14	*str[1][3]		
15	*(str[1][3]+1)		
16	str[2][1][2]		
17	*(*(*(str+2)+1)+2)		
18	*(*(*(str+0)+0)+0)		
19	str[0][0][0]		

07. 그림 11.10과 같이 표준입력장치로부터 2개 문자열(seoul, pusan)을 입력받아 크기를 비교하는 프로그램을 3가지 방법으로 설계하고자 한다.

(1) strcmp( ) 라이브러리 함수를 사용하여 설계하여라.

(2) 배열을 사용하여 설계하여라.

(3) 포인터를 사용하여 설계하여라.

| 그림 11.10 | 실행결과

08. 그림 11.11과 같이 표준입력장치로부터 문자열("knowledge is power")을 입력받아 문자열의 길이를 계산하는 프로그램을 3가지 방법으로 설계하고자 한다.

(1) strlen( ) 함수를 사용하여 설계하여라.

(2) 배열을 사용하여 설계하여라.

(3) 포인터를 사용하여 설계하여라.

| 그림 11.11 | 실행결과

09. 그림 11.12와 같이 표준입력장치로부터 문자열("knowledge is power")을 입력받아 'w'의 위치에서 부터 문자열을 출력하는 프로그램을 3가지 방법으로 설계하고자 한다.

(1) strchr( ) 함수를 사용하여 설계하여라.

(2) 배열을 사용하여 설계하여라.

(3) 포인터를 사용하여 설계하여라.

| 그림 11.12 | 실행결과

10. 그림 11.13과 같이 2개의 문자열을 표준입력장치로 입력 받아 연결하는 프로그램을 설계하여라.

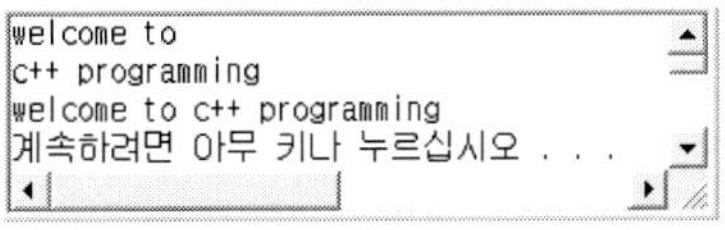

| 그림 11.13 | 실행결과

11. 그림 11.14의 R, C 직렬회로에서 스위치가 $t=0$ 에 닫힌 후 회로에 흐르는 전류(i), 저항에 걸리는 전압(Vr), 콘덴서에 걸리는 전압(Vc)은 (식 11.1), (식 11.2), (식 11.3)과 같다. 이때 시간 $t=1[msec]$, $V=10[V]$, $R=1k[\Omega]$, $C=1[\mu F]$일 경우 i, Vr, Vc 값을 구하는 프로그램을 작성하여라.

$$i = \frac{V}{R} \bullet e^{-\frac{t}{RC}} \qquad \text{식}(11.1)$$

$$Vr = E \bullet e^{-\frac{t}{RC}} \qquad \text{식}(11.2)$$

$$Vc = V - Vr \qquad \text{식}(11.3)$$

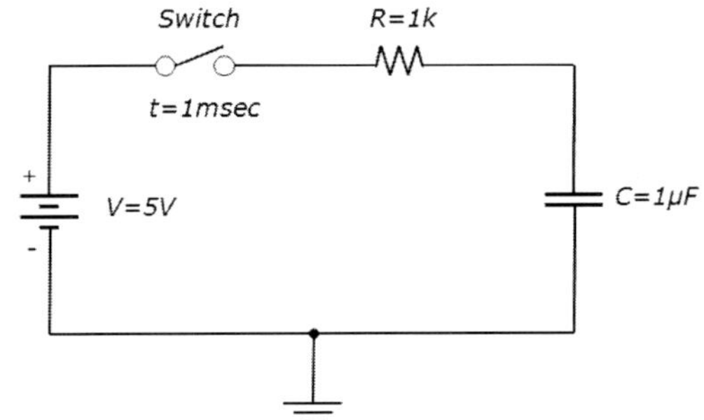

| 그림 11.14 | RC 회로

12. 그림 11.15는 전압분배 바이어스회로이다. 힌트를 참조하여 다음의 문제를 해결하여라.

(1) V_b, V_e, V_b, V_{ce}, I_c, I_e 및 안정계수 s값을 구하는 프로그램을 설계하여라.

(2) 위의 문제(1)을 클래스로 구현하여라.

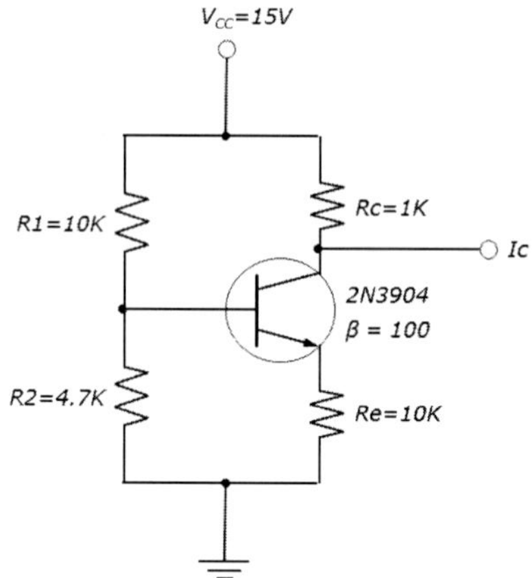

| 그림 11.15 | 전압분배 바이어스 회로

<힌트>

$$V_b = \frac{R_2}{R_1 + R_2} \times V_{cc}\ ,\ \ V_e = V_b - V_{be}\ ,\ \ I_e = \frac{V_e}{R_e},\ \ I_c \fallingdotseq I_e\ ,\ \ V_c = V_{cc} - I_c R_c$$

$I_c \fallingdotseq I_e$ 이므로 V_{ce}, I_e, 안정계수(s)는 다음과 같이 구할 수 있다. 그림 11.16은 실행결과이다.

$$V_{ce} = V_c - V_e = V_{cc} - I_e R_c - I_e R_e = V_{cc} - I_e (R_c + R_e)$$

$$s = \frac{1+\beta}{1+\beta \times (\frac{R_b}{R_b + R_e})},\ \text{where,}\ R_b = \frac{R_1 R_2}{R_1 + R_2}$$

```
Voltage Divide Bias Circuit.

Vb=4.8[V]
Vc=14.6[V]
Ve=4.1[V]
Vce=10.5[V]

Ic=0.41[mA]
Ie=0.41[mA]

s=4
계속하려면 아무 키나 누르십시오 . . .
```

| 그림 11.16 | 실행결과

제12장 파일 입 · 출력

✱ 차례

✱ 학습목표

1. C와 C++ 기반의 파일 시스템을 이해한다.
2. 텍스트 파일과 이진 파일의 동작을 이해한다.
3. 순차 파일과 랜덤 파일의 동작을 이해한다.

12.1 개요

프로그램이 실행될 때 변수와 배열 등과 같은 데이터는 RAM에 일시적으로 저장되지만 파일(file)은 많은 양의 데이터를 영구적으로 기억하기 위해서 사용한다. 프로그램에서 생성된 자료(data)들은 보조기억장치에 저장되는 데이터 파일(data file)이다. C++는 파일을 보다 융통성 있게 생성하는 기능을 제공하고 있으며, C보다 다양한 입·출력 기능을 제공한다.

C++ 파일 시스템은 <iostream.h> 헤드 파일 내에 정의되어 있으며, 데이터 파일에 대한 입·출력 스트림 사용은 <fstream.h> 파일을 포함해야 한다. 그림 12.1은 C와 C++에서 사용되는 표준 라이브러리 함수와 객체이다.

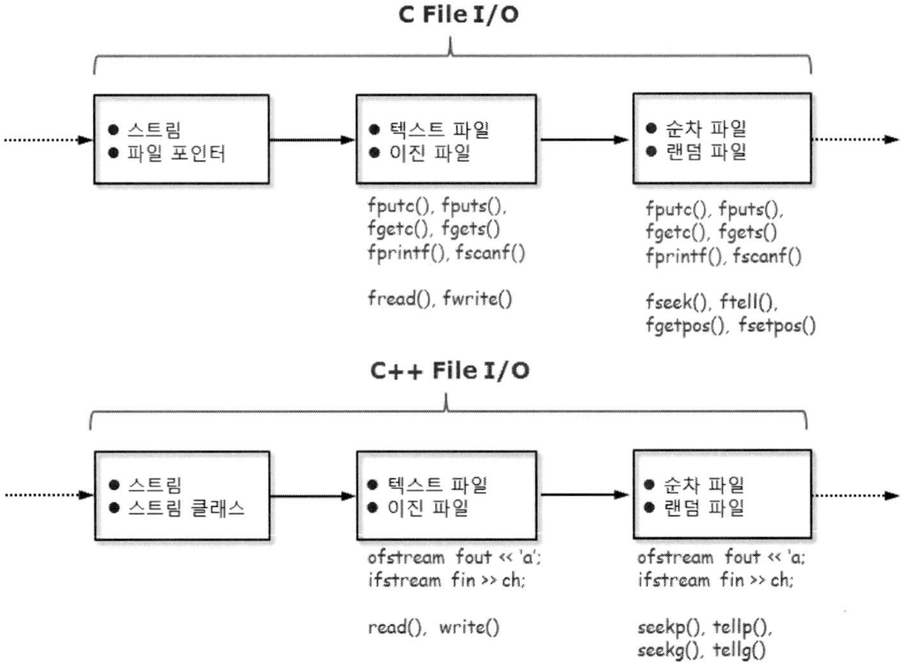

| 그림 12.1 | C와 C++의 표준 입출력 라이브러리 함수

12.2 C 파일 시스템

12.2.1 텍스트 파일과 이진 파일

C 기반의 파일 시스템에서 텍스트 파일(text file)은 자료의 출력과 인쇄목적으로 사용되며 이진 파일(binary file)은 데이터 자체를 저장하는 것이 목적이다. 표 12.1은 C 기반의 파일 시스템에서 텍스트 파일과 이진 파일의 차이점이다. 순차 파일은 파일의 내용을 차례로 읽거나 쓰는 방법이며 랜덤 파일은 파일의 내용을 임의의 위치로 읽거나 쓰는 것이다.

| 표 12.1 | 텍스트 파일과 이진 파일의 비교

파일 종류	용도	설명
텍스트 파일	데이터의 출력과 인쇄가 목적	• 파일과 스트림으로 이동될 때 ASCII 문자로 변환된다. • 화면에 출력시 변형되지 않는다. • \r, \n이 추가된다. • 정수형 데이터를 텍스트 파일에 저장하면 문자열 형태로 변환되어 저장된다. • 데이터가 변환되어 저장되므로 이진 파일에 비해서 저장 속도가 저하될 수 있다. • **텍스트 파일에서 사용하는 C파일 함수는** fgetc(), fputc(), fgets( ), fputs(), fscanf(), fprintf()**이다.**
이진 파일	데이터 자체를 기록하는 것이 목적	• 파일과 스트림으로 이동될 때 변형되지 않는다. • 화면에 출력시 변형되어 출력된다. • \n이 추가된다. • 정수형 데이터를 이진 파일에 저장하면 스트림 형태 그대로 저장된다. • 데이터가 그대로 저장되므로 데이터가 정확하게 저장되고 메모리와 처리속도 측면에서 텍스트 파일에 비해서 효율적이다. • C의 **이진 파일 함수는** fread(), fwrite()**가 있다.**

12.2.2 파일 포인터

파일 포인터(file pointer)는 스트림에 존재하는 프로그램과 파일을 연결해주는 기능이며 FILE 형은 <stdio.h> 파일에 정의된 구조형이며 typedef 문으로 재정의 되어있다. FILE 형으로 선언된 파일 포인터 변수(*fp)는 버퍼의 특정 위치를 가리키게 된다. 파일은 프로그램 <-> 스트림 <->파일 간의 데이터가 입·출력될 수 있도록 통로를 만드는 것을 파일 개방이라 한다.

■ 형식

```
FILE *fp;
```

■ 사용

```
FILE *fp;

if( (fp=fopen("test.txt", "wt+")) == NULL) // fp는 파일의 시작번지를 반환
{
   cout << "can not open file" << endl;
   exit(1);
}

fputc('A', fp);
fclose(fp);                              // 스트림에서 파일을 제거
```

12.2.3 C 기반의 파일 처리

C에서 파일을 처리하는 과정은 그림 12.2와 같이 먼저 사용하려는 파일을 개방하고 사용 후 반드시 파일을 닫아야 한다. 표 12.2는 순차 파일과 랜덤 파일의 모드(mode)이다.

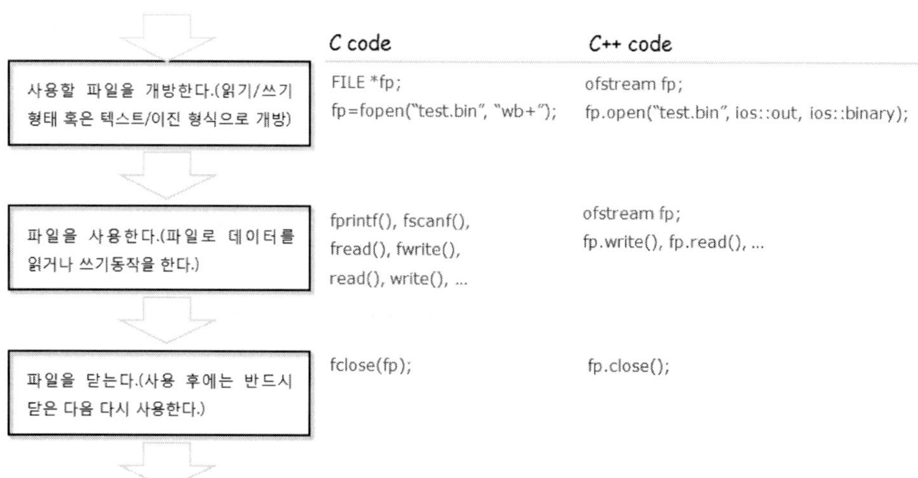

| 그림 12.2 | C 기반의 파일 처리 과정

C 파일 시스템에서 파일을 읽거나 쓰기 위해서 사용되는 파일 개방(open) 함수는 형식과 같다.

■ 형식

```
FILE *fP;
fp = fopen(const char *file_name, const char *mode);
```

■ 사용

```
FILE *fp;

if( (fp=fopen("test.txt", "wt+")) == NULL)
      {
            cout << "can not open file" << endl;
            exit(1);
      }

 fputc('A', fp);
```

| 표 12.2 | fopen( )의 모드

모드	파일 종류	설명
rt	텍스트 파일	• 파일을 읽기용으로 개방한다. • rt+ : 파일을 읽기 및 쓰기용으로 개방한다. • 만약 파일이 존재하지 않을 경우 오류를 출력한다.
wt	텍스트 파일	• 파일을 쓰기용으로 개방한다. • wt+ : 파일을 읽기 및 쓰기용으로 개방한다. • 만약 기존의 파일이 존재하면 파일의 내용을 지우고, 파일이 없으면 새로 생성한다.
at	텍스트 파일	• 파일에 내용을 추가용으로 개방한다. • at+ : 파일의 내용을 읽기 및 추가용으로 개방한다. • 만약 파일이 존재하지 않을 경우에는 새로운 파일을 생성하여 추가한다. • 파일의 내용 추가는 파일의 맨 끝에만 할 수 있다.
rb	이진 파일	• 파일을 읽기용으로 개방한다. • rb+ : 파일을 읽기 및 쓰기용으로 개방한다. • 만약 파일이 존재하지 않을 경우 오류를 출력한다.
wb	이진 파일	• 파일을 쓰기용으로 개방한다. • wb+ : 파일을 읽기 및 쓰기용으로 개방한다. • 만약 기존의 파일이 존재하면 파일의 내용을 지우고, 파일이 없으면 새로 생성한다.
ab	이진 파일	• 파일에 내용을 추가용으로 개방한다. • ab+ : 파일의 내용을 읽기 및 추가용으로 개방한다. • 만약 파일이 존재하지 않을 경우에는 새로운 파일을 생성하여 추가한다. • 파일의 내용 추가는 파일의 맨 끝에만 할 수 있다.

12.2.4 C 기반의 텍스트 파일

기존의 C에서 파일 시스템은 터미널, 디스크 장치, CD 드라이브 등을 포함하여 다양한 장치로 동작하도록 한다. **C 파일 시스템에서 사용되는 함수는 표 12.3과 같으며 이진 파일 혹은 랜덤 파일에서 사용되는 함수도 기술하였다. 그 외의 함수는 텍스트 파일, 이진 파일, 순차 파일 및 랜덤 파일에서 모두 사용될 수 있다.**

| 표 12.3 | C 파일 시스템의 함수

함수 이름	설명
fopen( )	• 파일 개방
fclose( )	• 파일 폐쇄
ptuc( )	• 파일에 문자 단위로 쓰기
fputc( )	• 파일에 문자 단위로 쓰기(putc( )와 동일)
getc( )	• 파일로부터 문자 단위로 읽기
fgetc( )	• 파일로부터 문자 단위로 읽기(getc( )와 동일)
fgets( )	• 파일로부터 문자열 단위로 읽기
fputs( )	• 파일로 문자열 단위로 쓰기
fseek( )	• 파일에서 지정한 위치로 파일 포인터를 이동 • **랜덤 파일에서만 사용**
ftell( )	• 현재의 파일 포인터를 반환 • **랜덤 파일에서 사용**
fgetpos( )	• ftell( ) 함수에서 반환한 파일 포인터의 이전 값으로 설정 • **랜덤 파일에서 사용**
fsetpos( )	• 파일에서 지정한 위치로 파일 포인터를 이동 • **랜덤 파일에서 사용**
fprintf( )	• 파일로 형식화된 데이터를 쓰기
fscanf( )	• 파일로부터 형식화된 데이터를 읽기
feof( )	• 파일의 끝이면 1(true) 값을 반환
rewind( )	• 파일 포인터의 위치를 시작점으로 재 설정 • **랜덤 파일에서 사용**
remove( )	• 파일 삭제
fflush( )	• 파일 버퍼 제거
fread( )	• 데이터의 형과 무관하게 블록 단위로 읽는 함수 • **이진 파일에서 사용**
fwrite( )	• 데이터의 형과 무관하게 블록 단위로 쓰는 함수 • **이진 파일에서 사용**
ferror( )	• 오류가 발생되면 1(true) 값을 반환
freopen( )	• 표준 스트림의 방향을 변경하는 함수

그림 12.3은 C의 텍스트 파일에서 사용되는 함수의 동작을 설명한 것이다. 예로써 fprintf( ) 함수는 스트림을 기준으로 파일에 형식을 가지고 출력하는 함수이다.

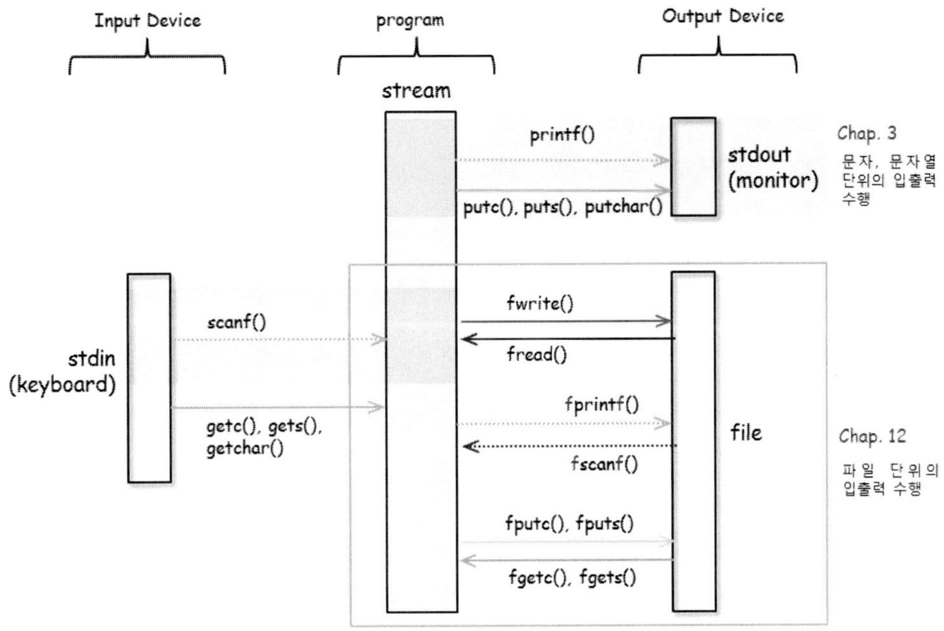

| 그림 12.3 | C 기반의 파일 입출력 함수 사용

** 예제 : C 기반의 텍스트 파일 함수 : fputc( ), fputs( )의 동작

이 프로그램은 기본적인 입·출력 기능을 확인하기 위한 방법으로 텍스트 파일에서 사용되는 fputc( ), fputs( ) 함수를 이해하기 위한 것이다.

12_1.cpp

```
#include <iostream>
using namespace std;
int main()
{
        FILE *fp;
        if( (fp=fopen("test.txt", "wt+")) == NULL)
        {
                cout << "can not open file" << endl;
```

```
09:             exit(1);
10:         }
11:         fputc('a', fp);
12:         fputc('b', fp);
13:         fputc('c', fp);
14:         fputc('\n', fp);
15:         fputs("Knowledge is power. \n", fp);
16:         fflush(fp);
17:         fclose(fp);
18:         return 0;
19: }
```

그림 12.4는 12_1.cpp의 실행결과 생성된 텍스트 파일이다. 생성된 파일에는 fputc( ) 함수와 fputs( ) 함수가 수행된 문자와 문자열이 파일에 저장된다. 그림 12.4는 생성된 test.txt 파일을 Visual Studio 프로젝트에서 불러온 것이다.

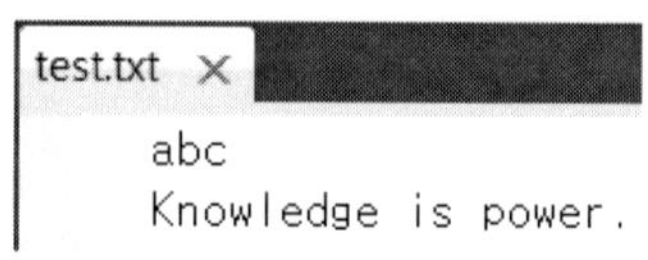

| 그림 12.4 | 실행결과 생성된 파일(test.txt)

1) 11행과 15행은 fputc( )와 fputs( ) 함수를 사용하여 문자와 문자열을 파일로 입력 받은 내용이다.

예제 : C 기반의 텍스트 파일 함수 : fprintf( )의 동작

이 프로그램은 기본적인 입·출력 기능을 확인하기 위한 방법으로 파일 시스템의 fprintf( ) 함수를 사용하여 파일로 데이터를 쓰는 동작을 이해하기 위한 예제이다.

12_2.cpp

```
01: #include <cstdio>
02: #include <cstdlib>
```

```
03: #include <iostream>
04: using namespace std;
05: int main()
06: {
07:     char num[10];
08:     char name[10];
09:     int a, b, c;
10:     FILE *fp;
11:     if( (fp=fopen("test.txt", "wt+")) == NULL)
12:         {
13:             puts(" can not open file");
14:             exit(1);
15:         }
16:         while(1)
17:         {
18:             printf(">>");
19:             scanf("%s %s %d %d %d", num , name, &a, &b, &c);
20:             fprintf(fp, "%s %s %2d %2d %2d \n", num, name, a, b, c);
21:         }
22:     fclose(fp);
23:     return 0;
24: }
```

그림 12.5(a)는 12_2.cpp의 실행결과이며 입력을 종료할 경우 Ctrl+c를 입력한다. 그림 12.5(b)는 프로그램 실행결과 생성된 파일이다.

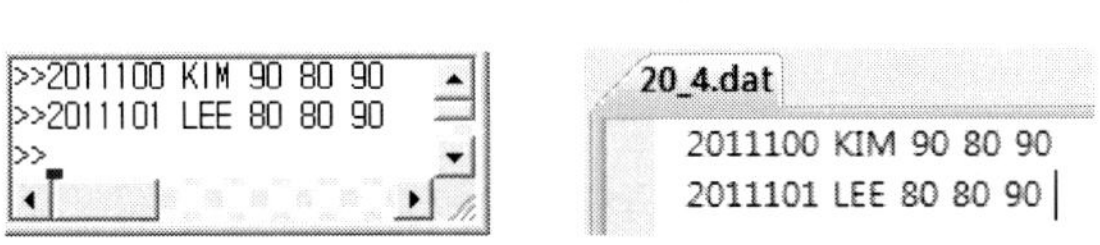

(a) 실행결과 (b) 생성된 test.txt 파일

| 그림 12.5 | 실행결과 생성된 파일

1) 11행은 파일을 쓰기 모드로 개방한다. 이때 생성되는 파일은 쓰기(write)용도의 test.txt 파일을 생성한다.

2) 파일을 사용한 다음은 반드시 fclose( ) 함수로 파일을 폐쇄해야 다시 사용할 수 있다. ✱

12.2.5 C 기반의 이진 파일

C 파일 시스템에서는 fwrite( )와 fread( ) 함수를 사용하여 이진형식으로 파일에 자료를 읽고 쓸 수 있다. fwrite( )와 fread( ) 함수는 자료형의 크기에 관계없이 블록 단위로 읽고 쓸 수 있다.

■ 형식

```
size_t  fread(void* buffer, size_t 바이트_수, size_t 개수, FILE *fP);
size_t  fwrite(void* buffer, size_t 바이트_수, size_t 개수, FILE *fP);
```

■ 사용

```
int a=100;
double b=123.456;

if((fp=fopen("test.bin", "wb+")) == NULL) // 텍스트, 이진 파일 모두 가능
{
        printf("con not open the file \n" );
        exit(1);
}

else
{
        fwrite(&a, sizeof(int), 1, fp);          // fp에 4바이트 a 내용을 1개 기록
        rewind(fp);

        fread(&b, sizeof(double), 1, fp);        // fp로부터 4바이트 1개를 a에 저장
}
```

***** 예제 | C 기반의 이진 파일 함수 : fwrite( ), fread( ) 동작**

이 프로그램은 이진 파일의 입출력에 사용되는 fwrite( ), fread( ) 함수의 동작을 확인하기 위한 예제이다. fwrite( ), fread( ) 함수는 변수, 구조체 및 배열 형태의 자료를 읽고 쓸 수 있다. fwrite( ), fread( ) 함수는 이진 파일 형식으로 쓰고 읽기 때문에 형식을 텍스트 모드로 설정해도 파일에 저장되는 형태는 이진 파일로 저장된다.

12_3.cpp

```
#include <cstdio>
#include <cstdlib>
```

```
int main(void)
{
    FILE *fp;

    int a=100;
    double b=123.456;
    char str[20] = "seoul";

    if((fp=fopen("test.bin", "wb+")) == NULL)      // 텍스트, 이진 파일 모두 가능
    {
        printf("con not open the file \n" );
        exit(1);
    }

    else
    {
        fwrite(&a, sizeof(int), 1, fp);
        fwrite(&b, sizeof(double), 1, fp);
        fwrite(&str, sizeof(char)*20, 1, fp);

        rewind(fp);

        fread(&a, sizeof(int), 1, fp);
        fread(&b, sizeof(double), 1, fp);
        fread(&str,  sizeof(char)*20, 1, fp);

        printf("%d %f %s", a, b, str);
        printf("\n");
    }

    fflush(fp);                                    // 스트림 비우기
    fclose(fp);
    return 0;
}
```

그림 12.6은 12_3.cpp의 실행결과이며 자료형에 무관하게 파일에 기록된 데이터를 그대로 출력할 수 있다.

| 그림 12.6 | 실행결과

1) 09행은 이진 파일을 쓰기 모드로 생성한다. 만약 09행을 if((fp=fopen("test.txt", "wt+")) == NULL)와 같이 텍스트 파일 모드로 코딩해도 저장되는 형태는 이진 파일로 저장되어 파일을 열면 데이터가 비정상적으로 출력된다.

2) 16행은 파일에 int형, 17행은 double형, 18행은 char형의 값을 파일에 기록한다.

3) 20행은 fp가 가리키는 파일 포인터(test.bin)로부터 정수형 1바이트를 읽어 온다.

12.2.6 C 기반의 순차 파일

C에서 입출력되는 모든 데이터는 종류와 방향에 관계없이 스트림(프로그램 입출력 수행에 장치 독립적인 것이 특징)이라는 매개체를 사용해서 처리한다. C에서 파일은 프로그램이 사용하는 스트림과 입출력을 수행하는 물리적인 장치들 간의 중간 매개체이다. 스트림은 텍스트 스트림과 바이너리 스트림이 있다. 텍스트 스트림은 순차 파일의 형식이고 화면출력이 목적이며 바이너리 스트림은 랜덤 파일에서 사용하는 형식이고 데이터를 저장하기 위한 목적이다. **C 파일 시스템의 스트림은 읽기 및 쓰기용 스트림과 텍스트 모드와 이진 모드로 구분된다.**

순차 파일을 읽기 위한 함수는 fgetc( ), fgets( ), fscanf( )이 있다. 순차 파일에서 데이터를 읽을 경우 레코드(record)의 마지막에 개행문자가 있기 때문에 1개의 행(line) 단위로 읽으며 EOF까지 계속해서 읽는다. 순차 파일의 내용을 쓰기 위한 방법은 문자 단위, 문자열 단위 그리고 형식에 의한 입력 방법이 있다. **순차 파일에 내용을 쓰기 위한 함수는 fputc( ), fputs( ), fprintf( )이 있다. 순차 파일에 사용되는 함수는 C에서 사용되는 함수에서 랜덤 파일에서 사용되는 함수를 제외하고 모두 사용할 수 있다.** fputc( ) 함수는 파일 포인터가 가리키는 파일에 1개의 문자를 쓰는(write) 함수이다. 이 함수는 순차 및 랜덤 파일에서 사용되지만 **fputc( )**는 1개의 문자를 출력하면 파일 포인터는 하나씩 증가하여 다음 문자가 기록될 위치에 포인터를 이동시킨다.

■ 형식

```
fputc(char, 파일포인터변수);    // 문자 단위로 파일의 내용을 기록하는 함수
```

- 반환 값 : int 형
- 정상적으로 실행된 경우 : 파일에 출력하는 해당문자의 ASCII 코드 값을 반환
- 오류가 발생된 경우 : EOF를 반환(랜덤 파일을 생성할 경우에는 반드시 int 형을 사용한다.)

■ 사용

```
FILE *fp;

if ((fp=fopen("test.txt", "r")) == EOF)
{
	fprintf(stderr, "파일을 개방할 수 없습니다.");
}

fputc(ch);
```

fputs( ) 함수는 문자열을 파일 포인터가 가리키는 파일에 출력(write)하는 함수이다. fputs( ) 함수는 puts( ) 함수와 유사하지만 파일에 기록하는 점만 다르다. fputs( ) 함수를 사용하여 연속적으로 문자열을 출력할 경우에는 개행문자(\n)를 추가하여 문자열에 CR, LF로 레코드를 구분하도록 한다.

■ 형식

```
fputs(string, 파일포인터변수);
```

■ 사용

```
FILE *fp;

if ((fp=fopen("test.txt", "r")) == EOF)
{
	fprintf(stderr, "파일을 개방할 수 없습니다.");
}

fputs(str, fp);
```

fprintf( ) 함수는 여러 종류의 데이터(숫자, 문자, 문자열)를 어떤 조건 형식으로 파일에 기록하는 함수이다. 이 함수는 printf( ) 함수와 기능이 유사하다(printf( )는 표준 출력 장치에 출력하지만 파일에 기록하는 것만 다르다). fprintf( ) 함수의 동작은 주어진 조건 형식으로 파일 포인터가 가리키는 파일 여러 가지 데이터를 기록한다.

■ 형식

```
fprintf(파일포인터변수, "format ... ", 변수리스트);
```

■ 사용

```
FILE *fp;

if ((fp=fopen("test.txt", "r")) == EOF)
{
        fprintf(stderr, "파일을 개방할 수 없습니다.");
}

fputs(str, fp);
```

** 예제 feof( )를 사용하여 파일 끝을 찾는 방법

이 프로그램은 feof( ) 함수의 사용과 동작을 이해하는 것이다. 여기에서 사용된 test.bin 파일은 미리 생성된 파일이며 텍스트 파일과 이진 파일에서 모두 동작된다.

12_4.cpp

```
#include <cstdio>
#include <cstdlib>

#define SIZE 1024                     // buffer size

int main(void)
{
    char buffer[SIZE];
    FILE *fp;

    if ((fp=fopen("test.bin", "rb")) == NULL)
    {
          fprintf(stderr, "파일을 개방할 수 없습니다.");
    }

    while(!feof(fp))
    {
          fgets(buffer, SIZE, fp);
          printf("%s", buffer);         // 1 행을 읽고 줄 바꿈을 수행하지 않음
    }
    puts("\n");
    puts("program code end");         // 이 경우는 줄 바꿈을 수행하지 않음
    fclose(fp);
```

```
20:     return 0;
21: }
```

그림 12.7은 12_4.cpp의 실행결과이다.

```
abc
end of file
계속하려면 아무 키나 누르십시오 . . .
```

| 그림 12.7 | 실행결과

1) 08행은 이미 생성된 test.bin 파일을 읽기 위해 2진 모드로 파일을 개방하고 만약 개방되지 않으면 오류 메시지를 출력한다.

2) 12행은 feof(fp)를 사용하여 fp가 가리키는 파일의 끝이 아니면 while 루프를 계속 수행한다.

3) 15행은 문자열을 출력한다. printf( ) 함수는 1행을 읽고 줄 바꿈을 수행하지 않지만 puts(buffer)로 하면 1행을 출력하고 줄 바꿈을 수행한다.

4) 18행에서 puts("program code end")로 하면 1행을 출력하고 줄 바꿈을 수행하지 않는다.

*

** 예제 : NULL을 사용하여 파일 끝을 찾는 방법

이 프로그램은 2진 모드 파일에서 feof( ) 함수를 사용하지 않고 매크로로 정의된 NULL(0)을 사용하여 파일 끝을 찾는 예제이다. 여기에서 사용된 test.bin 파일은 미리 생성된 파일이며 텍스트 파일과 이진 파일에서 모두 동작된다.

12_5.cpp

```
#include <cstdio>
#include <cstdlib>
#define SIZE 1024                    // buffer size
int main(void)
{
    char buffer[SIZE];
    FILE *fp;
```

```
08:     if ((fp=fopen("test.bin", "rb")) == NULL)
09:     {
10:             fprintf(stderr, "파일을 개방할 수 없습니다.");
11:     }
12:     while(fgets(buffer, SIZE, fp) != NULL)
13:     {
14:             printf("%s", buffer);     // 1 행을 읽고 줄바꿈을 수행하지 않음
15:     }
16:     puts("\n");
17:     puts("end of file");              // 이 경우는 줄 바꿈을 수행하지 않는다.
18:     fclose(fp);
19:     return 0;
20: }
```

그림 12.8은 12_5.cpp의 실행결과이다. 프로그램은 test.bin 파일을 읽고 파일의 끝이 발견되면 메시지 "end of file"을 출력하고 프로그램을 종료한다.

| 그림 12.8 | 실행결과

1) 08행은 이미 생성된 test.bin 파일을 읽기 위해 2진 모드로 파일을 개방하고 만약 개방되지 않으면 오류 메시지를 출력한다.

2) 12행은 NULL을 사용하여 fp가 가리키는 파일의 끝이 아니면 while 루프를 계속 수행한다.

3) 15행은 문자열을 출력한다. printf( ) 함수는 1행을 읽고 줄 바꿈을 수행하지 않지만 puts(buffer)로 하면 1행을 출력하고 줄 바꿈을 수행한다.

4) 18행에서 puts("program code end")로 하면 1행을 출력하고 줄 바꿈을 수행하지 않는다.

*

12.2.7 C 기반의 랜덤 파일

지금까지의 설명한 파일 시스템은 파일에 데이터(문자 혹은 문자열)를 순차적으로 쓰거나 읽는 형태였다. 만약 파일의 특정한 위치에 있는 자료를 읽거나 기록하는 경우에는 처음부터 순차적으로 읽거나 기록해야 한다. 이런 경우에 랜덤 접근 입출력을 사용해야 한다. **임의 접근 함수는 fseek( ), ftell( ), fgetpos( ), fsetpos( ), rewind( ) 함수가 있다.** 그림 12.9는 순차 파일과 랜덤 파일의 개념이다.

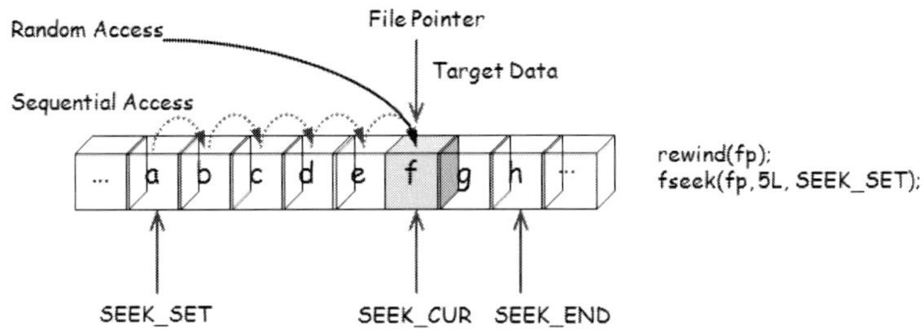

| 그림 12.9 | 순차 파일과 랜덤 파일의 개념

(1) fseek( )와 ftell( ) 함수

fseek( )는 파일 포인터 fp를 특정한 위치로 이동하는 것이며 아래의 형식과 같으며, fseek( ) 함수에서 origin 인수는 표 12.4와 같다.

■ 형식

```
int fseek( FILE *stream, long offset, int origin);

stream : FILE 구조체에 대한 포인터
offset : origin으로 부터의 바이트 수
origin : 최초의 위치(표 12.4 참조)
반환 값 : 성공시 0을 반환하고 실패시에는 0 아닌 값을 반환
```

■ 사용

```
FILE *fp;
fp = fopen("test.txt", "rt");

fseek(fp, 0, SEEK_END);                // 파일 포인터를 첫 번째로 이동
```

| 표 12.4 | fseek( ) 함수에서 origin 인수

origin	값	설 명
SEEK_SET	0	파일의 처음(시작) 위치
SEEK_CUR	1	파일 포인터의 현재 위치
SEEK_END	2	파일의 끝(마지막) 위치

ftell( ) 함수는 파일 포인터의 현재 위치를 알려주는 함수이다. **파일을 개방하면 파일 포인터는 파일의 첫 번째 위치를 가리키게 되므로 ftell( )은 0을 반환한다.** 만약 파일에서 5바이트를 읽으면 파일 포인터는 5위치로 가게 되므로 5를 반환한다. 이때 파일에서 데이터를 읽은 후에는 파일 포인터 위치를 +1하여 바로 다음으로 이동한다. fseek( )를 사용하면 파일 포인터를 옮길 수 있다고 언급하였다. ftell( )은 파일의 크기를 얻을 때 유용하게 사용된다. 파일을 열고 fseek( )로 파일의 끝으로 이동한 다음 ftell( )을 호출하면 파일의 크기를 바이트 단위로 얻을 수 있다. ftell( )의 형식은 다음과 같다.

■ 형식

```
int ftell(FILE *stream)
```

- stream : 파일 포인터
- 반환 값 : 현재 파일 포인터의 위치를 반환하며 실패한 경우 -1을 반환한다.

■ 사용

```
FILE *fp;
fp = fopen("test.txt", "rt");
fseek(fp, 0, SEEK_END);        // 파일 포인터를 첫 번째로 이동
size = ftell(fp);              // 파일 포인터의 위치(크기)를 반환

printf("%d \n", size);
rewind(fp);                    // 파일 포인터를 첫 번째로 이동
```

(2) rewind( ) 함수

rewind(fp) 함수는 파일 포인터의 위치를 초기화하는 함수이다. 이 함수는 fseek(fp, 0, SEEK_SET)와 동일한 기능이다.

■ 형식

```
void rewind(FILE *stream);
stream : FILE 구조체의 포인터
```

■ 사용

```
FILE *fp;
fpos_t fpos;

fp=fopen("test.txt", "rt");

fputs("abcdef", fp);

fgetpos(fp, &fpos);
putchar(fgetc(fp));                 // a를 출력
putchar(fgetc(fp));                 // b를 출력
fgetpos(fp, &fpos);
rewind(fp);                         // 파일 포인터를 첫 번째로 이동

fread (buffer,1,8, fp);
```

(3) fgetpos( )와 fsetpos( ) 함수

fgetpos( ) 함수는 fseek( ) 함수의 기능과 동일하지만 보다 더 큰 파일을 다루는 함수이다. fseek( ) 함수의 문제점은 다룰 수 있는 파일의 크기가 long형으로 제한되는 것이다. fsetpos( ) 함수는 ftell( ) 함수와 동일한 기능이다.

fgetpos( )는 파일 위치 표시자(file-position indicator)의 현재 값을 가져오는 함수이며, **fsetpos( ) 함수는 파일 위치 표시자 값을 fgetpos( )을 호출하기 전의 값으로 설정(즉, fgetpos( )는 현재의 파일 표시 위치자에 해당하는 값을 출력하고 다음 위치를 표시하지만 fsetpos( )는 표시 위치자 값을 1 증가하지 않은 현재의 값으로 설정)한다.** fgetpos( ) 함수의 *pos는 반드시 fpos_t 형식이어야 하며 저장된 값은 다음의 fsetpos( ) 함수를 호출할 때에만 유용하다.

■ 형식

```
int fgetpos( FILE *stream, fpos_t *pos );

stream : FILE 구조체에 대한 포인터
pos : 위치 값을 저장하는 포인터
반환 값 : 성공시 0을 반환하고 실패시에는 0 아닌 값을 반환
```

■ 사용

```
FILE *fp;
fpos_t fpos;

fp=fopen("test.txt", "wt");
putchar(fgetc(fp));

fgetpos(fp, &fpos);
putchar(fgetc(fp));
fsetpos(fp, &fpos);
putchar(fgetc(fp));
```

분석하기 fseek( ), ftell( ), fsetpos( )

❶ 사용 위치

사용위치	사용가능 함수	사용불가 함수
Write File	fseek( ), ftell( ), rewind( )	fgetpos( ), fsetpos( ) 함수는 오류는 아니지만 결과가 출력되지 않음
Read File	fseek( ), ftell( ), rewind( ) fgetpos( ), fsetpos( )	모두 사용 가능

❷ fseek(fp, 0L, SEEK_SET)과 rewind(fp)는 동일한 기능이며, fgetpos( ), fsetpos( ) 함수는 ftell( ) 함수와 문자열이 처리되는 경우 사용 순서에 따라 결과가 다를 수 있기 때문에 사용에 주의해야 한다.

*** 예제 fseek( )와 ftell( )의 동작

이 프로그램은 fseek( )와 ftell( )의 동작을 이해하기 위한 것이다. fseek( )는 파일 포인터를 지정한 위치로 이동하는 함수이며, ftell( ) 함수는 파일 포인터의 현재 위치를 알려주는 함수이다. 예제에서는 파일을 개방하고 fseek( )로 파일 포인터를 파일 끝으로 이동한 다음 ftell( ) 함수를 호출하면 파일의 크기를 바이트 단위로 얻을 수 있다.

12_6.cpp

```
#include <cstdio>

void main()
{
        long x;
```

```
05:        FILE *fp;
06:        fp = fopen ("test.txt","wt+");
07:        fputs("abcdef", fp);
08:        x = ftell(fp);
09:        printf("%d \n", x);
10:        fclose(fp);
11:        fp = fopen("test.txt", "rt+");
12:        fseek(fp, -2L, SEEK_END);  // 파일 포인터를 끝에서 -2번째로 이동
13:        x = ftell(fp);             // 파일 포인터의 위치를 반환
14:        printf("%d \n", x);
15:        rewind(fp);                // 파일 포인터를 첫 번째로 이동
16:        x = ftell(fp);             // 파일 포인터의 위치를 반환
17:        printf("%d \n", x);
18:        fclose(fp);
19: }
```

그림 12.10은 12_6.cpp의 실행결과이다. 생성된 test.txt 파일을 개방하고 파일 포인터를 첫 번째 위치로 이동한 다음 ftell( ) 함수를 실행하면 파일 포인터의 끝을 가리키게 되어 파일의 크기를 알 수 있게 된다.

```
6
4
0
계속하려면 아무 키나 누르십시오 . . .
```

| 그림 12.10 | 실행결과

1) 07행은 파일에 문자열을 쓰게 되면 파일 포인터는 파일의 마지막 위치를 가리키게 되며, 08행의 ftell( ) 함수는 현재의 파일 포인터 값을 반환한다. 이때 값이 6이 출력되는 것은 마지막 문자의 위치 다음을 가리키기 때문이다.

2) 12행은 파일의 끝에서 -2만큼 이동하고 13행의 ftell( ) 함수는 현재의 파일 포인터 값을 반환한다.

3) 15행은 파일 포인터를 파일의 첫 번째 위치로 이동하고, 16행은 ftell( ) 함수에 의해서 현재의 파일 포인터 값을 반환한다. 이것은 15행은 fseek(fp, 0L, SEEK_END)와 동일한 기능이다.

*

** 예제 | fgetpos( ), fsetpos( )의 동작

이 프로그램은 fgetpos( ), fsetpos( )의 동작을 이해하기 위한 것이다. fgetpos( ) 함수는 파일 포인터가 가리키는 파일 포인터의 현재 값을 pos가 가리키는 곳에 저장한다. fsetpos( )는 pos값을 이전의 값으로 돌린다.

12_7.cpp

```
01: #include <cstdio>

02: int main( void )
03: {
04:     FILE *fp;
05:     fpos_t fpos;

06:     fp=fopen("test.txt", "wt");
07:     fputs("abcdef", fp);
08:     fclose(fp);

09:     fp=fopen("test.txt", "rt");
10:     putchar(fgetc(fp));             // a를 출력

11:     fgetpos(fp, &fpos);
12:     putchar(fgetc(fp));             // b를 출력

13:     fgetpos(fp, &fpos);
14:     putchar(fgetc(fp));             // c를 출력

15:     fsetpos(fp, &fpos);             // c를 출력
16:     putchar(fgetc(fp));

17:     fgetpos(fp, &fpos);
18:     putchar(fgetc(fp));             // d를 출력
19:     fclose(fp);

20:     puts("\n");
21:     return 0;
22: }
```

그림 12.11은 12_7.cpp의 실행결과이다. 10행, 11행, 13행에 의해서 위치가 1씩 증가하여 값을 출력(abc)하지만 15행에 의해서 c가 출력되고 17행에 의해서 d가 출력된다.

| 그림 12.11 | 실행결과

1) 10행은 파일 포인터가 가리키는 첫 번째 내용 a를 출력하고 파일 포인터 위치는 증가되어 다음 위치를 가리킨다.

2) 11행은 2번째 내용 b를 출력한다.

3) 15행은 이전의 파일 포인터 위치의 내용으로 재설정하고 값을 읽어 오게 된다. 그래서 이전의 값인 c를 출력한다.

4) 17행은 c값 다음 위치의 값 d를 출력한다.

*

** 예제 : fseek( ), ftell( ), fgetpos( ), fsetpos( )의 동작

이 프로그램에서는 fseek( ), ftell( ), fgetpos( ), fsetpos( )의 동작을 이해한다. fseek( ), ftell( ), rewind( )는 쓰고 읽는 함수에서 사용할 수 있지만, fgetpos( ), fsetpos( )은 읽기 함수에서만 사용할 수 있다.

12_8.cpp

```
#include <cstdio>
void main( void )
{
    char str[20];
    FILE *fp;
    fpos_t fpos;
    fp=fopen("test.txt", "wt");
    fputs("abc", fp);
    fputs("def", fp);
    fseek(fp, -3L, SEEK_END);        // abcdef에서 d 위치를 표시
    fpos= ftell(fp);                 // 3을 출력
    printf("%d \n", fpos);
    fclose(fp);
```

```
14:     fp=fopen("test.txt", "rt");

15:     fgets(str, 10, fp);              // 17행, 18행에서 fp에 영향을 줌
16:     printf("%s \n", str);

17:     // fpos= ftell(fp);              // 15행, 16행의 존 유무에 따라서 fp변경
18:     // printf("%d \n", fpos);

19:     fsetpos(fp, &fpos);              // d(17,18행 없으면 10,11행의 값 유지)
20:     putchar(fgetc(fp));
21:     printf("\n");

22:     fgetpos(fp, &fpos);              // e를 출력
23:     putchar(fgetc(fp));
24:     printf("\n");

25:     fclose(fp);
26: }
```

그림 12.12는 12_8.cpp의 실행결과이다. 10행 ~ 11행에 의해서 fpos는 3을 출력한다. 15행 ~ 16행에 의해서 문자열 abcdef가 출력되며 19행, 22행에 의해서 문자 d, e가 출력된다.

```
3
abcdef
d
e
계속하려면 아무 키나 누르십시오 . . .
```

| 그림 12.12 | 실행결과

1) 10행, 11행은 문자열에서 3, 즉 d의 위치를 가리킨다.

2) 15행이 사용되고 17행, 18행이 사용되지 않은 경우 19행(fsetpos), 22행(fgetpos)이 사용되면 de가 출력된다. 이때 fsetpos( ), fgetpos( )의 순서에 따라 결과가 달라진다.

3) 15행이 사용되고 17행, 18행이 사용되지 않은 경우 22행(fgetpos)과 19행(fsetpos)의 순서가 바뀌어 수행되면 값이 출력되지 않는다.

4) 15행이 사용되고 17행, 18행이 사용된 경우 19행(fsetpos), 22행(fgetpos)이 수행되면 ab가 출력된다. 이때 역시 fsetpos( ), fgetpos( )의 순서에 따라 결과가 달라진다.

5) 15행이 사용되고 17행, 18행이 사용된 경우 22행(fgetpos)과 19행(fsetpos)의 순서가 바뀌어 수행되면 aa가 출력된다. *

12.3 C++ 파일 시스템

12.3.1 C++ 스트림

C와 C++에서는 파일의 형식은 텍스트 파일과 이진 파일이 있다. 순차 파일과 랜덤 파일은 파일이 저장되는 형식이 아니라 파일에서 자료를 읽어내는 방법(순차적으로 자료에 접근하거나 특정한 위치에 직접 접근하는)에 따른 것이다. 만약 텍스트 파일에 이진 파일에서 사용하는 함수를 사용할 수 있으며 텍스트 파일에서 이진 파일 함수를 사용한다고 해서 이진 파일형식이 되는 것이 아니라 fopen( ) 함수에서 모드를 이진 파일 형식으로 설정해야 한다.

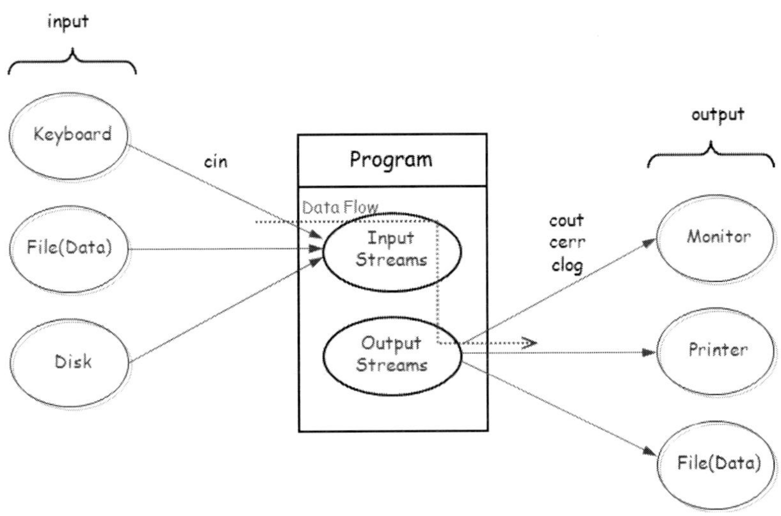

| 그림 12.13 | C++에서 표준 입출력 장치와 스트림(stream)

스트림에는 텍스트 스트림(text stream)과 이진 스트림(binary stream)이 있다. 스트림은 그림 12.13과 같이 입출력 장치에 연결되어 장치를 파일 개념으로 처리(입출력)하게 된다. 프로그래머는 스트림을 통해서 모든 입·출력 장치를 동일하게 취급할 수 있도록 하고 있으며, 프로그래머는 스트림까지만 입·출력 처리를 하면 스트림과 파일(파일과 스트림)까지는 운영체제에서 처리하게 된다.

그림 12.13은 C++에서 스트림을 통한 표준 입출력장치의 구조이며, 그림 12.14는 스트림 클래스의 계층 구조이다.

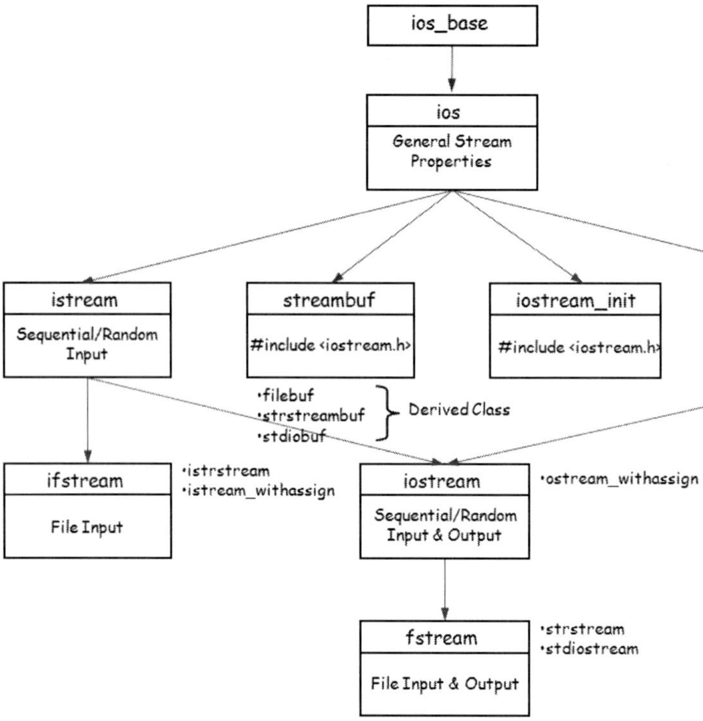

| 그림 12.14 | 스트림 클래스의 계층 구조

C++ 파일 시스템의 스트림은 읽기 및 쓰기용 스트림과 텍스트 모드와 이진 모드로 구분한다. 표준 스트림은 오퍼레이팅 시스템이 부팅(booting) 되면서 항상 사용 가능한 상태로 만들어 주는 장치 파일 스트림을 표준 스트림이라고 한다. C++에서는 iostream(기존의 istream.h) 파일에서 스트림과 버퍼를 사용할 수 있도록 하는 클래스를 제공하고 있다. streambuf 클래스는 버퍼로 사용될 메모리를 제공하고 버퍼를 채우고 버퍼의 내용에 접근하고 버퍼를 비우고 버퍼 메모리를 관리하는 클래스 메소드를 제공한다. C++는 전체 C 표준 파일 시스템을 포함하여 제공하고 있으며 C++는 C의 입출력 함수, 입출력 연산모드를 기본적으로 제공하고 있고 객체지향 입출력 시스템을 정의하고 있다. C++에서 제공되는 표준 스트림은 표 12.5와 같다.

| 표 12.5 | C++ 표준 스트림

스트림 종류	입·출력 모드	설명
cin	표준 입력 스트림	키보드로 입력(C 표준 스트림의 stdin과 동일)
cout	표준 출력 스트림	콘솔 출력(C 표준 스트림의 stdout과 동일)
cerr	표준 오류 출력 스트림	콘솔 출력(C 표준 스트림의 stderr과 동일)
clog	표준 오류 버퍼 출력 스트림	콘솔 출력

C++에서 제공되는 와이드 기반 클래스, 문자 기반 클래스, 템플릿 기반의 클래스는 표 12.6과 같다. basic_io 클래스는 ios_base이며 이것은 basic_ios에 의해 사용되는 몇 개의 비템플릿(nontemplate) 특징들을 정의한다. basic_ios는 basic_istream, basic_ostream, basic_ iostream을 포함한 여러 파생클래스들의 기본이 되는 클래스이다.

| 표 12.6 | C++의 스트림 클래스

문자 기반의 클래스	와이드 문자 기반의 클래스	템플릿 기반의 클래스
streambuf	wstreambuf	basic_streambuf
ios	wios	basic_ios
istream	wistream	basic_istream
ostream	wostream	basic_ostream
iostream	wiostream	basic_iostream
fstream	wfstream	basic_fstream
ifstream	wifstream	basic_ifstream
ofstream	wofstream	basic_ofstream

12.3.2 C++에서 파일 개방(open)

C++에서 파일을 개방하는 함수 open( )은 형식과 같이 일반 함수 혹은 객체를 사용 할 수 있다. 출력 파일을 개방하기 위해서는 클래스 ofstream을 그리고 입력파일을 개방할 경우에는 클래스 ifstream을 갖는 클래스 형의 객체를 정의해야 한다. 만약, test.txt 파일이 존재하면 기존의 파일은 지워지고 새로운 파일로 생성된다. 다음과 같이 데이터 파일을 입·출력하는 경우 사용하려는 파일이 존재하는가를 검사해서 사용한다.

■ 형식

```
open ( const char *file_name, int mode_bit );
      혹은
ofstream  객체_이름.open( const char *file_name,  int mode_bit );
ifstream  객체_이름.open( const char *file_name,  int mode_bit );
```

■ 사용

```
ostream outFile("test.txt", ios::out, ios::app);

cout << "file open....." << endl;

if (outFile)
{
        cerr << Not found test.txt file.....;
        exit ( -1 );
}
```

파일 처리 프로그램에서 사용된 파일은 프로그램 종료와 함께 반드시 폐쇄되어야 한다. 그러나 C++에서 파일 폐쇄는 입·출력 객체가 실행된 후 영역 밖으로 벗어나면 자동으로 폐쇄된다.

■ 형식

```
객체_이름.close();
```

■ 사용

```
ifstream fp;
fp.open ("test.txt", ios::in);         // 파일 개방
fp.close ();                           // 파일 폐쇄
```

표 12.7은 스트림 입출력에서 오류를 표시하는 플래그이며 표 12.8은 플래그를 검사하는 함수이다. 표 12.9는 파일 열기 형식이다.

| 표 12.7 | 스트림 입출력에서 오류를 표시하는 상태 플래그

상태 플래그	설명
ios::badbit	스트림을 계속해서 사용할 수 없을 때 사용하며 오류가 발생되어 이 플래그가 설정되면 복구할 수 없는 플래그이다.
ios::failbit	입력에서 잘못된 문자를 읽거나 출력에서 문자를 정확하게 기록할 수 없을 경우 설정되는 플래그이며 복구 가능한 플래그이다.
ios::eofbit	파일의 끝에 도달되면 설정되는 플래그이다.

| 표 12.8 | 스트림 입출력 함수

함수	설명
good()	• 데이터 파일의 입·출력 결과에 따라 참(true) 또는 거짓(false)을 반환하는 함수로서, 정상적으로 작동할 경우 참의 값(1)을 갖는다. • 스트림 상태 플래그의 어떤 비트 값도 설정되지 않은 경우 참 값(1)을 반환한다.
bad()	• 스트림 상태 플래그의 ios::badbit가 설정되어 있을 경우 참 값(1)을 반환한다. • 하드웨어의 에러 상태, 파일의 존재 유무에 관한 사항만 검사한다.
fail()	• 스트림 상태 플래그의 ios::failbit가 설정되어 있을 경우 참 값(1)을 반환한다. • 파일이 하드웨어의 에러 상태(드라이브의 열림 상태, 디스크의 불량)와 데이터 읽기, 쓰기, 파일의 입·출력 상태 검사, 개방 시키고자 하는 파일의 존재 유무 등에 대한 상태 값을 표시한다.
eof()	• 스트림 상태 플래그의 ios::endbit나 ios::badbit가 설정되어 있을 경우 참 값(1)을 반환한다. • 데이터 파일의 마지막 유무의 상태 값을 갖는다.

| 표 12.9 | 파일 열기 형식

C++ 모드	설명
ios::in	• 읽기 위해서 파일을 개방한다. • C 형식에서 "r"과 동일
ios::out	• 쓰기 위해서 파일을 개방한다. • C 형식에서 "w"와 동일
ios::ate	• 파일의 끝을 찾는다. (끝인 경우 1을 반환)
ios::app	• 데이터를 추가하기 위해서 개방한다. • 만약 기존의 파일이 존재하면 그 파일 끝에 추가된다.
ios::trunc	• 오픈하고자 하는 파일이 존재하는 경우, 기존의 파일을 삭제하고 다시 만든다.
ios::binary	• 이진 파일로 개방한다.

분석하기 ios::ate

❶ 프로그램

```
01: #include <iostream>
02: #include <fstream>
03: using namespace std;

04: int main()
05: {
06:   char ch;
07:   int i;

08:   ofstream outFile( "test.txt", ios::out | ios::binary);

09:   outFile << 'a' ;          // 파일에 1개 문자 쓰기
10:   outFile.put('b');         // 파일에 1개 문자 쓰기
11:   outFile.app;              // 파일에 추가
12:   outFile << 'c';           // 파일에 1개 문자 쓰기

13:   outFile.app;
14:   outFile.ate;

15:   outFile << 'd' ;          // 파일에 1개 문자 쓰기(방법-1)

16:   outFile.put('e');         // 파일에 1개 문자 쓰기(방법-2)
17:   i=outFile.ate;            // ate가 정상적으로 실행되면 1을 반환. 항상 값은 4
18:   cout << i << endl;
19:   outFile.close();          // 반드시 파일을 폐쇄하지 않으면 출력이 되지 않음

20:   ifstream inFile("test.txt", ios::in | ios::binary| ios::ate);
21:   i=inFile.tellg();
22:   cout << i << endl;
23: }
```

❷ 소스 분석

(1) 08행에서 ios::app이 추가되면 컴파일하고 실행할 때마다 코드가 추가된다.

(2) 13행과 14행은 파일 포인터를 파일의 맨 뒤로 이동하고 내용을 추가한다.

(3) 20행과 같이 ioos::ate(at end의미)는 C의 fseek(fp, 0L, SEEK_END);와 동일한 기능이다.

❸ 실행결과

출력결과 : 4, 5가 출력

생성파일 : abcde

12.3.3 C++ 텍스트 파일

표 12.10은 파일의 형태에 따라 사용되는 함수이다. **C++의 파일 형식으로 입출력하는 것을 C의 파일 포인터(FILE 구조체)로 지정하여 사용하면 형식이 다르므로 오류**(cannot convert parameter 3 from 'std::ifstream' to 'FILE *')**가 발생되며 사용할 수 없다.**

| 표 12.10 | 파일의 형태에 따라 사용되는 함수(Microsoft Visual Studio 2010™)

파일 형태	C	C++
텍스트 파일	• 사용가능 함수: printf(), scanf(), fgetc(), fgets(), fputc(), fputs(), fprintf(), fscanf() • 이진 파일에서 사용되는 함수에서 fread(), fwrite()도 사용가능 • 랜덤 파일 전용 함수(fseek(), ftell(), fgetpos(), fsetpos(), rewind()) 사용가능	• 사용가능 객체: cin, cout • 사용가능 멤버함수: put(), get() • C++의 이진 파일, 순차 파일 및 랜덤 파일에서 사용되는 함수를 모두 사용할 수 있다.
이진 파일	• 사용가능 함수: fread(), fwrite() • C의 텍스트 파일에서 사용되는 모든 함수 사용가능 • 랜덤 파일 전용 함수(fseek(), ftell(), fgetpos(), fsetpos(), rewind()) 사용가능	• 텍스트 파일에서 사용되는 함수 사용가능 • 사용가능 멤버함수: put(), get() • C++의 텍스트 파일, 순차 파일 및 랜덤 파일에서 사용되는 함수를 모두 사용할 수 있다.
순차 파일	• 사용가능 함수: 텍스트 파일과 이진 파일에서 사용되는 함수 모두 사용 가능 • 텍스트 파일과 이진 파일에서 사용되는 함수 모두 사용 가능 • **순차 파일은 텍스트 파일에 쓰고 읽기 위한 방법이다.**	• C와 C++의 텍스트 파일과 이진 파일에서 사용되는 함수 모두 사용 가능 • **순차 파일은 텍스트 파일에 쓰고 읽기 위한 방법이다.**
랜덤 파일	• **랜덤 파일 전용 함수:** fseek(), ftell(), fgetpos(), fsetpos(), rewind() • 텍스트 파일, 이진 파일 및 순차 파일에서 사용되는 함수 모두 사용 가능 • **랜덤 파일은 이진 파일에 쓰고 읽기 위한 방법이다.**	• **C++ 랜덤 파일 함수:** seekg(), seekp(), tellg(), tellp() • C++의 텍스트 파일, 이진 파일 및 순차 파일에서 사용되는 함수 모두 사용 가능 • **랜덤 파일은 이진 파일에 쓰고 읽기 위한 방법이다.**

예제 C++ 텍스트 파일로 데이터 쓰기

이 프로그램은 텍스트 파일에 데이터를 기록하는 방법이다. 텍스트 파일에 데이터를 기록하는 방법은 ofstream 스트림 객체와 연산자 >> 사용한다.

12_9.cpp

```
#include <iostream>
#include <fstream>
using namespace std;

class ITEM
{
private:
protected:
public:
        int number;
        char name[20];
        int value;
        int count;
};

void main()
{
        ofstream fout;                    // 출력 스트림 객체
        fout.open("jaego.txt");           // 파일 생성

        class ITEM jaego[3];

        for(int i=0; i<3; i++)            // 데이터를 파일에  입력
                cin >> jaego[i].number >> jaego[i].name
                    >>  jaego[i].value >> jaego[i].count ;

        for(int i=0; i<3; i++)            // 데이터를 파일에 쓰기
                fout  << jaego[i].number << "  " << jaego[i].name << "  "
                      << jaego[i].value << "  " << jaego[i].count << endl;

        fout.close( );
}
```

그림 12.15는 12_9.cpp의 실행결과이다. 표준입력장치에서 그림 12.15(a)와 같이 입력하면 텍스트 파일(jaego.txt)에 그림 12.15(b)와 같이 생성된다.

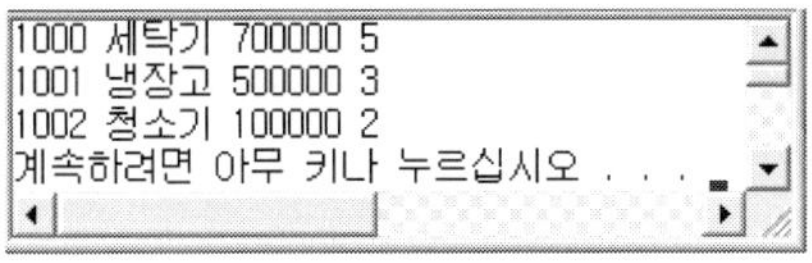

(a) 실행 후 자료입력

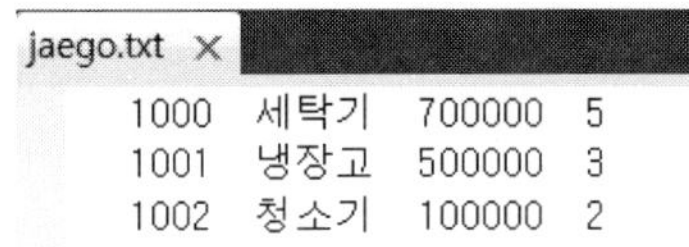

(b) 실행결과 생성된 jaego.txt 파일

| 그림 12.15 | 실행결과

1) 16행은 ostream 클래스로 부터 파생된 ofstream을 새로운 객체 fout을 정의하고 fout 스트림에서 파일을 입출력한다.

2) 17행은 ofstream의 텍스트 파일을 생성한다. 만약, 이진 파일을 생성하는 경우에는 다음과 같이 한다. 그러나 텍스트 파일을 설정하기 위한 조건은 ios, ios_base에 없다.

```
fout.open("jaego.txt");                          // 텍스트 파일로 생성
fout.open("jaego.bin");                          // 이진 파일로 생성
fout.open("jaego.txt", ios::out | ios::binary);  // 이진 파일로 생성
fout.open("jaego.bin", ios::out | ios::binary);  // 이진 파일로 생성
```

3) 19행은 텍스트 파일에 저장하기 위한 데이터를 입력한다.

4) 22행 ~ 24행은 텍스트 파일에 저장된 데이터를 콘솔(표준출력장치)로 출력한다.

*

예제 C++ 텍스트 파일로부터 데이터 읽기

이 프로그램은 텍스트 파일에 기록된 데이터를 표준출력장치(콘솔)로 출력하는 방법이다. 텍스트 파일의 데이터를 출력하는 방법은 ifstream 스트림의 fin 객체에 연산자 >> 사용하여 파일 객체를 연결한 다음 cout을 사용하여 데이터 멤버를 출력한다.

12_10.cpp

```
#include <iostream>
#include <fstream>
using namespace std;
clsass ITEM
{
private:
protected:
```

```
08: public:
09:         int number;
10:         char name[20];
11:         int value;
12:         int count;
13: };

14:  void main()
15:  {
16:         class ITEM jaego[3];

17:         ifstream fin;                    // 입력 스트림 객체
18:         fin.open("jaego.txt");           // 파일 개방

19:         if(fin.fail())
20:                 cout << "can not open the file" << endl;

21:         for(int i=0; i<3; i++)           // 입력 파일 스트림에 연결
22:                 fin >> jaego[i].number >> jaego[i].name
23:                     >> jaego[i].value >> jaego[i].count;

24:         for(int i=0; i<3; i++)           // 파일의 데이터를 읽기(콘솔로 출력)
25:                 cout << jaego[i].number << "  " << jaego[i].name << "  "
26:                     << jaego[i].value << "  " << jaego[i].count << endl;
27:                 fin.close();
28: }
```

그림 12.16은 12_10.cpp의 실행결과이며 입력된 데이터가 저장된 파일의 내용을 출력한다.

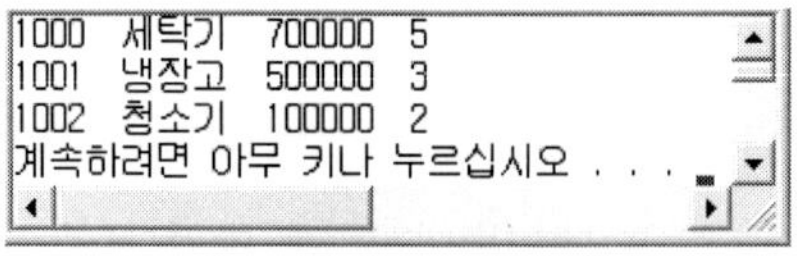

| 그림 12.16 | 실행결과

1) 17행은 입력 스트림을 fin 객체로 생성하고 18행은 이미 만들어 저장된 텍스트 파일 "jaego.txt" 파일을 개방한다.

2) 21행은 텍스트 파일을 입력 파일 스트림 객체 fin에 연결하고 22행은 텍스트 파일 "jaego.txt"에서 데이터를 표준출력장치로 출력한다.

12.3.4 C++ 이진 파일

이진 파일은 데이터 자체를 저장하는 것이 목적이며 스트림의 데이터를 텍스트 파일과 같이 변환하지 않고 저장하기 때문에 텍스트 파일에 비해서 데이터를 정확하게 저장할 수 있고 메모리를 절약할 수 있으며 처리속도가 빠르다. C++에서 이진 파일의 자료를 읽고 쓰기 위해서 fread( ), fwrite( ) 함수를 사용한다.

C++에서 이진 파일에 블록단위로 데이터를 쓰고 읽기 위해서 writre( ) 함수와 read( ) 함수를 사용한다. ostream의 write( ) 멤버함수는 지정한 스트림 바이트를 기록한다. 스트림 객체가 파일에 연결되면 데이터는 쓰기(put) 파일 위치 포인터가 지정한 위치에 기록된다.

istream의 read( ) 멤버함수는 지정한 스트림이 가리키는 주소 시작 위치까지 바이트를 읽는다. write( ) 함수의 첫 번째 인수는 반드시 const char *형이 되어야 하며 만약 다른 포인터 인수로 설정되어 있다면 const char *형으로 형변환해야 한다. 두 번째 인수는 기록할 바이트 수이다. read( ) 함수의 첫 번째 인수는 반드시 char *형이 되어야 한다. 두 번째 인수는 읽어야 할 바이트 수이다. write( )와 read( ) 멤버함수의 형식은 다음과 같다. **write( )와 read( ) 멤버함수는 반드시 첫 번째 인수는 char *형으로 해야 하며 변수명 앞에는 입출력 스트림 모두 동일하게 &를 사용해야 한다.**

■ 형식

```
ofstream 객체_이름.write((char *)&변수이름, 자료개수);
ifstream 객체_이름.read(char *)&변수이름, 자료개수);
```

■ 사용

다음 코드는 이진 파일에 사용되는 read(), write() 함수를 사용하여 표준입력장치에서 파일로 문자열을 쓰고 읽는 동작을 이해한다.

```
#include <iostream>
#include <fstream>
using namespace std;

void main()
{
   ofstream fout;                         // 출력스트림의 객체 정의
   ifstream fin;                          // 입력스트림의 객체 정의

   char *str1= new char[20];              // C++의 메모리 할당방법
   char *str2= new char[20];

   fout.open("lsh.bin", ios::out | ios::binary);// 파일개방(쓰기/이진 파일)
   cin.getline(str1, 10);                 // 문자열 입력
```

```
12:    fout.write((char*)&str1, sizeof(char)*10);     // 파일에 쓰기
13:    fout.close();                                  // 파일 닫음

14:    fin.open("lsh.bin", ios::in | ios::binary);    // 파일개방(쓰기/이진 파일)
15:    fin.read((char*)&str2, 10);                    // 파일에서 스트림으로 읽어온다.
16:    cout << str2 << endl;                          // 스트림에서 표준출력장치로 출력한다.
17:    fout.close();                                  // 파일 닫음
18: }
```

❶ 08행은 다음과 같이 쓸 수 있다. read(), write() 함수에서는 반드시 첫 번째 인수를 char *형으로 해야 한다.

```
int x;              // read(), write()에서 사용불가(반드시 char *형을 사용)
int str[20];        // 비정상(반드시 char *형을 사용))
char *str;          // run-time error(메모리기 할당되지 않아서 실행오류)
char str[20];       // 정상(C의 배열 방식)
char *str=(char *)malloc(sizeof(char)*10);     // 정상(C 메모리 할당방법)
```

❷ 11행은 다음의 코드와 동일하다.

```
fout.write((char*)"pusan", sizeof(char)*10);
```

❸ 12행과 16행의 **write()와 read() 함수에서는 반드시 첫 번째 인수를 char*형으로 해야 하며 다음에는 &를 사용해야 한다. 만약 12행 혹은 16행에서 동일하게 사용하지 않으면 출력이 되지 않거나 다른 문자가 출력된다. 이것은 컴파일러가 출력 스트림과 입력 스트림을 논리적으로 정확하게 인식하지 못하기 때문이다.**

```
fout.write((char*)&str, sizeof(char)*10);
fout.read((char*)str, sizeof(char)*10);        // 문자열이 출력되지 않음

fout.write((char*)str, sizeof(char)*10);
fout.read((char*)&str, sizeof(char)*10);       // 다른 문자열이 출력됨
```

```
seoul
seoul
계속하려면 아무 키나 누르십시오 . . .
```

| 그림 12.17 | 실행결과

C++에서 쓰고 읽을 때 서로 다른 코드를 사용하는 경우 오류가 발생되거나 비정상적으로 실행되므로 반드시 동일하게 코딩해야 한다. 예로써 쓰기에는 이진 코드로 기술하고 읽을 경우에는 텍스트 형태로 기술하여 읽어오는 경우에는 오류가 발생된다. 또한 파일의 모드(텍스트 혹은 이진 모드)도 쓰는 경우와 읽는 경우의 코드를 정확하게 기술해야 한다.

*** 예제 : 이진 파일의 내용을 파일에 쓰기

이 프로그램은 이진 파일에서 블록 단위로 쓰고 읽는 write( ) 함수와 read( ) 함수를 사용하여 이진 파일에 구조체 데이터를 쓰고 읽는 방법이다.

12_11.cpp

```
#include <iostream>
#include <fstream>
using namespace std;

class ITEM
{
private:
protected:
public:
    int number;
    char name[20];
    int value;
    int count;
};
void main()
{
    class ITEM jaego[3]=
    {
        {1000, "세탁기", 700000, 5},
        {1001, "냉장고", 500000, 3},
        {1002, "청소기", 100000, 7},
    };

    ofstream fout;

    fout.open("jaego.bin");
    fout.write((char *)jaego, sizeof(ITEM)*3);

    fout.close();
}
```

그림 12.18은 12_11.cpp의 실행결과이며 파일의 내용을 텍스트 파일의 내용과 다르게 저장되었다. 이진 파일을 메모장으로 개방했을 때에도 파일의 내용이 변형된 것을 알 수 있다.

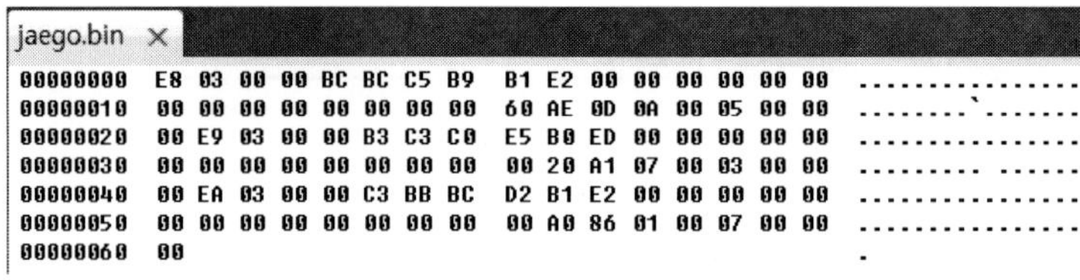

| 그림 12.18 | 실행결과(Visual Studio 2010 프로젝트에서 개방)

1) 24행은 이진 파일에서 파일로 쓰기 위한 함수이다. 이때 write( ) 함수의 첫 번째 인수는 반드시 char *형이 되어야 한다.

*** 예제 : 이진 파일의 내용을 읽기

이 프로그램은 파일 입·출력 기능을 확인하기 위한 방법으로 학생의 성적을 입력하고 파일로 생성하는 예제이다.

12_12.cpp

```
#include <iostream>
#include <fstream>
using namespace std;
class ITEM
{
private:
protected:
public:
        int number;
        char name[20];
        int value;
        int count;
};
void main()
{
        class ITEM jaego;
        ifstream fin;
```

```
18:        fin.open("jaego.bin");
19:        while(fin.read((char*) &jaego, sizeof(jaego)))
20:        {
21:              cout << jaego.number << "  " << jaego.name << "  "
22:                    << jaego.value << "  " << jaego.count << endl;
23:        }
24:        fin.close();
25: }
```

그림 12.19는 12_12.cpp의 실행결과이며, 저장된 이진 파일의 내용을 출력한다.

| 그림 12.19 | 실행결과

1) 19행은 생성된 jaego.bin 파일을 개방하여 출력하는 코드이다. 이때 읽는 파일의 형식은 이진 파일이며, 이진 파일을 읽고 쓰는 멤버함수는 read( ), write( )이다.

*

12.3.5 C++ 순차 파일

순차 파일(sequential file)은 레코드 길이가 일정하지 않은 경우 순차적으로 접근하는 방법으로 레코드를 CR(Carriage Return)과 LF(Line Feed)에 의해서 구분된다. 순차 파일은 자료(레코드)들을 순차적으로 기록(write)하고, 읽을 경우 입력된 순서대로 액세스(access)하는 파일을 말한다. 이와 같이 순차적으로 기록된 파일은 하나 이상의 선택된 필드로 구성된 일정한 키(key)에 의해 그 순서를 오름차순(ascending)이나 내림차순(descending) 등으로 바꾸어 정렬할 수 있다. 모든 데이터 파일은 사용하기에 앞서 반드시 개방(open)되어야 하며, 순차 파일에서는 입력모드, 출력모드, 추가 모드 중의 하나로 개방되어야 한다.

C++의 순차 파일에서 문자 단위로 파일에 쓰고 읽는 방법은 put( ) 함수와 get( ) 함수를 사용한다. put( ) 함수와 get( ) 함수를 사용하여 파일에 1개의 문자를 쓰고 읽을 수 있으며 app를 사용하여 문자를 추가할 수 있다. 파일에 1개의 문자를 쓰고 읽는 방법은 형식과 같다.

■ 형식

```
ofstream 객체_이름("파일_이름", 출력_모드);
객체_이름.put( '출력문자' );

ifstream 객체_이름("파일_이름", 입력_모드);
객체_이름.get( '출력문자' );
```

■ 사용

```
ofstream outFile( "test.txt", ios::out ); // 출력 객체 정의

outFile << 'A' ;                         // 파일에 1개 문자 쓰기(방법-1)
outFile.put('B');                        // 파일에 1개 문자 쓰기(방법-2)
outFile.app;                             // 파일에 1개 문자를 추가
outFile << 'C';
outFile.close();                         // 반드시 파일을 폐쇄하지 않으면 출력이 되지 않음

ifstream inFile("test.txt", ios::in );   // 입력 객체 정의
inFile >> ch;                            // 파일로부터 1개 문자 읽기(방법-1)
cout << ch << endl;                      // 위의 문장은 문자를 버퍼까지만 가져온다.

inFile.get(ch);                          // 파일로부터 1개 문자 읽기(방법-2)
cout << ch << endl;

inFile.getline(str, 10);                 // 스트림에서 표준출력장치로 출력
cout << str << endl;
```

*** 예제 : 순차 파일의 내용을 읽기

이 프로그램은 C++의 텍스트 파일에서 순차적으로 파일에 자료를 읽고 쓰는 방법을 이해하기 위한 것이다.

12_13.cpp

```
#include <iostream>
#include <iostream>
#include <fstream>
using namespace std;                    // 사용하지 않으면 ofstream 사용불가

void main()
{
```

```
07:    char ch;
08:    char str1[10];
09:    char str2[10];
10:    ofstream outFile( "test.txt", ios::out );// 출력 객체 정의

11:    outFile << 'A' ;                    // 파일에 1개 문자 쓰기(방법-1)
12:    outFile.put ('B' );                 // 파일에 1개 문자 쓰기(방법-2)
13:    outFile.app;                        // 파일에 1개 문자를 추가
14:    outFile << 'C';
15:    outFile << '\n';
16:    outFile << "testing";
17:    outFile.close();                    // 반드시 파일을 폐쇄하지 않으면 출력이 되지 않음

18:    ifstream inFile("test.txt", ios::in );  // 파일 개방
19:    inFile >> ch;                       // 파일->스트림으로 1개 문자 읽기(방법-1)
20:    cout << ch << endl;                 // A출력

21:    inFile.get(ch);                     // 파일->스트림으로 1개 문자 읽기(방법-2)
22:    cout << ch << endl;                 // B출력

23:    inFile.get(ch);                     // 파일로부터 1개 문자 읽기(방법-2)
24:    cout << ch << endl;                 // C출력

25:    inFile.getline(str1, 10);           // 스트림에서 표준출력장치로 출력
26:    cout << str1 << endl;               // \n출력

27:    inFile >> str2;                     // 파일->스트림으로 문자열 읽기
28:    cout << str2 << endl;
29: }
```

그림 12.20은 12_13.cpp의 실행결과이다. 프로그램은 텍스트 파일에서 순차적으로 문자 ABC와 문자열 testing을 쓰고 이를 차례로 출력한다.

```
A
B
C

testing
계속하려면 아무 키나 누르십시오 . . .
```

| 그림 12.20 | 실행결과

1) 11행 ~ 15행은 스트림에서 파일로 1개의 문자를 쓰고, 16행은 스트림에서 파일로 문자열을 쓰게 된다.

2) 19행 ~ 26행은 스트림에서 표준출력장치로 1개의 문자를 출력하는 방법이며, 27행 ~ 28행은 스트림에서 표준출력장치로 문자열을 출력하는 방법이다.

*

12.3.6 C++에서 랜덤 파일

랜덤 액세스의 의미는 파일 내에서 어떤 데이터의 위치에 접근할 때 순차적으로 이동하는 대신 목적하는 어떤 위치에 직접 이동한다. 랜덤 파일을 이용하여 데이터를 입력하면 파일에 있는 다른 데이터를 수정하지 않고 데이터를 삽입할 수 있다. 또한 파일에 있는 모든 데이터를 다시 기록하지 않고 갱신하거나 삭제할 수 있다. 랜덤 액세스 파일(random access file)은 원하는 데이터의 위치에 직접 접근할 수 있는 형태의 파일이다. C++에서 순차 파일과 랜덤 파일 구분은 파일의 개방하는 방법이 아니라 파일 내의 데이터를 접근하고 수정하는 방법에 따라 구별된다. 랜덤 액세스 파일은 다음과 같은 특징을 가진다.

- 레코드(record)의 길이가 고정된 형태의 파일구조
- 레코드는 랜덤(random)하게 접근할 수 있는 형태의 파일구조
- 파일 처리 방식은 2진 모드를 갖는 파일 구조

C++에서 파일 입출력 기능을 사용하기 위해서는 <iostream>과 <fstream> 파일을 포함해야 한다. 파일을 입출력하기 위해서는 ifstream, ofstream 및 fstream의 객체를 사용하여 파일에 데이터를 쓰거나 읽는다. <fstream> 파일은 ifstream, ofstream 및 fstream을 모두 포함하고 있다.
C++의 랜덤 파일에서 사용되는 함수는 seekp( ), tellp( ), seekg( ), tellg( )가 있다. C++에서 입력 포인터(get pointer)는 다음에 입력할 파일 위치를 가리킨다. 출력 포인터(put pointer)는 다음에 출력할 파일 위치를 가리킨다. **istream과 ostream은 파일 포인터를 다시 지정할 수 있는 멤버함수를 제공한다. ostream에서는 seekp( ), tellp( ) 함수를 사용하고 istream에서는 seekg( ), tellg( ) 함수를 사용한다.** seekg( )에서 레코드 위치의 포인터 값은 long(32비트)형 정수 값이다. 또한 tellp( ) 멤버함수는 현재 위치의 읽기(get) 파일 포인터 값을 반환하며 tellg( ) 함수는 현재 위치의 쓰기(put) 파일 포인터 값을 반환한다.

■ 형식

```
seekg(offset, FileStartPos);
```

■ 사용

❶ 파일 포인터를 처음 위치에서 3번째 레코드 위치로 이동

```
ifstream fp;
fp.seekg((sizeof(record) * 2), ios::beg);
```

❷ 파일 포인터를 처음 위치로 이동

```
ifstream fp;
fin.seekg(0L, ios::beg);
```

❸ 파일 포인터를 마지막 위치로 이동

```
ifstream fp;
fp.seekg(0L, ios::end);
```

❹ 파일 포인터를 처음에서 30바이트 뒤로 이동

```
ifstream fp;
fp.seekg(30L, ios::beg);
```

❺ 파일 포인터를 현재 위치에서 앞으로 2바이트 이동

```
ifstream fp;
fp.seekg(-2L, ios::cur );
```

FileStartPos는 3개의 인수(ios::beg, ios::cur, ios::end)를 가지며 각각의 값과 기능은 표 12.11과 같다.

| 표 12.11 | FileStartPos의 값과 기능

인수	설명
ios::beg	Offset은 파일의 첫 번째(문자 위치)를 지정
ios::cur	파일 포인터를 현재의 위치된 값으로 지정
ios::end	Offset은 파일의 마지막(문자 위치)을 지정

seekg( )에서 만약 레코드 길이가 100바이트(Field=20바이트)일 경우 첫 번째 포인터 값은 0을 그리고, 두 번째 포인터 값은 130을 갖는다. 그림 12.21은 seekg( ) 함수를 사용하여 파일 포인터를 임의의 위치로 이동하기 위한 동작이다.

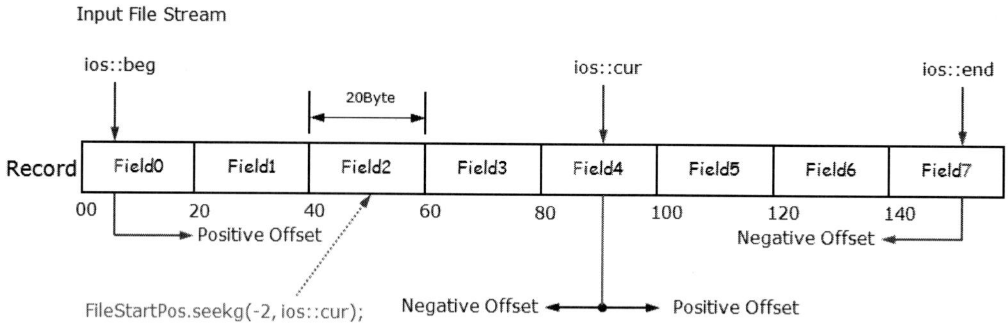

| 그림 12.21 | seekg( )의 동작 개념도

*** 예제 ⋮ seekg( ), tellg( ), seekp( ), tellp( )의 동작

이 프로그램은 C++ **랜덤 파일에서 사용되는** ofstream**에서 동작하는** seekp( ), tellp( )**함수, 그리고** ifstream**에서 동작되는** seekg( ), tellg( ) **함수의 동작을 이해한다.**

12_14.cpp

```
#include <fstream>
#include <iostream>
using namespace std;

int main()
{
        ofstream fout("test.bin", ios::out | ios::binary);

        int i = fout.tellp();
        cout << i << endl;              // 빈 파일이므로 0이 출력

        fout << "abcdefgh";
        i = fout.tellp();
        cout << i << endl;              // 8이 출력
        fout.seekp(3L, ios::beg);
        fout << 'x';
        fout.close();

        ifstream fin("test.bin", ios::in | ios::binary);
        i = fin.tellg();
        cout << i << endl;              // 빈 파일이므로 0이 출력
```

```
18:         fin.seekg(-3L, ios::end);
19:         i = fin.tellg();
20:         cout << i << endl;              // 5가 출력(endl는 8)
21: }
```

그림 12.22(a)는 12_14.cpp의 실행결과이며, 그림 12.22(b)는 실행결과 생성된 파일이고 그림 12.23은 예제의 동작이다. 07행 ~ 08행이 수행되어 0이 출력되고 09행 ~ 10행이 수행되어 8이 출력된다. 이것은 마지막 문자를 쓰고 1이 증가된 위치를 가리키게 된다.

계속해서 16행 ~ 17행이 수행되면 0이 출력되고 18행 ~ 20행이 수행되어 5가 출력된다. 생성된 파일에는 문자열 abcxefgh가 저장된다.

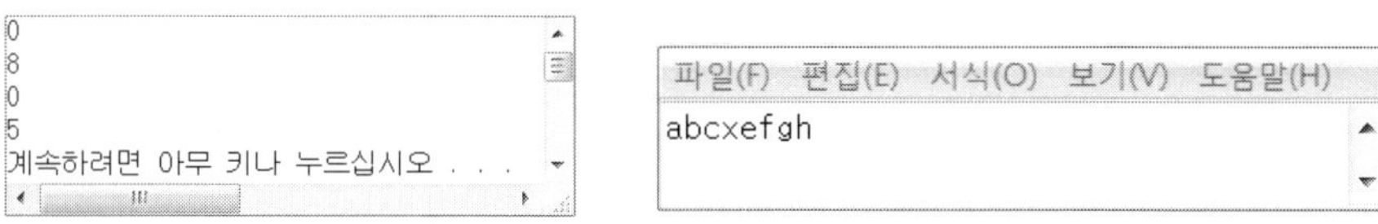

(a) 출력 결과　　　　(b) 생성된 test.bin 파일

| 그림 12.22 | 실행결과

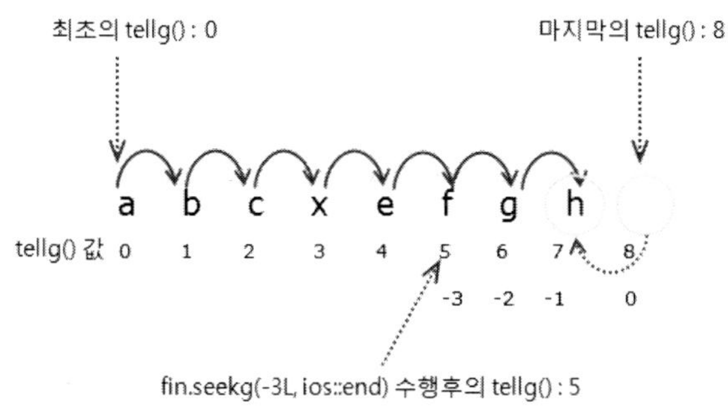

| 그림 12.23 | 예제의 동작(15행 ~ 20행)

1) 06행은 test.bin 파일이 쓰기용의 이진 파일이 생성된다.

2) 07행은 test.bin 파일만 생성되었고 빈 파일이기 때문에 tellp( )는 0이 된다. ofstream 스트림에서는 seekp( ), tellp( ) 함수가 사용된다.

3) 10행은 생성된 test. bin 파일에 문자열 abcdefgh가 생성되었기 때문에 8이 출력된다.

4) 12행은 file 스트림의 위치를 처음에서 3L(4번째 위치)로 이동시킨다. 이때 위치는 0에서 시작하고 다음에 1을 증가하여 다음의 위치를 표시한다.

5) 18행은 file 스트림의 끝 위치는 7이지만 1이 증가되어 8이 된다. 여기서 다시 -3L의 위치는 5가 된다.

*

*** 예제 ⋮ 텍스트 파일에서 이진 파일 함수와 랜덤 파일 함수 사용

이 프로그램은 C++의 텍스트 파일에서 이진 파일 함수와 랜덤 파일 함수를 사용하는 예제이다.

12_15.cpp

```
01: #include <iostream>
02: #include <fstream>
03: using namespace std;
04: void main()
05: {
06:         char ch;
07:         char str[20];
08:         ofstream fp1;
09:         ifstream fp2;
10:         fp1.open("jaego.txt");              // 이진 파일을 사용해도 동일
11:         fp1.put('x');
12:         fp1.write("seoul", 15);
13:         int i=fp1.tellp();                  // 12행의 15번째 다음을 가리킴
14:         cout << i << endl;
15:         fp1.seekp(7);
16:         i=fp1.tellp();
17:         cout << i << endl;
18:         fp1.close();
19:         fp2.open("jaego.txt");              // 이진 파일을 사용해도 동일
20:         fp2.get(ch);
21:         // fgets(str, sizeof(str), fp2);    // 오류
22:         fp2.read(str, 20);                  // fp2.getline(str, 20);과 동일 함
23:         cout << ch << endl;
24:         cout << str << endl;
```

```
25:         fp2.close( );
26: }
```

그림 12.24는 12_15.cpp의 실행결과이다. 12행 수행결과 파일 포인터는 마지막을 가리키고 1증가되어 16을 출력한다. 15행이 수행되어 두 번째 값 7이 출력된다. 또한 20행과 22행에 의해서 문자 x와 문자열 seoul이 출력된다.

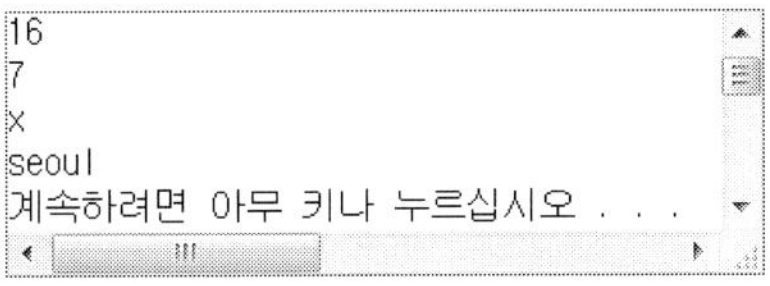

| 그림 12.24 | 실행결과

1) 10행과 19행은 텍스트 파일을 생성하고 개방하여 자료를 읽어온다. 10행과 19행을 다음과 같이 이진 파일로 생성해도 동일한 결과이다. 결국 텍스트 파일에서 이진 파일 함수와 랜덤 파일 함수를 사용할 수 있음을 보인 것이다.

```
10: fp1.open("jaego.txt", ios::out | ios::binary);
19: fp2.open("jaego.txt", ios::in | ios::binary);
```

2) 만약 21행을 사용하면 아래와 같은 오류가 발생된다. 이것은 C++의 파일 형식에서 C 방식의 파일 형식을 사용하면 형태가 다르기 때문에 오류가 발생된다.

```
21: fgets(str, sizeof(str), fp2);
오류 메시지 : cannot convert parameter 3 from 'std::ifstream' to 'FILE *'
```

요약

01. 그림 12.25는 본 장에서 학습한 내용이다. 본 장에서는 C기반의 파일 시스템, C++ 기반의 파일 시스템에 대해서 이해하였다.

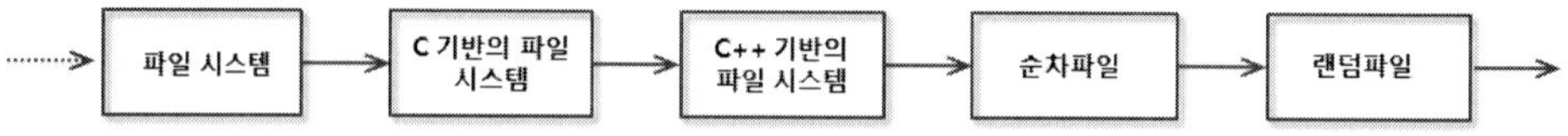

| 그림 12.25 | 본 장에서 학습한 내용

02. C의 입출력 시스템은 접근할 실제 장치와는 무관하게 프로그래머에게 일관성 있는 추상적인 인터페이스 방법을 스트림(stream)이라하며 실제 장치를 파일(file)이라고 한다. C 파일 시스템은 스트림을 사용하여 콘솔장치, 프린터 및 디스크 장치 등을 포함하여 다양한 장치들과 동작하도록 설계한다.

03. 표준 스트림은 <stdio.h> 파일에 매크로 형태로 정의되어 있으며 OS(Operating System)이 부팅(booting) 되면서 항상 사용 가능한 상태로 만들어 주는 장치 파일 스트림을 표준 스트림이라고 한다.

04. **C 파일 시스템의 스트림은 읽기 및 쓰기용 스트림과 텍스트 모드와 이진 모드로 구분한다.** 파일 포인터(file pointer)는 스트림에 존재하는 프로그램과 파일을 연결해주는 기능이며 FILE 형은 <stdio.h> 파일에 정의된 구조형이며 typedef 문으로 재정의 되어있다.

05. 텍스트 파일은 자료의 출력과 인쇄목적으로 사용되며 이진 파일은 데이터 자체를 저장하는 것이 목적이다.

06. 이진 파일은 데이터 자체를 저장하는 것이 목적이며 스트림의 데이터를 텍스트 파일과 같이 변환하지 않고 저장하기 때문에 텍스트 파일에 비해서 데이터를 정확하게 저장할 수 있고 메모리를 절약할 수 있으며 처리속도가 빠르다.

07. 랜덤 액세스의 의미는 파일 내에서 어떤 데이터의 위치에 접근할 때 순차적으로 이동하는 대신 목적하는 어떤 위치에 직접 이동한다. 랜덤 파일을 이용하여 데이터를 입력하면 파일에 있는 다른 데이터를 수정하지 않고 데이터를 삽입할 수 있다.

연습문제_A

01. 파일 시스템을 정의하여라.

02. C의 텍스트 파일과 이진 파일의 차이는 무엇인가?

03. C의 텍스트 파일과 이진 파일에 사용하는 함수는 어떤 종류가 있는가?

04. C 기반의 순차 파일과 랜덤 파일의 차이는 무엇인가?

05. C의 텍스트 파일과 이진 파일에 사용하는 함수는 어떤 종류가 있는가?

06. 파일의 입·출력에 사용되는 클래스의 종류는 무엇인가?

07. C++의 텍스트 파일과 이진 파일에 사용하는 함수는 어떤 종류가 있는가?

연습문제_B

08. 예제 12_1.cpp를 실행한 결과 그림 12.26과 같이 생성된 test.txt 파일을 표준출력장치로 읽어오는 프로그램을 설계하여라(12_1.cpp를 수정할 것).

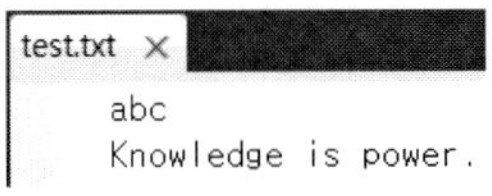

(a) 생성된 파일

(b) 읽어온 파일

| 그림 12.26 | 실행결과

09. 예제 12_9.cpp를 수정하여 그림 12.27과 표준입력장치로 데이터를 입력하고 입력된 데이터를 파일로 저장하고 저장된 데이터를 표준출력장치로 출력하도록 설계하여라.

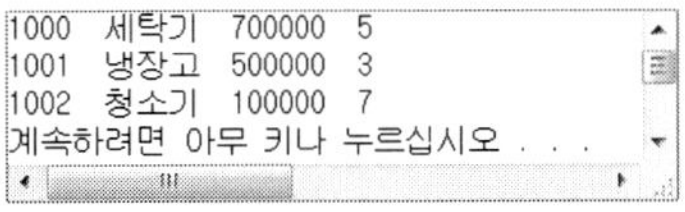

| 그림 12.27 | 실행결과

10. 예제 12_9.cpp에 코드를 수정하여 표준입력장치로 자료를 파일로 입력하고 이를 test.bin 파일에 저장하고, 파일의 자료를 표준출력장치로 출력하는 프로그램을 설계하여라(그림 12.28과 같이 실행되도록 12_9.cpp를 수정할 것). 이때 이진파일로 생성한 다음 텍스트 코드로 동작하도록 코딩하면 어떻게 되는가?

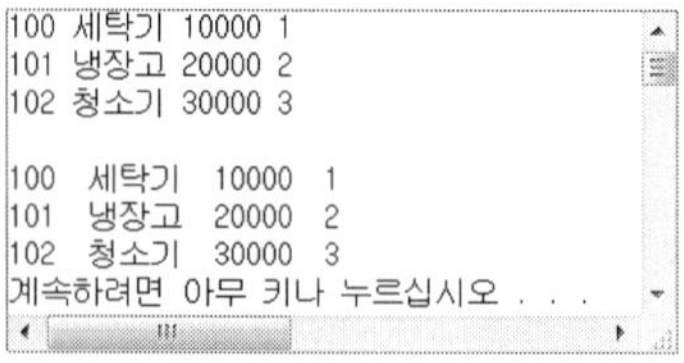

| 그림 12.28 | 실행결과

11. 그림 12.29는 A급 공통이미터 전력증폭기 회로이다. 회로의 소자 값이 그림 12.29와 같이 주어지고 교류입력신호를 가질 때 다음 문제를 해결하여라. 이때 $V_{BQ} = (\frac{R_2}{R_1 + R_2}) \times V_{CC}$, $I_{EQ} = \frac{V_{BQ} - 0.7\,V}{R_E}(I_{EQ} \cong I_{CQ}\,,\ X_{C1} = X_{C2} = X_{C3} \cong 0\Omega)$이다.

(1) 그림 12.30의 실행결과와 같이 VBQ와 ICQ 값을 구하고 RE 값이 470에서 1K씩 증가할 때 ICQ 값을 표준출력장치로 출력하는 C코드로 설계하여라.

(2) 위의 문제(1)에서 출력을 test.txt 파일로 저장하는 프로그램을 설계하여라.

(3) 위의 문제(1)을 클래스로 설계하여라.

(4) 위의 문제(1)에서 출력을 test_class.txt 파일로 저장하는 프로그램을 클래스로 설계하여라.

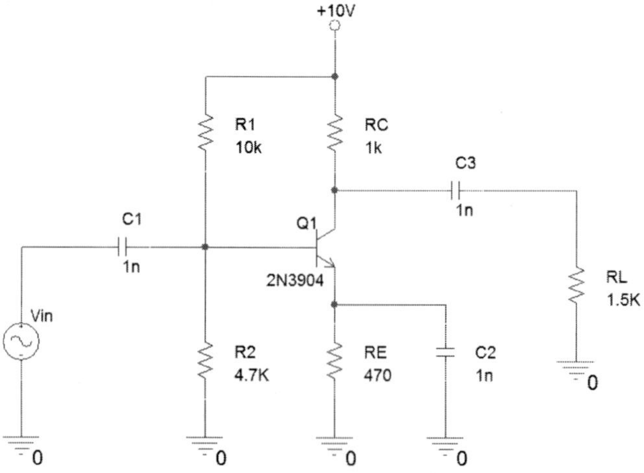

| 그림 12.29 | A급 공통이미터 전력증폭기 회로

```
VBQ= 3.20 [V]
ICQ= 5.31 [mA]

ICQ= 1.70 [mA]
ICQ= 1.01 [mA]
ICQ= 0.72 [mA]
ICQ= 0.56 [mA]
ICQ= 0.46 [mA]
ICQ= 0.39 [mA]
ICQ= 0.33 [mA]
ICQ= 0.29 [mA]
ICQ= 0.26 [mA]
ICQ= 0.24 [mA]
계속하려면 아무 키나 누르십시오 . . .
```

| 그림 12.30 | 실행결과

12. 그림 12.31은 공통이미터 증폭기 회로로 증폭기의 저주파 응답을 이해하기 위한 것이다. 그림 12.31의 회로가 교류입력신호를 가질 때 (식 12.1) ~ (식 12.5)을 참조하여 다음의 문제를 해결하여라. 단, $\beta_{ac} = 150$, 교류 이미터 저항 $r_e' = 25mV/I_E = 1.8\Omega$, $R_s = 10\Omega$(입력신호 계측기의 내부저항)으로 한다.

(1) 그림 12.32의 실행결과와 같이 $Rin, F1, F2, F3$의 값을 구하고 R_L의 초기 값이 2.7K에서 1K씩 증가할 때 A_v 값을 표준출력장치로 출력하는 프로그램을 설계하여라.

(2) 문제 (1)에서 출력을 test.txt 파일로 저장하는 프로그램을 설계하여라.

(3) 문제 (1)을 클래스로 설계하여라.

(4) 문제 (1)에서 출력을 test_class.txt 파일로 저장하는 프로그램을 C++ 클래스로 설계하여라.

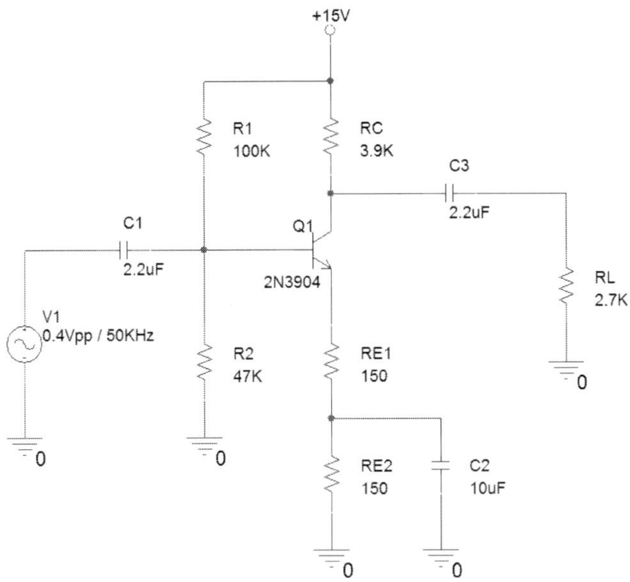

| 그림 12.31 | 공통이미터 증폭기 회로

$$R_{in} = R_1 \parallel R_2 \parallel \beta_{ac}(r_e{}' + R_{E1}) \qquad \text{(식 12.1)}$$

$$f_1 = \frac{1}{2\pi C_1(R_{in})} \qquad \text{(식 12.2)}$$

$$f_2 = \frac{1}{2\pi C_2\left\{\left(\dfrac{R_1 \parallel R_2 \parallel R_s}{\beta_{ac}} + R_{E1} + r_e{}'\right) \parallel R_{E2}\right\}} \qquad \text{(식 12.3)}$$

$$f_3 = \frac{1}{2\pi C_3(R_C + R_L)} \qquad \text{(식 12.4)}$$

$$A_v = \frac{R_C \parallel R_L}{R_{E1} + r_e{}'} \qquad \text{(식 12.5)}$$

```
Rin=  13 KOhm

F1=   5 Hz
F2= 211 Hz
F3=  11 Hz

Av= 10.5
Av= 12.5
Av= 14.0
Av= 15.3
Av= 16.2
Av= 17.1
Av= 17.7
Av= 18.3
Av= 18.8
Av= 19.3
Av= 19.7
계속하려면 아무 키나 누르십시오 . . .
```

| 그림 12.32 | 실행결과

13. 그림 12.33과 같이 5개의 메뉴를 가지고 제품목록을 등록, 추가, 삭제 및 검색하는 프로그램을 설계하여라.

```
========= Inventory System =========
1. Append
2. Delete
3. Search
4. List
5. Exit
========= Inventory System =========
1
제품이름를 입력하세요.
1000
제품번호를 입력하세요.
세탁기
```

| 그림 12.33 | 실행결과

제13장 예외 처리

✱ 차례

✱ 학습목표

1. 예외 처리의 개념을 이해한다.
2. 예외 처리의 동작을 이해한다.
3. C와 C++ 방식의 예외 처리 방법과 프로그램으로 구현하는 방법을 이해한다.

13.1 개요

13.1.1 예외(exception)

C 프로그램에서 나눗셈을 할 경우 분모의 값이 0이면 불능이 되어 처리할 수 없는 상황이 된다. 이와 같이 C 프로그램에서 예외(例外 : exception)는 프로그램이 비정상적으로 종료될 수 있는 상황을 모두 포함하는 내용이다. C++ 프로그램에서 예외가 발생되는 경우는 나눗셈에서 분모의 값이 0이 되거나, 동적으로 메모리를 할당하는 경우 메모리 할당이 실패하는 등의 경우가 발생되어 프로그램이 정상적으로 수행되지 못하는 경우에 예외 상황을 발생하여 이에 맞는 처리를 해야 한다.

만약 프로그램이 비정상적으로 처리되는 경우 예외 상황을 정확하게 발생하여 프로그래머로 하여금 예외 상황에 맞는 적절한 처리를 해야 한다. 간단한 프로그램과 상용 프로그램의 큰 차이점은 바로 프로그램의 안정성이다.

13.2 C 방식의 예외 처리

13.2.1 예외 처리

C 프로그램에서 예외처리(例外處理 : exception processing)는 보통 함수단위로 수행되는데 특정 함수가 정상적으로 처리될 수 없을 때 이 사실을 함수를 호출한 곳으로 알려주기 위해 약속된 값을 반환하는 방식을 주로 사용한다. C에서는 bool 자료형이 없으므로 보통은 int형을 반환하는 함수로 정의한다. 만일 함수가 0이 아닌 값을 반환하면 함수가 성공적으로 수행했다는 의미이고, 0을 반환하면 어떤 문제가 발생되어 함수가 성공적으로 수행되지 못했음을 의미한다. 경우에 따라서는 포인터형을 반환하는 함수에서 널 포인터를 반환하면 성공적으로 수행되지 못했음을 의미한다.

C++에서는 C 프로그램의 예외처리 방식을 그대로 사용할 수 있다. C++에서는 bool 자료형을 반환하여 성공적으로 수행하면 true를 반환하고 실패하면 false를 반환하는 함수를 정의할 수 있다.

C 프로그램에서 가장 많이 사용되는 예외처리 방식은 반환 값을 사용하는 것이며 C++에서도 많이 사용되어 오고 있다. 그러나 반환 값을 이용하는 예외 처리 방식은 함수의 처리결과를 반환 값으로 반환할 수 없으며 프로그램 내에서 실제로 수행할 코드와 예외처리 코드가 혼용되어 가독성이 떨어진다.

예제 C 방식의 예외 처리

이 프로그램은 전통적인 C 방식으로 나눗셈에서 0이 입력된 경우 예외를 발생하는 방법이다.

13_1.cpp

```
#include <iostream>
using namespace std;
int main(void)
{
    int x, y;
    while(1)
    {
    cout << ">>";
    cin >> x >> y ;
    if(y==0)              // 입력 값이 0이면 예외 처리하는 블럭
    {
        cout << "입력 값이 " << y << "입니다." << endl << endl;
        cout << "다시 입력하세요." << endl;
        continue;
    }
    else                  // 입력 값이 0 아니면 정상 처리하는 블럭
    {
        cout << "x/y = " << x/y << "입니다." << endl << endl;
        continue;
    }
    }  // while
    return 0;
}
```

그림 13.1은 13_1.cpp의 실행결과이다. 실행결과는 기존의 C 방법으로 2개의 입력 값(4, 0)을 받아 나눗셈을 수행하여 결과가 0이면 다시 입력을 받도록 메시지를 출력한다. 만약 입력 값이 정상인 경우(4, 2)에는 나눗셈한 결과를 출력한다.

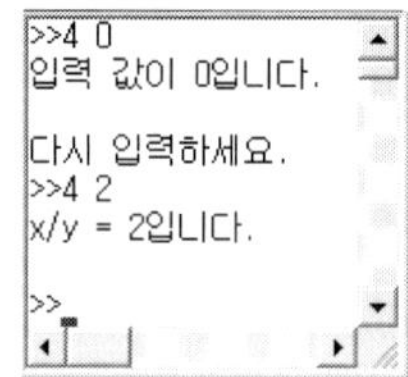

| 그림 13.1 | 실행결과

1) 10행은 2개의 정수 값을 입력으로 받는다. 이때 입력 값의 2번째 값이 0이면 예외처리를 하는 블록이다.

2) 16행은 2번째 입력 값이 0이 아니면 정상 처리하는 블록이다.

13.3 C++ 방식의 예외 처리

13.3.1 예외 처리

C++는 전통적인 예외처리 방식의 문제점을 해결할 수 있는 새로운 예외처리 방법을 제공한다. C++는 체계적이고 효율적인 방법으로 프로그램에서 발생되는 예외를 처리할 수 있도록 아래와 같이 형식 try, throw, catch 예약어를 제공한다. C++의 예외처리는 try 블록에서 예외가 발생하면 발생된 예외를 처리하기 위해서 catch 블록으로 전달하는데 이때 사용하는 것이 throw 예약어이다. 예외처리는 함수의 범위를 넘어서 전달될 수 있으며 클래스형 객체에서도 사용될 수 있다.

예외 처리에서 처리한 예외는 다시 자신을 호출한 함수에 전달할 수 있다. throw로 예외를 전달할 때 클래스형의 객체를 전달할 수 있다. 예외 처리 클래스를 이용해서 던져진 예외는 catch 블록에서 레퍼런스형으로 받아서 처리한다.

■ 형식

```
try
{
    if(예외_조건)
            throw 예외_값;
}
catch(자료형 변수이름)
```

```
{
   // 처리 코드
}
```

■ 사용

```
try                              // 입력 값을 검사
{
        if(y==0)
        throw y;                 // 0 값을 넘긴다.
        cout << "x/y= " << x/y << endl << endl;
}
catch(int a)                     // 입력이 정수형일 경우 예외 처리
{
        cout << "정수형 나눗셈에서 " << a << "가 입력되었습니다." << endl;
        cout << "다시 입력하세요." << endl << endl;
        continue;
}
```

그림 13.2는 C++의 예외처리 과정이다. try 블록에서 발생하는 예외는 모두 catch 블록에서 처리할 수 있다. 이때 try 블록과 catch 블록 사이, catch 블록과 catch 블록 사이에는 어떤 문장도 기술할 수 없다. try 블록 다음에 여러 개의 catch 블록을 사용할 수 있다. 예외처리는 함수의 범위를 넘어서 전달될 수 있다.

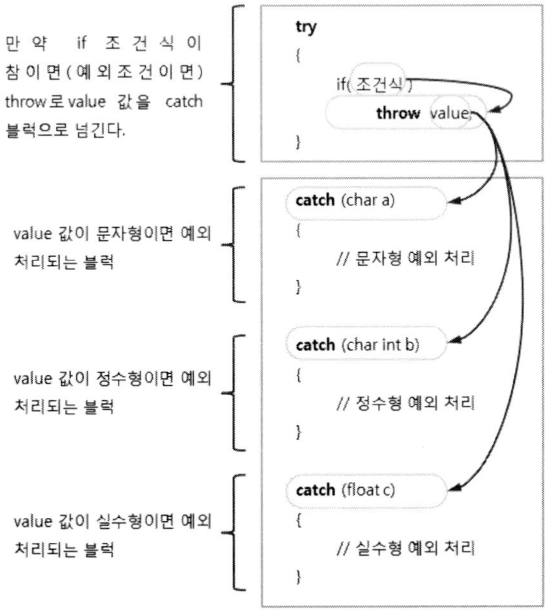

| 그림 13.2 | C++의 예외처리

예제 C++ 방식의 예외 처리

이 프로그램은 C++ 방식에서 try, throw, catch를 사용하여 예외를 처리하는 과정을 이해하기 위한 것이다.

13_2.cpp

```
#include <iostream>
using namespace std;

int main(void)
{
    int x, y;                     // 2개의 정수 값 입력
    // float x, y;                // 2개의 실수형 입력

    while(1)
    {
    cout << ">>";
    cin >> x >> y ;

    try                           // 입력 값을 검사
    {
        if(y==0)
        throw y;                  // 0 값을 넘긴다.
        cout << "x/y= " << x/y << endl << endl;
    }
    catch(int a)                  // 입력이 정수형일 경우 예외 처리
    {
        cout << "정수형 나눗셈에서 " << a << "가 입력되었습니다." << endl;
        cout << "다시 입력하세요." << endl << endl;
        continue;
    }

    catch(float b)                // 입력이 실수형일 경우 예외 처리
    {
        cout << "실수형 나눗셈에서 " << b << "가 입력되었습니다." << endl;
        cout << "다시 입력하세요." << endl << endl;
        continue;

    }
    }
    return 0;
}
```

그림 13.3은 13_2.cpp의 실행결과이다. 실행결과는 기존의 C++ 방법으로 2개의 입력 값(4, 0)을 받아 나눗셈을 수행하여 결과가 0이면 다시 입력을 받도록 메시지를 출력한다. 만약 입력 값이 정상인 경우(4, 2)에는 나눗셈한 결과를 출력한다.

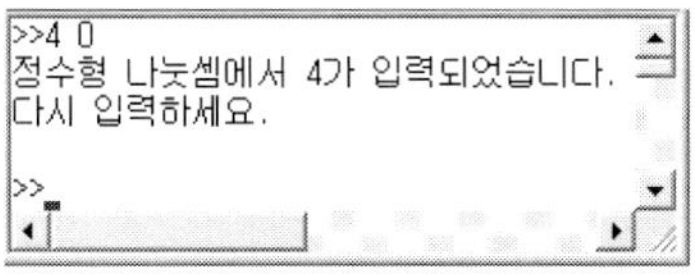

| 그림 13.3 | 실행결과

1) 06행은 2개의 정수 값을 입력으로 받는다. 이때 입력 값의 2번째 값이 0이면 17행 ~ 22행이 처리된다. 만약 06행이 입력(실수형)되면 23행에서 28행이 처리된다.

2) 17행의 catch( ) 블록의 인수는 2개를 가질 수 없다.

** 예제 예외의 전달과정 확인

이 프로그램은 예외가 다른 함수 범위까지 전달되는 예외의 전달과정을 확인하기 위한 것이다.

13_3.cpp

```
#include <iostream>
using namespace std;
void fun1(int a);
void fun2(int b);
int fun3(int c);

int main(void)
{
        cout << ">>";
        int a;
        cin >> a;

        try
        {
                cout << "try -> throw" << endl;
                throw a;             // catch 블록으로 전달
        }
```

```
16:        catch(int value)
17:        {
18:              cout << "catch() block-> fun1()" << endl;
19:              fun1(a);            // fun1() 호출
20:              cout << value << endl;
21:        }
22:        return 0;
23: }
24: void fun1(int a)
25: {
26:        cout << "fun1() block" << endl;
27:        fun2(a);
28: }
29: void fun2(int b)
30: {
31:        cout << "fun2() block" << endl;
32:        fun3(b);
33: }
34: int fun3(int c)
35: {
36:        cout << "fun3()-> return" << endl;
37:        return c;
38: }
```

그림 13.4는 13_3.cpp의 실행결과이다. 표준입력장치로 500이 입력되면 11행 try 블록의 14행이 실행되어 throw는 16행의 catch 블록으로 전달된다. catch 블록은 fun1( ) 함수를 호출하고 차례로 fun2( ), fun3( ) 함수를 호출하고 20행으로 return한다.

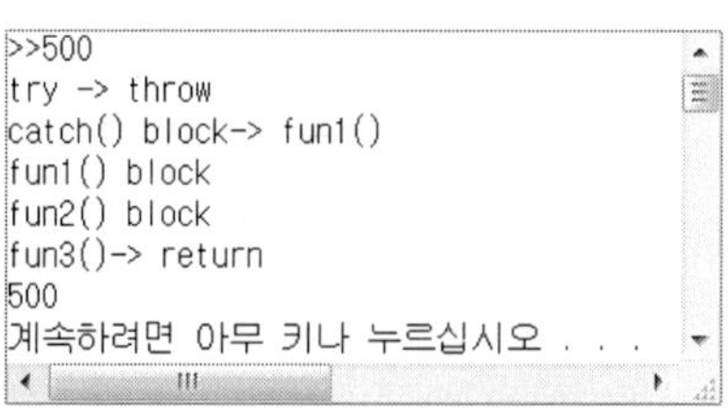

| 그림 13.4 | 실행결과

1) try 블록의 14행은 16행의 catch 블록으로 값을 전달한다. catch 블록에서는 이 값으로 fun1( ) 함수를 호출한다.

13.4 예외 처리 클래스

C++는 클래스를 사용하여 예외 처리를 할 수 있다. 예외 처리를 전담하는 클래스를 정의해 놓은 다음 예외가 발생되었을 때 예외 클래스형의 객체를 통해서 예외를 처리한다. 상속관계에서 예외 처리를 클래스로 구현할 수 있다. 또한 C++에서 사용되는 파일 입출력 객체의 사용을 예외 처리할 수 있도록 작성할 수 있다.

** 예제 : 예외 처리 클래스

이 프로그램은 예외 처리할 수 있는 기능을 클래스로 정의하고 예외처리 클래스가 동작되는 과정을 이해하기 위한 것이다. 또한 이 프로그램은 예외를 다시 던지고 객체를 예외로 전달하는 방법을 이해한다.

13_4.cpp

```
#include <iostream>
using namespace std;
class exclass                          // 예외 처리 클래스 정의
{
private:
        int x;
protected:
        char *y;
public:
    exclass(int a, char *str)          // 생성자 정의
    {
            x= a;
            y= new char[strlen(str)+1];
            strcpy(y, str);
            cout << "exclass( ) ......" << endl << endl;
    }
    void read()
    {
            cout << "read( ) ......" << endl;
```

```
20:             cout << "x=" << x << endl;
21:             cout << "y=" << y << endl << endl;
22:     }
23: };
24: void throwfun()
25: {
26:     cout << "throwfun() ......" << endl;
27:     try
28:     {
29:             throw  exclass(100, "seoul");  // 31행으로 전달
30:     }
31:     catch(exclass& obj1)
32:     {
33:             obj1.read();
34:             throw obj1;                    // 44행의 catch로 객체를 전달
35:     }
36: }
37: int main(void)
38: {
39:     cout << "main() ......" << endl;
40:     try
41:     {
42:             throwfun();                    // 최초 예외를 발생시킨다.
43:     }
44:     catch(exclass& obj2)                   // 객체를 예외 처리
45:     {
46:             obj2.read();
47:     }
48:     return 0;
49: }
```

그림 13.5는 13_4.cpp의 실행결과이다. 실행결과는 42행의 메시지가 출력되고 42행에서 가장 최초로 예외 상황을 throwfun( ) 함수를 호출하여 발생시키면 29행과 34행이 수행되어 throwfun( )과 exclass( )가 출력된다. 33행이 수행되면 read( ), x=100, y=seoul이 출력된다. 계속해서 34행이 수행되면 44행의 catch가 동작되고 46행이 수행되어 read( ), x=100, y=seoul이 출력된다.

| 그림 13.5 | 실행결과

1) 42행은 최초로 예외 상황을 함수를 호출하여 발생시킨다.

2) 42행은 24행의 throwfun( ) 함수를 호출하여 27행의 try 블록이 동작되며 여기서 생성자를 호출하고 31행의 catch 블록을 호출한다.

3) 34행의 throw obj1은 객체 obj1을 최초로 호출한 main( ) 함수 44행으로 다시 객체를 던진다.

*

*** 예제 상속관계의 예외 처리 클래스

이 프로그램은 예외 처리할 수 있는 기능을 클래스로 정의하고 상속관계에서 예외처리 클래스가 동작되는 과정을 이해하기 위한 것이다.

13_5.cpp

```
#include <iostream>
using namespace std;
class Aexclass
{
private:
protected:
public:
        Aexclass()
        {
                // cout << "Aclass() ......" << endl;
        }
        void read()
        {
```

```
                cout << "Aexclass() ......" << endl << endl;
        }
};
class Bexclass : public Aexclass            // 클래스상속
{
private:
protected:
public:
        Bexclass()
        {
                cout << "Bclass() ......" << endl;
        }
        void read()
        {
                cout << "Bexclass() ......" << endl << endl;
        }
};
void exfun(int ex)
{
        if(ex==1)
                throw Aexclass();
        else if(ex==2)
                throw Bexclass();
}
int main(void)
{
        while(1)
        {
                cout << ">>" ;
                int vlaue;
                cin >> vlaue;
                try
                {
                        exfun(vlaue);
                }
```

```
49:             catch(Bexclass &obj2)
50:             {
51:                     cout << "catch(Bexclass &obj2)" << endl ;
52:                     obj2.read();
53:             }
54:             catch(Aexclass &obj1)
55:             {
56:                     cout << "catch(Aexclass &obj1)" << endl;
57:                     obj1.read();
58:             }
59:         } // while
60:         return 0;
61: }
```

그림 13.6은 13_5.cpp의 실행결과이다. 실행결과는 1을 입력하면 첫 번째 catch가 수행되고 2를 입력하면 두 번째 catch가 수행된 결과를 출력한다.

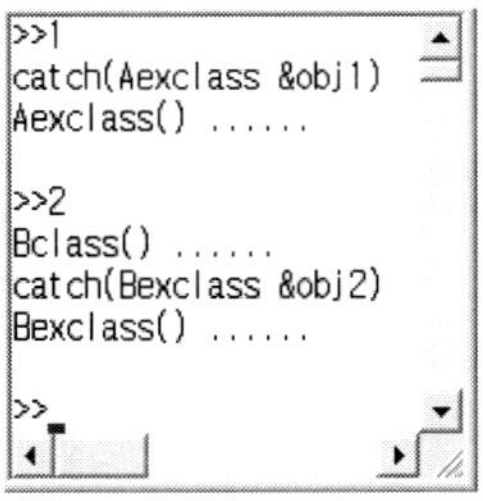

| 그림 13.6 | 실행결과

1) 48행 ~ 52행과 53행 ~ 57행의 위치를 바꾼 것은 클래스가 상속된 경우 is-a의 역 관계가 성립되지 않기 때문에 비정상적으로 동작되는 것을 막기 위한 것이다. 만약 18행에서 클래스가 상속되지 않으면 48행 ~ 52행과 53행 ~ 57행의 위치를 바꾸지 않아도 정상적으로 동작된다.

요약

01. 그림 13.7은 본 장에서 학습한 내용이다. 본 장에서는 C기반의 파일 시스템, C++ 기반의 파일 시스템에 대해서 이해하였다.

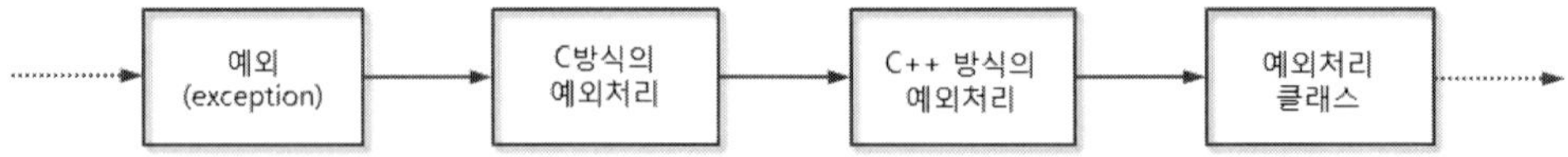

| 그림 13.7 | 본 장에서 학습한 내용

02. C 프로그램에서 예외(exception)은 프로그램이 비정상적으로 종료될 수 있는 상황을 모두 포함하는 내용으로 프로그램에서 예외가 발생되는 경우(나눗셈에서 분모의 값이 0이 되거나, 동적으로 메모리를 할당하는 경우 메모리 할당이 실패하는 등의 경우)에는 예외 상황을 발생하여 이에 맞는 처리를 해야 한다.

03. C 프로그램에서 예외처리는 보통 함수단위로 수행되는데 특정 함수가 정상적으로 처리될 수 없을 때 이 사실을 함수를 호출한 곳으로 알려주기 위해 약속된 값을 반환하는 방식을 주로 사용한다. C 프로그램에서 가장 많이 사용되는 예외처리 방식은 반환 값을 사용하는 것이며 C++에서도 많이 사용되어 오고 있다.

04. C++ 방식에서 try, throw, catch를 사용하여 예외를 처리한다.

05. C++에서 클래스를 사용하여 예외 처리를 하는 경우 예외 처리를 전담하는 클래스를 정의해 놓은 다음 예외가 발생되었을 때 예외 클래스형의 객체를 통해서 예외를 처리한다.

06. C++는 상속관계에서 예외 처리를 클래스로 구현할 수 있으며 C++에서 사용되는 파일 입출력 객체의 사용을 예외 처리할 수 있도록 작성할 수 있다.

연습문제_A

01. C에서 예외 처리 방법과 문제점을 설명하여라.

02. C++에서 예외 처리 방식을 설명하여라.

03. 클래스를 사용한 예외 처리 방식을 설명하여라.

04. 클래스가 상속된 경우 사용한 예외 처리 방식을 설명하여라.

연습문제_B

06. 가우스-조던 소거법으로 아래의 연립방정식 해를 구하는 프로그램을 설계하여라.

$$3x_1 + 4x_2 - 2x_3 = 5$$

$$2x_1 + x_2 - 2x_3 = 3$$

$$-x_1 + 5x_2 + 5x_3 = 2$$

제14장 템플릿

✱ 차례

✱ 학습목표

1. 템플릿의 필요성과 동작을 이해한다.
2. 함수 템플릿과 클래스 템플릿의 사용 방법을 이해한다.

14.1 개요

14.1.1 중복 함수

C++에서 제공되는 템플릿을 이용하면 함수나 클래스를 정의할 때 특정 자료형을 사용하는 대신 범용형을 사용할 수 있다. 이렇게 정의된 함수 템플릿이나 클래스 템플릿은 여러 가지 자료형에 대해서 함수정의나 클래스 정의를 생성할 수 있다. 즉 그림 14.1과 같이 템플릿을 처리하는 알고리즘은 동일하지만 처리되는 자료형이 다를 경우 각각의 함수를 중복하지 않고 템플릿을 이용한다.

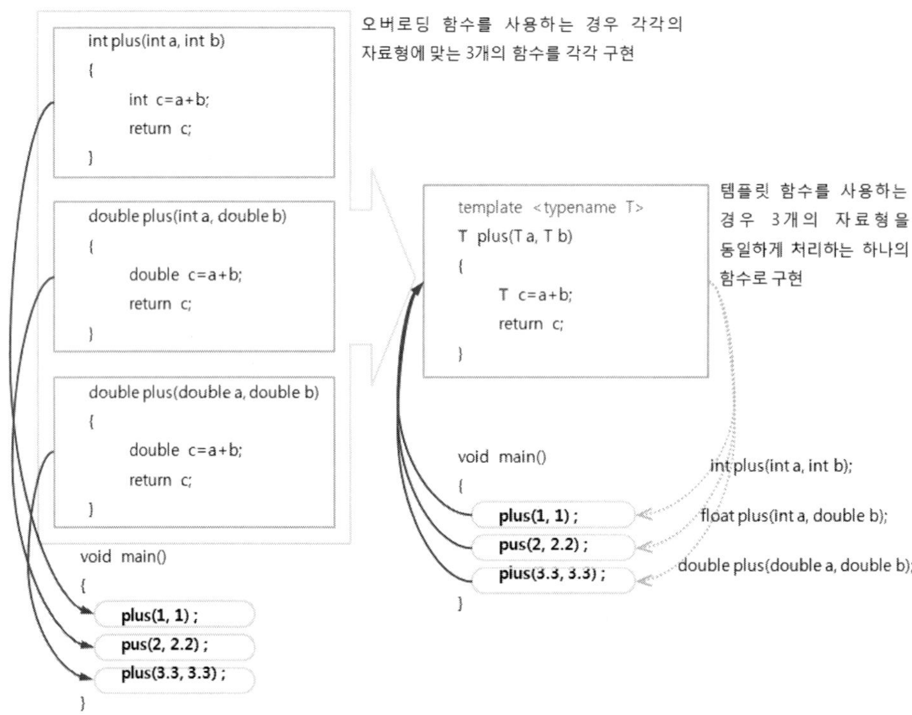

| 그림 14.1 | 중복 함수와 템플릿 함수

예제 : 자료형이 다른 두 수를 덧셈하는 중복 함수 구현

이 프로그램은 템플릿 함수의 필요성을 이해하기 위한 목적으로 중복된 함수를 사용하여 인수의 자료형이 다른 3종류의 2개 값을 더하는 예제이다.

14_1.cpp

```
#include <iostream>
using namespace std;
int plus(int a, int b)               // int형 덧셈
{
        int c = a+b;
        cout << "call : int plus(int a, int b)" << endl;
        return c;
}
double plus(int a, double b)      // int, float형 덧셈
{
        double c = a+b;
        cout << "call : double plus(int a, double b)" << endl;
        return c;
}
double plus(double a, double b) // double형 덧셈
{
        double c = a+b;
        cout << "call : double plus(double a, double b)" << endl;
        return c;
}
void main()
{
        cout << plus(1, 1) << endl << endl;
        cout << plus(2.2, 2) << endl << endl;
        cout << plus(3.3, 3.3) << endl << endl;
}
```

그림 14.2는 14_1.cpp의 실행결과이다. 실행결과는 main( ) 함수에서 호출하는 자료형의 종류에 따라 중복된 plus( ) 함수가 호출되어 실행된다.

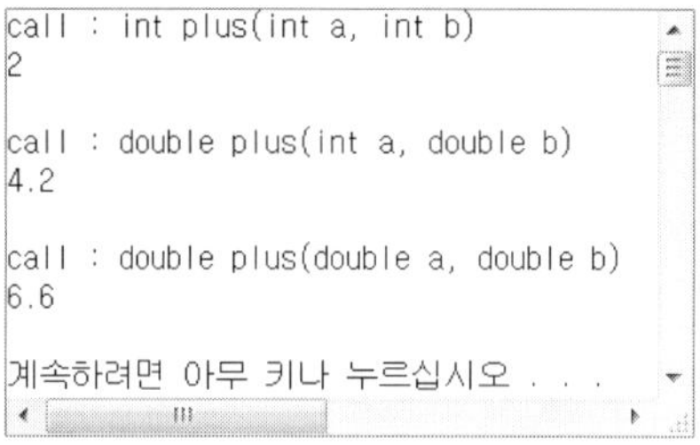

| 그림 14.2 | 실행결과

1) 03행은 2개의 int형을 덧셈하는 함수를 정의하며 23행이 실행되면 호출된다.

2) 09행은 int형과 float형을 덧셈하는 함수를 정의하며 24행이 실행되면 호출된다. 만약 09행 ~ 14행이 없을 경우에는 오류가 발생된다. 또한 다음과 같이 인수가 모두 float형일 경우에는 오류가 발생된다. 이때 프로그램은 소수형의 자료는 기본적으로 double형으로 처리되기 때문이다.

double plus(double a, double b)	: 정상
double plus(float a, double b)	: 정상
double plus(double a, float b)	: 정상
double plus(float a, float b)	: 오류

3) 15행은 2개의 double형을 덧셈하는 함수를 정의하며 25행이 실행되면 호출된다. **만약 15행 ~ 20행이 없을 경우에는 24행과 25행은 09행과 14행이 실행되어 출력은 2, 4.2, 6.3으로 출력된다.**

*

14.2 함수 템플릿

14.2.1 함수 템플릿의 정의

함수 템플릿은 다음의 형식과 같이 정의한다. 먼저 예약어 'template'을 기술하고 기호 '< >' 사이에 예약어 'typename'과 자료형 이름을 기술한다. 이때 예약어 'typename' 대신에 'class'를 사용할 수 있다.

■ 형식

```
template <typename 자료형_이름, ... >
반환_자료형  함수_이름(자료형_이름  변수_이름, ...)
{
      // 코드 기술;
      return 값;
};
```

■ 사용

```
template <typename T1, typename T2>     // 함수 템플릿 정의
T1 plus(T1 a , T2 b)                     // 반환 자료형은 T1
{
      T1 c = a+b;
      return c;
}

void main()
{
      cout << "int plus() : " << plus(1, 1) << endl;
      cout << "float plus() : " << plus(2.2, 2.2) << endl;
}
```

정리하기 템플릿의 특징

❶ 템플릿 기반 라이브러리는 코드 크기를 최소화 할 수 있는 것이 가장 큰 장점이며 템플릿은 사용하기 전까지는 코드가 생성되지 않는다.

❷ 템플릿은 함수의 정의나 멤버함수의 정의를 소스 파일 대신 헤드 파일에 기술한다.

❸ 템플릿은 작고 빠르며 확장성 있는 라이브러리를 구축할 수 있기 때문에 C++ 프로그램에서 매우 유용하게 사용된다.

❹ 템플릿 기반의 라이브러리는 STL 외에도 여러 가지의 템플릿 기반의 라이브러리가 C++ 개발환경에 따라서 제공된다(Visual C++ 개발환경에서는 템플릿 기반 라이브러리인 ATL(Active Template Library)을 제공한다). ATL은 COM 컴포넌트나 ActiveX 컨트롤을 구현하기 위해서 사용되는 템플릿 기반의 라이브러리이다.

예제 : 자료형이 다른 두 수를 덧셈하는 함수 템플릿 구현

이 프로그램은 예제 14_1.cpp의 중복 함수 기능을 템플릿 함수로 구현하는 방법을 이해하기 위한 것이다. 중복 함수를 사용한 경우에 비해서 코드가 간결하게 된다.

14_2.cpp

```
01: #include <iostream>
02: using namespace std;
03: template <typename T1, typename T2>     // 함수 템플릿 정의
04: T1 plus(T1 a , T2 b)
05: {
06:         T1 c = a+b;
07:         return c;
08: }
09: void main()
10: {
11:         cout << plus(1, 1) << endl;
12:         cout << plus(2.2, 2) << endl;
13:         cout << plus(3.3, 3.3) << endl << endl;
14: }
```

그림 14.3은 14_2.cpp의 실행결과이다. 실행결과는 main( ) 함수에서 넘겨주는 2개의 값을 각각 덧셈하는 결과를 출력한다.

| 그림 14.3 | 실행결과

1) 03행은 2개의 자료형을 덧셈하는 함수 템플릿을 정의한다. 예약어 'typename' 대신 'class'를 사용할 수 있다.

```
template <typename T1, typename T2> = template <class T1, class T2>
```

2) 04행에서 08행은 2개의 자료형을 덧셈하는 함수를 정의한다. 만약 04행에서 08행을 다음과 같이 할 경우에 「'T3'의 템플릿 인수를 추론할 수 없습니다.」 하고 오류가 발생된다.

```
template <typename T1, typename T2, typename T3>
T3 plus(T1 a , T2 b)
{
        T3 c=a+b;
        return c;
}
```

14.3 클래스 템플릿

14.3.1 클래스 템플릿의 정의

클래스 템플릿은 형식을 다음과 같이 정의한다. 클래스 템플릿은 먼저 예약어 'template'을 기술하고 기호 '< >' 사이에 예약어 'typename'과 자료형 이름을 기술한다. 이때 클래스 멤버함수를 클래스외부에 기술하는 경우 형식 2와 같이한다.

■ 형식

❶ 클래스 멤버함수를 클래스 내부에서 기술하는 경우

```
template <typename 자료형_이름, ... > class  클래스_이름
{
        // 멤버 변수 선언;
        // 멤버함수 정의;
};
```

❷ 클래스 멤버함수를 클래스 외부에서 기술하는 경우

```
template <typename 자료형_이름, ... >
반환_값  클래스_이름<파라메터>::함수_이름(인수_리스트)
{
        // 멤버함수 기술;
};
```

■ 사용

```
template <typename T1, typename T2>class plus
{
private:
```

```
        T1 a;
protected:
        T2 b;
public:
        plus(T1 a , T2 b)                 // 생성자 정의
        {
                T2 c = a+b;               // c가 T1, T2일 경우 출력이 서로 다르다.
                cout << c << endl;
        }
};

void main()
{
        plus<int, int> obj1(1, 1);            // int형으로 호출
        plus<int, float> obj2(2.2, 2.2);      // int, float형으로 호출
}
```

예제 : 자료형이 다른 두 수를 덧셈하는 클래스 템플릿 구현

이 프로그램은 예제 14_2.cpp를 클래스 템플릿으로 구현하는 방법을 이해하기 위한 것이다. 프로그램은 3개의 서로 다른 값을 연산하는 기능을 클래스 템플릿으로 구현하였다.

14_3.cpp

```
#include <iostream>
using namespace std;

template <typename T1, typename T2> class plus
{
private:
        T1 a;
protected:
        T2 b;
public:
        plus(T1 a , T2 b)             // 생성자 정의
        {
            T1 c = a+b;               // c가 T1, T2일 경우 출력이 서로 다르다.
            cout << c << endl;
        }
```

```
15: };

16: void main()
17: {
18:         plus<int, int> obj1(1, 1);                // int형으로 호출
19:         plus<double, int> obj2(2.2, 2);           // double, int형으로 호출
20:         plus<double, double> obj3(3.3, 3.3);  // double, double형으로 호출
21: }
```

그림 14.4는 14_3.cpp의 실행결과이다. 실행결과는 main( ) 함수에서 넘겨주는 2개의 값을 각각 덧셈하는 결과를 출력한다.

| 그림 14.4 | **실행결과**

1) 03행은 템플릿을 정의한다. 함수의 자료형은 T1, T2로 한다. 만약 08행에서 class 명령어를 다음과 같이 앞에 기술하면 오류가 발생된다.

```
03: template <typename T1, typename T2> class plus   // 정상
03: class template <typename T1, typename T2> plus   // 오류
```

2) 12행에서 c의 자료형을 T1으로 할 경우에는 출력이 2, 4, 6.6이지만 T2로 하면 출력이 2, 4.2, 6.6으로 된다. 이것은 전달되는 자료형에 따라 다르기 때문이다.

3) 18행은 int, int형으로 생성자를 호출한다. 함수 템플릿은 전달 인자를 통해서 T의 자료형이 결정되지만 객체일 경우에는 객체를 생성하는 순간 18행, 19행, 20행과 같이 명시적으로 자료형을 선언해야 한다.

4) 19행은 2개의 인수가 실수형이지만 자료형을 int, float으로 했기 때문에 int와 float형으로 처리되어 결과는 4.2가 출력된다.

*

** 예제 : 클래스 템플릿을 클래스 외부에서 구현

이 프로그램은 클래스 템플릿을 클래스 외부에서 구현하는 방법을 이해하기 위한 것이다. 이것은 C++의 생성자나 멤버함수를 외부에서 기술하는 방법과 유사하다.

14_4.cpp

```
#include <iostream>
using namespace std;
template <typename T1, typename T2>  class plus   // 클래스 정의
{
private:
    T1 x;
protected:
    T2 y;
public:
    plus(T1 a , T2 b) ;
    void write(T1 a, T2 b);
    T1 read(T1 a, T2 b);
};
template <typename T1, typename T2>  plus<T1, T2>::plus(T1 a, T2 b) //생성자
{
        write(a, b);
        read(a, b);
}
template <typename T1, typename T2>  void plus<T1, T2>::write(T1 a, T2 b)
{
        T1 c = x+y;                    // 자료형이 T1, T2일 경우 출력은 다르다.
        x=a;
        y=b;
}
template <typename T1, typename T2>  T1 plus<T1, T2>::read(T1 a, T2 b)
{
        T1 c = a+b;
        cout << c << endl;
        return c;
}
```

```
31: void main()
32: {
33:         plus<int, int> obj1(1, 1);
34:         plus<double, int> obj2(2.2, 2);
35:         plus<double, double> obj3(3.3, 3.3);
36: }
```

그림 14.5는 14_4.cpp의 실행결과이다. 실행결과는 main( ) 함수에서 호출하는 2개의 값을 각각 덧셈하는 결과를 출력한다.

```
2
4.2
6.6
계속하려면 아무 키나 누르십시오 . . .
```

| 그림 14.5 | 실행결과

1) 14행 ~ 18행은 클래스 외부에서 생성자를 정의한다. 생성자 내부에서 멤버함수 write()와 read() 함수를 호출한다.

2) 19행 ~ 24행은 클래스 외부에서 write( ) 함수를 정의하고, 25행 ~ 30행은 클래스 외부에서 read( ) 함수를 정의한다.

3) 34행은 2개의 인수가 실수형이지만 자료형을 int, float으로 했기 때문에 int와 float형으로 처리되어 결과는 4.2가 출력된다.

14.3.2 함수 템플릿의 특수화

함수 템플릿의 특수화는 함수 템플릿을 정의하여 사용하면서 다른 매개 변수에 대해서 동작을 하도록 하는 경우 템플릿 특수화 기능을 사용한다. 예로써, 예제 14_5.cpp와 같이 template< >을 사용하면 된다. 함수 템플릿에서 template< >을 사용하는 것은 템플릿의 기능을 사용하지 않고 새로운 형으로 사용하는 것이다.

** 예제 클래스의 템플릿 특수화 구현

이 프로그램은 함수 템플릿의 특수화 기능에서 다음의 내용을 이해하기 위한 것이다. 함수 템플릿의 특수화에서 함수 템플릿과 특수화는 호출 함수의 자료형에 따라 우선적으로 특수화가 동작되고 맞는 자료형의 함수가 없으면 함수 템플릿이 동작된다. 이 예제에서는 다음과 같은 내용을 이해할 수 있다.

- 템플릿 함수가 03행 ~ 07행과 같이 먼저 정의 되어야 템플릿 특수화를 사용할 수 있다.
- 만약 템플릿 특수화가 정의되지 않을 경우(예제에서 08행 ~ 17행을 삭제하는 경우)에는 03행 ~ 07행이 동작된다. 특수화가 있는 경우에는 특수화 함수가 우선적으로 호출된다.
- 템플릿 함수와 템플릿 함수의 특수화는 형식이 다르게 정의된다(03행, 08행, 13행의 비교).

14_5.cpp

```
01: #include <iostream>
02: using namespace std;
03: template <typename T> T fun(T p )             // 자료형 T의 템플릿 함수로 동작
04: {
05:         cout << "p = " ;
06:         return p;
07: }
08: template < >  int fun<int> (int q)            // 인수가 int형의 함수로 동작
09: {
10:         cout << "q = " ;
11:         return q;
12: }
13: template < > char *fun<char *>(char *str)   // 인수가 char *로 동작
14: {
15:         cout << "str = " ;
16:         return str;
17: }
18: void main(void)
19: {
20:         char x='a';
21:         int y=123;
22:         char *z="seoul";
```

```
23:         cout << fun(x) << endl ;
24:         cout << fun(y) << endl ;
25:         cout << fun(z) << endl ;
26: }
```

그림 14.6은 14_5.cpp의 실행결과이다. 실행결과 23행이 실행되면 03행 ~ 07행이 호출되어 문자 'a'가 출력되고, 24행이 실행되면 03행 ~ 07행이 호출되어 정수형 123이 출력되고, 25행이 실행되면 13행 ~ 17행이 호출되어 문자열 seoul이 출력된다.

```
p = a
q = 123
str = seoul
계속하려면 아무 키나 누르십시오 . . .
```

| 그림 14.6 | 실행결과

1) 03행은 함수 템플릿 자료형을 T형으로 하는 함수 템플릿 fun( )을 정의한다. 이때 사용되는 자료형은 typename T형으로 정의한다. **만약 03행을 typename T형과 인수의 형이 다르면 오류가 발생된다. 반드시 typename T형과 인수의 형은 동일해야 한다. 또한 03행에서 반환 값을 void로 하거나 08행과 13행의 반환 자료 값을 다르게 할 경우 오류가 발생된다.**

```
03: template <typename T> T fun(int p)          // 오류
03: template <typename T> int fun(int p)        // 오류
```

2) 08행과 13행은 템플릿 함수를 특수화한다. 이것은 03행의 템플릿에서 사용되는 T형의 자료를 사용하고 08행에서는 인수와 반환 값을 정수로 하는 것이다. 이렇게 템플릿의 특수화를 하는 것은 템플릿의 자료형을 사용할 수 있으며, 경우에 따라 다른 자료형을 사용할 수 있도록 하는 것이다. 08행의 template 〈〉에서 〈 〉 사이의 공백은 template 자료형을 사용하지 않고 새로운 자료형을 쓰겠다는 것이다.

3) 13행은 fun( ) 함수가 인수를 char *형으로 하고 함수의 반환 값을 char *으로 처리하라는 것이다. **이때 자료형의 우선순위 기준은 fun〈char *〉이 가장 먼저이며, 다음으로 (char *str)이 된다.**

4) **만약 08행 ~ 12행이 없으면 21행, 24행은 03행에서 07행이 동작된다. 이것은 08행 ~ 12행이 없으면 03행 ~ 07행의 템플릿이 동작된다. 우선순위는 템플릿 특수화이며 없을 경우 템플릿이 동작되는 것이다.**

요약

01. 그림 14.7은 본 장에서 학습한 내용이다. 본 장에서서는 함수 템플릿과 클래스 템플릿에 대해서 이해하였다. 또한 이를 기반으로 STL 내용을 이해할 수 있다.

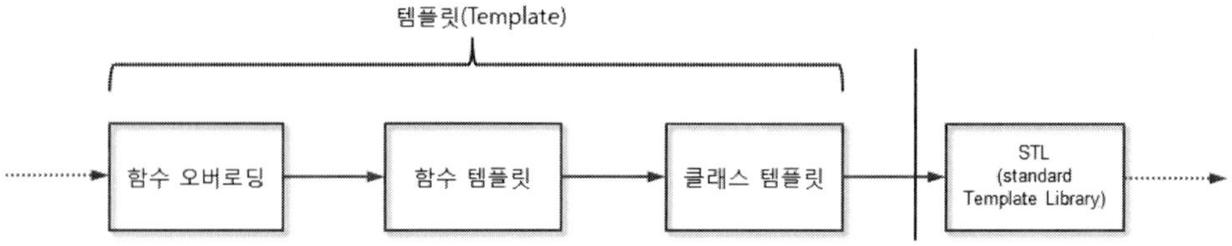

| 그림 14.7 | 본 장에서 학습한 내용

02. C++에서 제공되는 템플릿을 이용하면 함수나 클래스를 정의할 때 특정 데이터형을 사용하는 대신 범용형을 사용할 수 있다. 이렇게 정의된 함수 템플릿이나 클래스 템플릿은 여러 가지 데이터형에 대해서 함수정의나 클래스 정의를 생성할 수 있다.

03. 템플릿 기반 라이브러리는 코드 크기를 최소화 할 수 있는 것이 가장 큰 장점이며 템플릿은 사용하기 전까지는 코드가 생성되지 않는다.

04. 템플릿은 함수의 정의나 멤버함수의 정의를 소스 파일 대신 헤드 파일에 기술한다. 템플릿은 작고 빠르며 확장성 있는 라이브러리를 구축할 수 있기 때문에 C++ 프로그램에서 매우 유용하게 사용된다.

연습문제_A

01. 템플릿을 정의하여라.

02. 템플릿의 필요성을 설명하여라.

03. 중복 함수와 함수 템플릿의 차이점이 무엇인가?

04. 클래스 템플릿을 구현하는 방법을 설명하여라.

05. 템플릿 특수화는 왜 필요한가?

연습문제_B

06. 테일러 급수를 이용하여 (식 14.1)의 수치미분 값을 구하는 프로그램을 설계하여라.
(힌트: 테일러 급수를 이용하여 2점 공식을 적용한다.)

$$f(x) = x^2 + x + 1 \quad \text{(식 14.1)}$$

07. (식 14.2)를 사다리꼴 공식에 의한 수치적분으로 계산하는 프로그램을 설계하여라.

$$f(x) = \int_0^1 x^3 dx \quad \text{(식 14.2)}$$

08. (식 14.3)의 미분방정식 해를 구하는 프로그램을 설계하여라.

$$f'(x) = x^2 + x - 1\ ,\ f(0) = 3 \quad \text{(식 14.3)}$$

A-1. ASCII 코드

2진수	8진수	10진수	16진수	문자	의미
0000 0000	0	0	00	없음(none)	NUL
0000 0001	1	1	01	^A	SOH(start of header)
0000 0010	2	2	02	^B	STX(start of text)
0000 0011	3	3	03	^C	ETX(end of text)
0000 0100	4	4	04	^D	EOT(end of transmission)
0000 0101	5	5	05	^E	ENQ(inquiry)
0000 0110	6	6	06	^F	ACK(acknowledgement)
0000 0111	7	7	07	^G	BEL(bell)
0000 1000	10	8	08	^H	BS(back space)
0000 1001	11	9	09	^I	HT(horizontal tab)
0000 1010	12	10	0A	^J	LF(line feed)
0000 1011	13	11	0B	^K	VT(vertical)
0000 1100	14	12	0C	^L	FF(form feed)
0000 1101	15	13	0D	^M	CR(carriage return)
0000 1110	16	14	0E	^N	SO(shift out)
0000 1111	17	15	0F	^O	SI(shift in)
0001 0000	20	16	10	^P	DLE(data link escape)
0001 0001	21	17	11	^Q	DC1(device control 1)
0001 0010	22	18	12	^R	DC2(device control 2)
0001 0011	23	19	13	^S	DC3(device control 3)
0001 0100	24	20	14	^T	DC4(device control 4)
0001 0101	25	21	15	^U	NAK:수신실패 (negative ack.)
0001 0110	26	22	16	^V	SYN(synchronous idle)
0001 0111	27	23	17	^W	ETB (end of transmission block)
0001 1000	30	24	18	^X	CAN(cancel)
0001 1001	31	25	19	^Y	EM(end if medium)
0001 1010	32	26	1A	^Z	SUB(substitute)
0001 1011	33	27	1B	^[	ESC(escape)
0001 1100	34	28	1C	^	FS(file separator)
0001 1101	35	29	1D	^]	GS(group separator)

2진수	8진수	10진수	16진수	문자	의미
0001 1110	36	30	1E	^	RS(record separator)
0001 1111	37	31	1F	^_	US(unit separator)
0010 0000	40	32	20	Space	SP(space)
0010 0001	41	33	21	!	감탄 부호(exclamation point)
0010 0010	42	34	22	"	인용 부호(quotation mark)
0010 0011	43	35	23	#	숫자 기호(number sign)
0010 0100	44	36	24	$	달러 기호(dollar sign)
0010 0101	45	37	25	%	퍼센트 기호(percent sign)
0010 0110	46	38	26	&	앰퍼샌드(ampersand)
0010 0111	47	39	27	'	어퍼스트로피(apostrophe)
0010 1000	50	40	28	(	괄호열기(opening parenthesis)
0010 1001	51	41	29	)	괄호 닫기(closing parenthesis)
0010 1010	52	42	2A	*	별표(asterisk)
0010 1011	53	43	2B	+	+ 부호(plus sign)
0010 1100	54	44	2C	,	콤마(comma)
0010 1101	55	45	2D	–	하이픈 또는 – 부호(hyphen or minus sign)
0010 1110	56	46	2E	.	마침표(period)
0010 1111	57	47	2F	/	슬래쉬(slash)
0011 0000	60	48	30	0	숫자 0
0011 0001	61	49	31	1	숫자 1
0011 0010	62	50	32	2	숫자 2
0011 0011	63	51	33	3	숫자 3
0011 0100	64	52	34	4	숫자 4
0011 0101	65	53	35	5	숫자 5
0011 0110	66	54	36	6	숫자 6
0011 0111	67	55	37	7	숫자 7
0011 1000	70	56	38	8	숫자 8
0011 1001	71	57	39	9	숫자 9
0011 1010	72	58	3A	:	콜론(colon)
0011 1011	73	59	3B	;	세미콜론(semicolon)
0011 1100	74	60	3C	〈	적음 기호(less then sign)
0011 1101	75	61	3D	=	같음 기호(equal sign)

2진수	8진수	10진수	16진수	문자	의미
0011 1110	76	62	3E	>	큼 기호(greater then sign)
0011 1111	77	63	3F	?	물음표(question mark)
0100 0000	100	64	40	@	@ 기호(at sign)
0100 0001	101	65	41	A	대문자 A(capital A)
0100 0010	102	66	42	B	대문자 B
0100 0011	103	67	43	C	대문자 C
0100 0100	104	68	44	D	대문자 D
0100 0101	105	69	45	E	대문자 E
0100 0110	106	70	46	F	대문자 F
0100 0111	107	71	47	G	대문자 G
0100 1000	110	72	48	H	대문자 H
0100 1001	111	73	49	I	대문자 I
0100 1010	112	74	4A	J	대문자 J
0100 1011	113	75	4B	K	대문자 K
0100 1100	114	76	4C	L	대문자 L
0100 1101	115	77	4D	M	대문자 M
0100 1110	116	78	4E	N	대문자 N
0100 1111	117	79	4F	O	대문자 O
0101 0000	120	80	50	P	대문자 P
0101 0001	121	81	51	Q	대문자 Q
0101 0010	122	82	52	R	대문자 R
0101 0011	123	83	53	S	대문자 S
0101 0100	124	84	54	T	대문자 T
0101 0101	125	85	55	U	대문자 U
0101 0110	126	86	56	V	대문자 V
0101 0111	127	87	57	W	대문자 W
0101 1000	130	88	58	X	대문자 X
0101 1001	131	89	59	Y	대문자 Y
0101 1010	132	90	5A	Z	대문자 Z
0101 1011	133	91	5B	[	각괄호 열기(opening bracket)
0101 1100	134	92	5C	\	역슬래쉬(backward slash)
0101 1101	135	93	5D	]	각괄호 닫기(closing bracket)
0101 1110	136	94	5E	^	캐럿(caret)

2진수	8진수	10진수	16진수	문자	의미
0101 1111	137	95	5F	_	밑줄(underscore)
0110 0000	140	96	60	`	그레이브(grave)
0110 0001	141	97	61	a	소문자 a(lower case a)
0110 0010	142	98	62	b	소문자 b
0110 0011	143	99	63	c	소문자 c
0110 0100	144	100	64	d	소문자 d
0110 0101	145	101	65	e	소문자 e
0110 0110	146	102	66	f	소문자 f
0110 0111	147	103	67	g	소문자 g
0110 1000	150	104	68	h	소문자 h
0110 1001	151	105	69	i	소문자 i
0110 1010	152	106	6A	j	소문자 j
0110 1011	153	107	6B	k	소문자 k
0110 1100	154	108	6C	l	소문자 l
0110 1101	155	109	6D	m	소문자 m
0110 1110	156	110	6E	n	소문자 n
0110 1111	157	111	6F	o	소문자 o
0111 0000	160	112	70	p	소문자 p
0111 0001	161	113	71	q	소문자 q
0111 0010	162	114	72	r	소문자 r
0111 0011	163	115	73	s	소문자 s
0111 0100	164	116	74	t	소문자 t
0111 0101	165	117	75	u	소문자 u
0111 0110	166	118	76	v	소문자 v
0111 0111	167	119	77	w	소문자 w
0111 1000	170	120	78	x	소문자 x
0111 1001	171	121	79	y	소문자 y
0111 1010	172	122	7A	z	소문자 z
0111 1011	173	123	7B	{	중괄호 열기(opening brace)
0111 1100	174	124	7C	|	수직선(vertical line)
0111 1101	175	125	7D	}	중괄호 닫음(closing brace)
0111 1110	176	126	7E	~	틸데(tilde)
0111 1111	177	127	7F	DEL	삭제(delete)

A-2. 참고문헌

01. INTERNAL STANDARD ISO/IEC 9899(second edition 1999-12-01), Reference Number ISO/IEC 9899:1999(E), ISO/IEC:1999.

02. Microsoft, Visual Studio 2010, MSDN.

03. Stephen Prata, C++ Primer Plus(Fifth Edition), SAMS, 2004.

04. DEITEL, C++ How to Program(Fifth Edition), Person Education, 2008.

05. Ivor Horton, Beginning C+++, WROX, 1998.

06. Thomas H. Cormen, Charles E. Leiserson, Ronald L. Rivest, Clifford Stein, Introduction to Algorithm, The MIT Press, 2011.

07. Steven S. Skiena, Miguel A. Revilla, Programming Challengers, Springer, 2010.

08. Steven C. Chapra, Raymond P. Canale, Four Edition Numerical Methods for Engineers, McGraw-Hill. 2002.

09. 김순자 외 9인 공역, KREYSZIG 공업수학, 개정 9판(상, 하), 범한서적주식회사, 2011.

10. 공업수학교재편찬위원회 역, 개정판 공업수학 I, II, 북스힐, 2011.

11. Thomas L. Floyd, Principle of Electronic Circuits, Simon & Schuster, 1996.

12. Thomas L. Floyd, Fourth Edition Electronic Device, Simon & Schuster, 1996.

13. www.ubuntu.com

14. http://www.cplusplus.com

::색인::

전기·전자·컴퓨터·정보통신 공학도를 위한

C++ 프로그래밍

1판 1쇄 2014년 2월 20일

저 자 이시현
발행인 송광헌
발행처 복두출판사
주 소 서울특별시 영등포구 경인로82길 3-4
센터플러스 807호
(우) 150-091
전 화 02-2164-2580
FAX 02-2164-2584
등 록 1993. 11. 22. 제 10-902 호

정가 : 28,000원

ISBN : 978-89-8000-267-2 93000

한국과학기술출판협회 회원사

* 본 도서의 자료 업데이트가 있을 경우 본사 홈페이지 자료실에 업로드 됩니다. 정기적으로 들러서 유익한 자료를 받아가시기 바랍니다.